U0529331

甘肃省一流学科建设项目资助成果

教育部人文社会科学重点研究基地西北师范大学西北少数民族教育发展研究中心资助成果

2018年度国家社会科学基金一般项目"甘青藏区深度贫困地区教育脱贫攻坚研究"（课题批准号：18BMZ140）阶段性成果

西师教育论丛
主编 万明钢

西北少数民族地区国家通用语言文字教学问题研究

吕晓娟 等著

Xibei Shaoshu Minzu Diqu
Guojia Tongyong Yuyan Wenzi Jiaoxue Wenti Yanjiu

中国社会科学出版社

图书在版编目（CIP）数据

西北少数民族地区国家通用语言文字教学问题研究/吕晓娟等著.—北京：中国社会科学出版社，2019.6
ISBN 978-7-5203-4595-8

Ⅰ.①西… Ⅱ.①吕… Ⅲ.①汉语—少数民族教育—教学研究—西北地区 Ⅳ.①H193

中国版本图书馆 CIP 数据核字（2019）第122362号

出 版 人	赵剑英
责任编辑	周晓慧
责任校对	无　介
责任印制	戴　宽

出　　版	中国社会科学出版社
社　　址	北京鼓楼西大街甲158号
邮　　编	100720
网　　址	http://www.csspw.cn
发 行 部	010-84083685
门 市 部	010-84029450
经　　销	新华书店及其他书店

印　　刷	北京明恒达印务有限公司
装　　订	廊坊市广阳区广增装订厂
版　　次	2019年6月第1版
印　　次	2019年6月第1次印刷

开　　本	710×1000　1/16
印　　张	24.25
插　　页	2
字　　数	339千字
定　　价	99.00元

凡购买中国社会科学出版社图书，如有质量问题请与本社营销中心联系调换
电话：010-84083683
版权所有　侵权必究

总　　序

　　正如学校的发展一样，办学历史越久，文化底蕴越厚重。同样，一门学科的发展水平，离不开对优良学术传统的坚守、继承与发展。西北师范大学教育学的发展，也正经历着这样的一条发展之路。回溯历史，西北师范大学前身为国立北平师范大学，发端于1902年建立的京师大学堂师范馆，1912年改为"国立北京高等师范学校"，1923年改为"国立北平师范大学"。1937年"七七"事变后，国立北平师范大学与同时西迁的国立北平大学、北洋工学院共同组成西北联合大学，国立北平师范大学整体改组为西北联合大学下设的教育学院，后改为师范学院。1939年西北联合大学师范学院独立设置，改称国立西北师范学院，1941年迁往兰州。从此，西北师范大学的教育学人扎根于陇原大地，躬耕默拓，薪火相传，为国家培育英才。

　　教育学科是西北师范大学教育学院的传统优势学科，具有悠久的历史和较强的实力。1960年就开始招收研究生，这为20年后的1981年获批国家第一批博士点打下了坚实的基础。当时，西北师范学院教育系的师资来自五湖四海，综合实力很强，有在全国师范教育界影响很大的著名八大教授：胡国钰、刘问岫、李秉德、南国农、萧树滋、王文新、王明昭、杨少松，他们中很多人曾留学海外，很多人迁居兰州，宁把他乡做故乡，扎根于西北这片贫瘠的黄土高原，甘于清贫、淡泊名利、默默奉献，把事业至上、自强不息、爱岗敬业的精神，熔铸在西北师范大学教育学科发展的文化传统之中，对西部教育事业的发展作出了重要贡献。"随风潜入夜，润物细无声。"先生之风，山高水长。为西北师范大学早期教育学科的卓越发展作出重大贡献的先生们，他们身体力行、典型示范，对后辈学者们潜心学术，继承学问产生了重要的、潜移默化的影响，体现了西北师范大学的教育学人扎根本土、潜心学术、面向全国、放眼世界，站在学科发展前沿，培养培训优秀师资，服务地方经济社会发展的教育胸怀与本色。

西北师范大学教育学科历经历史沧桑的洗礼发展走到今天，已形成了相对稳定而有特色的研究领域。尤其是在国家统筹推进世界一流大学和一流学科建设的大背景下，西北师范大学的教育学作为甘肃省《统筹推进高水平大学和一流学科建设实施方案》规划的一流学科建设项目，迎来了学科再繁荣与大发展的历史良机。为此，作为甘肃省一流学科建设项目成果、西北师范大学课程与教学论国家重点（培育）学科建设成果、教育部人文社会科学重点研究基地西北师范大学西北少数民族教育发展研究中心科研成果，我们编撰了"西师教育论丛"，汇聚近年来教育学院教师在课程与教学论、民族教育、农村教育、高等教育以及学前教育等方面的学术成果。这些成果大多数是在中青年学者的博士学位论文，科研项目以及扎根教学实践的基础上进一步凝练的结晶。他们深入民族地区和农村地区的村落、学校，深入大学与中小学的课堂实践，通过详查细看，对语文、数学、英语、物理、化学、研究性学习等学科课程教育教学的问题研究，对教育基本理论问题的思考，对教育发展前沿问题的探索……这些成果是不断构建和完善高水平的现代教育科学理论体系，大力提高教育科学理论研究水平和教育科学实践创新能力，进一步发挥教育理论研究高地、教育人才培养重镇、教育政策咨询智库作用的一定体现，更是教育学学科继承与发展的重要过程。

筚路蓝缕，以启山林。目前付梓出版的这些著作不仅是教师自

总　　序

我专业成长的一个集中体现,也是西北师范大学教育学院教育学科发展与建设的新起点。当然,需要澄明的是,"西师教育论丛"仅仅是西北师范大学教育学研究者们在某一领域的阶段性成果,是研究者个人对教育问题的见解与思考,其必然存在一定的不足,还期待同行多提宝贵意见,以促进我们的学科建设和发展。

万明钢
2017 年 9 月

前　言

　　学习国家通用语言文字是少数民族同胞学习和汲取主流文化精髓，缩小少数民族地区与汉族地区经济社会发展差距的自身需要，也是国家促进少数民族地区经济、社会全面发展和促进义务教育均衡发展的重要举措，更是少数民族地区，尤其是西北少数民族地区实现跨越式发展的必由之路。但由于西北少数民族地区文化背景的特殊性和复杂性，以及基础教育发展的缓慢性和落后性，使得国家通用语言文字教学的实施，显得异常艰难。近年来，作者指导的硕士研究生围绕"西北少数民族地区国家通用语言文字教学"这一问题进行了系列研究，本书是在7篇硕士生学位论文的基础上进一步加工修改而成的，是对这些研究成果的集中呈现。需要特别说明的是，在"国家通用语言文字学习"和"汉语学习"这两个概念的使用上，在以往的研究中，研究者们通常将"国家通用语言文字学习"称为"汉语学习"，在少数民族地区学校课程中也通常使用的是"汉语"或"汉语文"。因此在本书所呈现的有关"国家通用语言文字"教学的内容中，使用的是"汉语学习"和"汉语文教学"等表述。

　　在研究中，研究者基于对少数民族基础教育相关文献的梳理，以第二语言习得理论、建构主义学习理论、文化生态理论、情境教学理论、成就动机理论、传播理论、教师专业发展理论及少数民族双语教学理论等为理论基础，构建研究的理论分析框架。研究者主要采用调查研究、叙事研究、个案研究及行动研究等不同的研究方法，遵循"校长—教师—学生—教学"的研究主线，围绕西北少数民族地区校长的课程领导力、教师的生存现状和专业成长、学生第二语言学习动机及学习环境、学生第二语言学习的影响因素、国家通用语言文字教学的设计与实施等方面，从不同维度对西北少数民族地区国家通用语言文字教育教学问题展开研究。

  研究发现，校长在课程规划、课程开发、课程实施、课程评价方面发挥了课程领导力，课程意识、课程素养是影响校长课程领导力成长的内部因素，关键人物、地方教育行政部门、家长是影响校长课程领导力成长的外部因素。影响教师的专业成长过程的主要因素有教育理念、专业智慧以及自身的发展意愿和语言在内的个人因素、环境因素和重要他人。藏族学生国家通用语言学习动机的影响因素包括学生的学习价值观、学习兴趣、好奇心，学校教学机制、师资力量、教材、测量评估体系、教学模式、课堂人际关系，父母的文化素质、职业等级、家庭收入来源、经济压力，文化生态环境。东乡族学生国家通用语言学习动机的影响因素包括学生的学习态度、学习动机、学习兴趣，学校的语言环境、文化环境、汉语课堂教学、课外学习活动，家庭语言环境、家长汉语水平、家长文化程度、家庭经济条件，社区语言环境、社区文化环境等。围绕学生个体的"内在阅读环境"和"外在阅读环境"的创设，通过整合学校现有资源，开设"课上+课下"阅读课程，增强图书的选择性和可读性，创建、营造、完善、优化学生课外阅读环境，是保障西北少数民族地区国家通用语言文字教学有效进行的重要措施。从"以教师为中心"转向"以学生为中心"，对教学目标、课堂导入、教学过程、教学方法、教学组织形式和教学反思等进行有效的教学设计，可以激发学生创造性、发展性、生成性的有效学习。在西北少数民族贫困地区，激发学习兴趣，创设语言学习环境，开展以语言交流学习为主旨的"综合活动课"，引导教师参与教育行动研究，变革教学评价观，在教学中设计并组织学生参与性活动，是提升国家通用语言文字教学效果的有效途径。因此，加快推进西北少数民族地区国家通用语言文字教学的步伐，提升西北少数民族地区国家通用语言文字教学的质量，应以提升校长领导力为前提，以提

前　言

升教师专业能力为突破口，以增强学生第二语言学习动机和学习效果为落脚点，以创设学生第二语言学习环境，优化教学设计，与教师开展协同行动研究等为有效策略。

本书是作者指导的研究团队的集体成果：第一章由西北师范大学教育学院硕士、东北师范大学教育学部在读博士生颜晓程撰写；第二章由西北师范大学教育学院硕士王得琰撰写；第三章由西北师范大学教育学院硕士张婷撰写；第四章由西北师范大学教育学院在读硕士生马飞撰写；第五章由西北师范大学教育学院硕士、江苏省连云港市黑林中学教师刘萍撰写；第六章由西北师范大学教育学院硕士、西南大学教育学部在读博士生张晓文撰写；第七章由西北师范大学教育学院博士、副教授吕晓娟撰写。各章的文字修改、格式调整、校正由西南大学在读博士生张晓文和西北师范大学在读硕士生周婧、钟桢、石桂戎、杨琪琪共同完成。全书由吕晓娟统稿。

本书在出版过程中得到了西北师范大学教育学院的鼎力支持，在此表示衷心的感谢。同时，在实地研究中，个案学校为研究的顺利进行提供了良好的支持，个案学校的校长、老师、同学为研究提供了诸多宝贵的数据资料，在此一并致谢。

2019 年 3 月于西北师范大学
吕晓娟

目　　录

第一章　西北少数民族地区校长课程领导力成长历程的叙事研究 …… (1)
　第一节　绪论 …………………………………………………… (1)
　第二节　文献综述 ……………………………………………… (4)
　第三节　进入研究现场 ………………………………………… (9)
　第四节　H校长课程领导力成长历程 ………………………… (10)
　第五节　H校长课程领导力的表现形式及特点 ……………… (23)
　第六节　影响H校长课程领导力成长的因素分析 …………… (37)
　第七节　H校长课程领导力成长路径分析 …………………… (44)

第二章　藏族小学汉语文教师专业成长的叙事研究 ………… (47)
　第一节　研究缘起与研究问题的确定 ………………………… (47)
　第二节　文献综述 ……………………………………………… (47)
　第三节　藏族小学汉语文教师专业成长过程探析 …………… (53)
　第四节　藏族小学汉语文教师专业成长故事的分析 ………… (84)
　第五节　藏族小学汉语文教师专业成长的启示 ……………… (93)

第三章　藏族小学生汉语学习动机影响因素研究 …………… (95)
　第一节　研究设计 ……………………………………………… (95)
　第二节　文献综述 ……………………………………………… (103)
　第三节　学生个体对其汉语学习动机的影响 ………………… (109)
　第四节　学校对学生汉语学习动机的影响 …………………… (113)

第五节　家庭对学生汉语学习动机的影响……………………（119）
第六节　社会文化生态环境对学生汉语学习动机的
　　　　影响…………………………………………………（123）
第七节　学生汉语学习动机改善策略…………………………（125）

**第四章　文化生态视域下东乡族小学生汉语学习影响因素
　　　　　研究**…………………………………………………（136）
第一节　绪论……………………………………………………（136）
第二节　文献综述………………………………………………（139）
第三节　理论基础——文化生态理论…………………………（141）
第四节　研究对象与方法………………………………………（142）
第五节　东乡族小学生汉语学习现状调查分析………………（143）
第六节　东乡族小学生汉语学习的影响因素解析……………（151）
第七节　结论与建议……………………………………………（182）

**第五章　改善西北少数民族地区农村小学课外阅读环境的行动
　　　　　研究**…………………………………………………（187）
第一节　绪论……………………………………………………（187）
第二节　文献综述………………………………………………（193）
第三节　G小学学生的课外阅读环境现状……………………（198）
第四节　埋下种子——进入研究现场…………………………（205）
第五节　用心耕耘——在行动中反思，在反思中行动………（207）
第六节　结出果实——觅得行动"接力者"…………………（220）
第七节　研究反思与结语………………………………………（224）

**第六章　提高藏族地区汉语文教学设计有效性的行动
　　　　　研究**…………………………………………………（228）
第一节　研究设计………………………………………………（228）
第二节　文献综述………………………………………………（234）
第三节　藏族地区汉语文教学设计的现状……………………（240）

第四节　行动研究的过程：我们在做什么 …………（250）
　　第五节　行动研究的反思与批判：我们在想什么 ………（268）

第七章　藏族小学汉语文教学之行动研究 ……………（275）
　第一节　绪论 …………………………………………（275）
　第二节　研究的理论依据 ……………………………（281）
　第三节　研究思路和研究方法 ………………………（284）
　第四节　行动研究历程 ………………………………（288）
　第五节　结论与启示 …………………………………（324）

参考文献 ………………………………………………（329）

附录 ……………………………………………………（348）

第一章　西北少数民族地区校长课程领导力成长历程的叙事研究

第一节　绪论

一　研究缘起

(一) 新课程改革为民族地区学校的自主发展带来契机

少数民族大多有宗教信仰，其生活环境与文化背景具有民族特性，民族地区的文化特性决定了民族学校的教育特性。但是长久以来，国家采用集中的课程管理体制，对学校课程的控制力较强。课程内容的开发主要由国家教育权力机关组织专家编制全国统一的教材；课程推广更是采用自上而下的模式，很少照顾到少数民族地区的特色发展空间。2001年国家《基础教育课程改革纲要》提出：为保障和促进课程在不同地区、学校、学生中的实施，实行国家、地方和学校三级课程管理，赋予学校一定的课程自主权，使得多民族共同生活与发展的西北民族地区学校有机会以课程为载体，展示民族教育的文化特色及育人特色。

(二) 校长课程领导力是民族学校课程改革深化发展的必要动力

三级课程的实施对民族教育来说可谓机遇与挑战并存，十多年的实践检验证明，民族地区的教育问题主要表现在这些方面：一是应试教育的需要，一些民族学校仍使用汉族版本的全国统编教材，民族文化与传统内容的传承找不到正规的渠道。二是民族教育与民族文化难以真正地有机融合。民族学校仍存在照搬一般学校办学模式的特点，不能做到扎根本土文化，造成民族学校课程与民族文化的断裂，课程设置越来越偏离民族文化传承的轨道。反思课程改革在民族教育实施中的诸多问题，其根本原因在于民族学校难以找到扎根本土文化的课程出路。民族学校要想实现其特色发展，校长的课程领导力起着关键的作用。校长是学校的灵魂，校长的课程领导力是课程变革活动能否顺利进行的关键。

二 研究目的和意义

（一）研究目的

本研究以甘肃省某民族中学 H 校长为例，试图分析其课程领导力形成的特殊"经验"，发掘其在特殊的民族文化背景之下的生存状态；尝试对其他民族地区相似的校长课程领导力的提升提供可资借鉴的经验。具体的研究目的是：

1. H 校长课程领导力的成长历程是怎样的？
2. H 校长课程领导力表现在哪些方面？有何特点？
3. 哪些因素影响 H 校长课程领导力的成长？

（二）研究意义

1. 理论意义

首先，通过对 H 校长课程领导力成长历程的叙事研究，丰富有关课程领导力的实证资料。其次，对民族学校校长课程领导力成长经历的叙事可以在一定程度上引起研究者对民族学校校长课程领导力特殊性的关注，为后续突出民族学校校长课程领导力的相关研究提供一定的事实基础和可借鉴的经验资料。

2. 现实意义

研究者的介入引起了 H 校长对自身课程领导力的关注，有效反思对激发 H 校长课程领导力具有一定的现实意义；通过调查与分析 H 校长课程领导力的表现及特点，指出其课程领导力的优势及存在的问题与不足，为 H 校长的课程领导实践提供一些启迪和指导，促进该学校的课程改革及课程的有效实施。

(三) 研究对象与研究方法

1. 研究对象的选取

质的研究多采用"目的性抽样",即按照研究目的抽取能够为所研究的问题提供最大信息量的研究对象。① 本章选取的研究对象是甘肃省某民族中学的 H 校长。确定其作为研究对象的原因有:(1) 研究对象个人经历丰富。H 校长已有 27 年的教龄,高级教师,20 岁便来到现在的学校,虽然只有大专学历,却拥有丰富的从教和治教经历,担任过教师、班主任、教务主任、校长等职,经历过学校从薄弱到振兴的过程,对课程改革、学校教学变革有自己独到的见解,是一位具有课程领导力的校长。(2) 课程领导效果显著。研究对象所在的学校处于较发达地区,课程发展以及整体的课程教学在同类学校中处于较高的水平,H 校长任职以来,学校的整体教学质量不断提升,且处于持续的上升期。因此,H 校长符合研究对象选择的典型性原则。

2. 研究方法

本章着眼于校长课程领导力形成的过程,需要挖掘校长在其生命历程中对课程领导力形成有着重要影响意义的事件,进行深描,探寻其在课程领导力形成过程中的经验与教训。教育叙事研究是研究者通过描述个体教育生活,收集和讲述个体教育故事,在解构和重构教育叙事材料过程中对个体行为和经验建构获得解释性理解的一种活动。② 因此,本章计划对 H 校长的课程领导力形成经历进行叙事研究,具体研究方法包括访谈法、观察法、实物分析法。

(1) 访谈法

访谈法是"以谈话为主要方式来了解某人、某事、某种行为或态度的一种调查方法"③。就研究者对访谈结构的控制程度而言,

---

① 陈向明:《质的研究方法与社会科学研究》,教育科学出版社 2000 年版,第 103 页。
② 傅敏、田慧生:《教育叙事研究:本质、特征与方法》,《教育研究》2008 年第 5 期。
③ 杨小微:《教育研究的理论与方法》,北京师范大学出版社 2008 年版,第 158 页。

访谈可以分为三种类型：封闭型、开放性和半开放型。① 由于本研究所涉及的时空维度、样本校长的生活经历等具有显著的开放性，本研究采用开放型访谈和半开放型访谈，了解影响H校长课程领导力形成的关键事件以及这些事件的意义解释。同时通过对副校长、教师、家庭成员等相关人物的访谈，多层次、全方位地揭示校长课程领导力的提升历程。

（2）观察法

观察法是收集非语言行为资料的初步方法，依据一定的研究目的，通过感官或利用一定的仪器，有计划地观察学校教育情境中的教育现象，从而搜集信息资料的一种研究方法。② 在参与式观察中，观察者不仅能够对当地的社会文化现象得到比较具体的感性认识，而且可以深入被观察者文化的内部，理解他们对自己行为及意义的解释。③ 参与式观察主要是研究者对H校长的课程领导相关行为和社交活动等进行观察，做好观察记录，并进行分类编码、分析。

（3）实物分析法

实物是通过观察和访谈所获信息的有力证明和补充，可以与观察法和访谈法相互配合，使研究所得到的信息更加丰富。在征求研究对象同意的情况下，收集学校课程建设与发展的相关档案、学校课程建设活动相关的影像图片资料、校长个人的发展档案，并对实物资料进行有效分析，挖掘其中所蕴含的体现样本校长课程领导力形成过程的有价值信息。

第二节　文献综述

一　概念界定

目前学者对校长课程领导力内涵的界定主要分为品质说和能力

---

① 陈向明：《质的研究方法与社会科学研究》，教育科学出版社2000年版，第103页。
② 杨小微：《教育研究的理论与方法》，北京师范大学出版社2008年版，第163页。
③ 陈向明：《质的研究方法与社会科学研究》，教育科学出版社2000年版，第126页。

说两类。品质说认为,校长课程领导力即校长在课程领导实践中所表现出的领导品质,强调校长个人专业素质、个人魅力的发挥。校长课程领导力是指校长引导和率领教师进行课程改革、课程建设的能力,是校长专业修养和人格魅力之所在,[①] 是校长在课程实践中吸引和影响教师及其利益相关者实现改善学生学习品质,促进教师专业发展,提升课程质量的领导品质。[②] 能力说认为,校长课程领导力即校长在课程领导实践中所表现出的领导能力,强调校长的领导行为。校长课程领导力是指校长领导教师团队创造性地实施课程,全面提升教育质量的能力,是组织学校课程实践的调控、驾驭能力。[③] 校长课程领导力的品质说或能力说都在一定程度上窄化了校长课程领导力的内涵。本研究认为,校长课程领导力是指校长领导学校课程实践的综合能力,即校长作为课程领导者通过发挥个人的课程专业素质、个人魅力等品质,领导教师团队进行课程规划、开发、实施、评价等课程实践活动的能力。

二 已有相关研究成果回顾

（一）校长课程领导力价值研究

校长课程领导力价值主要体现在课程改革、教学效率、学校发展三个方面。第一,课程改革的护航者。提高校长课程领导力与教师课程执行力,对课程改革目标有效达成具有重要的意义与价值。[④] 校长在课程改革实施中需要明确课程意识;确立学校课程改革目标和理念;营造积极开放的学校氛围;支持教师的专业发展。[⑤] 第二,

---

[①] 程红兵:《价值思想引领:校长课程领导的首要任务》,《教育发展研究》2009年第4期。

[②] 夏禄祥:《论校长课程领导力的提升》,硕士学位论文,河南大学,2008年。

[③] 王越明:《有效教学始于校长课程领导力的提升》,《中国教育学刊》2010年第3期。

[④] 刘启迪:《"深化课程改革与校长的课程领导力"研讨会综述》,《课程·教材·教法》2011年第12期。

[⑤] 杜萍:《校长的高绩效领导力:课程改革的重要保障》,《教育发展研究》2004年第11期。

教学效率提升的支持者。教学是学校工作重点，教师是否具有课程意识，课程理念是否深入人心，课程实施是否校本化等主要取决于校长的课程领导力。[①] 校长对学校教学的重视，以及对教师专业发展的支持能够有效提升学校的教学效率。第三，学校特色发展的引路者。学校特色的核心是课程特色。[②] 需要校长在个人课程哲学的指导下，有效分析学校的课程优势，整合教师、学生、家长课程改革观点，开发和建构学校的特色课程，以此凸显学校特色。

（二）校长课程领导力表现研究

校长课程领导力主要表现在课程规划、开发、实施、评价四个层面。其一，课程规划能力。课程规划能力是校长课程领导力的首要能力。校长课程规划能力是指校长把自己的课程价值观转化为学校课程开设的计划，构建学校课程开设体系的能力。[③] 课程规划要在保障国家、地方教育部门课程要求的基础上，全面客观地对学校办学传统、特色、课程能力进行分析，建构适合校情的课程规划。其二，课程开发能力。校长是学校课程开发的直接领导者，理应掌握课程开发的领导力。学校课程开发包括国家课程的校本化实施和校本课程开发两个层面。国家课程的校本化实施是在坚持国家课程原则的前提下，因校制宜，将国家课程转化为适合本校师生的经验和实践课程。[④] 校本课程开发是学校依据本校办学理念及学生发展需要，自主开发课程与教材的过程。[⑤] 其三，课程实施能力。保证开足开齐国家课程是校长实施课程领导的基本性前提；对学校课程的灵活管理，保障课程的灵活性和适切性；对教师教学实践的领

---

① 王越明：《有效教学始于校长课程领导力的提升》，《中国教育学刊》2010年第3期。

② 鲍东明：《从"自在"到"自为"：我国校长课程领导实践进展与形态研究》，《教育研究》2014年第7期。

③ 陈欣悦：《我国高职课程改革中校长课程领导力研究——以上海若干高职院校为例》，硕士学位论文，复旦大学，2012年。

④ 郭涵、程翔、熊永昌、高建民、万锡茂：《积极探索国家课程校本化的有效途径——以北京一〇一中学为例》，《课程·教材·教法》2013年第12期。

⑤ 付全新、王坤庆：《课程改革深化背景下校本课程开发的价值取向及实现路径——以湖北省葛洲坝中学为例》，《课程·教材·教法》2013年第9期。

导，提升教师课程执行力。其四，课程评价能力。课程评价是考量校长课程领导力重要维度之一。① 课程评价是运用科学的课程评价方式，对课程的实施过程、结果进行评估，以此检验课程目标实现程度这一目的。

（三）校长课程领导力问题研究

一是校长课程领导意识的缺乏。新课改赋予校长较大的课程话语权，但是课改前的"后遗症"仍旧存在，需要校长调整、确立自身在新课程中的课程领导者角色，强化课程领导意识。二是校长课程领导实践能力的缺乏。校本课程资源开发、国家课程二次开发、整体课程规划能力、课程评价监控能力等对校长来说，还有待大幅度提升。② 校长在课程规划、开发、实施、评价等方面均存在领导能力不足的情况。三是校长课程领导专业素养的缺乏。课程领导是一种专业行为，受校长自身素质和课程资源的制约。③ 校长要扮演好课程领导者的角色，必须不断提高自身的课程专业素养，对课程有系统的思考，整体的把握。④ 成功地实现高绩效的课程领导力，必须加强课程理论的学习，增强课程领域的话语权。⑤

（四）校长课程领导力提升策略研究

其一，校长课程领导意识的提升。校长要增强课程意识，对课程有系统的思考，关注学校课程目标的制定，重视课程推进机制、课程实施效果和课程管理工作的有效落实；按课程标准整合课程资源与开发课程。⑥ 通过参与式讨论分析学校发展中所存在的主要问

---

① 唐德海：《校长课程领导力考量的六个维度》，《现代中小学教育》2013年第1期。
② 鲍东明、于泽元：《校长课程领导能力有待提高——我国中小学校长课程领导观念与行为调查报告》，《辽宁教育》2014年第20期。
③ 夏心军：《校长课程领导力：学校特色发展的应然选择》，《教育理论与实践》2012年第5期。
④ 杜晓敏：《关于中小学校长课程领导力的调查报告——以山东省潍坊市为例》，《当代教育科学》2014年第4期。
⑤ 孙向阳：《校长课程领导力：从"个力"走向"合力"》，《江西教育科研》2007年第11期。
⑥ 王越明：《有效教学始于校长课程领导力的提升》，《中国教育学刊》2010年第3期。

题、影响教学质量的主要因素,深入不同教师的课堂分析不同教师的教学过程及其效果,总结好的经验,并在全校推广。① 其二,校长领导课程实践能力的提升。校长要有严格执行课程计划的意志,对考试与非考试、必修与选修课程一视同仁,合理调配学校内外教育资源,合理分配师资力量,组织教学、教研活动,评价课堂教学质量的能力。② 要提升校长课程认识的理解力、课程氛围的营造力、课程资源的开发力、课程实施的规划力、课程文化的构建力。③ 其三,校长课程领导专业素养的提升。有必要在课程规划、课程开发、课程实施、课程评价四个方面对校长进行多元的培训;举办校长论坛,专题讲座,增强校长的课程领导意识,提高校长课程理论和课程实施能力。④ 提高校长课程领导力的过程也是学校课程建设与教育教学研究相结合的过程。⑤

三 对相关研究成果的反思

其一,对校长课程领导力的相关理论没有达成广泛的共识。目前对校长课程领导力的理论探究主要集中在校长课程领导力的内涵、表现、存在的问题、提升策略等较为浅层次方面,并且有一些理论尚缺乏共识,例如,关于校长课程领导力的内涵、构成缺乏广泛的共识。其二,校长课程领导力的研究对象需要进一步扩展。相关研究较少关注民族学校校长课程领导力,对民族学校校长的课程领导力进行研究可以帮助民族学校校长有效落实课程领导行为,推进民族学校新课程改革的实践。其三,关于校长课程领导力的实证

---

① 王嘉毅、赵明仁、吕国光:《透过行动研究培养课程领导能力——在西北贫困地区农村学校的探索》,《教育科学研究》2005年第5期。
② 王越明:《有效教学始于校长课程领导力的提升》,《中国教育学刊》2010年第3期。
③ 周柳贞、夏雨娟:《试论中小学校长的课程领导力》,《上海教育科研》2009年第3期。
④ 杜晓敏:《关于中小学校长课程领导力的调查报告——以山东省潍坊市为例》,《当代教育科学》2014年第4期。
⑤ 刘启迪:《"深化课程改革与校长的课程领导力"研讨会综述》,《课程·教材·教法》2011年第12期。

研究较少。校长课程领导力的相关研究多以思辨性为主而实证性研究较少，相对缺乏对实践场域校长课程领导力形成的研究。因此，有必要加强具有一定时间跨度的历程研究，以此探究校长课程领导力形成的路径及其本质。

第三节 进入研究现场

一 H校长所在学校的场域介绍

H校长所在学校成立于1982年，是课程设置以藏文为主，办学形式以寄宿为主，主要招收藏族学生的"三为主"学校。经过30多年的发展，学校已形成具有藏汉双语并加授英语的教学体系，是甘南州规模最大的民族类寄宿制完全中学之一，服务半径为150公里，承担着全县藏族农牧民子女的教育重任。该校位于县城的东部，占地面积79.2亩，建筑总面积3.69万平方米。现有正式在册教职工195人，全校教职工中藏族149人，汉族36人，回族10人，少数民族教师约占82%，其中藏族教师约占76%。目前在校学生有2263人，其中，初中24个班，1192人，高中22个班，1071人，学生全部住宿，是一所真正意义上的民族类寄宿制完全中学。

二 H校长个人情况介绍

怀着忐忑的心情见了我的研究对象，虽然有老师的联系以及学校相关部门的介绍信（调研的敲门砖），我还是很忐忑，但是事情似乎比我想象得顺利。H校长给我的第一印象便是，嗯，果然是藏族人，一米八多的身高，宽厚的肩膀，黝黑的皮肤，说着相对较好的普通话，给人一种严肃、威严的感觉，果然是校长范儿十足。（摘自研究者研究日记）

H校长出生于一个普通的家庭，是典型的藏族人，工作严谨认真，现已有27年的教龄，高级教师，20岁便来到现在的学校，可谓为学校奉献了所有的青春时光。虽然只有大专的学历但却拥有丰富的从教和治教经历，在担任校长以来坚持先进的办学理念、严谨的工作态度，得到了学校教师、学生以及当地教育局的广泛认可。

表1-1　　　　　　H校长的个人基本信息

H校长	
性别	男
教龄	27年
任教学科	化学
专业教育背景	1986—1989年在甘南州民族中等专业学校就读 1992—1994年在西北师范大学化学系进修 2005—2008年在合作师专大专进修
职业发展经历	1989—1990年任合作小学教师 1990—1992年任九甲小学教师 1994—1998年任藏中化学老师兼班主任 1998—2002年任教研组组长 2002—2007年任团委书记 2007—2009年任教导主任 2009—2011年任教学副校长 2011年至今任校长

第四节　H校长课程领导力成长历程

2013年2月4日，教育部印发《义务教育学校校长专业标准》，明确提出"规划学校发展、营造育人文化、领导课程教学、引领教师成长、优化内部管理、调适外部环境"这一校长的六项专业职责。[①] 校长领导课程教学专业职责的发挥需要其在专业发展过程中形成优秀的课程领导力，校长课程领导力的形成贯穿在校长专业发展的始终。张俊华在其《教育领导学》中修改了雷宾斯的校长

---

① 褚宏启:《锦上添花与雪中送炭：校长专业标准何以必要——我国〈义务教育学校校长专业标准〉的特征与价值》,《人民教育》2013年第6期。

专业发展理论框架，整合出适合我国中小学校长专业成长的四个阶段：养成、预备、任职（初始期、发展期、成熟期、倦怠期/提升期）、重生（离职）。①该理论框架的优点在于涵盖校长的生活史、专业成长史两个方面，能够从更深的层次上揭示校长专业成长的文化背景及研究对象的特殊性。本研究借鉴张俊华的校长专业发展理论框架，以校长专业成长阶段为节点，分析各阶段中校长课程领导力的发展情况。

一　H校长专业发展养成阶段——课程领导力品格的积淀

校长是学校课程文化的领导人，校长的人格决定着课程领导力的品格。②校长的人格是校长领导品格形成的基础。个体人格的形成受个人教育经历、人生观、价值观的影响，童年时期对父亲、教师和校长角色的认知是养成H校长领导品格的关键因素。

（一）教师品格——爱心、善心、良心

> 父亲一直希望我当老师，有幸福感、荣誉感。父亲一直对我们讲，教育是讲爱心、善心、良心的，是一生积德的工作。我上学时候赶上包产到户，学生多是回家做劳力、挣工分。在升学考试时，父亲就每家每户地做思想工作，说服学生去考试。他一直说："考上，学生的命运就会改变，可家长不这么想，但是我知道读书可以改变命运，我不能放任学生放弃这样的机会，对不起自己的良心。"（H校长访谈）

这一阶段的人生经历影响着校长的教师专业选择，父亲的期待和对教师专业"幸福感""荣誉感"的情感体验是校长走向教师这一专业的内在动因。在父亲的言传身教中H校长产生了"爱心、善心、良心"这一积极的教师价值观。顾明远说过："没有爱就

---

① 张俊华：《教育领导学》，上海华东师范大学出版社2008年版，第141—144页。
② 刘启迪：《"深化课程改革与校长的课程领导力"研讨会综述》，《课程·教材·教法》2011年第12期。

没有教育。"只有爱教育的人，才会将这种爱内化为自身的教育观，引导个体的教育行为。源于对教育的这份爱，H校长才能将自身的精力和时间投入对学校、学生、课程的研究之中，这份爱是校长投身于教育的重要情感基础，也是校长课程领导力的重要品格。

（二）校长品格——敬业、乐学

我父亲做了十几年的校长，在当地非常受人尊敬。我做校长后的为人处世、工作作风、素养品德受他的影响比较深。父亲能做一个好校长，一是敬业。父亲在寒暑假，都会给学生无偿补课，有人说他傻，他认为这是当老师、校长应该做的事，是敬业精神。二是爱学习，以前最先进的就是录像机，可以放光盘、光碟，虽然贵但是多数都是他自己买的，父亲总是跟着学习，带着老师学习，所以他的教学方法比较新。（H校长访谈）

受父亲的影响，H校长在工作中同样表现出敬业、乐学的品格，这种积极的品格对H校长产生了潜移默化的影响，养成了H校长入职后积极的课程领导力品格。研究者观察发现，H校长总会比教师早到半小时，并对学校的教学任务进行检查。在与教师的交流中得知，"校长非常敬业，每天来得都很早，有一次早上看见他眼都是红的，校长都来这么早，我们也不好意思迟到。"校长的敬业精神会带动整个学校教师的精神面貌，触动教师将这份敬业精神带到教育教学中。校长有每日阅读教育报纸、记录学习笔记、查看微信教育公众号的习惯，并且会筛选对教师教学有价值的文章进行分享，带动全校教师的学习。

二　H校长专业发展预备阶段——课程知识的积淀

知识具有价值是学校教育得以存在以及教师这一职业得以安身立命的根本缘由，同时也是古今中外学者关于教育研究的基本共识以及教育实践者所默认的核心信条。① 课程知识亦是影响校长课程领导力成长的核心信条，校长需要积累一定的课程知识才能科学、高效地领导学校的课程实践。

（一）有好教材才能有好学生——朴素的教材观

> 初三毕业到甘南州民族中等专业学校的时候，那里的教师队伍还不太强，也没有藏文教材，上课的材料都是老师头一天用蜡纸印第二天发。前两年藏文教学基本上没怎么搞好，一方面是教材太简单，有的学生吃不饱。另一方面是老师的水平也有限。（H校长访谈）

在民师（甘南州民族中等专业学校）学习中H校长形成了教材简单、有的学生吃不饱的认知以及好教师对学生积极影响的反思。教材与课程标准是承接的关系，根据古德莱德的课程实施层次理论，课程标准中的"理想课程"并不能百分之百地体现在教材中。② "学生吃不饱"的根本原因是教材与学生之间的矛盾，因此，学校与教师对教材的二次开发显得尤为重要。在这一阶段的经历中，虽然校长只是对教材与学生的关系有了朴素的认识，但是，却埋下了H校长领导教师进行国家课程校本化开发的种子。

（二）教育理论的学习是合格老师的基础——教育理论知识的积淀

> 民校主要培养全科教师，学教育学原理，学教育心理学，学教材教法，藏语也好，汉语也好，每个学科都有其课程教材教法。教材教法对我帮助非常大，在第一年当老师的时候，上课写教案都没有问题，这要归根于师范学校的教育比较好。

---

① 张良、靳玉乐：《论课程知识的内在价值及其实现》，《教育研究与实验》2016年第3期。

② 沈健美、林正范：《教师基于课程标准和学生需要的"教材二次开发"》，《课程·教材·教法》2012年第9期。

> 教材教法就是为上好每一节课做准备的，是当合格老师必须经历的过程。（H 校长访谈）

教育理论知识的积淀是校长教学能力获得的基础。正如 H 校长所言，教材教法的学习是当一名合格教师的必经过程。理论对实践的指导与规范功能是教师专业发展路径选择的根本支撑，对教师（职前与职后）不断进行新教育理论或理念的培训，是激发教师投身于新的课程与教学改革并获得专业成长的前提与基础。[①] 教育理论不但能够指导教育实践，还是教师投身于课程与教学改革的基础。同样，作为校长真正做好学校的课程领导工作，相应的课程与教学理论知识的积累有其必要性。

（三）更专业的学习——学科知识的巩固

> 1992—1994 年在西北师大进修学习的经历，在我当老师、当领导的职业生涯中具有重要作用。那时学校缺理科老师，我进修的是化学，对化学学科有了更深入的认识。我们学校现在的中年教师一般都是中专毕业，专业性不够强，需要进修。民族类院校有些专业都没有，像地理、生物、政治这些，需要教师不断进修，再依据民族学校的现状进行教学调整。（H 校长访谈）

学科知识发展水平是教师专业发展的核心标志之一，舒尔曼（Shulman）最早提出，教师专业知识结构中处于核心地位的是学科内容知识（PCK）。[②] PCK 是"将特定的学科内容与教育学知识融合为这样一种理解：如何将特定的主题或问题进行组织与重新表征，以适应学习者的能力与不同的兴趣需要"[③]。教师只有对学科

[①] 程良宏：《教师专业发展的路径及其超越——基于理论逻辑和实践逻辑的思考》，《教育发展研究》2010 年第 15 期。

[②] 毕力格图、张胜利、孔凡哲：《关于数学教师学科专业知识发展水平的研究》，《教育探索》2011 年第 4 期。

[③] 梁永平：《论化学教师的 PCK 结构及其建构》，《课程·教材·教法》2012 年第 6 期。

知识进行理解、推理、转化和反省，才能有效地将学科知识以学生能够理解的表征形式传达给学生，教师的学科教学知识影响其教学效果。教师是课程的执行者，直接影响着一个学校的课程水平，H校长能够认识到培养适合民族教学教师的重要性，并且能在日后一直坚持通过培训促进教师的学科教学专业知识的学习，为日后校长课程领导行为的落实奠定良好的基础。

三 H校长专业发展的任职阶段——课程领导力的形成

（一）初始期：学困生的转化与学生多样性的关照

课程领导的最终理念是：一切课程与教学目标的制定与实施都必须考虑学生能够取得最佳的学习效果，促进学生的发展。① 校长对学校课程计划、课程开发、课程实施、课程评价等一切课程活动的领导都要围绕"学生"展开。

1. "坏孩子"引发的学困生关照——学困生的转化是校长课程领导的重要课题

> 师大进修回来后在教化学的同时还当了班主任，一个学生学习不好，是老师眼中的"坏孩子"，但是足球踢得特别好。有一次他犯了错误，我批评得严厉些，他居然以此为理由退学了，这也是我最后悔的事。当时，我们这个地方通过踢足球升学的人不多，也没有太关注学生的特长发展，要是这个学生走特长发展之路，应该是有前途的，调皮的学生、学困生都需要关照。（H校长访谈）

后悔的情绪引发了校长对"学困生"教育的思考。H校长所领导的学校中学困生是一个重要群体，因此，对学困生的关注有其必要性。学校的教育是面向全体学生的，基础教育的公共性决定了学校教育必须面对所有学生，确保"教育公平"是基础教育课程改革

---

① 钟启泉：《从"课程管理"到"课程领导"》，《全球教育展望》2002年第12期。

的基本内涵。学校层面的"教育公平"主要体现在学校为每一位学生的全面发展提供公平、公正的发展条件上,这其中就包括学校对学困生的关注与学困生的转化问题。因此,学困生的教育也是校长课程领导需要关注的一个难题。

2."不起眼"的学生大放异彩所引发的学生多样性的思考——对学生多样性的关注是校长课程领导的重要课题

> 后来我调到团委主要开展学生活动,比如跳锅庄舞、诗歌朗诵、歌手赛。参加活动最多的就是平时看起来不起眼的学生,好像变了一个人似的,歌唱得好、舞跳得好。我们民族类学生本身是有唱跳天赋的,身体强壮,好多学生在体育运动方面都有特长,但是需要专业老师的指导,学生天赋才能被挖掘出来。(H校长访谈)

H校长在学生活动中对学生的观察,"不起眼"的学生是参加活动最多的群体,并且学生的积极性很高,"就像变了一个人似的",发现了民族学校学生的特性、优势——"唱跳天赋""身体素质"。人的智能是多元的,除了语言智能和数理—逻辑智能外,还有视觉—空间智能、音乐—节奏智能、身体—运动智能、人际—交往智能、自我—反省智能、自然—观察智能和存在智能。[①] 校长对学生"唱跳天赋""身体素质"这些特性的认识便是对学生多元智能的关注,并且校长认识到学生的特性是可以通过专业教师的指导进行挖掘的,因此,校长在日后的工作中一直注重学生这些"特性"能力的挖掘与培养。

(二)发展期:教研问题的反思与变革

校本教研就是为了改进学校的教育教学工作,提高学校的教育教学质量和教师的业务水平,从学校的实际出发,依托学校自身的

---

① 熊士荣、吴鑫德、李跃春、谢祥林、张庆林:《多元智能理论与化学教学的整合》,《课程·教材·教法》2005年第6期。

资源优势而开展的教育教学研究活动。① 一个学校的教研质量直接影响着一个学校的教学水平。教师的教研活动是校长领导学校课程实施的重要内容。

1. 行尸走肉的教研——教研问题的有效性反思

> 在做了几年团委工作后，我的工作重心回到教学，做了教研组长。原来我们学校纪律比较松散，教研次数多，但是质量不高，教研属于混合学科，教研活动如同行尸走肉一样，整个学校的教研风气都比较应付，也不存在严格的评价机制，当时认识到学校教研存在的问题，但我不是领导，一些问题没有办法解决。（H 校长访谈）

"行尸走肉""次数多，质量低"是 H 校长对学校教研问题的直接体验，基于此，H 校长进行了积极反思，将教研问题做出如下归因：其一，"纪律松散"是导致教师对教研活动应付、懈怠的重要原因，其实质是学校组织氛围问题。其二，教研学科混合，存在跨学科交流问题。其三，教研组组长的权力不足，即领导教研赋权问题。其四，教研评价制度有待完善。几方面的共同作用导致学校教研质量长期处于低下的状态。

2. 以学科为单位，缩减教研次数——有针对性地开展教研变革

> 我当过教研组长，知道教研问题出在哪，做教导主任后就有针对性地进行教研改革。我做的第一件事是为了使教研更有针对性，将混合教研改为以同学科为教研单位，把教研组长改为学科组长，实质上行使的还是教研组长的责任。另一方面就是缩减教研活动的次数，把两个星期一次改成一个月一次，教研内容由教研组长针对近期的工作自行安排，但是对其质量做

---

① 韩江萍：《校本教研制度：现状与趋势》，《教育研究》2007 年第 7 期。

出要求，教研活动材料需要上交进行检查。（H 校长访谈）

基于对教研问题的反思，H 校长有针对性地进行了教研改革：其一，以学科为单位，保障教师间的有效沟通，提升教研的深度。其二，缩减教研次数，完善监督机制，促使校本教研管理更为规范化，虽然带有强制性的管理特点，但是在某种程度上可以说管理是领导的基础。其三，教研活动自定乃是放权与赋权的过程，更多地体现了领导的特质。在进行相应的改革之后，教研活动"落实不到位"这一问题依然存在，校长也对这一现象的产生做了"可能是与老师的工作态度有关"的猜想，并且将教师教研问题的解决确立为自己主要的工作目标。

3. 借"维稳"东风整顿教风，实行领导包学科教研的制度——教研效果的巩固

  2009 年"维稳"（2009 年 H 校长学校所在的地区出现了短暂的动乱，引起了中央及当地州政府的重视，教育部门全面、严格地抓纪律、抓秩序，稳定了动乱的社会局面）以后，我们主要整治了校风，进行了制度汇编，学校整体的教研氛围有了很大的改变。为了巩固效果，实行了领导包学科教研的制度，教研活动中有领导在，会更有效。（H 校长访谈）

组织行为是指组织成员对内部或外部刺激做出的与组织相关的反应行为，维持行为是指成员留在组织中继续工作的行为；顺从行为是指成员完成组织交给的任务，并且遵守组织制度的行为；维持和顺从行为是组织对成员的要求，是成员职责范围内的行为。[①] 从组织行为的视域分析，校长借"维稳"的东风进行制度汇编，便是通过教师群体的维持行为和顺从行为实现学校教研活动正常、有效

---

① 傅树京、石锦锦：《校长—教师交换对组织行为影响的功能分析》，《教育评论》2016 年第 2 期。

运转的举措。教师出勤制度、考核制度、评价制度的建立在一定程度上转变了学校的校风,改善了教师"纪律松散"的工作作风。为巩固积极的教风,校长抓住时机,进一步对教师教研管理进行变革,实行领导包学科的教研举措,保障了教研质量的提升。

(三)成熟期:新课改探索中课程领导力的发展

1. 新课改中领导课程规划能力的提升——学校本位的课程规划

> 新课改期间,我是主管教学的副校长,感觉自己能力不足,就多争取学习的机会。当时的课程规划,一方面是通过我自己的学习、参照甘肃省普通高中学科新课程实施指导意见,研究试着做出的。另一方面是派各科老师出去学习,跟老师们一起研究课程的安排,尤其是选修部分。课程规划最主要的是与教师共同探讨,依据学生、学校的现实情况做出的,与老师商量探讨课程规划是决定规划成功与否的关键。(H 校长访谈)

新课改期间,研究对象作为教学副校长,通过培训获得新课程改革的相关知识,这是校长领导教师进行课程改革的基础。课程规划是 H 校长在学习《甘肃省普通高中学科新课程实施指导意见》,以及与各学科教师的交流和沟通,依据学校、学生情况制定的。在制定课程规划中不仅提升了 H 校长的课程规划能力,也使其认识到与教师的合力是此次课程规划成功的关键。学者科恩布兰斯(Cornbleth)指出,学校本位的课程规划应该是脉络化的,即不只局限于课程计划的制订,而是为课程变革而规划,即营造支援性条件或脉络,建立改革的能量。① 合理的课程规划应该是基于学校本位的校情分析,而且这种分析应该建立在教师合作的基础之上。"自下而上"的课程规划既能保持课程规划的相对合理性,又能保

---

① 崔允漷、周文叶、岑俐、杨向东;《校本课程规划:短板何在——基于 Z 市初中校本课程规划方案的分析》,《教育研究》2016 年第 10 期。

障课程规划的顺利实施。

2. 课改中领导课程实施能力的提升——引导教师自主发展

> 参加省上课改学习,了解了杜郎口的教学方法,但是这种方法不完全适合我们学校,只能借鉴,还要结合理论知识与学校情况进行改革。当时首先引导汉语文组进行了教学方法改革。汉语文组的资源比较丰富,民族类、普通类学校的教学方法都可以借鉴,汉语文组做得好,就延伸到其他学科。发现效果不理想,尤其是在藏语文教学上。研究方法不能推广的原因在于学科性质不同、学生学习程度不同,教师所理解的教学内容、方法也不同,但是我还是一直鼓励教师多研究教材、多研究学生。(H校长访谈)

教学方法是教师指导和帮助学生学习的方法,不仅有教学历史这一依据的支持,而且符合现代社会对教学的基本要求。[①] 民族学校教学语言具有特殊性,除汉语文外,其他学科的教学均使用民族语言。这是汉语文教学方法不能得到有效推广的重要原因。当课程由专制走向民主,由封闭走向开放,由专家走向教师,由学科走向学生的时候,课程就不只是文本课程,而更是体验课程。[②] 新课程改革后,教师成为课程的主体,拥有了一定的课程开发权和教学自主权,教师理解课程、自主实施课程的能力成为决定课程实施效果的关键因素。在这一背景下,校长的课程领导就不应是对教师一刀切的要求,而是对其自主探究发展的引导。

3. 课改中领导课程开发能力的提升——地区课程资源的开发

> 课改期间主张开设校本课程,2012年学校来了一个研究

[①] 徐继存:《教学方法阐释》,《西南师范大学学报》(人文社会科学版)2002年第6期。

[②] 钟启泉:《为了中华民族的复兴,为了每位学生的发展——〈基础教育课程改革纲要(试行)〉解读》,华东师范大学出版社2001年版,第271页。

生，专业是格萨尔研究，就让他做有关格萨尔方面的校本课程。格萨尔研究中有很多内容中学生无法接受，需要进行改动。还要考虑到国情，对与政策不和谐的、民族文化不适当的也要删减，要发扬真善美、祖国和谐统一的思想。做了近一学期的调整，最后确定格萨尔校本课程主要是对希腊、藏族、蒙古族等八大史实做出简单介绍；介绍关于格萨尔的民族文化、人物、民族服饰、语言和典型例子以及歌曲、曲调。课一周一节，学生积极性很高，也得到了专家的肯定，对于藏区文化的传承有很大的意义。后来因为教师不够、经费紧张，最重要的是学生课业紧张，与高考没有直接关系，很多家长反对，就停课了。我认为，格萨尔经典的句子对学生写作、品格的培养有很多助益，但是在保障基本国家课程开足开齐的情况下我们才能上校本课程。（H校长访谈）

H校长参与了格萨尔校本课程的开发，善用"研究生"，使教师能力得到最大的发挥。考虑到学生学情、校情、国家要求等，经过校长的多次审核与删减，最后确定以"简单"为基础的校本课程，起到让学生了解民族文化、继承民族传统的作用，在实施过程中得到学生、专家的肯定。但是，由于师资紧缺、学生课程负担重、项目经费等客观原因而停开，其中与学生高考的关联性不大是课程停开的重要原因。校长虽然能够认识到格萨尔校本课程可以提升学生的写作能力、品格素养，具有民族文化传承等意义，但是迫于现实的压力只能停课。校本课程开发是一种"落实"课程，它强调给教师赋权增能，面向教师现场和学生需求差异是校本课程开发的基本理念。[①] 校本课程开发需要发挥教师的优势、对校本课程的内容进行适切性修改，在领导教师进行校本课程开发中，理清校本课程开发的过程，提升其引领教师进行校本课程开发的能力。

[①] 靳玉乐：《校本课程开发的理念与策略》，四川教育出版社2006年版，第80—86页。

(四)提升期:立足民族学校实践的课程领导力提升

1. 引领教师进行国家课程校本化探索

在实施国家课程方面我主要做了两件事。第一,引导教师制作符合藏语教学的课件。课件是非常好的教具,这几年我们把"班班通"都装上了,但是藏文教学没有现成的课件,所以我就让各学科老师共同做课件,提升教学效果。第二,引导教师整合翻译适合藏语教学的复习材料。我们藏文复习资料非常紧缺,普通类的一本教材有多种配套练习,所以国家会限制,我们不会受到限制,因为只有青海五协办编写的配套练习,还有很少的教师自己筹资编印的资料书,我们组织各学科组做适合学生的藏文复习资料。(H校长访谈)

教学资源的合理利用是影响教学质量的重要因素。H校长认为,课件是非常好的教具,其根本原因在于校长对教学资源的合理认识。藏文配套复习材料的短缺是民族学校存在的普遍问题,H校长组织学科组做适合学生学习的复习材料,其实质是认识到国家课程校本化对学校课程实践的重要性。国家课程的基本特征是统一性、普适性,很少关照不同地区学校的差异性、个别性,国家课程只有经学校创编,转化为适应学校实际和学生需要的课程,才有意义。① 在民族学校缺少配套教学资源的情况下,校长领导教师进行教学课件的编辑,翻译适合学情的复习材料,其实质即国家课程的校本化开发。校长需要领导教师感知、理解、创造性地实践国家课程,对国家课程进行校本化的二次开发,以此保障国家课程有效转化为学校的课程实践。

2. 寻找学校课程发展的最佳定位

学校搬迁后条件成熟了,我们就开始组建兴趣小组。一方

---

① 鲍东明:《校长课程领导基本要素分析》,《中国教育学刊》2012年第4期。

面我们学校是州上的二类学校，好生源都到州上去了，教学成绩不占优势，抓教育质量同时要抓体育、艺术特长生，走特色办学这条路。另一方面，国家提倡重视体育、艺术的教育，要积极响应。还有较为现实的原因，一些高三学生参加高考要学习唐卡，学校没有条件，学生会请假到寺院里或其他教"唐卡"的地方专门学半个学期，影响教学秩序。搬迁之后有教室，也可以请专业的老师，按照我们学校现有的条件和老师情况最后确定12个兴趣小组。现在我们是以兴趣小组的形式推进，但是也在着手将学习小组发展成校本课程，列入学校课程体系。（H校长访谈）

兴趣小组活动，又叫课外活动小组、学科兴趣小组、课外兴趣小组，兴趣活动，是具有相同兴趣和爱好的学生在教师指导下或自愿结成的活动小组。[①] 其价值是促进学生的个性发展，促进教师的专业发展，促进学校特色的形成。[②] H校长认识到兴趣小组不仅可以促进学生的全面发展，还是学困生的"出路"。校长理性地分析了学校的生源情况，将学校定位为"州上的二类学校"，"教学成绩处于劣势"的情况定位了学校的特色办学方向。同时顺应国家对体育、艺术的重视以及高三艺考生请假外出学习"唐卡"影响教学秩序的现实情况，组建了12个兴趣小组。将兴趣小组发展为校本课程，说明H校长能够充分认识到课程体系的科学性是影响学校发展的重要因素。

第五节 H校长课程领导力的表现形式及特点

一 H校长课程领导力的表现形式

（一）统筹与规划：课程规划的领导力

课程规划能力即校长把自己的课程价值观转化为学校课程

---

① 袁运开：《简明中小学教育辞典》，华东师范大学出版社2000年版，第297页。
② 钟启泉、崔允漷、吴刚平：《普通高中新课程方案导读》，华东师范大学出版社2003年版，第225—226页。

开发计划、构建学校课程开发体系的能力。合理的课程规划能力是保障学校课程顺利实施的基础，是校长课程领导力的首要能力。

1. 以国家课程开足开齐为前提的课程规划

  我们一定要保证国家课程开足、开齐，国家政策规定的必须执行。我们民族类学校的困难就是比普通类学校多了一门课程，这样对学校的老师和学生来说都增加了一定的负担，但就算是这样，我们也要克服困难。（H校长访谈）

国家课程规划是学校课程规划的前提性任务。校长在学校课程规划中以国家规定的课程政策为基础，正确认识国家课程和其他课程的关系。基于对国家课程地位的准确认知，H校长对学校的国家课程规划提出了以下要求：教导处按照国家课程设置要求，开足、开齐、开好计划规定的课程，坚持专课专上，教师严格按课表上课，不得任意停课、调课。

2. 以学校特色发展为愿景的课程规划

  因为生源的原因，我们的教学质量是比不上一类学校的，但是现在条件好了，所以我们学校今后会慢慢往培养特长生和艺术生这种办学特色发展，所以已经建了12个兴趣小组。（H校长访谈）

学校发展愿景是进行课程规划的重要依据。基于对学校学情的分析，H校长确立了特色办学的发展愿景，以此为基础对学校综合活动课程的组建提供了指导：实施特色办学，深入挖掘特长。为了实现学校特色办学目标，根据学校自身条件和民族特色开设了各类兴趣小组进行教学，抓好体育、艺术教学工作，加大音、体、美特长生的培育力度，使高中特色实验学校创建工作取得良好成绩，为学生个性特长发展奠定基础。

3. 以"巩固强项、加强弱项"为导向的课程规划

在学科的发展方向上主要是"巩固强项、加强弱项"。我们的强项是藏语文,因为在地理环境、语言环境等方面我们有优势,所以为了继续保持我们办学上的优势,我们计划要做藏文的校本课程。(H校长访谈)

基于"巩固强项、加强弱项"的学科发展方向保持办学优势。H校长提倡以开发校本课程的形式巩固学校学科发展优势,基于此,对学校校本课程开发进行了如下的要求:根据现有的条件和资源、学生现状初步开发校本课程。坚持创办"两文"校刊外,藏文组牵头组织和开发并完成了《藏语文基础知识汇编》,汉语文组牵头启动专题汇总工作,弥补汉语文资料紧缺这一不足,体现针对性、独特性和适切性为特色的校本课程。

4. 学校课程规划方案的统筹

学校的主要任务是教育教学,教务处是学校主管教育教学的核心处室,必须发挥好教务处的作用,所以平时我去教务处的时间是最多的,学校课程规划是教务处做的,主要是想通过学校整体的课程设置,让老师清楚我们学校的课程类型、课时,尤其是高中的选修课,最后由我进行把关。(H校长访谈)

学校课程规划的核心内容即课程方案,也就是课程设置和课时安排。① H校长能够正确地认识到学校的主要工作是教育教学,有意识地发挥教务处在处理教育事务上的核心作用;并且经常去教务处检查工作,体现了校长对学校教学的重视。H校长认为,学校课程方案的设计者主要是教务处、学校教师,校长不直接参与课程方案的设计,主要是提出课程规划指导意见,领导教师依据学校课程

---

① 崔允漷:《学校课程规划的内涵与实践》,《上海教育科研》2005年第8期。

现状、理念、实践经验统筹学校课程方案的设计，并对课程方案的结果进行监督。

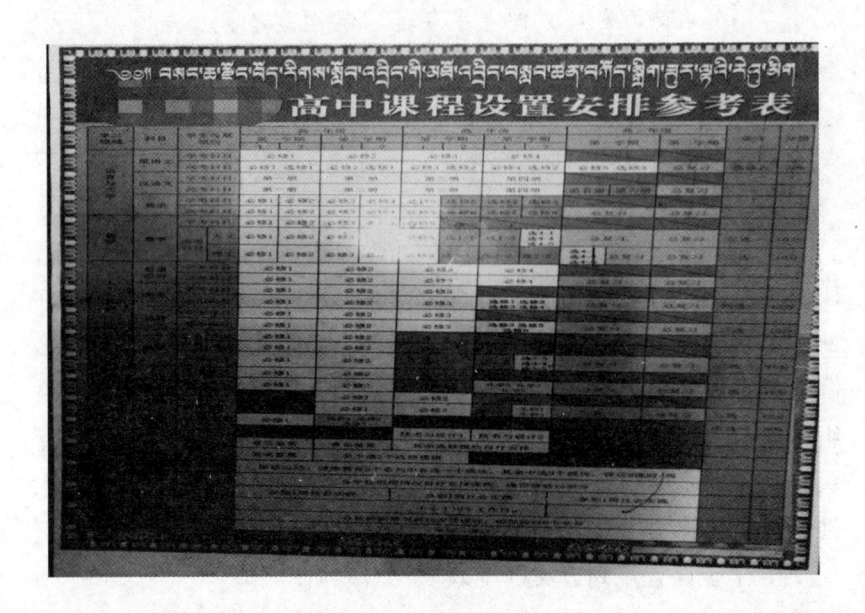

图1-1　H校长所在学校的课程设置安排

　　H校长让我们教务处做课程设置，从课改实施到现在我们积累了很多经验，校长认为有必要进行课程设置的调整、完善。要求我们在国家课程设置的基础上，充分考虑学校课程设置能力；新建兴趣小组如何设置和评价等。最终将学校的课程设置分为八个领域；还划分了高考科目、学业水平考试科目、必修科目和选修科目，并将选修课分为任选和先选；高三安排了复习课，因为我们学生底子不好，需要留足复习时间。校本课程也被算进课程设置里，刚开设的12个兴趣小组，我们打算把这个也算进选修二里面。（教务主任访谈）

　　学校课程方案设置是以校长"根据国家课程设置方案""学校目前的课程设置情况""考虑12个兴趣小组"为导向，对学校总体的课程情况进行全面的考虑，足以表现出校长是学校课程设置的引领者。在国家规定的课程中民族学校比普通学校多出藏语课、民安课、高中民族教育概论等。这在一定程度上限制了民族类学校课程设置的自由度。

(二) 分析与整合：课程开发的领导力

美国课程专家兰姆博特（L. Lambert）提出了"课程领导"不是校长一个人的领导，而是一个团队，组织内的每一个成员都要具有领导者的潜能和权力，相互学习，一起合作，共同承担责任。[①] 尤其是在课程开发过程中，校长需要协调学校各部门，使各层级的教师积极投身于课程开发工作中。

1. 领导学校校本课程的开发

（1）基于校情和学情的分析开发校本课程

> 开发校本课程主要出于两点考虑：一方面，藏文是主要的基础课，学校两年内主要做藏文和汉文的校本教材、资料。另一方面，民族类学校配套复习资料缺乏，现有复习资料有大量的错误，这是老师经常反映的问题，现在我们学校最需要解决的就是学生的复习资料问题。（H 校长访谈）

H 校长是基于"藏文是主要的基础课"这一校情以及学生对"民族类学校配套复习资料"的需求分析，指导教导处制定两年校本课程开发工作计划的。校本课程的开发只有建立在对学校校情以及学生需求分析的基础之上，才能满足学生发展的需要，保持校本课程的生命力。

（2）教师是校本课程开发的主力军

> 校本课程涉及专业性内容，老师是校本课程开发的主力

---

① L. Lambert, *Building Leadership Capacity in Schools*, Alexandria, VI: Association for Supervision and Curriculum Development, 1998, p. 590.

军,他们了解学生的需要,知道什么样的内容适合学生,我们不会对教师开发校本课程有太多的干涉,只是起到监督、审核的作用。(H校长访谈)

教师的能力是校本课程开发成败的关键因素。校本课程开发需要校长充分认识到"教师"这一关键的课程资源。H校长能够肯定教师在校本课程开发过程中"主力军"的地位,协调学校各部门,保证以学科为单位的校本课程开发,保证教师开发校本课程的相对自由,这种适当的赋权充分调动了教师开发校本课程的积极性。

做校本课程一般上面不干涉,能放开手脚。通过学科教师开会,定下基本框架,然后分配给擅长的老师,保证质量。藏文基础部分按照专题,主要是藏文语法、修辞,是学生能理解的简单修辞手法,原来藏族学者理论水平比较高、宗教意识比较强,最后就是减掉不适合学生的较难、宗教意识较强的内容,增加学生能懂的修辞手法。(藏文学科组组长访谈)

校长"比较自由"的校本课程开发领导风格实质上是对学科组长进行了赋权。一方面使学科组长能够组织教师团队研讨合理的校本课程框架,并且"人"尽其用地分配编写校本教材的任务,以此保障校本课程的质量;另一方面,学科组长在组织教师编写校本教材过程中进行了适当的"加"与"减"。在分析学生理解力的基础上做出了"去宗教"的删减,加入学生易懂的文学,保障了校本课程对学生的适应性。

2. 领导学校综合活动课程的开发

领导班子确立办特色学校的方向,主要是在音乐、体育、美术这几方面培养特长生,之后就延伸出民族的亮点和本地区

第一章 西北少数民族地区校长课程领导力成长历程的叙事研究

的特色。结合老师的兴趣、特长动员老师办兴趣小组,没有专业老师又有必要开设的像唐卡,就想办法找老师,但没有编制,藏族服装设计(缝纫裁剪班)兴趣小组因为缺乏专业指导老师而未组建成功,没有老师的话就没法开设了。(H校长访谈)

学校综合实践活动课程的开发是由H校长"自上而下"领导进行的。首先由校长与领导班子确立综合实践课程的指导方针,形成课程方向。以"动员教师"的方式充分利用校内教师资源;以从校外聘请专业教师的形式逐步开办了民族特色突出的唐卡艺术小组、藏书法小组、校园足球小组、舞蹈兴趣小组、田径兴趣小组、篮球兴趣小组、排球兴趣小组、手工制作兴趣小组、锅庄舞兴趣小组、声乐兴趣小组、藏族民间音乐(弹唱)兴趣小组、格萨尔兴趣小组等。

图1-2 H校长所在学校的唐卡教室和藏书法教学材料

(三)引导与支持:课程实施的领导力

校长课程领导力的发挥离不开教师的课程执行力。教师是课程实施的主体,是影响课程实施的关键因素。校长要行使课程领导力,就必须关注教师的课堂教学活动、教师的专业发展,以此为抓手提高教学效果,进而形成有效的课程领导。

1. 校长对教师教研、教学的引导
(1) 深入教师的教研活动——督促、规范教师教研

要提高教学水平必须先提高老师的教研水平。我们教研实行领导包学科的制度，我负责的是化学学科，我会突击检查、参加化学学科教研，发现他们有时候不够严肃、规范，有些老师不积极，不发表意见，达不到教研的效果。针对这些问题我就及时指出，并向教导处反映，及时整改，以保证教研效果。（H 校长访谈）

校长课程领导力直接体现在对教师教学的引领、指导上。校长作为课程领导者深入教师教研活动，把握教师教研现状，发现教研存在不规范、无效率的问题，并及时与教导处沟通，提出教研规范化和保证教研效果的指向性要求。教导处在校长的领导下制定改进策略，重点强调规范教师教研工作，要求教师备课要做到"五有六备""五有"（脑中有"纲"，胸中有"本"，目中有"人"，心中有"数"，手中有"法"）、"六备"（备目标、备提问、备板书、备练习、备学生、备教法），提升教研的针对性、实效性。

(2) 深入教师的课堂教学——指导教师课堂教学

前几天听了一节化学公开课，发现一些教学问题。第一，化学老师讲课时藏文语法修辞存在错误。第二，那节课老师讲的内容太多，练习少。如果是我来讲，这个内容肯定要分成三节课进行，内容太多，不够细化，学生不易掌握。第三，没有明确重难点。第四，例子不够详细。课后我指出了这些问题，跟老师交流了很久，告诉他要是我的话我会怎样讲这节课。（H 校长访谈记录）

校长经常听公开课，一般的课也来，还参加组里教研活动。这节课校长给我提了很多建议，我确实也存在这些问题。

第一章 西北少数民族地区校长课程领导力成长历程的叙事研究

每次校长来听课，从他提的意见里都能学到一些东西。校长也是从老师走过来的，经验比我们多。（化学教师访谈）

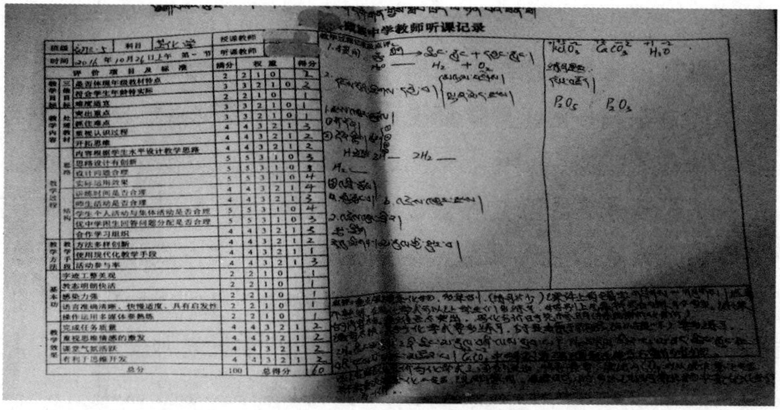

图 1-3 H 校长听课记录

H 校长深入课堂教学，一方面发现教师教学中藏文不规范的教学语言问题。另一方面从自身经验出发，发现教师教学内容多、例子讲解不详细等问题，并与教师进行交流，反馈，对其加以引导。课堂教学是课程改革的着力点，校长的课程领导只有落到课堂教学这一层面才具有实质意义，才能对教师的课堂教学形成直接的课程领导，实现校长课程领导力的有效发挥。从教师访谈中得知，H 校长深入学科教研、听课是常态，而且教师表示，从校长反馈中"能学到一些东西"，这是教师对校长课程领导力的认同。

2. 课程实施中促进教师专业发展

教师是学校课程实施的主体，是学校课程的决定者，因而在某种意义上有"教师即课程"之说。[①] 教师的专业发展影响校长课程领导力的实践效果。支持教师学习，提高教师的专业水平是校长领导课程实施成败的重要影响因素。

---

① 钟启泉、岳刚德：《学校层面的课程领导：内涵、权限、责任和困境》，《全球教育展望》2006 年第 3 期。

(1) 教师校外学习资源的争取——承办省级双语优质课大赛

　　我跟州教育局争取办双语优质课大赛（省级同课异构比赛），学校老师的教学方法比较陈旧，与外面交流的机会少，感觉自己课上得好着呢。只是进行学校范围内的公开课得不到提高，办比赛能使老师受益、教学受益。（H 校长访谈）

课堂教学方法处于不断发展和变化之中，但是 H 校长所在学校存在教学方式陈旧的现象，教师这种僵化的教学方式容易导致教学效果、课程执行力的低效化。H 校长积极承办双语优质课大赛的主要动机是为教师提供学习的机会，以此达到学校老师受益、教学受益的目的。除此之外，H 校长还通过网上学习、学校派出培训、专家讲座等形式来争取外部教师学习资源，以此保证教师的专业成长。

(2) 教师校内学习资源的创建——藏文典籍室的创建

　　为了教师的专业成长筹建了藏文典籍室。一方面，有助于提高教师的藏文程度，另一方面是为了教师的全方面发展。藏文典籍室有很多藏文经典，跟我们现在学的课程联系比较紧密，有历史、地理、天文、科学等典籍，也有汉文经典。（H 校长访谈）

　　藏文典籍室的学习环境比较安静，文科、理科、古典文献、好的作品里面都有，老师可以随时去看。虽然古典文献不适合所有老师，但多读书对教学肯定有帮助，我自己学到的东西在讲课的时候会讲，学生也可以有一些了解。（藏语文教师访谈）

H 校长为了促进教师专业成长创建了藏文典籍室，丰富教师校内的学习资源。一方面可以提升教师的藏文教学水平，另一方面能够拓宽教师的教学知识，最后达到提升学校整体教学效果的目的。

教师反馈也证明了创建藏文典籍室对他们的学习和专业发展有所帮助。只有教师的专业水平得到提升，学校整体的课程变革才能真正得到落实，教育教学水平才能实现真正提升。

（四）民主与细化：课程评价的领导力

课程评价是校长课程领导力的重要方面。通过课程评价不仅可以了解课程实施过程中的不足，评估学校课程实施效果，而且为课程实施的改进提供了依据。通过课程评价实现课程的改进是课程评价的重要功能。

1. 学生评价——学生评价组织机构的建立与评价内容的完善

> 学生评价不是一个人能完成的，必须有一个有序的组织机构，这样才能保证学生评价工作的顺利展开，所以我们组建了专门的学生评价小组。成立学生评价小组之后，我们就根据一些文件结合学校的实际情况，制定了具体的评价内容、要求。（H校长访谈）

H校长认为，学生评价必须有专门的组织机构，才能保证学生评价的顺利进行，体现了校长对学生评价的重视。学校建立了以校长为领导的学分认定工作小组。主要负责对学分认定、评定的领导和指导工作。学分管理小组包括学科类学分管理小组、社会实践类学分管理小组、社区服务学分管理小组。评价小组成员根据教育部《普通高中课程方案》《甘肃省普通高中新课程学分认定指导意见》《甘肃省普通高中新课程学生综合素质评价指导意见》等文件，分析学校基本情况，制定校本化的学生评价内容、要求，具体内容为对学生的学习评价采取综合评分的办法，对学生学习过程中的修习课时、修习过程的综合表现、模块考试考核等项目进行评价。

2. 教师评价——教师为本，民主细化

（1）教师评价制度的原则——教师为本

> 教师年度考核制度的制定离不开教师，绝对不能由领导一

刀切。教师考核制度的制定是由领导班子初定"教师为本"的评价方向，加上学科组长讨论，反映普通教师的意见，形成讨论稿。定下讨论稿后，会发给每位教师征求意见，再进行修改，最后确定教师评价制度。（H校长访谈）

从教师评级的讨论稿到最后定稿的"教师全程参与"体现了H校长领导教师评价制度制定过程中"民主型"的领导风格。H校长与领导班子集体讨论的教师评价原则包括坚持多劳多得、质量优先的原则，定量和定性相结合的原则，分组、分科、分等级考核的原则，激励性原则。评价内容主要包括基本项、教学成绩和加分项。

（2）教师评价制度的实施——细化的教师评价改革

在教育教学管理过程中发现问题我们都会及时调整，这几年我们细化了教师考核制度。以前的年度考核不全面、不够细化，有老师一个学期不写教案，只抓教学成绩，但实际上成绩也一般。改评价制度的目的就是让老师写教案，做教学准备。为了鼓励毕业班老师，他们加分项也比别的老师多，鼓励毕业班老师多付出，提高积极性。（H校长访谈）

表1-2　×藏中教职工年度考核内容（2011—2012）

考核内容	思想政治（5）	出勤（5）	教案（5）	作业（5）	工作量（5）	成绩（60）

表1-3　H校长所在学校2015—2016年教职工考核表

考核内容	计划	总结	出勤	教案	作业	工作量	职责分				高三加分					初三加分		业务奖加分	学生竞赛	专著/校本加分	政治学习加分	成绩			
							班主任	副班主任	团委党办	处室干事	升本率	单科名次	年级班主任	六科合格	七科合格	单科名次	班主任					体育艺术等级	第一学期均分	第二学期均分	年度均分

通过两次教师评价内容的对比以及校长访谈我们得知,在 H 校长的领导下,学校的教师评价改革具有不断"细化"的特点。校长重视教师考核的原因是考核与教学效果存在相关关系。教师评价的功能在于通过教师评价促进教师的教学反思,提升教师的教学能力、效能,这种细化的教师评价一方面体现出校长对教师教学过程的重视,另一方面可以达到鼓励教师教学的目的。

二 H 校长课程领导力的特点

(一) 关怀的特点

我对老师比较关心,比如说老师家里面有人生病,我会主动给假,这期间他的事情我能做的都由我来做。在那之后给老师安排工作他会更诚心诚意地接受,有干劲。教师有问题我也会直接讲,他们也知道这是出于关心,不会将其理解成是对他们的歧视,这样和老师之间的矛盾就自然化解了。(H 校长访谈)

平时在工作的时候校长挺关心我们的,我妻子生病需要手术,我是教务主任,很多事情要我组织管理,我请了好久的假,本来挺不好意思多请假,但是校长很爽快,还分担了我的工作。但是校长性子比较急,有时候也会骂人,但是我知道是自己有问题,事情过了,他对我们还是跟以前一样好,我们都挺服他的。(教务主任访谈)

人际领导即校长在课程领导过程中调动、发挥人际资源的能力,是校长课程领导的基础。校长作为学校的课程领导者,需要与学校组织中的其他成员进行良性互动,通过人际关系的建立保障沟通的顺畅。影响人际交往的更重要、更持久的因素是人与人之间的情感、内在动机的激发。关怀伦理学家诺丁斯认为,关怀是一种关系,是一种关怀者发出关怀行为,而被关怀者给予回应的互动行为。① H 校长通过"关怀"拉近自己与教师的距离，化解在课程领导过程中与教师的矛盾，可见校长对处理与教师关系的重视程度。学校课程实施取得成效的关键在于教师，作为课程领导者创建"关怀"的领导氛围，通过沟通和激励，促进群体合作，共同参与管理，获得较高的课程工作效率。

（二）民主的特点

> 校长人性化管理方面比较好，他不会有一刀切的现象，一般事情都会让我们老师发表意见。就像考勤制度改革，校长就让我们发表了意见，也做了问卷调查，这是校长最大的特点。考核制度跟我们老师息息相关，让我们参与制度制定，我们也好接受一些。（教师访谈）

民主是 H 校长的又一领导特点。课程领导是一个分享过程，各利益相关者通过合作，在团队力量之下共同参与课程决策与管理。② 校长与教师的合作是课程领导的核心。教师作为课程实践者拥有自己的课程认知，不能把教师当作课程领导中的权力客体，要赋予教师一定的课程民主参与权。随着社会的不断进步，民主思想的逐步深入，人们逐渐认识到权力强制、权力程序在课程领导实践中具有很大的缺陷，容易引起组织内部的对抗，领导者必须让教师拥有一定的权力，才能更好地获得大家的拥护，从而让自己更有权威。要提升学校整体的课程实践能力，校长就要以民主的形式接纳教师的意见和主张，积极倾听教师的意见，在平等协商的基础上履行职责，通过对话交流，实现知识、经验、资源共享，共同做出课程决策，采取课程行动。

---

① ［美］内尔·诺丁斯：《始于家庭：关怀与社会政策》，侯晶晶译，教育科学出版社 2006 年版，第 256 页。

② 刘永福、李保强：《近二十年西方课程领导理论的进展与根本转向》，《比较教育研究》2013 年第 8 期。

(三) 善任的特点

> 现在的教学副校长是我推荐的。他现在还在上课，教学好，跟老师们的关系也好，教学副校长是管理学校教学的最重要职位，必须教学业务能力强而且管理沟通能力强。学科组长是重要的中层领导，是联系领导班子和老师的关键。学科组长业务能力很重要，学科组长主要是由教学专业能力突出的老师担任。(H 校长访谈)

组织机构是学校制度的重要组成部分，目前 H 校长所在学校的组织机构是线性的，分为管理层、中层领导、基层教师。为保证课程领导的顺利实现，建设一支高效的领导团队是校长课程领导力的重要体现。高效的领导团队建立的首要问题是领导人员的任命，在推举教学副校长、选拔学科组长时主要注重教学能力、专业能力，这种"任人唯贤"的举动，是 H 校长善任的表现。要想使学校的课程改革取得成功，就必须给予学校的教师或教师队伍以足够的课程领导权力，通过这种方式可以达到培养领导型教师的目的，同时能够极大地推动一所学校顺利地迈出课程改革的步伐。[①] 教师是具有领导潜力的群体，校长应该大力开发学校的教师资源，组建具备领导潜质的教师群体，提升学校教师资源的利用效能。

第六节 影响 H 校长课程领导力成长的因素分析

一 影响 H 校长课程领导力形成的内部因素分析

影响校长课程领导力形成的内部因素即校长个体的主体性因素。校长的教育观念、专业素养、能力等个体主体性因素对校长课程领导力的形成有着重要影响。

---

① [美] Allan A. Glatthorn：《校长的课程领导》，单文经等译，华东师范大学出版社 2003 年版，第 18 页。

（一）H 校长的课程意识

> 课程领导力这个概念在培训时候学过，具体的我说不太明白，但主要是强调校长对学校课程教学的重视。现在虽然实行三级课程，但是我们工作的重点依然放在国家课程上。校本课程是指立足于学校的现实情况开发出符合自己学校发展的课程，还有地方课程，一般就是有地方特色的课程，我们这里没有地方课程。我认为，这些课程都是有用的，是可以促进学生全面发展的。（H 校长访谈）

校长的课程意识是影响校长课程领导力的本质性因素。课程意识是对课程系统的基本认识，是对课程设计与实施的基本反映，其基本形式是观念层面的，本质上是教育行为中或明确或隐含的"课程哲学"①。校长的课程意识指导着校长课程领导行为，校长课程领导力的发挥需要校长对课程有自己的认知。虽然 H 校长对校长课程领导力没有明确清晰的认识，但是在一定程度上抓住了校长课程领导力的核心即对课程的重视。校长能够清晰地认知自我的课程领导者角色，是其进行一切课程领导行为的基础。根据研究者的观察，H 校长在实践中也很好地践行了自身的课程领导力，表 1-4 是 H 校长某一天的工作记录。

从表 1-4 可以看出 H 校长一天的忙碌状态，正如萨乔万尼所述："发生在校内外的几乎每件事最终都要由校长负责。"② 在与 H 校长的访谈中他也表示"作为一校之长，学校的大事小情都要经过我，有时候一上午连喝个水的时间都没有"，但即便再忙碌，H 校长的多数时间都用在领导教师教学、学生学习上，正是 H 校长对学校课程与教学的重视在一定程度上引发了学校教师的教学积极性。

---

① 郭元祥：《教师的课程意识及其生成》，《教育研究》2003 年第 6 期。
② ［美］托马斯·J. 萨乔万尼：《校长学：一种反思性实践观》，张虹译，上海教育出版社 2000 年版，第 14 页。

表1-4　　　　　　　　H校长的工作记录

时间	地点	具体工作
6:30—7:00	学生活动区（操场）	检查学生早操出勤情况
7:20—7:40	教学楼	检查教师早自习上课情况
8:00—9:30	会议室	总结上周工作情况、布置和商讨本周工作（重点在双语大赛和教学工作上）
10:20—11:20	教学楼	对新教师进行听课并加以指导
14:00—14:50	教学楼	听化学组教学公开课
14:50—15:50	教学楼	参加化学组评课活动
16:30—17:30	教学楼	主持教职工大会
19:00—19:30	教务处	检查教师晚自习出勤情况

（二）H校长的课程素养

我很重视自己的学习，也重视老师们的学习。我平时会订《人民日报》《中国教育报》《民族教育研究》之类的杂志，看有关教育的版块，虽然不能成为专家，但是也不能落后，作为校长，思想和知识必须更新，要不怎么管理学校。（H校长访谈）

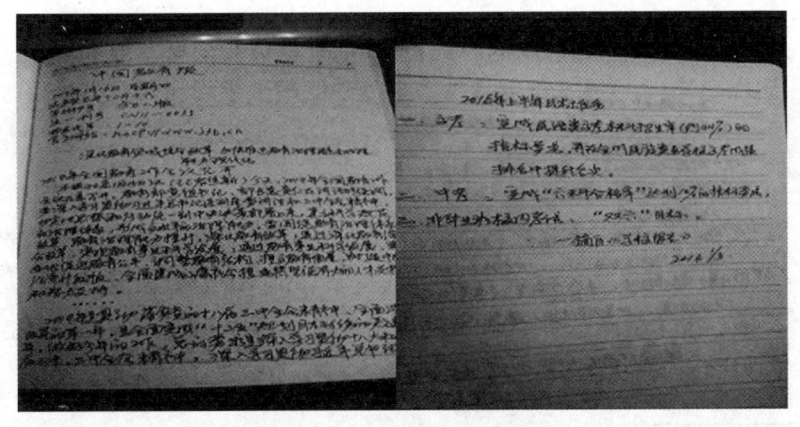

图1-4　H校长的学习笔记

校长的课程素养体现在这些方面：对课程的系统思考、整体把握；正确解读国家课程标准；认识文化因素对课程实施的作用；分析学生的基础、需要、特点；帮助教师增强课程意识；明确学校课程改革的主攻方向和长远目标；关注课程推进机制，关注课程实施的实际效果和管理工作的有效落实。① 这一切素养的养成都离不开校长个体持续地学习，只有储备和更新相应的课程知识才能做好学校的课程领导工作。课程领导是一项专业工作，只有在实践中不断反思学习，积累课程知识，才能将课程领导力落实到学校的工作中。H校长即便再忙碌，也会尽量调和工作与学习的矛盾，保障学习时间，提高自身专业水平和课程素养。H校长的学习笔记也充分证明了校长坚持不断学习以及提高自身课程素质的强烈愿望。在研究者看来，H校长也是通过学习不断进行自我提升的人。

今天如往日一样对H校长进行了访谈，或许是熟络了，在访谈进行到一半时，H校长突然对我说，颜老师，你问了很多关于课程领导力的问题，我发现自己还有很多不足，所以学习一下。今日的收获让我兴奋，我的研究对校长似乎有了影响，顺利地引起了校长对课程领导力的关注。（摘自研究者研究日记）

二 影响H校长课程领导力形成的外部因素分析
（一）关键人物的影响
1. 父亲严格的家教使其养成了良好的工作作风

我能走到今天，父亲功劳很大。小时候，父亲给我们买的最多的就是书，这就养成了我爱看书的习惯。父亲对我的人品、学习要求很严格，家里的兄弟姐妹都很正直、善良，人品作风上都没有问题。（H校长访谈）

---

① 陈晞：《校长课程领导力之我见》，《上海教育科研》2009年第3期。

父母的教养方式是影响孩子品格形成的重要影响因素。访谈中，H校长多次谈到父亲对他的教育和影响，从H校长课程领导力的形成历程中可以看出，其重要的进步和成长都离不开父亲的教导。父亲的读书习惯潜移默化地养成了H校长爱读书的习惯。父亲还是其良好人格形成的最好老师，同时，这种良好的人品也造就了今日校长严谨、公正、敬业的工作作风。

2. 父亲是关于学校问题答疑解惑的良师

> 我和父亲在一起时话题聊着聊着就聊到了教育、学校情况、学校管理困难的问题，父亲会很好地帮我分析。比如教师出勤考核制度，我发现老师的出勤情况不好，把这个问题跟我父亲讲了，他原来管理学校就是采取计量的办法，效果挺好。最后我就按照这个思路走，定下比较细的教师考核制度。（H校长访谈）

> 我认为，当老师是最好的职业。他们上学的时候，我的要求会严格些。刚当上校长那会儿，他挺困难的，每天回来都挺晚，很忙，那会儿他一有事就来找我商量，学校老师出勤问题当时是把他愁坏了，我就把原来管老师的方法告诉他。我刚来县里小学时，老师出勤也不好，工作作风散漫，我就让老师定时签到，出勤跟工资、教学挂钩，学校成绩也提上去了，这个做法是最有效的。（H校长父亲访谈）

父亲是一个终身学习的践行者，也是一个对教育事业有着浓厚感情的人。对学校问题的共同探究已然成为父子日常交往中重要的部分，父亲是H校长学校问题答疑解惑的良师，也是为校长出谋划策的"军师"，有着当校长经历的父亲可以说是H校长重要的学习资源，从父亲那里学习来的教育经验成为H校长领导学校课程教学变革的重要经验。

（二）地方教育行政部门的影响

地方教育行政部门在课程管理中起着上传下达的作用，一方面要准确地执行国家教育行政部门的课程要求，另一方面要对学校的课程实施情况进行相应的指导、监督。三级课程管理体制实行以来，实现了地方、学校课程管理权力的下放，在一定程度上保证了学校一级课程管理的权力，赋予校长课程领导权力。但是校长在课程领导实践中，仍然在很大程度上受限于地方教育行政部门。

1. 地方教育行政部门的资源支持

学校搬迁后，基础设施基本配备齐全，文化建设也基本完成，实验室对理科教学很有用，现在主要是把实验室搞起来，但是实验室中的器材跟不上，在资金上存在一些困难，资金主要还是上面管，现在就是跟上面争取，希望他们给一些资金上的支持，不然像兴趣小组、实验室这些也没办法开办、维持。（H校长访谈）

H校长虽对实验教学相当重视，但是在筹建的过程中遇到了"巧妇无米"的尴尬。地方教育行政部门的资金支持是校长课程领导实践的保障。为保障校长课程领导力的发挥，地方教育行政部门要为校长的课程领导行为提供足够的资源支持，以保障校长课程领导力的顺利发挥。

2. 地方教育行政部门政策的"张"与"弛"

学校受州教育局管理，有些事情会受限，像学生评价这块儿，上面有要求，我们没有太大的权力，所以这方面没有多少创新，主要还是学生成绩占的比重比较多。但是对教师考核评价没有限制，还有12个兴趣小组，州教育局并没有地方性课程，鼓励我们自己搞适合自己学校情况的课程，上面给了这个权力我们才敢放开手脚去做。（H校长访谈）

因为"上面"对甘南州学生综合素质评价的限制，学校在学生评价方面的自主权较小。相较于学生评价来讲，州教育局对教师评价的限制较小，加之 H 校长对教师评价的重视，使得 H 校长在教师评价中充分体现了其对课程评价的领导力。长期以来，地方教育行政部门对学校一级的课程管理一直处于"不放心"的状态，注重对学校课程实施结果的监督与控制。地方教育行政部门课程政策的"张"与"弛"作为影响校长课程领导力的社会因素，直接决定了校长课程领导力发挥的空间。

（三）家长的理解与支持

课程的变革与创新是校长课程领导力的重要组成部分，为了保证学校课程变革的顺利实施，必须协调好学校与家庭的关系。可以说，家长对学校课程变革和创新的支持是学校课程改革重要的外部条件，也是校长课程领导力发挥的必要保障。在课程改革中，家长对课程改革的不理解，使校长课程领导力的发挥遭遇了重重阻力。

> 格萨尔的校本课程是实实在在地做过，但是，当时有一个学生学习属于中等，家长对他抱的期望特别大，一心让他考大学。格萨尔研究课程，这个学生特别喜欢，就会看一些这方面的书，被家长看见了，找来学校，从这件事里面看出了家长的态度。现在的兴趣小组、体育、艺术生，我们想找突出的学生参加艺体类考试，但是有一些家长不支持，说正经高考才是正确的，那些都是"歪门邪道"。碰到这样的家长，就多花一些时间做功课、讲政策，家长不理解学校的事情挺多的，最近就组建了家长委员会，选出开明的家长做工作，家长之间沟通有时比学校里面的人说话要管用。（H 校长访谈）

家长的支持和参与是校长课程领导力发挥的重要影响因素。H 校长在推行校本课程以及综合实践活动课程的过程中受到了来自家长的阻力。在一般情况下，家长对学校课程与教学的理解停留在课程改革之前的旧经验上，认为只有国家课程才是学生应该学习的主流课程，学校自主开发的校本课程被家长视为"不入流"的课程，从而导致家长对学校推行的学校课程变革产生不支持，甚至抵制的行为。因此，校长有必要领导学校教师依据相关专业知识以及政策导向，及时与家长沟通，建立家校合作的互信关系。H校长面对家长的质疑主动与家长进行沟通，建立家长委员会，以积极的方式实现家校沟通，为课程改革的推行寻求家长的支持。

第七节　H校长课程领导力成长路径分析

一　课程知识是校长课程领导力"修炼"的基点

课程知识是校长课程领导力"修炼"的必备基础。从H校长的课程领导力发展历程来看，其重要的学习经历、在课改中接受的培训等使其积累了相对深厚的课程知识，这是校长领导课程实践的基础。课程理论知识即通过归纳、演绎等方式获得的普遍真理，是确定的、权威的知识，可以通过书籍、网络媒体等知识载体习得。课程理论知识虽然不能直接运用于课程实践，形成直接的课程领导力，但是，课程理论知识是树立校长课程意识、引导课程行为的基础，为校长课程领导力的形成提供了可能性。优秀的课程领导者首先需要积累相对丰厚的课程理论知识，在此基础上经由反思、实践不断实现理论知识的内化，形成真正指导课程领导实力的课程实践知识。H校长课程知识的积淀主要有两个途径：第一，正式的学习途径。正式学习主要是指H校长在职前通过接受系统的正式教育获得课程教学的理论知识。第二，非正式的学习途径。主要包括短期的校长培训、参观同类学校的办学经验、自主学习等。基于校长作为学校"首脑"的工作角色，其工作事务繁重，缺少集中学习的时间，因此，校长的学习更多的是利用碎片化的时间通过非正式学习的方式积累课程知识。

二　课程实践反思是校长课程领导力"修炼"的触发点

反思是教师专业发展的重要组成要素，美国著名心理学家

Posner 提出了著名的教师成长公式：经验+反思＝成长，表明了反思在教师成长中的作用。① 反思亦是影响 H 校长课程领导力修炼的重要因素。从 H 校长的课程领导力"修炼"历程中我们可以看到几个关键反思："对学生差异性的思考""对教师教研问题的思考"，正是对基础问题的反思，才有了此后"12 个兴趣小组的建立""对教师教研问题的改进"等课程领导实践。反思是一切行为包括课程行为的逻辑起点，这里需要指出的是，校长的反思不是随意的，首先，H 校长的课程实践反思具备全局性特点。校长是学校所有课程实践活动的"掌舵者"，校长对于学校课程实践反思是否全面在一定程度上决定了学校未来的发展方向，因此，校长的课程反思要全面，应从学校发展的实际需求出发，找准学校课程发展的着力点，规划学校课程发展蓝图。其次，校长的课程实践反思要具有针对性。在全局规划、反思学校课程的基础上，校长的反思要聚焦具体的课程问题，例如，学校的课程规划、课程开发、课程实施、课程评价等方面的具体问题，并且针对问题进行诊断与归因，为课程实践的改进提供充足的动因。

三 基于学校情境的课程实践是校长课程领导力"修炼"的关键点

课程实践是检验校长课程反思成效的试金石，也是校长课程领导力"修炼"的关键点。国家课程的基本特征是宏观性、普适性、统一性，课程实践的基本特征是微观性、特殊性、操作性，国家课程与课程实践宏观与微观、普适性与特殊性、统一性与操作性的二元特征必然会导致国家课程与课程实践的断裂。弥合国家课程与课程实践的断裂是校长课程领导的重要内容。如同 H 校长在课改中对课程规划、课程开发、课程实践的改进，立足学校情境的国家课程校本化实施，基于学校的课程发展定位，皆是其基于学校课程实践

---

① 王辉、汪斯斯、王雁：《特殊教育学校校长专业成长的个案研究》，《中国特殊教育》2016 年第 11 期。

情境，弥合国家课程与课程实践断裂的过程。课程的问题（实际上包括教育的问题）在实质上是实践的问题，是与具体的时空或情境相联系的，因而不是简单的技术性或程序性的问题，而是不确定的智慧的和道德的问题。① 校长的课程领导力实质上是课程实践的领导力，校长课程领导力来源于实践，最终要落在课程实践上，校长课程领导中需要的不是确定的智慧，而是基于学校情境的实践性智慧。实践智慧以观念的形式内在于人并作用于实践过程，其中既凝结着体现价值取向的德性，又包含着关于世界与人自身的知识经验，二者同时渗入人的现实能力中。② 处身于真实的课程实践情境中，在课程实践中理解课程的真谛，形成课程实践经验，经由反思形成指导课程实践的一般性价值取向，这便形成了指导校长课程领导的实践性智慧。实践性智慧是校长课程领导力的重要组成部分，是校长课程领导力形成的关键因素。

---

① 程亮：《"实践智慧"视野中的教育实践》，《华东师范大学学报》（教育科学版）2009年第9期。
② 杨国荣：《论实践智慧》，《中国社会科学》2012年第4期。

第二章 藏族小学汉语文教师专业成长的叙事研究

第一节 研究缘起与研究问题的确定

双语教育伴随着双语现象的出现而形成，是我国民族教育的重要组成部分。民族教育发展的实践表明，少数民族双语教学发展好坏是推动或制约民族教育发展的重要因素，而少数民族双语教学的发展水平主要受汉语文教学的影响。目前我国积极发展西北少数民族地区义务教育阶段的双语教育，大力培养少数民族中小学双语教师，使西北少数民族地区的教育上了一个新台阶，但依然面临着许多需要解决的问题。少数民族双语学校汉语文教师数量已基本得到保证，但面临专业不对口和汉语文专业水平较低的问题，在农牧区学校这种情况就更值得关注。通过对相关文献的整理分析，目前对少数民族双语教师的研究较多，但关于藏汉双语教师的研究较少，而关于少数民族双语学校汉语文教师专业成长和教师培训的研究，几乎处于空白状态。所以研究者决定对此进行探索，了解这些教师的专业成长途径和现状以及他们在成长过程中所遇到的困难和问题，以期给更多的西北少数民族地区双语学校的汉语文教师的专业成长与发展提供经验借鉴。

第二节 文献综述

一 概念界定

（一）双语教育

关于"双语教育"的定义，国内外学者持有不同观点。世界著名的双语教育专家 W. F. 麦凯指出："双语教育指的是以两种语言作为教学媒介的教育系统,其中一种语言常常是但并不一定是学生的本族语。"① 中国民族语言学家周庆生提出,"双语教育"是指多民族国家或地区进行少数民族母语和国家通用语这两种语言的教育。②

由此可见,双语教育是一种专门针对少数民族学生而设的使用两种语言进行教育的教育形式。本研究所提及的双语教育是指少数民族双语教育中的藏汉双语教育。

(二) 藏汉双语教学

藏汉双语教学是指在藏区中小学普遍实施的以藏、汉两种语言文字为信息传播载体和教学媒介,以藏族聚居区的藏族青少年为培养对象的跨文化教育活动。目前在藏区实行的双语教学模式主要是"汉语文+其他各课用藏语授课"和"藏语文+其他各课用汉语授课"这两类教学模式。

(三) 教师专业成长

通过对已有文献资料的梳理发现,国内一些文章把"教师专业发展""教师专业化"和"教师专业成长"三个概念替换使用,未予以严格区分。从国内学者叶澜③、肖川和胡乐乐④等人的定义来看,教师专业成长不能一蹴而就,需经历漫长的过程。在此过程中教师不断进行教学经验积累和实践反思,个体内在专业素质得到不断提升,逐渐从不成熟发展到相对成熟的专业成长历程。

二 已有的相关研究成果回顾

(一) 教师专业成长的相关研究

1. 国外的相关研究

国外对于教师的研究始于 20 世纪英国对专家型教师的研究。

---

① [加] M. F. 麦凯、[西] M. 西格恩:《双语教育概论》,严正、柳秀峰译,光明日报出版社 1989 年版,第 389 页。
② 周庆生:《中国双语教育类型》,《民族语文》1991 年第 3 期。
③ 叶澜:《教师角色与教师发展新探》,教育科学出版社 2001 年版,第 228 页。
④ 肖川、胡乐乐:《论校本研究与教师专业成长》,《教育研究》2007 年第 1 期。

20世纪60年代末，美国学者弗兰西斯·富勒编制了《教师关注问卷》，研究教师专业生涯发展过程。80年代末，英国创建了校本培训模式，目的是促进教师专业化发展。自此，国外对教师的研究逐渐增多，通过文献梳理发现，研究主要集中在教师专业成长阶段、教师专业成长的影响因素、教师专业成长对策上。

（1）教师专业成长阶段研究

关于教师专业成长阶段研究的主要代表人物有美国学者弗兰西斯·富勒、凯茨、费斯勒、伯林纳、休伯曼等人，他们对教师专业成长阶段进行了详细划分。

（2）教师专业成长影响因素研究

关于教师专业成长的影响因素，国外学者的看法不同。美国学者费斯勒认为，影响因素分为个人和组织环境这两个方面。[①] 英国课程学家劳顿把技术、教学思想和教学内容列为主要影响因素。[②]

（3）教师专业成长途径研究

国外学者认为，反思、行动研究、教师培训是实现教师专业成长的主要途径。

2. 国内的相关研究

（1）对教师专业成长概念的界定

国内学者将教师专业成长的概念界定为两类：一类关注成长过程，把教师专业成长等同于教师专业化。另一类关注教师个体发展，强调教师个体的、内在的专业性提高，即教师的专业发展。

（2）对教师专业成长阶段的研究

顾泠沅将教师专业成长过程分为三个阶段。[③] 邵宝祥等人提出

[①] ［美］费斯勒：《教师职业生涯周期》，董丽敏译，中国轻工业出版社2005年版，转引自任印《教师入职教育理论与实践比较研究》，博士学位论文，东北师范大学，2004年。

[②] 转引自马有《校本课程开发与教师专业成长的辩证关系》，《现代中小学教育》2008年第5期。

[③] 顾泠沅：《教学改革的行动与诠释》，人民教育出版社2003年版，第366页。

教师专业成长四阶段理论。① 王铁军、叶澜等人认为，教师专业发展过程应分为五个阶段。② 王秋绒把教师专业化分为三个时期，每个时期又分为三个阶段。③

（3）教师专业成长影响因素的研究

赵昌木等人从内部因素和外部因素两个方面对教师专业成长的影响因素进行了探究。④

（4）促进教师专业成长策略的研究

叶澜、马文杰主张通过反思促进教师的专业成长。⑤ 卢真金认为，学习、训练、反思和科研是青年教师成长的有效策略。⑥ 还有学者认为，教师利用教育博客、远程教育技术培训、校本研训也能促进自身专业成长。

（5）教师专业成长的心理研究

吉兆麟、张建平认为，教师的专业成长过程是教师的自我专业发展意识、自我认识、职业认同、自我效能感和成就动机的变化发展过程。⑦ 新入职教师的专业成长普遍存在认知不当、角色冲突等心理困境。⑧ 随着教师的专业成长，一般教师会出现"四自心理"，即自满、自信、自傲、自庸心理。⑨ 同时也出现了一些影响教师专

---

① 邵宝祥、王金保：《中小学教师继续教育基本模式的理论与实践》（上），北京教育出版社1999年版，第68—70页。

② 王铁军、方健华：《名师成功——教师专业发展的多维解读》，《课程·教材·教法》2005年第12期；叶澜：《教师角色与教师发展新探》，教育科学出版社2001年版，第278—302页。

③ 王秋绒：《教育专业社会化理论在教育实习设计上的蕴义》，师大书苑有限公司1991年版，第103页。

④ 赵昌木、徐继存：《教师成长的个人因素探析》，《临沂师范学院学报》2004年第4期。

⑤ 马文杰：《教学反思：教师专业成长的应然选择》，《教育探索》2012年第10期。

⑥ 卢真金：《试论学者型教师的成长规律及培养策略》，《高等师范教育研究》2001年第1期。

⑦ 吉兆麟、张建平：《教师专业成长的心理学思考》，《江苏教育学院学报》（社会科学版）2006年第7期。

⑧ 潘妤、杨明宏：《初任教师专业成长之心理困境》，《教学与管理》2011年第7期。

⑨ 严卫东：《影响教师专业成长的"四自心理"》，《基础教育研究》2008年第10期。

业成长的其他心理因素,如职业压力、职业倦怠等。①

(二) 我国少数民族双语教师的相关研究

1. 我国少数民族双语教师专业成长途径的研究

阿不力克木·加帕尔提出一系列适合维汉双语教师专业成长的有效途径。② 欧明霞认为,反思是教师成长的重要途径。③ 冯江英认为,园本教研可以有效促进少数民族学前双语教师专业发展。④ 杨德明、王莹认为,优化在岗培训机制能促进双语教师专业发展。⑤ 蔡文伯、杜芳提出提升少数民族地区汉族教师的地位,进而提高双语教师专业发展水平。⑥

2. 我国少数民族双语教师培训的相关研究

我国少数民族双语教师培训的研究主要是指对培训政策、培训现状及问题,以及培训对策的研究。李泽林、黄维海等人对双语教学模式和培训政策进行了深入研究。⑦ 李曙光、张燚等人以新疆少数民族双语教师为研究对象,分析了在教学内容、教学方法、教学效果和考核方式等方面存在的问题。⑧ 连晓峰、闫新红等人针对新

---

① 陈文琦:《高校教师专业成长中心理因素的分析》,《现代教育科学》2010年第6期。

② 阿不力克木·木加帕尔:《喀什地区农村中小学维吾尔族教师专业发展的有效途径研究》,硕士学位论文,新疆师范大学,2008年。

③ 欧明霞:《新疆维汉数学双语教师专业成长的叙事研究》,硕士学位论文,新疆师范大学,2012年。

④ 冯江英:《园本教研:促进少数民族双语教师专业发展的有效途径》,《新疆师范大学学报》(哲学社会科学版)2008年第3期。

⑤ 杨德明、王莹:《新疆双语教师在岗培训模式及个人专业发展》,《新疆教育学院学报》2009年第4期。

⑥ 蔡文伯、杜芳:《新疆普通中小学少数民族汉语教师专业发展现状分析》,《民族教育研究》2013年第2期。

⑦ 李泽林:《我国少数民族地区双语教师培训政策研究》,《民族教育研究》2010年第2期;黄维海:《少数民族双语培训模式及政策研究》,硕士学位论文,西北师范大学,2008年。

⑧ 李曙光:《新疆少数民族双语教师汉语培训存在的问题与出路》,《新疆大学学报》(人文社会科学版)2007年第4期;张燚、塞米·马木特、张瑛:《新疆双语师资培训教学中的几个重要问题探析》,《新疆师范大学学报》(哲学社会科学版)2006年第3期。

疆少数民族中小学两年制双语师资培训所存在的问题，提出编制优秀教材和教辅资料，在培训中渗透生命教育等对策。①

（三）少数民族学校汉语文教师的相关研究

金东海、蔺海沣等人发现汉语培训的不足，并提出相应对策。②哈琴认为，少数民族汉语教师在其"双语"（蒙汉兼通）背景下，他们的汉语专业发展遇到很多困难，认为反思教研是促进专业发展的最佳途径。③

胡春梅对中小学藏汉语文教师所面临的心理压力进行了研究④，鲍晓艳对蒙古族中小学的汉语文教师素质进行了研究。⑤

三 对已有研究的反思

研究者通过对相关文献的梳理，得到很大启发，但也发现以往研究所存在的局限，具体表现在以下几个方面：

第一，国内外对教师专业成长的研究很多，但国内关于教师专业成长的研究大多套用国外理论，进行实践研究的较少，且不够系统深入，针对性和实用性不强。

第二，关于少数民族双语教师的研究对象主要是新疆少数民族双语教师，缺少对其他地区少数民族双语教师的研究。

第三，目前关于少数民族双语学校汉语文教师专业成长的研究集中于现状和教师培训上，缺乏对汉语文教师的生活环境、生源、文化背景的实证性研究。

---

① 连晓峰：《新疆少数民族地区双语教师培训研究》，硕士学位论文，河北大学，2011年；闫新红：《新疆中小学少数民族"双语"教师培训汉语教学中的生命教育渗透》，《伊犁师范学院学报》（社会科学版）2012年第4期。

② 金东海、蔺海沣、陈永、邢庆超：《甘肃民族地区汉语文骨干教师培训调研报告》，《天水师范学院学报》2013年第2期。

③ 哈琴：《双语背景下的少数民族双语教师专业发展研究》，硕士学位论文，华东师范大学，2010年。

④ 胡春梅：《内蒙古民族中小学蒙汉语文师资现状调查与对策研究》，《民族教育研究》1994年第3期。

⑤ 鲍晓艳：《蒙古族中小学汉语文教师素质提高研究》，《内蒙古师范大学学报》（教育科学版）2004年第8期。

第四，目前一些学者开始关注藏族中小学汉语文教师，但具体研究依然很少，尤其缺少对藏族小学汉语文教师的研究。

第三节 藏族小学汉语文教师专业成长过程探析

一 才藏草①老师的专业成长故事

（一）才藏草老师的专业成长历程自述

才藏草老师是一位藏汉双语教师。她本人是藏族，大学修的是藏文专业，从事5年的藏语文教学，现任一年级汉语文教师。她教龄21年，性格开朗，工作认真，是学校骨干教师。

1. 来之不易的求学机会

她用"来之不易"形容她的求学经历。若非她小时候积极争取，现在的她可能跟她的阿妈阿爸一样在放牧。她对自己的求学经历进行了这样的陈述：

> 1969年我出生在甘南州舟曲县一个普通的牧民家庭里，家里有五个孩子，我是老小，也就是小五，我有两个阿哥，两个阿姐。当时我们家里很穷，我的阿哥阿姐都没有上学，再说学校离我们家很远，上学很不安全。当我五六岁的时候，跟我一起玩的几个小伙伴们陆续都上学了，但是我的阿爸阿妈没有让我上，说："学校离家太远，上学不安全，在家就帮着我们放牧吧。"我当时很伤心，尤其是当看到小伙伴们背着书包去上学的时候我就很羡慕。有一次我偷偷跟着他们去了学校，当时学校里只有两个老师，学生也不多，我和他们挤在一张破旧的书桌上，上了一天的课，尽管我什么都没有听懂，但是我特别开心。那天回家后，我又哭又闹地要我的阿爸阿妈答应我去上学，我的阿哥阿姐也帮着我求情，阿爸阿妈最终答应送我去上学。晚上，我的阿妈还特意用破衣服给我拼做了一个书包，从

---

① 本章出现的人名均为假名。

此我就开始了我的求学之路。

才藏草老师说，在她小时候，上学的人不是很多，再加上牧区信息闭塞，人们思想落后，不重视教育。大家觉得上学、考大学与他们无关，很多家长宁愿自己的孩子一辈子放牧，也不愿将其送到学校。

2. 被"逼"成为汉语文教师

才藏草老师在大学主修藏文专业，从未想过没有学过汉语的她能成为汉语文教师：

> 我在大学学师范专业，毕业后就没有选择余地，被分到中学当老师。入职前五年教授藏文，因为自己所学是藏文专业，所以学科知识较扎实。在这一阶段，我的主要任务是学习一些课堂管理，熟悉各类教学情景，重点研究如何将教师的专业知识转变成课堂知识，如何使学生易于受教。在这一阶段，我有了初步的教学经验。但1996年9月由于家庭原因被调到夏河县×小学，开始汉语文教学。因为之前从未经过汉语授课的相关培训，仅在大学期间自学过汉语文，会说汉语，就被学校安排上汉语文课。当时学校实行藏汉双语教学，但是×小学由于地理位置不好，又是牧区小学，所以汉语文教师非常缺，在校教师只要会一点汉语，就被安排上汉语文课，我就这样成为汉语文老师，并与汉语结下了"不解之缘"。

3. 被"藏化"的汉语文课

关于在教学时所遇到的困难，才藏草老师说，现在好多了，但刚开始时她对教师这个工作几乎失去了信心，因为那时她根本就不懂如何上一节汉语文课，尤其是面对没有汉语基础的小学一年级学生。她说：

> 刚开始上汉语文课的时候，遇到很多问题，让我很烦心，自己明明学的是藏文专业，学校却非得让自己教汉语文。我跟

校长多次申请让自己上藏语文课，结果每次都被校长以学校缺汉语文老师，我比其他老师多会一点汉语为由拒绝了。没办法，我就硬着头皮继续上汉语文课。刚开始，我带的是低年级的课，我们学校的学生基本来自牧区，无汉语基础，我自己又没有汉语文教学经验，所以这就使得低年级汉语文课要顺利进行难上加难，我记得刚开始我几乎把汉语文课上成了藏语文课，为了让学生们能听懂所讲的内容，很多知识点我都用藏语解释，这样也使学生更加依赖藏语。结果，那年期末考试我带的班考得很差，还有几个考了0分。当时我真觉得我不适合当老师，感觉自己在学校待不下去了，那段时期我特别期盼假期，学校的日子太难熬了。

4. "照猫画虎"的模仿

第一学期的考试结果让才藏草老师更加烦心，她都不知道以后怎么继续这份工作。但第二学期在其他老师的帮助下，找到些技巧，慢慢地改变了对汉语文教学的态度。她具体是这样陈述的：

第二学期初我很害怕，不知道这学期怎么"混"下去。一想到上学期的考试成绩，我就很烦恼。不过还好，这学期与老师们熟悉了，一些老师与我分享经验，帮忙分析我上课失败的原因。我记得当时学校里有个年龄较大的老师汉语文教得好，我去听他的课，然后再模仿。当时他教二年级，而我教一年级，两个年级学生的汉语水平不同，但是整体差别不大。刚开始我带着试一试的态度模仿那个老师的课，他把他带一年级时写的教案给我参考学习。所以我从教案设计到课堂活动安排、双语运用都进行了一些模仿，没想到几个星期下来发现效果不错。我就先模仿，再结合实际情况进行小改动，慢慢地积累了教学经验。我丈夫汉语也比较好，在我备课的时候他经常帮我。老教师和丈夫的帮助，使我的教学效果越来越好了，对自己的教学也有了希望。

5. 成功的公开课

公开课对新手教师来说，是一个很好的锻炼机会，才藏草老师认为她真正的成长是从公开课开始的。她对第一次公开课进行如下描述：

>有一件事情我至今难忘，那就是我调入夏河×小学的第二年，那时我教二年级汉语文。有一次汉语文教研组长通知我上公开课，这意味着全校没课的老师和所有汉语文老师都要听我的课，虽然我准备充分，但我还是很害怕。记得以前有一个老师在他的公开课上为了能表现好，就重复讲已经讲过的课文。但我没有那样做，而是备了新课，我不想欺骗别人，更不想给我的学生留下不好的印象。那天我早早到校，熟悉我已经准备好的教案。边看边紧张地等着第二节课的到来。当第一节课的下课铃响后，我就早早地到教室门口候课，当时感觉课间十分钟很漫长。终于，第二节课的上课铃声响了，我紧张地走进教室，开始了我的第一节汉语文公开课。我还是按以前的方式，整节课都用双语讲授。并没有因为是公开课而减少藏语解释部分，因为我知道如果全用汉语讲，没有藏语的解释部分，学生会听不懂。下课后老师们在对我的课做评论时，很多人觉得我在课上藏语说得有点多，还有的老师说汉语文课不应该用藏语解释，但是在对学生们做调查的时候，我的学生们都觉得我这样讲他们更好理解。不管怎么说，我的课得到了老师和学生们的肯定。以后的课我都是按这种方式讲的，因为我觉得课堂应该以学生为重点，学生听懂了，有收获，这节课才成功。

自从这节课以后，才藏草老师的自信心提升了，学生们的肯定是对她最大的奖励，她决定为了学生，要按照自己的方式做一个好老师。

6. 专业成长路上的坚实后盾

在才藏草老师专业成长过程中，丈夫对她产生了最大影响。她的丈夫是藏族人，是夏河县某中学的校长，多年来从事汉语文教学，是一位优秀的汉语文教师。才藏草老师说，她的专业成长能有良好的发展，一半是她丈夫的功劳：

> 我记得刚开始教汉语文的时候，小学课本上的一些字我都不认识，所以在教学工作中会遇到很多的问题，幸亏我老公是天祝县的藏族，他大学主修汉语文文学，现任中学汉语文教师。所以我在备课的时候遇到不会的字和一些问题，他会细心地给我讲，甚至还教我怎么查《新华字典》。在我工作中遇到问题，心情不好的时候，他就鼓励我，和我一起探讨解决策略。在我的工作生涯中丈夫对我的影响最大。

7. 良好的专业成长状况

关于自己的专业成长状况，才藏草老师说，如果非得划分一下，那么她可以这样进行划分：

> 对于我的专业成长，我个人感觉还不错。我把我的专业成长划分为四个阶段：适应期、成长期、称职期和成熟期。
>
> 我的适应期是我在中学从事藏语教学的那几年和从事汉语文教学的前两年，这个阶段我有了一定的教学经验，慢慢地适应了教学工作。从到×小学的第三年开始是我的成长期，这个阶段我有了自己的想法，形成了自己的教学风格，这个时期大概持续了5年。然后就是称职期，现在我应该处在成熟期的初始阶段。

8. 有效的课后反思

课后反思是提高教师教学水平的有效途径，教师们通过对教学设计、教学实际以及学生的理解程度进行不断反思，可以及时发现问题，进行改正和提高。才藏草老师说：

课后反思是一个有效的经验总结方式,近年来学校要求我们进行课后反思,所以每节课下我都会就遇到的问题、教学效果进行反思,会写一点反思笔记,但是大多数情况下只是想一想,并没有写出来。遇到想不通的问题就及时和其他老师沟通,别看只是简单地想,但效果明显,长期的反思,会积累不少东西。

(二)才藏草老师的专业发展现状
1. 才藏草老师的课堂

才藏草老师教一年级汉语文,我事先跟她约好听她的课。所以我早早来到一年级(1)班的教室,在后排找个空位置坐下来,等着上课。她提前两分钟就站在教室门口候课了,才藏草老师听到教室里很吵,就在门口对学生们说了几句藏语,学生们便安静下来了。铃铃……上课铃声响了。老师走进来:

生:(学生起立)老师好!
师:同学们好,请坐!
师:你们把作业写完没?(学生中只有几个回答写完了。大部分学生东张西望,好像没有听懂老师的问题,老师又重复一遍,学生们还是不懂,于是老师用藏语重复一遍,这次学生们用藏语回答得很响亮。)
师:那你们把做的家庭作业拿出来,我要检查。(学生们都拿出作业本,并翻开放在桌角,等老师检查。老师在教室里转了一圈,随意看了个别学生的作业,然后走上讲台。)
师:同学们做得都很不错,以后就要这样,知道了吗?(说完后又用藏语把这句话翻译了一遍。)
生:知道了!(学生大声用藏语回答。)
师:很好,下面我们开始今天的内容。(老师走到电脑旁,打开早在多媒体上拷贝下来的课件,并拿出四张她自制的汉语拼音卡,两张卡片上分别是复韵母 an 和 en,另外两张分别是声母 d 和 g。）

师：同学们，我手里卡片上的字母是我们昨天学过的，现在我们来复习一下，看看你们下去以后复习得好不好，现在我叫几位同学起来读一下。（老师说完后用藏语翻译刚才的话。然后分别把 g 和 an，g 和 en，d 和 an，d 和 en 放在一起让同学们拼读。）

师：拉郎扎西。

拉：（慢慢站起来）声母 g，复韵母 an，组成音节 gan。声母 d……（声音洪亮。）

师：读得不错，坐下！（又提问两个学生，分别是一位男生和一位女生，他们也读得很好。）

师：看来同学们昨天课下都好好记了，我们来鼓励一下他们。（然后把这句话用藏语翻译了一遍。）

生：（全班学生边拍手边用汉语说）棒！棒！你真棒！

师：好，同学们请看黑板，我们来学习新内容。（说完老师播放第一张PPT。）

师：今天我们要学前鼻韵母 in、un。

（用藏语翻译，再领读三次。读完后，她翻到第二张PPT，先让学生自己认读，大概两分钟后，老师开始领读两遍。）

师：同学们会了吗？（说完后没等学生回答马上用藏语翻译。）

生：会了。（藏语）

师：现在我叫几位同学来读一下。（叫了三位学生起来读，分别是两位男生，一位女生。有两位读得不太好，老师纠正后又领读了两遍。）读完后，老师翻到第三页PPT，紧接着叫四位学生分别起来拼读，并用藏语告诉学生们如何读。其中两位学生读得很好，老师让大家鼓励。（读完后老师以同样的方法讲了前鼻韵母 un，分别是第四页和第五页PPT。以上内容讲完，离下课只有6分钟了。）

师：我们今天就讲这两个前鼻韵母，课下要求与以前一样,大家要读会,再把家庭作业按时做完,听懂了么?(说完后用藏语翻译。)

生:听懂了。(藏语)

师:现在大家把练习本拿出来,把今天所学的两个前鼻韵母边读边写在作业本上练习。(学生们拿出了准备好的作业本,认真地边读边写。不会的学生用藏语问老师怎么写,老师用藏语回答。下课铃响,老师重复了一遍家庭作业。)①

对课堂教学的分析:因为是一年级学生的课,所以课堂有点乱,学生说话较多,但整体不错。班上的学生都来自牧区,几乎没有汉语基础,所以课上才藏草老师适时用双语讲解,使学生们对所讲内容能有更好的理解。才藏草老师制作的卡片与课件,都反映出她对这节课做了充分准备。虽然是一年级学生,但才藏草老师和学生也进行了一些互动,对学生们的良好表现及时进行口头表扬和鼓励。

这节课的不足就是才藏草老师不会普通话,课上所用汉语为夏河方言,导致学生拼读时音调把握不准。如我会拼(pīn)读成我会(pìng),复韵母(fù yùn mǔ)读成了(fù yùn mù)等。

2. 才藏草老师的课堂管理经验

才藏草老师不是班主任,但她的学生有事都喜欢找她帮忙。课后我和几个学生交谈,他们认为才藏草老师像他们的阿妈,对他们很好,有什么困难她都会帮助。才藏草老师常年教一年级,所以她说:"我一直带一年级,所以每年和学生都有一个熟悉的过程,很多老师都觉得一年级的学生难管,但我不这么认为。如果我们的方法对了,一年级的娃娃们还是很听话的。"关于才藏草老师的具体管理经验,她谈了以下几点:

第一,要了解学生。才藏草老师说,她每年开学会给每个学生制作一个卡片,对他们进行观察,记录他们的性格特点,再按不同

---

① 内容来自于 2013 年 10 月 18 日的听课记录。

性格给他们分组,制定不同的管理方法。

第二,要尊重学生。才藏草老师认为,即便是小学生,也要尊重他们的意愿,更要尊重他们的兴趣爱好。

(三) 同事眼中的才藏草老师

老师A:才老师工作认真负责,她是一名老教师,所以很有经验,常年带低年级汉语文,她带的班每年考试成绩都不错。她是我们老教师中的优秀教师。

老师B:才老师是一个不太爱发言的老师,每次开会,几乎都沉默。但是她工作认真,待人真诚,是一个好同事。

老师C:才老师工作很认真,人也不错,就是她不太关心学校里的其他事,好像除了上课,其他的事都与她无关。

(四) 学生眼中的才藏草老师

才藏草老师所任教班级的汉语文成绩一直不错,好成绩的取得离不开老师和学生的一起努力。在学生眼里,才藏草到底是一个怎样的老师呢,研究者对才藏草老师所带班级的学生进行了随机访谈。下面是学生们对才藏草老师的简短评价:

学生A1:我们老师人很好,我们都喜欢她。课上我们有听不懂的地方,她会用藏语给我们解释,课后也经常帮助我们。

学生B1:老师上的课我很喜欢,她在课上用双语讲,我们都能听懂,她对我们很好。

(五) 研究者观察到的才藏草老师

给学生的感冒药

下午老师们陆续到教务处签到,才藏草老师也走了进来,每天这个时候教务处进出的人最多,我并没有注意他们。这时一个老师的问题引起了我的注意:"你感冒了吗,才老师?"我抬头看到才老师手里拿着感冒药。听才老师说道:"没有,是我们班一个娃娃感冒了,而且严重了,问了一下说是这几天奶奶回桑科了,屋里就他自己,没人给他买药。我就顺便给他买了两盒感冒药,让他喝上。不然,感冒更严重就会影响娃娃的学习。"

两盒感冒药,一个小举动,却体现了才老师对学生的关心,她不是班主任,但似乎是隐形的班主任,班上每个学生的情况她都了解,及时帮助学生解决困难,对学生的关心不仅在课堂上,更多地在日常生活中。

二 尕藏吉老师的专业成长故事

(一) 尕藏吉老师的专业成长自述

尕藏吉老师是一位优秀的藏族汉语文教师,她 2005 年参加工作,2006 年去其他小学支教一年,获得"支教优秀教师"的荣誉。2009 年她带的毕业班毕业会考成绩在全县以藏为主类的学校中是第一名,获得了"县级优秀教师"荣誉,同时还获得过"校级优秀教师""汉语文教学能手"等荣誉。

尕藏吉老师目前只有 8 年教龄,但她却取得了优异成绩。我问她是如何成长起来的,她就相关问题进行了以下自述。

1. 化悲痛为成长动力

尕藏吉老师说,每个人在成长过程中都会有些许不如意,她在成长过程中也遇到了许多,但是对她打击最大的是阿爸在她小时候突然离开了他们。她说:

我出生在夏河,在夏河读小学,在夏河藏中读高中,直接考上了合作师专藏文系。我成长于单亲家庭,小学三年级的时候父亲就去世了,当时对自己的打击很大,但是这个打击好像成了一种动力。自己和同龄孩子比更坚强,这种态度促使自己

第二章 藏族小学汉语文教师专业成长的叙事研究

比别人更努力学习。我的成绩一直比较好,高考顺利考上合作师专①藏文系,在大学我也努力学习,不浪费时间,毕业时被评为优秀毕业生。

2. 我的课余生活场地:宿舍—图书馆

大学生活应该是丰富而美好的,但对于尕藏吉老师来说,她的大学生活除了上课和睡觉,就是在图书馆看书。她说:

> 大学生活应该是丰富多彩的,但我的大学时光更多地在宿舍和图书馆。我们学校的图书馆不大,但藏书很多,对我这个从牧区走出的丫头来说,那里的书太多了。记得我第一次去图书馆,心情特别激动,我长这么大第一次见到那么多书,于是马上借几本书,回到宿舍就认真阅读,下午吃饭都忘记了。因为小时候家里情况不好,舍不得买书,当看到这么多书,我就觉得如果不看,那太对不起自己了,所以每天除了上课和在宿舍休息,其他时间就在图书馆待着。有时看跟学习有关的书,有时看小说。我的汉语知识基本上都是在大学里学的,我被同学叫作"书呆子"。

尕藏吉老师说,在大学她不会打扮,几乎不去逛街。对她来说,能走进大学不容易,她把心思放在学习上,总想着有机会就多学知识,所以她在"书海"里度过了大学时光。

3. 母亲是我人生的导师

尕藏吉老师的母亲是没上过学的普通牧民,但她非常伟大。尕藏吉老师说,是母亲点亮了她的生活之路,是母亲让她有了遇到问题不退缩的勇气,让她有了今天的幸福生活。她说:

> 在我的成长过程中阿妈对我的影响最大。阿爸去世时,我

---

① "合作师专"现改名为"甘肃民族师范学院"。

和弟弟都小，我们家里穷。特别是当我们转移毡房时，阿妈特别辛苦。我当时想辍学帮阿妈做事，当我把这个想法告诉阿妈时，她严厉批评我。她说不管怎么样，都要供我们上学，她自己没念书，不识字，一辈子待在草原上，没出过夏河，如果我再不上学，就会和她一样，一辈子只能围着羊群转。她经常告诉我："人无论何时都不能自己垮下，那样别人会看不起。"我和我弟弟都上学，阿妈从来没有埋怨，还经常教育我和弟弟要坚强，要努力做好每一件事。我和弟弟都很懂事，学习用功，尤其是弟弟，成绩非常优秀，我们都考上了大学，这才有了今天。所以无论我遇到什么困难，只要想起阿妈的话就会坚强面对。

4. 我的汉语文教学生涯

尕藏吉老师从没想过有一天会成为一名汉语文教师。她说：

我大专主修藏文专业，毕业后被分到×小学，但×小学缺汉语文老师，就安排我上汉语文课。我对汉语文也感兴趣，也就稀里糊涂地成为汉语文老师。

老师好当，但我是藏族，不会讲普通话，没有系统学过汉语文知识，没有教学经验。这些原因使我在刚开始时很难面对我的学生。为了我的学生能好好学习汉语，我决定要练好普通话，可那时没有练习普通话的环境。在家里，我们都讲藏语，在学校也一样，偶尔听到一些汉语，也不是普通话，而是夏河方言。在这样的环境下，想说好普通话，更是难上加难。但我没放弃，想着既然不能与别人练习，那我就自己练习。为了练好普通话，有一段时间，不管干什么都是自己跟自己说话，查字典，记声调，还买了一些普通话磁带，每天反复练习，慢慢地就讲好了。2008年，我考上了西北师范大学的汉语言文学函授班，这段时间里我的普通话进步飞快，有语言环境，我抓紧练习，现在我能讲一口流利的普通话。

第二章 藏族小学汉语文教师专业成长的叙事研究

当然普通话是一个方面,还有就是欠缺教学经验和专业知识。首先我的汉语文知识面太窄,每次讲课内容都局限于课文。其次在我的课堂上,基本上是我讲,学生听。后来老教师听我的课,指出存在的问题。我也听学校组织的公开课,还参加培训,最重要的是在本科期间学了三年汉语,这些都加强了我的汉语基本功。日积月累,我的课堂慢慢变"活了",不再照搬书本。现在我的每堂课几乎都有活动,教学内容也不限于课本,学生也不再只是"聆听者"。慢慢地我的专业知识和能力得到了提升。

尕藏吉老师爱学习、求上进、工作认真,是×小学公认的好老师。学生们喜欢她,领导欣赏她,她多次参加各种培训,自己在学校还开设"梦想课程",并多次组织学校老师进行相关培训。

图 2-1 尕藏吉老师的梦想课课堂

5. 多元的成长途径

关于专业成长的途径,尕藏吉老师认为,网络普及带来很好的资源,但她觉得无论何时,书本都很重要。她爱看纸质资料,经常买一些书籍、杂志。近年来,国家组织各种形式的教师培训,也为藏区和牧区小学教师的专业成长输入新鲜"血液",培训使他们有机会了解新的教学理念和教学方法,对他们的专业成长帮助极大。尕藏吉老师这样陈述她的专业成长途径:

网络、书本和培训是我专业成长的三大途径,自参加工作以来我多次参加各种培训，收获很多新教学理念。同时我爱看书，也爱上网。我利用书籍和网络积累很多知识，收获很大。

6. 良好的专业成长状况

关于专业成长状况，尕藏吉老师其实没想过怎么划分，她说，如果对自己的专业成长现状进行自评，她觉得还行。她说：

> 对于自身专业成长状况，我个人觉得还行。我的专业成长可分为三个阶段：适应阶段、发展阶段、称职阶段。
> 适应阶段持续三年。第四年到第七年是发展阶段，现在我觉得处于称职阶段初期。

7. 有效的经验总结方式

对于经验总结尕藏吉老师认为，课后反思非常有效，每节课后，老师就对所讲内容，学生反应情况以及教学效果等进行及时思考改进，教学技能就会慢慢提高。她说：

> 我觉得近年来提倡教师进行教育教学反思特别好。自从我当了老师，上完每一节课后都会反思，就会想在这堂课上学生们的表现如何，根据他们的作业发现不足之处、没有讲到的知识点、孩子在这堂课上学到多少等。然后对优势与不足进行总结分析，在下一节课进行改进，自己的教学能力慢慢就提高了。但是缺少反思日记，自己太懒了，呵呵……

8. 专业成长过程中的重要人物

关于专业成长过程中的重要人物，尕藏吉老师认为，两位同事对她帮助很大：

> 一个是张老师，他工作认真并严格要求自己，热情的工作精神非常值得我学习。另外一个是现在的汉语文教研组长白雪

老师，她很年轻，对工作认真负责，充满热情。在教学过程中我遇到问题便和她探讨，我们互相鼓励，共同成长。

(二) 尕藏吉老师的专业发展现状
1. 尕藏吉老师的课堂
尕藏吉老师的课堂能够引导人积极思考。她是五年级的汉语文老师，这节课是早上第四节课。

（离上课还有三分钟，老师面带微笑走进了教室，走上了讲台。）

生：（全体起立）老师好！

师：同学们好，大家请坐吧！（她提前进教室，并未开始上课，而是打开一个视频。其内容是小学生舞蹈《不想长大》。学生们看到这个视频，都自觉地站起来，并跟着画面上的动作开始做。他们动作熟练，可见很熟悉这个视频内容，大家都做得很认真。大约持续了三分钟，视频内容播放完了，学生们也停了下来，但并未坐下，在等着老师发话。）

师：大家请坐！（上课铃响）

生：（鞠躬）谢谢老师。

师：下面我们再听一首歌，大家猜猜是什么歌。（老师开始放歌，是三国演义的主题曲《滚滚长江东逝水》，并打开第一页PPT。在听的过程中有的学生已经开始猜，还猜对了。）

师：（听完后）同学们听出是什么歌了吗？

生：听出来了，是电视剧《三国演义》的歌。

师：对，大家说得对，是《三国演义》的歌，大家看过《三国演义》吗？

生：看过……没看过。（学生们开始七嘴八舌地用藏语讨论。）

师：我们有的同学看过，有的同学没看过，那看过的同学多吗？

生：多。

师：那请这些看过的同学说一说《三国演义》有哪些重要人物？

生：诸葛亮、赵子龙、刘备、曹操……

师：大家说得都对，下面请同学们想一想《三国演义》里哪个故事情节对你影响最深刻？（教室里一下子安静了，没有人回答，有的小声说不知道，还有的小声用藏语和同桌讨论。）

师：说不出故事情节，就说说哪个人物对你影响最深？

生：（一女生大声说）诸葛亮。

师：为什么？

生：（几个学生一起说）办法多，聪明。

师：办法多用成语怎么说？

生：足智多谋。

师：好，不错。下面大家看黑板。（同时翻到PPT第二页，是《三国演义》的背景资料，并把上面的内容读了一遍。）

师：通过这段话，同学们说说三国指的是哪三个国家？

生：魏国、蜀国和吴国。

师：（翻到PPT第三页。先没有显示名字，指着上面的三个人分别问）这三个人分别是谁？大家知道吗？

生：刘备、曹操和孙权。（老师显示人物名字，大家回答正确。）

师：同学们现在说说这三个人，首先说说你们认为刘备是一个什么样的人？

生：是皇叔、善良。

师：那曹操呢？

生：狠心、坏……

师：同学们，《三国演义》中的魏国、蜀国和吴国是一个什么样的局势？（学生们都摇摇头，没人回答。老师没有说什么，接着翻到PPT第四页，开始给学生们讲解当时三国的局势。）

师：讲了这么多，那么我们今天讲的课文是？

生：《空城计》！

第二章 藏族小学汉语文教师专业成长的叙事研究

师：大家打开课本，翻到《空城计》这一课。（说着翻到 PPT 第五页，然后就和同学们一起开始读课文。读完后，老师说，大家看黑板，也就是 PPT 第六页。）

师：大家看黑板，看看这些生字哪些不会，查查字典。（学生们都拿出《新华字典》开始查自己不会的生字，老师在教室里边走边看学生是否认真查字典，偶尔停下指导个别学生。大约过了 2 分钟，老师走上讲台。）

师：我要开始检查了，我叫号码（学生的编号）。叫到谁，谁就起来读，10 号（一男生站起来）。

师：（用手指着率）这个字怎么读？

生 10：shuài。

师：是什么结构？

生 10：上下结构。

师：是什么部？

生 10：是点横部。

师：说得很好，那你用"率"来组词。

生 10：率领，摔跤。（说完后老师让他坐下。）

师：同学们，摔跤对吗，摔跤是用什么摔啊？

生：用手和脚。

师：那是不是有个提手旁啊。（老师把正确的"摔"字写在黑板上。老师和学生们又一起用"率"组了几个词，如草率、轻率、坦率等，老师把这些词都写在了黑板上。）

师：（指着黑板上的词）谁用这些词来造个句？

生：（一女生主动站起来）卓玛是一个坦率的女孩。

生：（一男生接着站起来）老师率领我们参观了植物园。

师：很好，同学们，这个"率"是一个多音字，还有一个读音是 lǜ，组词是"效率"。（接着老师又叫了几个编号，学生们起来进行生字组词并造句。生字刚学完，下课铃就响了。）①

---

① 内容来自于 2013 年 10 月 28 日听课记录。

分析课堂教学：到第四节课，学生们都开始显得无精打采了。孙藏吉老师的课恰好是早上第四节，但她的课堂气氛活跃，学生们丝毫没有受影响。孙藏吉老师的课设计新颖，特别是课前三分钟活动操，赶跑了学生们的疲倦。她说："如果是第一节课，就不做操，其他时候的课都会用三分钟左右的时间做操，这操很简单，但是效果不错。"整节课孙藏吉老师都用普通话讲解，并且十分轻松自然。可见她已经形成了独特的上课风格，能使每一个问题自然巧妙地过渡，使学生们都能听懂并跟上。

孙藏吉老师总是思考如何将手中的教材发挥最大作用、对学生有启发等问题。孙藏吉老师吃透教材但不拘泥于教材。听孙藏吉老师的每节课都会有这样的体会，她基于对文本的理解，形成自己的教学风格并让学生易懂；她从不照本宣科，在完成教学任务的同时还注重学生的情感培养。她说："汉语文教学不但要把字词句篇教给学生，还要让学生从中积累语文素养，培养他们的语文情感。老师利用教材但不能拘泥于教材，这样上出来的课才会有生命力并吸引学生。"

2. 孙藏吉老师的班级管理

（1）教室的布置

孙藏吉老师是五年级二班的班主任，她把教室布置得很温馨整洁，最主要的是教室里充满浓浓书香。听学生说，教室由孙藏吉老师设计布置。走进教室，最醒目的是讲台旁的图书角，上面整齐地摆放着两排书，有《新华字典》，有汉语作文书和儿童课外读物，有二十来本。学生们说，孙藏吉老师自己花钱买了这些书。经过图书角再看教室四周墙壁的设计，除了黑板墙外，其他三面墙分别是"许愿树""礼爱之家"和"优秀作文展览"。许愿树上有形状不一的叶子，叶子上都是学生们的心愿。礼爱之家的内容由老师定期更换，左边是藏文，右边是汉文，主要介绍藏族的风土人情。还有一面墙是优秀作文展。藏语作文和汉语作文都有。这些作文都是他们班学生在学校举行的每月一次的作文比赛中的获奖作品，老师放在这里让大家学习。这就是孙藏吉老师所创的五年级二班的班级文化。这里面体现着她的班级管理理念和管理智慧。

（2）管理经验

尕藏吉老师和学生们的关系很融洽，经常看到课后学生们围着她问问题，她每次都面带笑容，像是学生们的大姐姐。我当时很好奇，她每天都是这样笑呵呵的，一点也不严厉，可她的班级为什么管理得那么好。我决定向她取经，有一次在聊天中她笑着说："别看这些孩子们小，但如果你真心对他们好，他们是知道的。管理学生只靠严厉不行，也不能单纯用爱去感化，要知道他们是小学生，没有那么高的觉悟。所以要管好他们老师就要想办法。"尕藏吉老师还告诉我说，班级管理需要不断尝试，因为学生们的性格是不同的，所以这就需要老师按照学生的性格制定不同的管理方案，但不管什么样的班级，爱他们是管好他们的基本前提。

（三）同事眼中的尕藏吉老师

老师 A：尕老师是我们学校年轻教师中的佼佼者，性格开朗很招人喜欢。她身为藏族，大学里学的是藏文专业，但现在汉语文课上得这么好，很是了不起啊！

老师 B：尕老师是学校里的骨干教师，她工作认真，课讲得好，很能吃苦，现在带五年级，学校并不要求补课，但是她自愿申请每天放学后给学生们补一小时课。几年了，她都一直坚持补课。

老师 C：尕老师工作认真，喜欢创新，我们学校的梦想课是她一手办起来的，梦想课程的教室和课程计划也由她设计。

在各位老师看来，尕藏吉作为一位藏族老师，她爱她的职业，更爱她的学生，勤奋敬业，在汉语文教学方面取得了优异成绩，是一位优秀的汉语文教师。

（四）学生眼中的尕藏吉老师

学生 A2：我们很喜欢老师的课，她从来不打骂我们，我们犯错了,她给我们讲道理。每天放学后还给我们补课,本来我们班有些人不喜欢上汉语文课,后来尕老师带我们汉语文课后,我们慢慢就对汉语文产生了兴趣,喜欢汉语文课了。

学生 B2:我们老师汉语和藏语都说得很棒,她经常跟我们说要好好学习双语,我们不管有什么问题都可以找她,她总是很耐心地帮助我们,是我们的"知心大姐姐"。

尕藏吉老师不但是班主任,还是学生眼中的"知心大姐姐",什么事都可以找她帮忙。"知心大姐姐"是学生们对她的最高评价。

(五)研究者观察到的尕藏吉老师作业本上的评语

图 2-2 尕藏吉老师的办公桌

这天中午,离上课还有十分钟左右,研究者去办公室找尕藏吉老师商量下午访谈的事。当时尕藏吉老师正在批改作业,她说下午第二节课是作文课,她还没有批改完。看来下午她没有时间接受访谈,所以也就没提访谈的事,就跟她随便聊几句准备离开了。这时尕藏吉老师桌子上几沓作业本引起了研究者的注意。办公桌上好几沓作业本都很干净整齐,而且每沓作业本上都压了一块用透明胶带包起来的砖头。这几块砖头和整齐的作业本激起了研究者的兴趣,想看看这些作业本的内容。在征得尕藏吉老师的同意后,坐在她旁边开始翻看这些作业本。研究者看到,不管是作业本、生字本,还是作文本,所有作业本的封面都比较平,没有皱巴巴的。翻开作业本发现里面的字没有涂涂抹抹,每个学生都很认真。而更可贵的是尕藏吉老师批改得也很认真,她每次批改完作业都会写上评语,如"很好、加油之类的话"。如果是作文本,每一页都有红色的字迹,有的是对学生错别字的纠正,有的是对好句子进行的点评,还有的是修改句子的建议,反正几乎每一句话她都是认真修改过的。她说,藏族学校的学生不像其他学校的学生,回家后还有父母可以指导学习汉语文,这些学生学汉语文只能依靠老师,所以她在批改作业,尤其是作文的时候会争取把作文中的每句话都点评一下,告诉学生优缺点和改进方法。这样学生拿到作业本后就会有目的地改进。

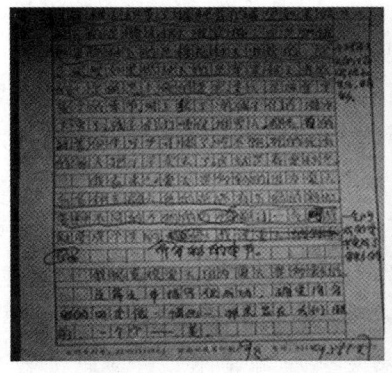

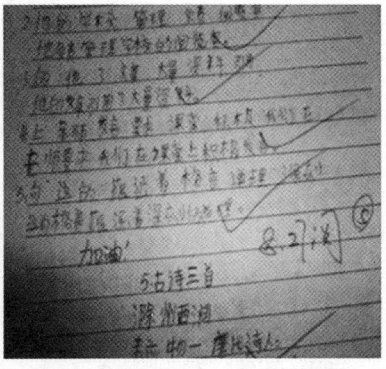

图 2-3　尕藏吉老师批改的作业

三　白雪老师的专业成长故事

（一）白雪老师的专业成长自述

白雪老师是×小学的汉语文教研组长,是六年级的汉语文教师。她是一位教龄五年的年轻汉族老师,是×小学的汉语文骨干教师之一,也是一位充满自信的创新型女教师。

1. 成长和求学经历

每个人的成长经历都不同,有的人在成长中遇到了很多事情,生活十分波折,但有的人在父母的呵护下过得很幸福。白雪老师的童年很幸福,求学经历虽有波折,但整体来说,她还是幸运的。关于她的成长和求学经历她这样描述说:

> 我出生在本地,小时候经历较多,但在父母的呵护下过得很幸福。当然生活中难免遇挫,我在农村上小学,上完后到县城上初中。初三毕业后,家里人支持我上高中,上大学,他们也望女成凤嘛,希望我有更好的未来。但是自己当时毫无理由

地跟家里人唱反调,就是"你让我上高中,我偏不上"。于是就去读中专,现在回想一下,挺后悔的。2003年,去兰州上中专,到学校报到后就后悔了,如果自己不那么倔强,听父母的话去上高中就好了。要是那样的话,和自己以前的同学一起在高中努力学习,大学毕业后,生活肯定是不一样的。所以我上完中专以后,就跟家里人说我要上大学,当时家里人尊重并支持我的选择。于是那年我参加成人高考,考上了西北师大的专科。就这样我走进了大学校门,但当时觉得我们毕竟是参加成人高考的学生,和全日制大学生相比较,还是有很大差别的,最起码自己心理感觉会不同,虽然我上了大学,但毕竟是成人大学。尽管如此,自己两年来还是很认真努力地学习着。2008年毕业后就回县上参加第一次事业单位公开招聘考试,挺幸运的,我顺利考上了。说完她停顿了下,好像思考着什么,过了一分钟她接着说:"自己其实不想当教师,当时报考的职位不是教师,可能是老天安排好了,偏偏让我当了教师,中专和大专我学的都是英语,当时县里汉语文和英语教师都比较缺,所以只要是师范类毕业生,通过事业单位考试的,就算你不是报考教师岗位的,也要当教师。就这样我成为一名小学教师。

2. "小班主任"的"大麻烦"

班主任工作很烦琐,看似简单,要真正做好并不容易,尤其是面对小学生,教师不仅要有知识,还需要技巧和爱心。

对于初任班主任的教师来说,班主任工作是"烫手山芋",不知道如何处理。白雪老师在刚当班主任时也遇到了很多麻烦,她说:

我刚到×小学任教,校长就让我当班主任,带汉语文课,我的专业是英语,让我带语文,这个就好像"驴唇不对马嘴",我很难接受,但是我实习时带的是数学,所以自己转变得较快。但刚带一周，麻烦就来了，感觉我教这个班很吃力。后来跟同事们慢慢熟悉以后，很多老师私下告诉我，这个班是全校最差的班。当听到这样意外的消息后，我自己都不知道该怎么处理了。在学校烦，回家也烦，但我不想把这种负面心情带给家人，带给学生，所以更努力地工作。我那时中午基本上没有回过家，每天都和学生们在一起，这个班确实差，卫生差，还有几个男孩在班上抽烟，我发现后，也没办法。我当时才21岁，年龄小，没经验，所以真不知道怎么去应对这些问题。纠结了很长时间，我一直想对策。有时候就换位思考，就想为什么他们会这么差，原因在哪里？然后与自己小时候的经历做对比，然后思考，思考完后再跟他们交流，中午和学生们在一起的时候，搞卫生我都是先动手，上课总拿他们当朋友这样的方式进行。但刚开始没什么效果，这些学生已经形成了我行我素的习惯，一时半会儿改不过来。我当时请教过很多老师，通过其他老师的指点和自己对每天所遇到问题的分析，慢慢地我也摸索出一些规律和办法，学到一些和学生相处的技巧，学生们也开始信任我，和我建立了好关系。我总对他们说，你们不是最差的，最起码在我心中是最好的，那一年我带他们时，他们是四年级，然后五年级、六年级，一步一步，经过我和孩子们一起努力，这个班在六年级毕业会考时，获得了全县第一，成为全校乃至全县最优秀的班级。我把全校认为最差的班级带成了最好的班级，为学校争得了荣誉，也就更有自信心了。

白雪老师说，班主任工作不仅是对教师耐心和爱心的锻炼，而且是管理智慧形成的机会，是对教师们综合能力的挑战。

3. 老教师是我专业成长的导师

老教师对新任教师的专业成长起着引领作用。新任教师通过老教师的指导，以及对老教师的课堂观摩和经验学习，使自己快速专业化。白雪老师也是在老教师的帮助下，实现快速的专业成长。她说：

我在工作的几年里，老教师对我的帮助很大，刚参加工作，没有教学经验，通过对老教师的课堂观摩和经验分享，我很快熟悉并适应了教学环境和工作。

4. 新的挑战——教研组组长

白雪老师教龄才五年，在×小学的汉语文教师当中算是教龄短的了，但是她已被选为汉语文教研组组长，说明她得到了全校师生的肯定。她说，教研组组长这个"芝麻小官"不但锻炼了创新能力，还锻炼了容忍度，让她懂得了与人沟通的道理，学到些沟通技巧。关于她当教研组组长的生活，她进行了这样的自述：

我们学校的汉语文教研组组长退休了，学校通过商议把我选为汉语文教研组组长，因为我之前把全校师生认为"最差"的班以全县汉语文成绩第一送出去了，所以全校的教师、学生还有家长都觉得我很"厉害"，因此在选汉语文教研组组长时我中选了，就这样轻松地当上了教研组组长。但是教研组组长不是说当上了就什么都不管，相反，它是一份责任，是全校教师的信任和期盼。

作为教研组组长，意味着既要完成自己的教学任务，又要监督全校的汉语文教师按时完成教学任务，同时还要带领大家探索并进行科研，比如说，藏族牧区小学的汉语文课到底怎么上，怎样的方法才适合本校的实际情况等。所以，这对我来说是极大的挑战，我目前还处在探索阶段。如何带领大家创新呢？学校的信任成了负担，那段时间我特别痛苦。尤其是一些老教师不服我"管"，虽然没有公开和我作对，但不满情绪是时常明显的。记得有一次，学校各教研组检查教案，我怕到时候有的教师没有准备好会尴尬，所以提前通知大家。我通知大家的第三天，学校让教师们下午上班把自己的教案拿到教研组组长办公室，别的教研组的教师都按时送到了，我们教研组的几位年轻教师也送来了，可是有两位老教师始终没有出现，我等了一个下午，直到放学时还是没有拿来。没办法，第二天上班后我去那两位老教师的办公室，进去后发现她们在上网，看到我来了说："你来了，我正准备给你拿过去呢，不好意思，让你亲自跑一趟。"当时我并没生气，我觉得毕竟她们是老教师，忍忍就过去了。类似的事情后来还有很多，但通过我主动与大家交流，一年后我得到了大家的认可。

5. 各种培训使我快速成长

现在教师培训繁多，培训成为教师专业成长的主要途径。白雪老师说，通过培训，她学到了很多新方法，提高了教学能力。

现在我们学校有各种培训，州级的、省级的、国家级的都有。我每年都参加两三次培训，比如藏族地区教师普通话培训、藏族地区汉语文教师培训等。尽管有些培训效果不太好，但是无论什么培训，只要用心学习，就一定有所收获，对我们的教学有一定的帮助和促进作用。

6. 短暂的成长阶段

关于白雪老师的专业成长阶段，她认为，可以划分为两个阶段：适应阶段和成长阶段：

我觉得从事教学的前两年是适应阶段，这个阶段我还是新手，不熟悉教学工作，在学习教学的相关事宜。两年后我成为一名合格教师，进入了发展阶段，目前还是在发展阶段，在这一阶段我慢慢形成了自己的教学风格，有了一定的教学经验。

7. 反思博客助力教学能力提升

关于反思，白雪老师说：

我每节课后都会反思，但是懒得用笔写，现在网络普遍，像 QQ 空间的日志,我就把一些教学想法、经验总结写在博客上,时间长了慢慢发现这种方法有助于提高教学能力,也提高了自己的写作水平。

日志

今天是我上第一次公开课,心情好紧张,今天来听课的老师除了我们学校自己的以外,还有很多外校老师,所以从一周前我就准备这节课了。我多次熟悉所讲内容,查阅文中字词,最后甚至在课上用的过渡语都背会了。

功夫不负有心人,刚上课时我很紧张,但由于对课文很熟悉,讲起来得心应手,很快就不紧张了,全身心地投入了讲课中。同学们今天也很配合,我的课顺利讲完了。

课后老师们回到办公室就对我的课做了一个总结性评价,大家的评价都不错,大家都觉得我备课扎实,我的课得到了好评,我好开心啊!

不过高兴归高兴,我的课还是有很多不足之处的。首先在教学环节上设计了学生讨论部分,时间为三分钟,但实际在课上,学生们讨论的时间超过了三分钟,讨论的效果也不理想。另外因为讨论时间的增加,导致最后一部分内容没有讲完。下一次进行课堂设计时要考虑这种意外情况的出现。其次,课文内容设计得多,自己感觉有点赶,不知道学生们理解的如何,要做一下调查,下一次课内容的量要适当减少。[①]

类似的日志,白雪老师写了很多,有课后反思,也有教学事件反思。日积月累,博客和 QQ 日志成了白雪老师教育教学思想的园地。

(二)白雪老师的专业发展现状

1. 白雪老师的课堂

白雪老师的课是早上第三节,我去教室之前,白雪老师已经抱

---

① 引自白雪老师的 QQ 日志。

第二章　藏族小学汉语文教师专业成长的叙事研究

着作业本早早去了教室，我在上课前三分钟走进六年级的教室时看到白雪老师正和学生们一起打扫卫生。扫完后，她走上讲台，打开了多媒体，这时上课铃响了。

师：我们现在开始上课，首先我们复习一下第十五课——《百灵鸟的歌声》，下面请一位同学来复述一下，谁愿意？（没有同学自愿站起来，老师就点名叫了贡保加。）

生：（站起来后，低头沉默。）

师：百灵鸟是什么的象征？（在老师的引导下，贡保加有点紧张地开始复述，但是讲到一半就停下了。老师看到贡保加讲不下去，就让他坐下了。）

师：刚才贡保加复述得不错，就是太紧张了，还有一半故事，谁来接着讲？（刚说完，有一个男生就站起来并大声流利地讲了起来。讲完后，老师口头表扬了这位同学，接着和全班同学一起复述了整篇课文。）

师：这个故事有什么寓意？

生：不能嫉妒别人。

师：百灵鸟象征什么？

生：草原上的新人类。

师：看来同学们都复习得不错，那么今天我们就上第十六课《豌豆上的公主》，同学们预习的怎么样了？把书翻开，我看一下有没有把生字查出来？（老师走下讲台，检查同学们的预习情况，检查完后，走上讲台，用多媒体放了一段动画视频，讲的是《豌豆上的公主》的故事。）

师：我们已经把《豌豆上的公主》的故事看完了，那我们也按照刚才看的内容分小组模仿表演一个课本剧怎么样？

生：好。

师：关于课本剧，同学们课后按照以前分好的组去练习，等这篇课文讲完后，我们专门找一节课来表演。下面同学们一起齐声读一遍课文。（学生们齐声朗读，老师在教室里走动，大家读得都很认真。)

师：下面我来领读，大家盯着课本看，我读的时候把生字词都画出来。(老师领读课文，学生们认真听，并把生字词画出来。)

师：大家把生字词画出来了吗？

生：画出来了。

师：大家提前预习这些字词了吗？我们来解释一下这些字词。(老师让学生们自己解释画出来的生字词，学生们都已经预习了，所以解释得很正确。在个别解释有问题时，老师及时进行纠正。)

师：大家预习得不错，下面我们开始分析故事。(学完生字词以后，老师把多媒体关了，在黑板上写下了课文题目。)

师：下面给大家两分钟时间，大家分组讨论划分段落。(学生们每四人一组，讨论得很认真。)

师：大家划分了几段？

生：两段，三段，四段。(划分成三段的人数最多。)

师：每个同学的分法都有他自己的道理，下面大家按照自己划分的段落，分组再总结段落大意。(过了几分钟，老师让学生们把自己小组总结的段落大意派小组代表说一下。各小组代表说完后老师并没有下结论。)

师：大家记住自己刚才的分法，然后我们一起分析课文，看大家分得对不对。(叫了几位学生起来读课文，读完后，老师和学生们一起分析课文，并把总结的段落大意写在黑板上。)

师：现在大家觉得哪种最合理？

生：三段。

师：对，大家以后要掌握故事的脉络，这样才能分得正确。(然后布置了家庭作业，下课铃就响了。)

黑板板书内容：①

---

① 内容来自于2013年10月29日的听课记录。

> 豌豆上的公主
> 一、王子寻找真正的公主。
> 二、辨别公主的真假。
> 三、王子如愿。

对课堂教学的分析：这节课白雪老师利用和课文内容相符的动画视频开始对新课内容的介绍，这使得学生们既熟悉了课文内容，又激发了他们的学习兴趣。在课堂上白雪老师让学生们讨论划分段落，她只是适时点拨，体现了以"学生为主"的新课改理念。课文讲完后，她让学生们下去编排课本剧，这是教学方法的创新。白雪老师告诉我说，课本剧是她在一次培训中得到的启示，回来后试着用到自己的教学中，没想到效果还不错。刚开始时，她只让学生们按照课文中的故事编排课本剧。后来她做了改变，让愿意写的学生自己编写课本剧，有的学生写得还不错。课本剧不但提高了学生们的汉语表达能力，而且对写作也有帮助。

白雪老师每天针对不同的课堂内容进行不同的教学设计，但不论是以什么形式进行的，她都注重激发学生的汉语学习积极性，关注学生的课堂参与程度。

2. 白雪老师的学生管理经验

"课堂教学"是教学过程中最重要的环节，评价一堂课成功与否，首先要看学生的参与程度，也就是说，学生在这节课上是否认真听讲，积极思考。可有些学生不管是在什么课堂上，不管是哪个老师，总会出现一些"身在曹营心在汉"的现象。他们思绪乱飞，完全听不到老师在讲什么。面对这种学生，老师的讲课积极性也下降了，觉得自己在做无用功，没有收获。关于这种现象，白雪老师说，她也经常遇到，她通过观察，总结了一些经验。她说，首先要看不听讲的学生是大部分还是个别几个，如果是大部分，那么老师就要从自身找原因，审视自己是否为学生创设了一个积极、愉快的学习环境。如果是个别学生，那么老师就要对这几个学生做调查，

了解他们不听课的原因,再对症下药。对于不听课的原因,白雪老师进行了以下总结:

  第一,学生不听课可能是由生理原因导致的。我以前有个学生,他经常在早上三、四节课的时候出现注意力不集中的现象。不但是我的课,几乎每个代课的老师都反映过这种情况。我也曾经苦口婆心地劝过他,但毫无效果。后来我发现他不爱吃早餐,到了早上第三、四节课的时候就出现大脑疲劳,精力不足,所以导致注意力不集中的现象。后来我就跟他的家长联系,跟家长说明情况,让家长早上督促他按时吃早餐,慢慢地这种现象就减少了,他也不再是老师眼中的问题学生。
  第二,学生不听课是受外在事件的影响。我以前班上有个女生在课间玩的时候,不小心弄坏了高年级一个男生的纸飞机,她怕那个男生下课"收拾"她,在课上就忐忑不安,导致注意力不集中。我知道了这件事后,帮她把事情解决了,这种现象也就没有了。
  第三,学生不听课是老师的原因。有些老师爱把学生分成三六九等,有些学生一开始就被某些老师贴上了标签,导致学生的听课积极性减退,慢慢地就甘愿躲在角落里,成了真正的差生。
  第四,学生不听课是由学生自身性格所导致的。有的学生性格较内向、敏感。他们对一些事情往往考虑的比别的学生多,有时候同学的一个玩笑,老师的一个眼神,他们都要想半天,所以在课堂上就容易胡思乱想。

  对于以上问题,白雪老师说,首先教师要了解学生,然后对不同的学生制定不同的管理方案。其次不管是在课堂上,还是平时的班级管理,只有真正了解学生的心理活动状态,动之以情,晓之以理,用科学的方法管理学生,才能管理好学生。

（三）同事眼中的白雪老师

白雪老师在同事眼中是什么样子的？我就这个问题问了白雪老师的四个同事。他们认为，白雪老师是一个很认真、积极进取的年轻老师：

老师 A：白老师是我们学校汉语文教研组组长，她汉语文水平在我们学校来说很不错，很多地方我都在向她学习。

老师 B：白老师工作很认真，每年都带毕业班，所以几乎每天中午都不回家，周六还给学生补课，特别能吃苦。

老师 C：白老师是我们学校的骨干教师，她带的班级每年都能取得好成绩。学生们很喜欢她，她做每件事都很认真，还乐于助人。

（四）学生眼中的白雪老师

白雪老师连续三年都是毕业班的班主任，她不但每年都带出好成绩，而且很受学生欢迎。

学生 A3：这学期开始白雪老师才给我们上课的，她的课我们很容易听懂，以前我们觉得汉语文很难学，特别是课文背不下来，现在白老师讲完一节课，就让我们表演课本剧，所以我们背课文就简单多了，我们喜欢白老师的课。

学生 B3：白老师人很好，虽严厉但关心我们，特别是她的课我们很喜欢，她经常给我们讲很多做人的道理。告诉我们做事要认真，明辨是非，好好做人。

（五）研究者观察到白雪老师认真备课

备课是老师上好课的前提，也是一堂课成功与否的关键。白雪老师对备课很重视，每次上课前她都对课文进行认真分析研究。翻阅她的教材会发现，每一页她都写了很多东西，尤其是她为阅读课订的阳光计划阅读教材，她逐字逐句地阅读了这本书，对书中出现的生字、生词的音和组词，以及近反义词都进行了标注，她在课本上写的东西比学生的多。她说，每次备课她都会花费很长时间，即使她已经教了两三年六年级，对课本早已熟悉，但每次她还是认真备课，生怕出现错误和遗漏。

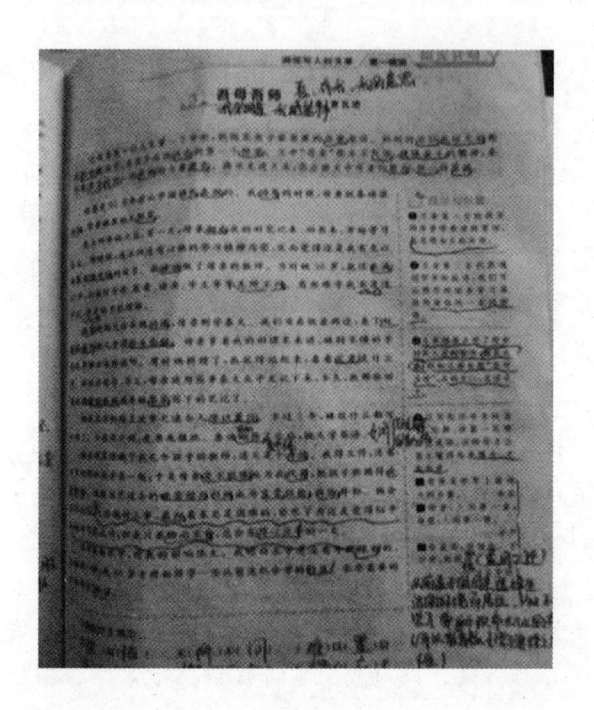

图2-4 白雪老师的教材

第四节 藏族小学汉语文教师专业成长故事的分析

一 三位教师专业成长故事的总体描述

（一）三位教师的个性特征

通过对三位教师的成长现状及从教经历的考察，可以看出，由于她们民族、年龄、教龄不同，每个人的成长各有特点，但是作为同一所藏族小学的汉语文教师，她们又有些相同点。

才藏草老师有经验，工作认真，专业素质强；尕藏吉老师开朗，谦虚好学，随和谦逊，有执着的理想和信念，不甘落后；白雪老师工作认真，个性要强。她们三人是少数民族汉语文教师队伍中的一分子，她们个性鲜明，从而专业成长之路与他人有所不同。

才藏草老师是教学经验丰富的老教师，她的专业是藏文，自己又是藏族，她基本上不会普通话，所以授课语言是"藏语+夏河方言"。她的上课经验是自己多年摸索总结出来的，才藏草老师讲课会结合学生的实际情况，适时用藏语解释学生难以理解的内容。作为低年级的汉语文教师，她很注重培养学生学习汉语文的兴趣。她说："我常年带一年级的汉语文课，我的汉语文课堂是双语课堂，因为我们的学生都来自牧区，没有汉语基础，双语授课对他们来说既新鲜，又不会让他们失去学习兴趣。"

尕藏吉老师虽然也是藏族，但由于是年轻教师，适应性强，同时她自己喜欢汉语文并进修了汉语文的本科学历，所以她的汉语文水平比起其他藏族汉语文教师要稍高，她工作认真，在全校都十分出名。她积极探索各种教学方法，结合学生的水平制定不同的教学方案，她说："一节好的课不但应把该上的内容上完，还要使每个学生都能听懂。"

白雪老师信念坚定、好学上进，虽然她是教龄只有五年的青年汉族教师，但五年来她通过自己的努力，在教学方面做出了不错的成绩，成为一名优秀的汉语文教师。

（二）三位教师的求学经历

三位教师的求学经历也不同。但是不同的求学经历却呈现了相同的特点，就是三位教师都在不断学习和发展自己。

表 2-1　　　　　　　　教师求学经历统计表

教师姓名	第一阶段	第二阶段	第三阶段	第四阶段	第五阶段
才藏草	小学	初中	中专	大专	
尕藏吉	小学	初中	高中	大专	本科
白雪	小学	初中	中专	大专	本科

（三）三位教师的工作经历

三位教师中的两位大学毕业就被分配到了×小学，才藏草老师虽然刚开始在中学任教，但是第五年她由于个人原因而调到了×小学，也成为小学老师，她们学的不是汉语文专业，但都因为学校缺汉语文老师而被学校安排上汉语文课，从此就踏上了汉语文教学之路，在从教过程中虽有困难，但都通过他人的帮助和自己的努力克服了困难。

（四）三位教师的专业成长阶段

通过对三位汉语文教师专业成长历程的考察，发现她们由于教龄不同，所经历的成长阶段便也不同。邵宝祥等人把教师专业成长的过程分为适应、成长、称职和成熟四个阶段，本研究依据此种阶段划分对三位教师的专业成长阶段进行了分析。

1. 适应阶段

此时期，教师体现出对教学采取观望态度的特点。她们的汉语文教学方法较欠缺，对自己的教学效果持怀疑态度。对于三位教师来说，这时期她们都要面对文化冲突和语言困难，同时还要适应教师角色，要学会教学。

2. 成长阶段

这个阶段，教师慢慢适应了课堂教学，有的教师能结合实际教学情境和自身的个性特征逐渐探索形成自己的教学风格。她们对教学工作很投入，从关注自己转向积极关注教学活动，并不断改进教学技能，她们的情绪也较为稳定。

才藏草老师和尕藏吉老师已经经历了这个阶段，她们形成了自己的教学风格和教学理念。白雪老师正处在这个时期，虽然她在短短几年内在教学方面取得了好成就，但还没有形成自己的教学理念和教学风格。

3. 称职阶段

这个阶段教师对教学活动得心应手，对教学环境非常熟悉，她们可以十分从容地处理相关教学工作，并不断尝试新型教学方法。

才藏草老师经历了此阶段，尕藏吉老师处在此阶段的初期。

4. 成熟阶段

此阶段的很多教师都抱着"做一天和尚，撞一天钟"的心态，他们只做好自己的本职工作，不主动追求优秀和成长。

才藏草老师作为老教师，已处于此阶段。"我现在想着干好自己的本职工作，然后早点退休。至于以后怎么发展就没想法了，机会让给年轻人吧，我现在职称也评上了，什么都定型了，再学也没多大用处。"

二　三位教师专业成长过程的共性分析

（一）专业成长过程中的影响因素分析

教师专业成长要受到多重因素的影响，如教育信念、专业知识、自主发展意识、个人环境等，按照影响事物发展的内因和外因原理来分析，这些因素分为内部因素和外部因素。其中起主导作用的是内部因素，外部因素通过内部因素对个体产生影响。对三位教师的专业成长产生影响的因素分析如下。

1. 内在因素

（1）自主发展意识

教师的自主发展意识是教师在个体主动意识和能力基础上不断提升自己，完善自己，达到作为教师的人生意义与价值的自我超越的一种意识形态。[①] 教师的专业成长取决于教师自主发展意识。如果一个教师对自己的专业成长没有要求，那么，即使外部条件再好，也不可能发挥其作用。自主发展意识是教师专业自主发展的前提条件，自主发展是教师专业成长的关键。

通过三位教师的专业成长故事和发展阶段的分析，可以看出她们都有自主发展意识，但每个人的强烈程度不一样。才藏草老师作为一名优秀的老教师，她的专业发展意识趋于淡化状态。"我没有发展的想法，因为到我现在这个程度，基本上什么都定了，再努力发展也没多大用处。"而对于已经适应了教学工作，急于发展和探

---

① 傅建明：《教师专业发展——途径与方法》，华东师范大学出版社2007年版。

索新方法的尕藏吉老师和白雪老师来说,她们的专业自主发展意识非常强烈,她们想在专业领域取得更好的成绩。"目前我对自己的专业发展定了阶段性目标,希望自己在干好教学工作的同时能够有专业上的突破。""我对自己的未来发展做了一个规划,希望通过自己的奋斗,在专业领域有更好的发展。"

（2）专业知识

通过分析教师们的专业成长故事可见,她们在学校主修的不是汉语文专业,两位藏族老师在从事汉语文教学前甚至没有好好学过汉语,所以汉语知识比较贫乏。汉语文知识的相对缺乏使老师们在专业成长之初经历了艰难的开始,增长了职业适应期。

（3）教育信念

教师的教育信念指导着教师的教育行为。信念指个人对某种理论、观点或某种职业的正确性和合理性持肯定态度,并力求实现。[①]信念具有积极主动性,而且一个人一旦确立某种信念,就很难改变,它可以使人个性稳定而明确。

三位教师对教育信念看法不同。才藏草老师说:"不同的学生有不同的家庭教育背景,有不同的智力水平和接受能力,但教育事业是需要老师对学生付出爱心、耐心、关心的。通过关心每一个孩子,使他们健康成长。"尕藏吉老师是学生眼中的大姐姐,她认为:"教师是知识的传授者,更是做人的引导者。"

白雪老师平时对学生很严格,但是她对学生充满了信心。她说:"我相信我的孩子们能学好汉语文,能成为优秀的双语人。"

2. 外在因素

教师个体在环境、工作中接触的人和事都是影响教师成长的外在因素。

（1）教师的个人环境

才藏草老师来自舟曲牧区,她自小受到藏族传统文化的影响,

---

① 金美月、郭艳敏、代枫:《数学教师信念研究综述》,《数学教育学报》2009 年第 2 期。

第二章 藏族小学汉语文教师专业成长的叙事研究

但她的丈夫是天祝藏族，在大学主修汉语言文学，所以她对汉语的态度不是很排斥，致使她转化和适应得比较快。尕藏吉老师虽然生活在藏族聚居区，从小受民族文化的熏陶，但是她人年轻，脑子活，并且自身喜欢汉语文，所以积极学习汉语文并且接受很快。白雪老师自小受汉文化熏陶，十分支持汉语文教学。也正是她的这种支持使她在遇到困难时寻找各种解决办法，不断发展自我，在自己的教学生涯中保持着良好的发展势头。

（2）重要他人的影响

重要他人是美国著名的社会学家米尔斯在米德提出的自我发展理论基础上提出来的，是指对个体的自我发展产生重大影响的人或群体，即对个人的智力、语言、思维方式和行为习得、生活方式和价值观的形成等方面产生重大影响的父母、教师、受崇拜的人物及同辈。[1]

从她们的故事中可以看出，在遇到困难时除了个人的不懈努力与坚持外，关键他人的影响也发挥着至关重要的作用。她们在专业发展之初都得到了老教师的帮助，老教师给她们传授经验，引领她们成长。但是有一些其他的关键他人也对她们产生了重要影响。才藏草老师除了得到老教师的帮助外，她的丈夫也是她学习汉语文，上好汉语文课的支持者和帮助者。从教她查字典到帮助她备课，点点滴滴都体现了丈夫是其专业成长路上的坚实后盾。尕藏吉老师同样在专业成长过程中离不开老教师的指导和帮助，但她的阿妈给予她最重要的影响。首先，阿妈使她有机会走上教学岗位。没有阿妈的坚持她可能读不完小学，更别说当老师了。其次，她的阿妈给了她克服困难向前行的决心。在入职之初，她遇到很多困难，但是她没有退缩，因为阿妈的坚强性格和说过的话对她产生了很重要的影响。白雪老师主要是受老教师的帮助和影响，通过对老教师课堂观摩和经验的学习，从而更快地适应了教学工作。

（3）学校氛围

近年来，国家对少数民族教育越来越重视，对少数民族汉语文

---

[1] 《教育大词典》（第6卷），上海教育出版社1992年版，第462页。

教学加大支持力度，学校里的教学设备越来越完善。学校的大部分老师都面临着双语教学的挑战，因此，学校自上到下都充满了学习氛围。国家政策的支持使学校加大了与外界交流的步伐，不同学校之间互相学习，从而提高了教师们的教学水平。在学校中，教师们会互相交流，通过各种教研活动，如公开课、小组评说课、教研组听课等提高教师们的专业素养。"我们学校每周都有教研组活动，教研活动中我们会用听课、评课、集体备课等来提升我们的教学能力。（白雪）"学校积极提供各种培训机会给老师们，让他们有机会接触外面的环境，学习新理念和新方法。他们都非常感激学校提供的优良的成长环境。

（4）语言

在少数民族学校，少数民族中小学教师平时所使用的语言与学生的母语是否相同，教学用语与教师本民族语言是否一样，会对教师的教学产生影响，进而影响教师的专业成长。本研究中的才藏卓老师虽然年纪大，汉语基础薄弱，但会讲藏语，她在教学中使用"汉语+藏语"的教学模式，使低年级学生能听懂课堂内容，学会知识；也使她对汉语文教学逐渐增加信心，促进了自身专业的发展。

（二）专业成长途径分析

1. 多渠道获取信息发展自我的专业能力

教师的自我学习能力是提高教师专业素养的根本途径，三位教师都通过书籍、报刊和网络学习汉语文。她们都喜欢在网上听专家的讲座和阅读与教学相关的文章，尕藏吉老师和白雪老师还喜欢读书，她们自己购买了一些关于少数民族汉语文教学的书籍，利用闲暇时间学习。她们在教学过程中遇到不懂的问题会及时到网络和书本上寻找答案。这些学习为她们的专业成长提供了强大的动力。当然，很多时候也会通过和同事讨论的方式解决问题。

2. 通过反思提高专业素养

美国学者波斯纳曾经提出：教师成长＝经验＋反思。[①] 全国特

---

① 转引自王莉颖《双语教育比较研究》，博士学位论文，华东师范大学，2004年。

级教师袁容根据自己的教学实践和成功经验总结得出：教学成功＝教学过程＋反思。① 由此可见，教师反思尤其是批判性反思会加速教师的专业发展。教师反思可增强教师的自主发展意识，使教师的成长成为一种积极、开放、持续发展的动态过程。这三位教师经常会反思自己的教学和相关教学事件，分析和批判自己在实践中的失误，审视自己的行为和教学情境之间的矛盾，增强自己的自主发展意识，提高自身的专业素养，进而促进自身的专业成长。

才藏草老师和尕藏吉老师虽然没有把教育反思写成文本性的东西，但是她们每天都会对教学实际情况，特别是对教学效果以及内容设计等进行思考，并及时和同事沟通，对出现的问题加以解决和改进，这促进了她们的专业成长。白雪老师经常把教育教学反思写成QQ日志和博客，她充分利用网络总结自己的教育教学经验，从而促进她的专业成长。

3. 在专业引领和同伴互助中成长

专业引领是专家和教师双向信息的传递与共振，同伴互助是教师间的合作和伙伴关系。从三位教师的专业成长经历来看，专业引领和同伴互助对她们的专业成长起了很大的作用。

（1）教研活动对教师专业成长的促进

教研活动是小学教师最熟悉的一种教学组织活动。其形式多样，最主要的是听课—评课。从教师们的相关经历中可以看出，学校经常组织教师听课，同时她们自己也为了学习，对同事的课进行观摩学习，这些都是学习的一种过程。听课后一般还要对所听课程进行评课，在评课过程中教师与自己的教学方法做对比，这有助于教师的成长。一些教师会主讲公开课，公开课是对一个教师专业知识、专业能力等综合素质的挑战，也是教师促进自身成长的重要机会和平台。

（2）各种培训对教师专业成长的促进

从三位教师的专业成长故事来看，她们都参加过很多不同等

---

① 转引自陈舟《高中数学课堂高认知水平任务教学的案例研究》，硕士学位论文，苏州大学。

级、不同类型的培训，对她们的专业成长起到了促进作用。

（3）老教师的帮助对教师专业成长的促进作用

我们经常会看到这样一句话：要看一个人有多优秀，先看他身边的人有多优秀。优秀同伴的帮助和引领，加上自身的努力，这样才能得到更多的发展机遇。三位教师在专业成长过程中有老教师的指引和帮助，加上自身的努力，她们的教育智慧得到了开发，她们的思想得到了升华，教育教学水平不断提升。

三　三位教师专业成长过程中的个性化分析

通过对三位教师专业成长过程的分析可以发现，三位教师在专业成长过程中有很多共性，但是也有一些个性化的特征，而且这些个性化的特征正是这些教师专业成长过程中的关键点。

（一）才藏草老师——专业情感的转变

才藏草老师作为汉语文教师从烦心到乐教，专业情感的转变是她专业成长中最明显的个性化特征。刚开始，由于专业不对口和自身汉语文水平不高，她不愿带汉语文课。多次向学校申请让她带藏语文课，但都遭到拒绝，她只能硬着头皮上课，但教学效果的不理想和各种问题的出现，使她烦心。这说明她的专业情感欠缺。后来通过老教师和丈夫的帮助以及自身的努力，她的教学水平得到了提高，慢慢地得到了老师和学生们的认可。尤其是她的第一次公开课上得很成功，得到了老师，特别是全班学生的肯定，这增加了她的自信心。她下决心要做一位好老师，这说明她的专业情感随着她的专业成长在不断转变。

（二）尕藏吉老师——专业知识和专业能力的提升

尕藏吉老师的专业知识和专业能力的提升是她最明显的成长特点。尕藏吉老师最初被逼成为汉语文教师时，她既没有教学经验，也没有系统学过汉语文知识。但她对汉语文比较感兴趣，这说明她的专业情感一开始就存在，缺乏的是专业知识和专业能力。

但她并没有放弃，她自学考入西北师范大学函授班，参加学校组织的公开课以及各种教师培训等，使得她从拘泥于课本到课文背景的介绍，再到联系实际讲解课文内容，一步步把课堂从"死"转到了"活"，让学生从"聆听者"变成"积极参与者"，这都证明了她的专业能力和专业知识得到逐步提升。

（三）白雪老师——专业理想的强化

在白雪老师的专业成长过程中，逐渐强化专业理想是她最鲜明的特点。白雪老师起初不想当老师，但由于参加考试被分配到×小学，无奈之下成为一名小学汉语文教师。刚入职的白雪老师也遇到很多问题和困难，但她凭借自身的努力，在老教师的帮助下解决了所有的问题，以致后来在教师岗位上工作认真负责。在这些转变中她的专业理想发挥了关键作用。她刚开始接手的是一个很差的班，经过她三年的努力，这个班在毕业考试时考了全县第一，她也赢得了全县师生的好评。这次成功成为她专业理想确立的开始。她经常给学生补课，关注学生和自我学习，这些都体现了她的专业理想的逐步强化。

第五节　藏族小学汉语文教师专业成长的启示

通过对三位汉语文教师专业成长历程的分析发现，教师的专业成长是一个漫长而又复杂的过程，是教师的教学专业能力发展和教育情感的结合。三位教师的专业成长为西北少数民族地区双语学校汉语文教师的专业成长提供了一个良好的范例和启示。

一　专业情感是教师专业快速成长的前提

伟大的科学家爱因斯坦说过："兴趣是最好的老师。"两位藏族老师对汉语感兴趣，具备专业情感，所以她们很快调整好不愿带汉语文课的心态，并积极探寻各种方法解决在适应过程中所遇到的问题，很快成为优秀的汉语文教师。

二　学习意识是教师专业成长的基本力量

三位教师的学习经历表明，她们在参加工作以后都有不同程度的专业学习。参加校内公开课等各种教研活动，无论是新手教师还是老教师，都积极争取学习机会，在自身学习的同时还擅长向他人学习，不断积累经验，促进自身的专业成长。

三　课堂教学是实现教师专业成长的主要实践

课堂教学是发挥教师专业影响力的基本场所，是体现教师专业能力的主战场。虽然教师在课前对教学内容、教学方式等已经做了充分的准备，但并不意味着都能顺利地实现课堂价值。面对变化的课堂实际情境，教师的教学效果取决于教师的教学专业能力。40分钟的课堂教学，是多年的实践经验与理论运用共同凝结的精华，教师在一节节的课堂上不断完善、提升自我，不断实现自我的专业化成长。因此，教师的教学行为是教师专业的外在表现形式，教师的专业能力也只有在课堂上才能彰显价值，课堂教学是实现教师专业成长的主要实践。

四　教学反思是教学能力提高的关键因素

教学反思是教师对自己的教学实践进行回顾和思考，使自己的经验得到积累，问题得到改正，教学能力得到提升。

三位老师都按自己的方式进行教学反思，有的把这些反思和同事进行交流，有的写成反思博客，内容包括对汉语文教学观念、课堂设计、教学步骤、教学行为和学生对教学效果的反馈等。通过反思，她们总结教学经验，提高了汉语文教学能力和水平，丰富和完善了自身的专业成长。

五　专业理想是教师专业成长的不竭动力

没有理想的人生之路不能长远，作为教师要有教育目标与追求。教育追求是教师专业成长中获得成功的基础。然而，在现实教学中，一些教师受现实主义思想的影响，缺少教学目标，没有教育追求，仅止步于完成教学任务。这样的结果不利于教师自身的专业成长，更不利于教育的发展，所以从三位教师的专业发展状况来看，专业理想是促进教师专业发展的一大动力。

第三章　藏族小学生汉语学习动机影响因素研究

第一节　研究设计

一　研究缘起

《中华人民共和国宪法》明文规定:"各民族都有使用和发展自己的语言文字的自由。"1992年国家教委印发的《全国民族教育发展与改革指导纲要（1992—2000年）（试行）》明确指出，课堂教学中的"党的民族语文政策的正确实施，因地制宜提高双语教学……在使用少数民族语言教学的学校，要搞好双语教学，推广使用普通话"。另外，《中华人民共和国民族区域自治法》和《中华人民共和国义务教育法》也明文规定:"国家推动和规范普通话文本，民族地区要重视母语教育，而且重视双语教育。"中华人民共和国教育部办公厅1999年制定的《中国少数民族中小学汉语课程标准（试行草案）》明确规定了藏族地区实施第二语言教学，并为汉语以及汉语言教学提供保障。

乔姆斯基说过:"孩子天生有一个特定的独特能力，使他们能够学习语言，这种能力表现为语言的习得机制。"儿童借助于语言习得机制，第一语言能力的获得主要通过周而复始的练习和模仿，第二语言习得过程相对复杂。此外，在第二语言的习得过程中情感因素至关重要。而这些情感因素可分为两大类：第一类为学习者自身因素，第二类为学习者与其他学习者之间的情感因素。

其中，学习者自身因素中能动性较强的因素是学习动机，由此可见，是否激发与培养学习者的学习动机是影响学生第二语言习得的重要因素之一。

研究者经过对藏族小学生汉语学习的长期关注，发现藏族小学生汉语学习存在长期裹足不前的现象，并且与学生的学习动机似乎联系密切，这再一次引起了研究者对藏族小学生汉语学习动机影响因素研究的兴趣。

基于上述国家的法令政策和研究者自身的兴趣，在查阅相关文献的基础上，确定本研究所探讨的问题如下：

（1）藏族小学生汉语学习动机的影响因素是什么？

（2）上述因素是如何影响藏族小学生汉语学习动机的？具体如何表现？

（3）提高藏族小学生汉语学习动机的策略有哪些？

二 研究的目的与意义

（一）研究的目的

《中华人民共和国国家通用语言文字法》规定普通话作为国家通用语言，汉字作为国家通用文字，并在全国范围推广使用。因此少数民族地区的双语教育主要就是指学习少数民族语文课和汉语文课。本研究的双语教育内涵如下：双语教育是一种把少数民族文字与汉语言文字相结合而实施的双语教学的体制和过程。研究藏族学生学习动机的目的和功能在于了解学生学习动机的现状与特点，激发与培养学生的学习动机，使学生更好地学习两种语言文字，即藏语和汉语，进而使他们发展成为双语言、双文化的个体，即双语人。

（二）研究的意义

1. 理论意义

通过对藏族小学生学习动机的现状探讨和分析，进一步完善学习动机理论。完善与掌握了学习动机理论，教师就会明白何时何地激发与如何激发学生的学习动机最为适宜，并为教师自身教学提供了理论依据。同时，教师在实践操作中，根据自身的经验，进一步完善学习动机理论，达到理论的双赢。

2. 现实意义

第一，学生积极主动参与是教学富有成效的关键所在，因此激发与维持学生的学习动机有利于教学活动正常顺利进行和教学任务的出色完成。学生拥有积极的学习动机，并能据此评价与分析自己的行为所产生的后果，学生的学习活动将向良好的方面发展。

第二，针对藏族小学生汉语学习动机的研究，有助于我们探寻影响藏族学生汉语学习效果的重要因素，从而有利于我们进行相应的归因分析，进而有助于我们进一步提出改进汉语教与学的有效策略，提高少数民族的教育质量。

三 理论基础

（一）成就动机理论

托尔曼早在20世纪30年代就用"期待"一词来解释特定的行为反应后会发生什么情况。后来，动机研究的方向发生了转变，研究者对诱因与期待给予更多的关注，这奠定了期望价值—理论的基础。期望价值—理论的基本假设如下：人们意识到自己的行为会导致目标实现的可能性以及目标所表现出的主观价值这两者决定着行为的发生。[1] 阿特金森在吸收与借鉴期望价值—理论的基础上，创建了成就动机理论。

阿特金森认为，实现目标（Ts）由三个因素决定，这三个因素是：P_s，I_s以及M_s，它们之间的关系如下，$Ts = P_s \times I_s \times M_s$，即Ts是顺利完成任务的可能性和成功的诱因值以及渴望成功的需要的乘积。在这个公式中，M_s的含义是成就动机，它具有稳定性，是在追求成功的过程中所表现出来的一种特性。P_s的含义是顺利完成任务的可能性，它表现出一种期待认知。I_s的含义是成功的诱因值。阿特金森指出，I_s与P_s之间是此消彼长的关系，用公式表示就是

---

[1] S. Graham, B. Weiner, "Motivational Theory and Principle," *Handbook of Educational Psychology*, 1996.

Is = 1 − Ps。因为成功的诱因值效应积极向上,也就是说,如果个体被给予困难的任务,自身愿意投入更多的情感和努力,任务目标一旦达到,就可以体会到满意感并且信心大增。①

阿特金森的成就动机理论,挣脱了期望价值—理论的枷锁,突出了自身的活力与价值,为动机研究做出了突出贡献,并为归因理论奠定了基础。

(二) 归因理论

由海德构建的社会心理学框架是归因理论的前身,之后维纳将成就动机的产生路径与归因结合起来,发展成为动机的归因理论。

维纳认为,有三个维度决定着归因动机作用发挥得好坏,即控制点、稳定性和可控性。控制点的本质是指控制个体行为的来源是内部还是外部;稳定性的含义是长时间内不轻易发生变化;可控性是指随着主观的意志,原因变化的幅度。②

1. 控制点维度

个体在面临成功或失败时,自身的情感因素,如自豪感、满意感,是否会发生改变的决定因素是原因的控制点维度。如果一个人的成功是由于内部原因,那么自豪感就会增强,与之相反,学习的积极性就将下降。信心十足的精神状态对追求成就是有促进作用的,这一论断早在之前的文献中就已经得到证实。所以不难看出,实现任务目标的积极推动力就是内归因。

2. 稳定性维度

个体的成功期待受到原因稳定性的影响。一旦个体将成功归因于一个稳定性因素,比如能力等,那么个体就会特别期待未来的成功。反之,个体对未来就会产生绝望感。因此,我们要有针对性地进行事件归因,更好地促进目标任务的达成。

3. 可控性维度

动机意义上的情感因素与原因的可控性维度密不可分,比如愤

---

① 陈琦、刘儒德:《当代教育心理学》,北京师范大学出版社1997年版,第222—223页。

② 同上书,第226—228页。

怒、内疚等。如果一个人的成功被其他人的控制因素所阻碍，愤怒感就会悄然而生；当一个人由于一些内在可控原因而导致失败时，就会产生内疚感。

归因理论促进研究者开发出了改进学业成绩的策略，这些策略的目标就是指导个体将失败不要归因于稳定的因素，而要将之归因于不稳定的因素，进而追求成就目标的实现。

（三）强化动机理论

由联结主义心理学家提出的学习动机强化理论，其宗旨是用强化来解析动机。学习动机理论就是用 S—R 公式来说明人一旦受到外部的强烈刺激，就会激发出自身的全部能量。[①] 在他们看来，有些人的倾向完全取决于早些时候的学习行为与刺激建立的牢固关系，强化可以在学习过程中得以增强。相应地，联结学习理论的核心概念是刺激与反应之间的联系，强化则会使联结更加巩固。根据上述观点，获得报偿是学习行为的目标。因此，在学习活动中，通过表扬、比赛等手段，容易提高学生的学习动机，使其做出相应的行为。

在学校既有来自外部的强化，也有来自内部的强化。外部强化是通过教师对学生的奖惩体现的，而内部强化却是学习者自身的强化，一旦学生经过某一阶段的刻苦学习，获得了较高的成就，接下来学生就会主动设立新的学习目标，自身学习的积极性也相应地有所提高。而强化又分为正强化与负强化，且与处罚有着一定的关系。适宜的鼓励及赞赏属于正强化，可以提高学生的学习动机，撤销对不积极努力学习的学生的惩罚属于负强化，也可以提高学生的学习动机。过度惩罚会削弱动机，但适度的惩罚能警醒一个人，并使其朝好的方向发展。在学习中，我们既要准确把握正强化的积极意义，也不要疏忽负强化的积极作用，将二者结合起来合理使用能促进学生的学习。

[①] 陈琦、刘儒德：《当代教育心理学》，北京师范大学出版社 1997 年版，第 218 页。

四 研究思路与方法

（一）研究思路

本研究基于归因理论、成就动机理论和强化动机理论并在新课程理念下，全面客观地对藏族小学生汉语学习动机的现状进行调查，从学习环境的角度对藏族小学生汉语学习动机的现状进行影响因素分析，以激发与培养藏族小学生学习动机为突破口和着眼点，针对所存在的问题和不足加以改善，以此进一步提高双语教学质量，进而增强藏族小学生汉语的学习动机。

（二）研究方法

1. 观察法

观察法是一种从事科学研究的重要手段。研究者扎根在夏河县拉卜楞镇×小学学生和老师的日常生活以及学习课堂中，通过参与式观察与非参与式观察两种方式，发掘其中的实践性真理以及理论性真理。通过对藏族小学生的学习课堂以及日常生活的长期观察，掌握了藏族小学生学习动机的相关情况，为论证提供依据。

2. 访谈法

访谈法是指研究者通过与被研究者面对面的交流和询问来了解情况和搜集资料的一种方法。访谈是基于一定的信念，从更广阔的视角对研究对象获得更深入、详细的阐述。通过和拉卜楞镇×小学的部分学生和老师的口头交谈，获得了藏族小学生汉语学习动机的第一手资料，如表3-1是本研究所有的访谈对象统计。

表3-1　　　　　　　　　　访谈对象统计

日期	被访谈对象	学校	人数（人）	性别
2013年9月	G老师	×小学	1	女
2013年9月	Y老师	×小学	1	男
2013年9月	三年级学生	×小学	4	2男2女

续表

日期	被访谈对象	学校	人数（人）	性别
2013年9月	四年级学生	×小学	4	2男2女
2013年10月	S老师	×小学	1	男
2013年10月	W老师	×小学	1	男
2013年10月	C老师	×小学	1	女
2013年10月	五年级学生	×小学	2	1男1女
2013年10月	六年级学生	×小学	2	1男1女

3. 问卷法

问卷法是以根据一定要求和程序编制的问卷为工具，是收集数据资料的一种方法。本研究选取了拉卜楞镇×小学三至六年级，四个年级，共八个班的藏族学生进行了问卷调查，总共发放问卷302份，其中回收有效问卷296份，有效率达到98%。通过Spss 13.0对数据进行定量分析，更加全面客观地了解藏族小学生学习动机的现状与特点，为本研究原因的探析和问题的解决提供依据。

（三）研究对象的选取

甘肃省甘南藏族自治州夏河县是少数民族聚居区，在这样复杂的少数民族聚居地区进行少数民族汉语学习动机的调查研究非常具有现实意义。本研究选取拉卜楞镇×小学作为个案学校，是基于以下几点考虑：首先，这所学校是一所六年制的学校，办学历史悠久；其次，这所学校全是藏族学生，并且在校人数比较多，确保样本足够大和研究的信度。

1. 关于班级

拉卜楞镇×小学是一所六年制的学校，包括学前班在内共14个教学班，每个年级两个班级，学生总人数630人。其中学前班的人数最多，总计122人，占到总人数的19.4%；一年级的总人数为92人，占14.6%；二年级的总人数为108人，占17.1%；三年级的学生总计97人，占总人数的15.4%；四年级的人数为75人，占到总人数的11.9%；五年级的人数总计为71人，占到总人数的11.3%；六年级的人数最少,仅65人,占总人数的10.3%(见表3-2)。

表3-2　　　　　　学校班级、性别的情况

班级		总数	人数（人）		百分比（%）
			男	女	
学前班	一班	61	28	33	19.4
	二班	61	28	33	
一年级	一班	46	27	19	14.6
	二班	46	23	23	
二年级	一班	56	27	29	17.1
	二班	52	31	21	
三年级	一班	49	24	25	15.4
	二班	48	25	23	
四年级	一班	38	18	20	11.9
	二班	37	10	27	
五年级	一班	36	18	18	11.3
	二班	35	13	22	
六年级	一班	34	20	14	10.3
	二班	31	19	12	
合计		630	311	319	100

2. 关于性别

拉卜楞镇×小学学生总计630人,其中男生311人,占总人数的49%,女生319人,占总人数的51%,总体上看,女生人数略多于男生(见表3-2)。

3. 关于民族

通过调查发现,拉卜楞镇×小学的630名学生都是藏族,这样会导致学校汉语言学习环境的缺失,也会影响藏族小学生汉语学习的积极性。

4. 关于年龄

从表3-3中可见,这所学校的藏族学生年龄段中12岁的最多,达到23.99%,其中只有一位7岁的学生和一位16岁的学生,仅仅占到总数的0.68%。这样的年龄跨度虽然大,但是年龄主要

集中在12岁左右，有利于学生之间的交流，彼此之间的隔阂不大，在课堂内外，学生可以互相帮助，共同发展。

表 3-3　　　　　　　　学生年龄的情况

年龄	人数（人）	百分比（%）
7	1	0.34
8	8	2.70
9	37	12.50
10	58	19.59
11	44	14.86
12	71	23.99
13	60	20.27
14	13	4.39
15	3	1.01
16	1	0.34
合计	296	

第二节　文献综述

一　核心概念界定

学习动机是学习活动中的心理体现。学习动机又与学习行为具有密切联系，且学习动机外在表现复杂，其概念也不是很确切，但相关研究将其总体上概括为四类。第一，过程论——将动机概述为一种过程状态。如张景莹等人。① 第二，动力论——将学习动机表述为一种动力，如潘菽等人。② 第三，反映论——将学习动机阐述为一种主观反映，如美国学者沃斯等人。③ 第四，机制论——将学习动机描述为一种内在机制，如姚海林等人。④

---

① 张景莹：《大学心理学》，清华大学出版社1996年版，第44—50页。
② 潘菽：《教育心理学》，人民教育出版社2001年版，第162页。
③ [美]沃斯、[新]德莱顿：《学习的革命》，顾瑞荣等译，生活·读书·新知三联书店1998年版，第107—108页。
④ 姚海林：《学习规律》，湖北教育出版社1999年版，第112页。

二 相关研究述评

(一) 第二语言学习的相关研究

第二语言习得因涉及心理学、社会学、语言学以及教育学等多种学科知识,现在已经发展成为一门独立的边缘性交叉学科,其理论体系在多年的发展历程中逐渐建构起来,并且形成了一套科学有效的研究方法。近些年来,随着此研究领域的扩大,国内外不断涌现出各种新的学说与理论。

国内关于第二语言学习的相关研究历程大致可以划分为三个阶段。第一个阶段——20世纪80年代:以介绍、学习和借鉴西方学者的第二语言学习理论为主。如1983年上海外国语教育出版社对S. P. Corder的《应用语言学导论》进行了翻译出版。此外,胡文仲[1]等研究者对第二语言学习的教学法进行了探讨。第二个阶段——20世纪90年代初期。该时期表现为理论研究日益深入、实证研究也日益突出、研究的内容更具批判性以及研究对象主体性的转变,如李炯英[2]、王立非[3]等人在全面系统地引进国外理论知识的同时与我国的实际情况相结合,批判性地吸收这些理论。而孙骊[4]等人将研究对象由原先的教学法客体转变为学习者主体。第三个阶段——20世纪90年代中期至今,这时期的研究取得了长足发展,理论探讨和实证研究都呈现出改革与创新并存的局面。我国第二语言学习的研究者几乎掌握了该领域的全部理论、著作和方法,也陆续出现引介性质的文章,紧跟国际流行思想的前沿。最后研究对象更加具体化,学习者的学习观念、个体差异以及学习策略等方面成为研究的重点。如戴炜栋等人对交际策略进行了研究[5],吴潜

---

[1] 胡文仲:《交际教学法初探》,《外国语》1982年第5期。
[2] 李炯英:《回顾20世纪中国二语习得研究》,《国外外语教学》2002年第2期。
[3] 王立非:《国外二语习得研究新进展》,《国外外语教学》2002年第2期。
[4] 孙骊:《从研究如何教到研究如何学》,《外语界》1989年第4期。
[5] 戴炜栋、束定芳:《外语交际中的交际策略研究及其理论意义》,《外国语》1994年第6期。

龙对学习者的认知心理进行了分析。①

国外对第二语言习得的研究较早。20世纪50年代初，Weinreich在《语言的联系》中讨论了母语和第二语言这两种语言体系的关系，并且提出了"干扰"这一重要概念。② 60年代末发生了一场大争论，Chomsky猛烈攻击了行为主义理论和结构主义理论。他指出，语言习得在行为主义中得到的解释没有把握住语言的本质，人类创造任何语言的过程都不可能简单地分解为"刺激—反应"的学习行为过程，因为语言习得机制伴随着每一个正常的人。美国语言学家Larry Selinker在1972年提出"中介语"这一著名的概念，即第二语言学习者伴随着学习过程会产生一种独立的语言体系。③ "中介"理论促使第二语言习得理论从众学科中独立了出来。在70年代末80年代初，Krashen提出完整的第二语言习得模型。该模型的五项相互联系假说是其核心，分别为监控假说、语言习得学习假说、输入假说、情感过滤假说和自然顺序假说。④ 尽管学界关于Krashen的理论存在争议，但该理论对第二语言习得的研究具有重大的突破性意义，影响深远。90年代初，研究者更多地探讨语言的输入在第二语言习得机制中的作用。

（二）第二语言学习动机的相关研究

1. 学习动机的类别研究

根据不同的标准，学习动机可以有不同的种类。其中，Gardner提出的两种动机最有影响力，即融入性动机（或结合型）和工具性动机。⑤ 随后，Ellis比较全面地归纳了动机研究，在Gardner的基

---

① 吴潜龙：《关于低于语言习得过程的认知心理分析》，《外语教学与研究》2000年第4期。

② U. Weinreich, *Language in Contact*, The Hague Mouton, 1953, p.52.

③ L. Selinker, "Inter-language," *International Review of Applied Linguistics*, No.10, 1972.

④ Krashen, *The Input Hypothesis: Issues and Implications*, London: Longman, 1985.

⑤ R. W. Gardner, *Attitudes and Motivation in Second Language Learning*, Rowley, Mass: Newbury House Publishers, 1972, p.168.

础上补充了任务动机、结果动机和欲望动机。① Dulay 进一步指出，影响第二语言习得的动机一般分为两类：工具性动机以及综合性动机。② 1981 年，Brown 把学习动机分为三大类：任务动机、情境动机和整体动机。国内学者秦晓晴、文秋芳从心理学的角度把兴趣分为两大类，即间接兴趣与直接兴趣，并据此将动机划分为两大类：表层动机和深层动机。综上所述，动机之间互相并不排斥，并且会同时存在，只不过是所起的作用存在程度差异而已。并且学习者具备任何一种学习动机，都有利于语言习得。当同时具备多种动机时，第二语言学习成功的可能性就大，反之收效甚微。因此教师激发学生的多种学习动机是第二语言教学成功的关键。

2. 学习动机的结构研究

在动机总概念下，McDonough 认为，至少应该区分学习的动力、学习语言的好处、愿意学习的程度、精力、学习兴趣、学习的持久性、对上课的喜欢程度这七个变量。③ 这七个变量是构成学习动机的基本要素，并对语言学习产生了重大的影响。但研究忽视了经济社会背景，学习动机研究由于深入工具与陷入"泥浆"中而徘徊不前。需要明确的是社会经济背景决定着动机的特点与本质，而动机与背景之间有着无法割舍的深刻联系。

3. 学习动机的特点研究

随着学生身心的发展，其学习动机的多种特性也显现出来：一是学习动机本身成分的多样性；二是学习动机发展趋势的动态性；三是学习动机自身的矛盾性；④ 四是学生第二语言习得的动机强度

---

① R. Ellis, *The Study of Second Language Acquisition*, Oxford: Oxford University Press, 1994, p. 68.

② Dulay, *Languge Two*, New York: OUP, 1982, p. 34.

③ S. H. McDonough, *Psychology in Foreign Language Teaching*, Oxford: George Allen and Unwin Ltd., 1986, p. 56.

④ 鲁克成、李健荣、夏应春：《高等教育心理概论》，西北工业大学出版社 1992 年版，第 266—267 页。

总体呈上升趋势①；五是学生二语习得的学习动机存在性别差异。②

4. 学习动机的内容研究

纵观学习动机相关研究，关于学习动机内容的研究主要集中在理论探讨、回顾整理以及介绍上。如张凌华、武和平、刘东楼等人对学习动机的影响因素及带来的后果进行的研究。③秦晓晴、文秋芳对学习动机的相关理论进行了讨论，在建立动机因果模型的基础上，全面了解了动机的内部组成成分和动机各个变量之间关系的复杂性。④

5. 学习动机的模式研究

截至目前，第二语言习得的动机研究主要存在以下六种模式：Gardner 的社会教育模式；Dornyei 的学习动机过程模式；Williams 和 Burden 的社会建构模式；Eccles 的期望价值模式；Schumann 的神经生理模式，秦晓晴和文秋芳的动机因果模型（causal model）。这六种模式从多种视角对第二语学习的动机进行了理论研究与实证研究，并且随着认知科学的进一步发展，未来将会出现更多的研究视角，提出更具体完善的动机模式。

6. 学习动机的影响因素研究

王初明指出，社会环境、自信、焦虑、语言学能和学习策略等都是影响学习动机的因素。⑤文卫平强调学习兴趣、参与热情与投入程度、师生关系、积极归因风格、高水平自我效能都会对学习动

---

① 池丽萍、辛自强：《大学生学习动机的测量及其与自我效能感的关系》，《心理发展与教育》2006 年第 2 期。

② 刘淳松、张益民、张红：《大学生学习动机的性别、年级及学科差异》，《中国临床康复》2005 年第 5 期。

③ 张凌华：《非英语专业新生英语学习动机》，《中国英语教学》2000 年第 1 期；武和平：《九十年代外语二语学习动机研究述略》，《外语教学与研究》2001 年第 2 期；刘东楼：《外语教学中动机问题的几点思考》，《外语教学》2002 年第 7 期。

④ 秦晓晴：《动机理论研究及其对外语学习的意义》，《外语研究》2002 年第 4 期；秦晓晴、文秋芳：《非英语专业大学生学习动机内在结构》，《外语教学与研究》2002 年第 1 期。

⑤ 王初明：《中国学生的外语学习模式》，《外语教学与研究》1989 年第 7 期。

机产生影响。① 石绍华等通过对北京中学生进行分层抽样调查，集体施测，发现影响中学生学习动机的因素有自尊、归因、家庭环境、生活价值取向。② 综上所述，学习动机的影响因素不外乎家庭环境、学校环境以及学生本人的特点这三大类。

7. 学习动机的理论分析研究和实证分析研究

通过分析国外学习动机研究材料，研究者将其分为两大类：理论分析研究和实证分析研究。第一类是理论分析研究。Houle 在国外学习动机的研究中起着重要作用，他在其《心灵的探究》中指出，学习活动可分成三种动机类型，即动机三分类型论。第一是学习取向：想获取知识才学习；第二是目标取向：通过学习完成明确的目标；第三是活动取向：由于学习环境的意义才参与活动。③ 自从 Houle 提出动机三分类型论以后，人们开始广泛注意与讨论学习动机。Bernard Weiner 在《来自归因的个人内部和个人之间的动机理论》中进一步提出两种相关的动机理论：第一是个人内部的理论，这一理论的动机因素主要是指自我定向意图和自我定向情感；第二是人与人之间的理论，他人有关责任心的信念、他人定向生气和同情的情感是其主要因素。第二类是实证分析研究。在《自我效能：学习的必要动机》中，Zimanerman 概述了学生学业情景的改变，自律学习过程的相互作用和学生学业成绩思想的传播深受自我效能信念的影响。④

（三）对已有研究成果的反思

第一，我国关于学习动机理论的研究在数量上不少，但大多围绕国外的动机理论展开，缺乏本土化的理论研究。国内外学生的学习存在差异性，非本土化的学习动机理论研究难以指

---

① 文卫平：《外语学习积极情感背景模式》，《湘潭大学社会科学学报》2001年第11期。
② 石绍华：《中学生学习动机及其影响因素研究》，《教育研究》2002年第1期。
③ Houle, *The Inquiring Mind*, Wisconsin: University of Wisconsin Press, 1961, p.86.
④ 转引自卜荣华《学习动机研究综述》，《安徽工业大学学报》（社会科学版）2008年第4期。

导国内实践,研究的价值将会受到影响。因此,国内的相关研究必须关注本土性,应研究和开发与我国中小学教育相匹配的成果。

第二,研究内容层面窄。虽然学习动机内容层面的研究取得了部分突破,但研究的广度和深度仍然不够。在研究学习动机中,方法一直遵循着经典及扩展模式,对动机与学习过程以及学生其他学习因素的相互作用进行研究的论文相对较多,然而,将学习动机作为一个独立个体的研究还比较稀缺。所以既要加强学习动机的情景性研究,又要加强学习动机的应用性研究。

第三,研究成果欠实践性。虽然学习动机的研究具有复杂性,但是研究的实践性能大大提高研究方向的指导性,尽快将科研成果进行转化。所以研究者今后的方向仍需要在建构理论的过程中将抽象转为具体,加强探讨学生学习动机发生、发展的机制,更多地将之付诸教学实践。

第三节 学生个体对其汉语学习动机的影响

一 调查结果分析

(一)个人发展与学生汉语学习动机之间的关系

从图3-1可以看出,有21.95%的学生认为,学习汉语是为了提高文化水平,占最大的比重。而从学习中获得充实享受、认识世界、成才、丰富充实自己这类动机分别占16.55%、11.49%、10.62%、4.05%。换言之,学生学习汉语知识的主要目的是满足自身功利性需求,提高自己的成绩。如访谈中某生谈到:"我学习汉语主要就是拿好成绩,至于其他我从来都没有想过,只要努力学习汉语,考试成绩就会好。"某教师说:"我班上的学生对于汉语的学习积极性并不高,学习汉语也只是为了考试获得高的分数。"

(二)集体荣誉与学生汉语学习动机之间的关系

从图3-2中可以看出,仅有27.36%的学生认为,学习汉语与给学校争光相关。大部分学生不清楚或者不重视两者之间的关系。

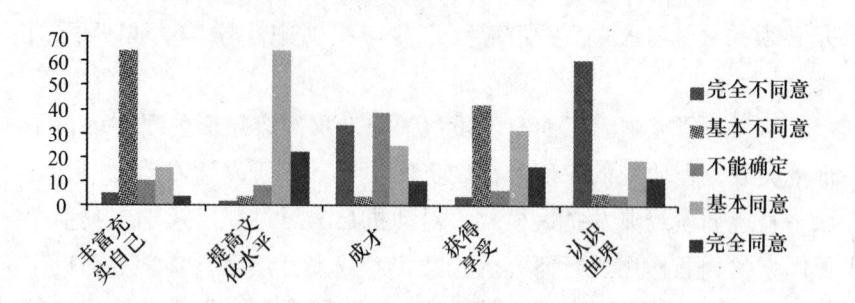

图 3-1　学生关于个人发展与学习动机之间关系的看法

在班集体荣誉方面，也存在类似的状况。总的来说，大部分学生的集体意识淡薄。G 老师说："每次我对同学们说，为了集体荣誉好好学习，他们的反应就是淡然，不管我怎么解释，他们大部分都是一脸木然的表情，用一种特别无辜的眼神看着我，弄得我都不知道怎么讲下去了，后来，我就不怎么谈及这方面的事情了。"一位学生说："每次我的汉语老师跟我说，好好学习汉语可以给班集体争光，学校的名气也会提高，这样对我们也有好处，我都特别不理解，只要我好好学习汉语，掌握老师讲的知识，就行了，其他的我没考虑那么多。"

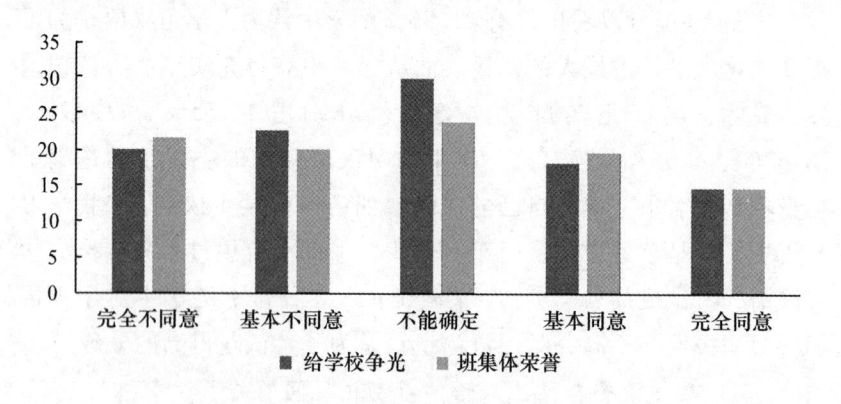

图 3-2　学生关于集体荣誉与学习动机之间关系的看法

第三章　藏族小学生汉语学习动机影响因素研究

（三）教师好感与学生汉语学习动机之间的关系

从图 3-3 中可以看出，有 33.78% 的学生认为，自己汉语学习动机与教师的辛勤培养有直接的关系，有 22.46% 的学生认为，自己喜欢汉语老师更有学习的动力，只有 25% 的学生认为，学习是为了得到老师的表扬。通过以上数据分析可知，大部分学生认为，与教师的感情和自身汉语学习动机关系较大，教师投入越多，自身学习动机也就越大。

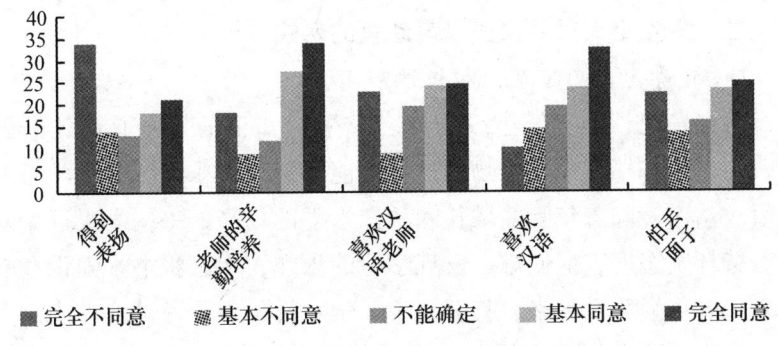

图 3-3　学生关于教师好感与学习动机之间关系的看法

（四）未来期望与学生汉语学习动机之间的关系

图 3-4 显示，有 55.74% 的学生认为，他们学习汉语的动力是将来找一份好工作，有 43.24% 的学生认为，家长的期待是学习汉语的动力所在，有 35.81% 的学生认为，学习汉语是为了将来在大城市生活，有 30.74% 的学生认为，为了给父母争口气，才好好学

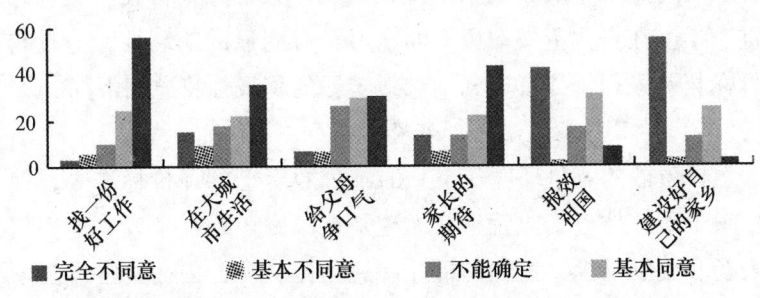

图 3-4　学生关于未来期望与学习动机之间关系的看法

习汉语,有8.12%的学生认为,学好汉语将来可以报效祖国,有3.38%的学生认为,他们学习汉语是为了学好本领,建设好自己的家乡。可以发现,学生学习汉语更多的是为了将来的个人利益,而国家、集体等利益很少在考虑范围之内。访谈中一位学习成绩好的学生说:"我学习汉语就想在大城市,比如北京找一份好的工作,我从来没有考虑过报效祖国和建设家乡的问题。"这一点让我很吃惊。

二 学生个人对其汉语学习动机的影响

(一)学习动力不足,积极性不高

研究发现,小学低年级的许多孩子对知识的好奇心都比较强烈,在学习和探究周围事物的过程中能够得到快乐,感受到学习的价值。然而,随着年龄的增长和认知水平的提高,一些学生开始对学习持怀疑态度,他们难以发现学习的乐趣,无法将书本知识和自己未来的生活联系起来,甚至认为,学习就是为了考试或者满足家长和老师的要求,自己在校的学习时间都是在做无意义、无价值的事。并且随着年级的增高,学习的内容越发枯燥,学习任务加重,这更使得学生对学习产生了厌倦情绪,受"升学指挥棒"的影响,学校以及家长对学生的教育没有考虑学生的自身需求,造成课堂学习内容与生活实际相脱离,片面重视升学因素。但是,追求高品质的教育,考试分数不是唯一目标,还要促进学生的思维、智力、创造力等的发展。此外,因为教育目标导向的偏离,忽视学生的道德教育,而造成学生缺乏国家荣誉感、集体荣誉感,自我主义思想较严重。学生在自我主义动机下的学习具有明显的功利性,一旦与预期目标相差太远,或者遇到困难,学习的积极性将急剧下降。

(二)学习兴趣波动大,好奇心不强

学校激烈的竞争环境,单一的唯分数至上的评价标准等,使得学生很少能够体会到成就感。无论是在家庭还是在学校,他们得到的表扬和奖励很少,遭到的批评和惩罚比较多,因而常常成为学校中的失败者或低成就者。时间久了,他们就会慢慢失去对学习的兴

趣,兴趣是人格的一种形式,是人做事情,从事活动所表现出来的态度倾向。研究发现,如果学生对所学内容比较感兴趣,那么整个学习过程中学习动机就比较高,反之,就需要借助外部力量提高学习效果。学生的学习动机在很大程度上由学习的兴趣决定,然而,学生的学习兴趣会受到很多因素的影响,比如老师的教学方式,课程内容的吸引性,课程的氛围等。如果对学习缺乏真正的兴趣,学习的动力就不会持久,如果学习只是满足某种外在要求的手段,学生在学习中就难以体会到学习的快乐,这对学生的长远发展很不利。总而言之,学生的自主性和内部学习动机更有利于学习,效果也更持久。

第四节 学校对学生汉语学习动机的影响

一 教学体制对学生汉语学习动机的影响

从图3-5可以得知,仅有5.41%的学生认为,学校的双语教育制度与双语教育很匹配,有59.46%的学生认为,学校的双语教育制度很不理想,影响了他们汉语学习的积极性。当下的现状是学校教学体制存在诸多不科学、不合理的地方,与双语教学不匹配,阻碍了双语教学的发展进度。因为学校的双语教学还处在探索阶段,并没有形成统一的规定和要求。例如,在学校双语教学座谈会

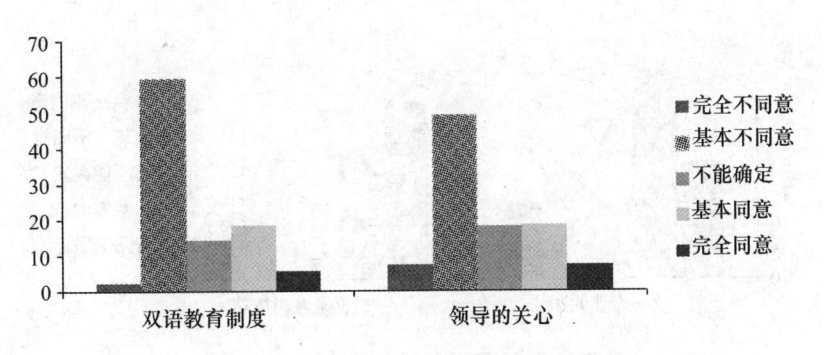

图3-5 学生对本校双语教育体制的看法

上,学校领导对老师授课提出了一个要求:要用藏语和汉语两种语言讲课,但后来又要求上汉语文课的老师,只用汉语授课,不要用藏语,通过这样的方式来削弱藏族学生对母语的依赖。学校管理层也不清楚到底哪种教学方法更有利于双语教学的展开,只能走一步看一步。此外,学校的规章制度仅适用于传统的双语教学模式,引进更先进的双语教学模式将会受到制度的阻碍,不利于双语教学的发展。

二 师资力量对学生汉语学习动机的影响

从图3-6中可知,只有14.19%的学生觉得汉语教师的专业知识满足了自己汉语学习的需要,有18.58%的学生认为基本上满足了学习需求,有6.08%的学生表示不确定,有39.12%的学生认为自己学习汉语的需要从授课老师那里基本上得不到满足,有22.03%的学生认为汉语教师的专业知识根本满足不了自己汉语学习的需要。另外,只有12.83%学生认为,汉语教师的专业能力和技巧很好地促进了他们的汉语学习,有33.72%的学生认为,教师的专业能力和技巧不能提高他们的汉语学习。W教师说:"我来学校三年了,一次省级培训都没有参加过,毕竟我也是教学新手,在很多教学方面不知道如何着手,就希望通过教师培训来提高自己的教学水平,希望学校满足教师的需求,多举办些培训,来促进学校的教师队伍建设。"

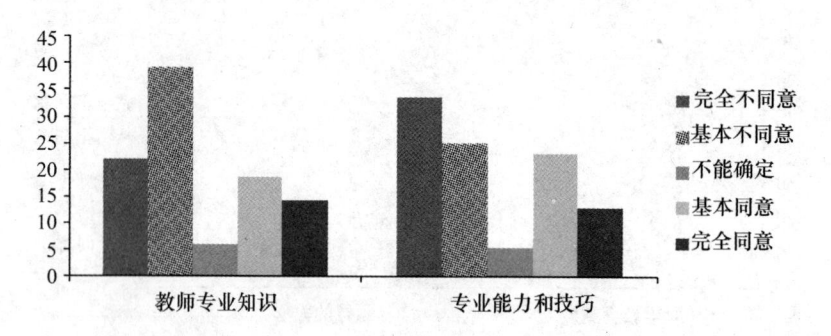

图3-6 学生关于"教师专业知识""专业能力和技巧""满足他们需要"的看法

教师在学生学习中起着主导作用，教师的教学活动可以激发和调动学生的学习动机，也可以削弱或降低学生的学习动机。如果教师安排的教学活动生动有趣，就会激发学生的学习热情，使学生对学习产生兴趣；如果教师的授课方式，安排的学习任务形式枯燥乏味，就会影响学生学习的积极性。教师的责任感、成就感、业务能力和对学生的态度等对学生学习动机的形成会产生潜移默化的影响，它既可能促进学生学习动机的形成，也可能削弱学生的学习动机。实践表明，教师有强烈的责任感、进取心、较高业务能力等优点，他所教的学生就会产生积极的学习热情和探求精神。

近几年来，藏区双语教师的教育水平有所提高，但总体质量仍然较低。调查发现，主要存在以下问题：第一，教师的责任感缺失；第二，教师专业知识不够；第三，教师的教学方法守旧、呆板；第四，教师缺乏对学生的关爱；第五，双语教学方面的人才匮乏，等等。在拉卜楞镇×小学，藏族教师的汉语水平比较差，汉族教师基本上听不懂藏语，其中汉语教师的主体是年轻教师，教学经验欠缺，再加上他们中90%以上的双语教师都毕业于甘肃民族师范学院，教师队伍结构的单一化，导致"近亲嫁接"现象的发生，不利于各种教学思想的交流，学生汉语学习也会受到影响。

三 教材对学生汉语学习动机的影响

从图3-7中可以看到，有228名学生对学校教材持不同意的看法，仅有53名学生认为学校的汉语文课教材针对性强，具有民族特色。学生反映说："汉语文教材有些内容我不是很理解，学习汉语就比较费力费时。"选用合理的教材是教育教学质量提高的前提。拉卜楞镇×小学采用的是五省区协作的藏文教材（以下简称"五协版"），教材的主要问题是缺乏民族特色，练习形式单一，缺乏针对性。该校学生从学前班就开始接触汉语，随着年级的升高，汉语已经有一定的基础，教学的重点不能停留在简单的读、写、说上。教学的重点应该是学生整体语言能力的提高，加强语感，写出优美的文章。但教学观念的僵化，视教材为一种工具，而不是提高学生汉语素质的辅助，这不利于形成良好的学习动机。

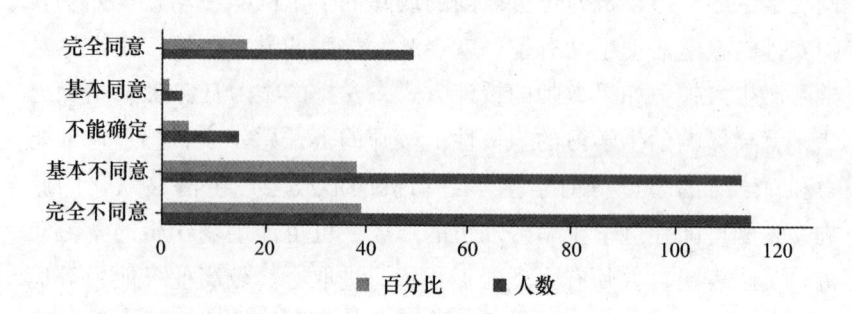

图 3-7 学生关于"学校的汉语教材针对性强，具有民族特色，很适合我学习汉语"的看法

四 测量评估体系对学生汉语学习动机的影响

从图 3-8 中可知，有 26.69% 的学生很喜欢汉语文授课教师的检查方式，推动了学生的汉语学习；有 15.2% 的学生认为学校的测量评估体系比较合理，总体上认为合理的人数未超过一半。有 7.43% 的学生认为其比较不合理，有 48.99% 的学生认为自己的汉语知识掌握情况的测评一点也不合理，也就是说，大部分学生认为学校的测量评估体系不合理，可能阻碍其汉语的学习。学生反映说："对于我汉语文的掌握程度，主要就是期中和期末两大考试，平时老师布置的任务就是背诵课文，课下预习，将不懂的地方画上

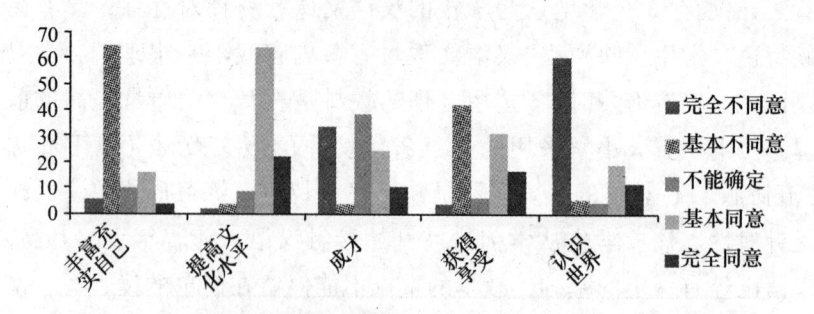

图 3-8 学生关于"我很喜欢汉语老师对我汉语知识掌握情况的检查方式"的看法

横线。但是第二天早上,老师只是口头问一下,背文章了没有,不是很负责,或者让班长检查一下,如果谁和班长的关系好,即使没背诵,班长也对老师说背诵了,这种现象让大家觉得没有必要好好背课文,只要跟班长搞好关系就行,这样我的汉语学习的积极性就下降了。"

考试是检查阶段或总结和学生的学习行为有关的评价研究。在教学过程中,这种评价研究发挥着重要的作用。它不仅有助于教师了解教学效果,及时调整教学设计,改进教学方法,而且有助于学生明确学习目标,了解自己的学习态度,有针对性地选择学习策略。虽然纸笔测验只是检查学习成果的方法之一,但是从调查来看,评价学生的标准基本上以考试的分数为主。纸笔测验如果编制得当,实施恰当,在程序上具有公平、客观、省时、省钱的作用,则有利于促进学生的认知学习,但是纸笔测验也存在不足,比如命题的客观性差、评分标准不一致等。

研究发现,汉语课考试的方法单一,仅有纸笔测验考试,缺乏听、说方面的测试,造成学生对听和说的忽视,汉语教师在教学中也忽视听和说的训练,将汉语教学等同于应试教学。藏族小学生的汉语测验方式与其语言认知能力不相符,更严重的是藏族学生的汉语口语表达能力从小学低年级开始就被忽略。随之学生的汉语思考分析能力和语言运用能力滞后,在交际方面运用汉语的机会大大降低,从而降低了学习汉语文的积极性。

五 教学模式对学生汉语学习动机的影响

从图3-9中可以看出,学生对汉语文授课教学模式的看法持不同意的有163人,在113人同意中完全同意的仅有33人。整体来看,学生觉得汉语文授课教师的教学模式不利于更好地掌握汉语。Y教师说:"我教授汉语文快40年了,虽然现在学校提倡素质教育,但是我的教学方法已经定型了,不太容易改变,不能跟上时代的发展,学生对我的教学方式也已经疲惫了,整个上课期间大家都习惯听我讲,也不发表看法。"研究发现,在拉卜楞镇×小学的教学中,汉语仅作为一门课程而存在。从学前班就开设藏语课和汉语课，但其他课程用藏语授课。这种双语教学模式充分凸显了在藏族教育中母语的地位，而汉语教学数量和教学任务也能达到，只是汉语授课比较分散，造成学生课堂上学习的汉语文知识，在课下得不到及时巩固。调研发现，自身汉语水平欠佳的藏族老师，由于使用汉语授课费力，一节汉语课主要还是运用母语教学，制约了双语教学的发展，不利于汉语学习。

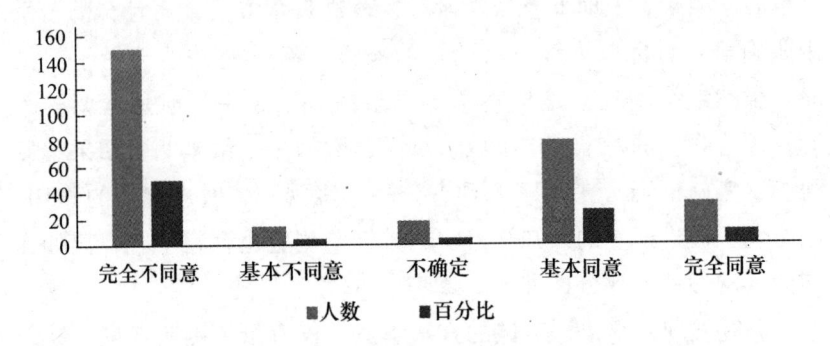

图 3-9　学生关于"我的汉语老师的上课方式有利于我更好地学习汉语"的看法

六　课堂氛围对学生汉语学习动机的影响

从图 3-10 可以看出学生对汉语文课堂气氛的看法。有 47.28% 的学生认为课堂气氛不够活跃或不怎么活跃，有 6.42% 的学生表示不确定，有 46.29% 的学生认为课堂气氛还可以。学生之间由于年龄、身份和经验比较接近，因此容易形成认同，相互影

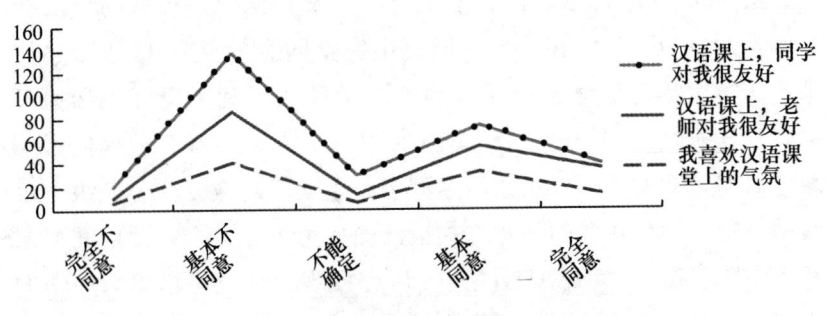

图 3-10　学生对汉语文授课课堂氛围的看法

响。当学生生活、学习在一个学风浓厚、竞争较强的班级时，大部分学生的积极品质将对另一些学生产生极大的影响，推动他们的学习。反之，在一个纪律松散、秩序混乱、没有形成良好学风的班级里，学生较难形成学习动机，尤其是自制力差的学生则更难。那么学生的学习兴趣就会下降，进而出现自卑感或憎恶教师，影响学习汉语的积极性。

师生关系是学校教育过程中最基本、最重要的关系，具有强烈的情感特点。这种情感特点能够渗透到学生的学习过程中去，对学生的学习动机会产生较大的影响。研究充分表明，良好的师生关系可以有效地促进学生学习的积极性。"亲其师，信其道。"如果一个学生对自己的授课教师充满喜爱之情，那么他往往会更加努力学习这位老师所教授的课程；反之，学生的学习主动性可能会降低。因此，教师要与学生建立友好和谐的师生关系，进一步提高学生的学习动机。

研究还发现，教师对学生的态度存在差异。教师对待学习成绩较差的学生往往过于严厉，缺少关心和爱护，而过分袒护偏爱某些成绩优秀的学生。这些差异性可能是教师无意识地产生的，但学生极易察觉，有些学生会出现不满和抵触情绪，甚至过激的行为，造成师生关系紧张。另外，受到教师偏爱的那一部分学生，也可能会被其他学生孤立，导致学生之间关系恶化，不利于学生之间的交往，以及个体身心的正常发展。

第五节　家庭对学生汉语学习动机的影响

一　调查结果分析

（一）家长态度

从图 3-11 中可以看出，有 63.17% 的学生认为父母根本不支持自己学习汉语，有 46.97% 的学生说父母根本不会给自己买学习汉语的课外读物，有 48.65% 的学生认为父母对自己汉语学习的帮助几乎没有，有 55.58% 的学生认为父母根本不会询问自己在学校学习汉语的情况。学生反映说:"我的爸爸妈妈都是放牧的,平时也没有其他额外的收入,家庭比较贫困,也只能满足正常的生活需求,对于我要买学习汉语的课外读物,爸妈也无能为力。"

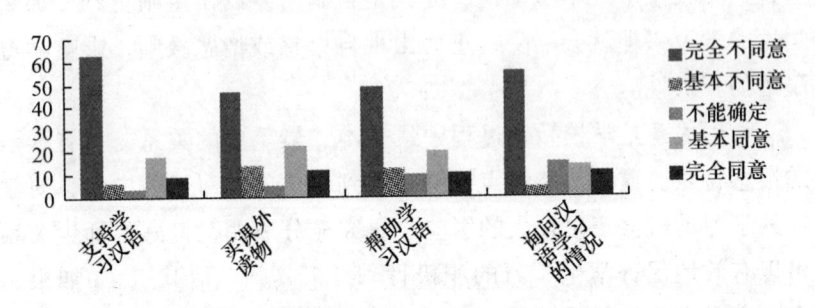

图 3-11 家长态度

(二) 家庭氛围

从图 3-12 中可以看出,有 56.75% 的学生和父母之间几乎不会或根本不会用汉语交流,有 38.86% 的学生的父母几乎不会说汉语。学生反映说:"我的爸爸是文盲,我的妈妈也是文盲,他们从来没有接触过汉语,所以他们一点也不会说汉语,放学回到家,我们都是用藏语交流。"C 老师说:"每次学校安排家访,我都会询问家长是否懂汉语,大部分的家长都摇摇头,说一点也不懂,这一点也令我很担忧,学生在学校学习的汉语知识,在家里得不到巩固与

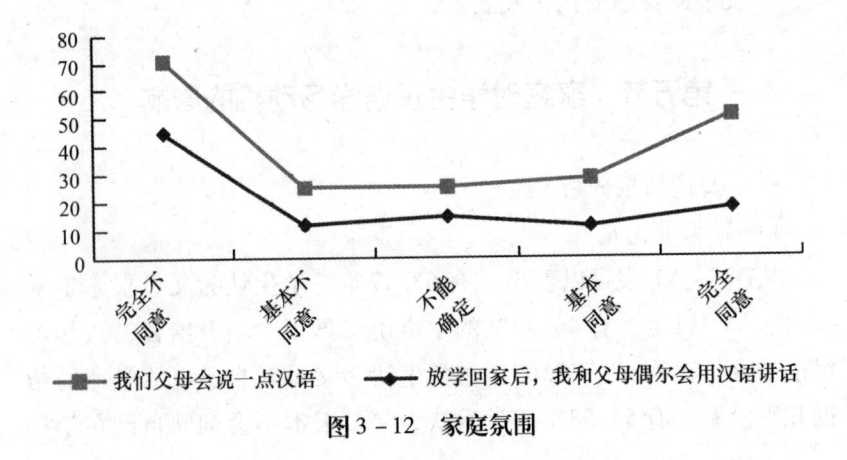

图 3-12 家庭氛围

提高，记忆就会退化。等回到学校时，上次的教学内容还要重新讲一遍，耽误了时间，教学任务有时候都完成不了，我们老师也感到很没有成就感，教学的积极性很受打击。"

（三）父母职业

从表3-4可知，拉卜楞镇×小学藏族学生的母亲主要是牧民，占到总人数的65.2%。母亲是教师的人数最少，仅7人，占到总人数的2.4%。表3-5显示，父亲是牧民的人数最多，达到195人，占到总人数的65.9%。父亲是教师的人数也是最少，仅9人，才占总人数的3%。从表3-4和表3-5可知，藏族学生的父母以放牧为主，一方面经济收入偏低，另一方面不重视汉语的学习。

表3-4　　　　　　　　　　**母亲的职业情况**

职业	人数（人）	百分比（%）
牧民	193	65.2
农民	55	18.6
教师	7	2.4
商人	41	13.9
总计	296	

表3-5　　　　　　　　　　**父亲的职业情况**

职业	人数（人）	百分比（%）
牧民	195	65.9
农民	55	18.6
教师	9	3.0
商人	37	12.5
总计	296	100

（四）父母文化程度

从图3-13中可知，父亲的文化程度主要是文盲和小学，文盲的人数为96人，占到总人数的32.4%，小学的人数为133人，占到总人数的44.9%，初中及以上学历的人数总计才67人，仅仅占到总人数的22.6%。

图 3-13　父亲的文化程度情况

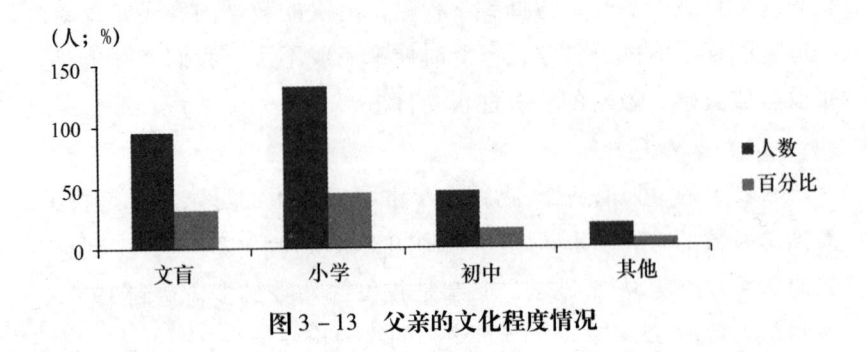

图 3-14 显示，母亲的文化程度也主要是文盲，人数为 173 人，占到总人数的 58.4%，初中及以上学历的人数为 30 人，占到总人数的 10.1%。

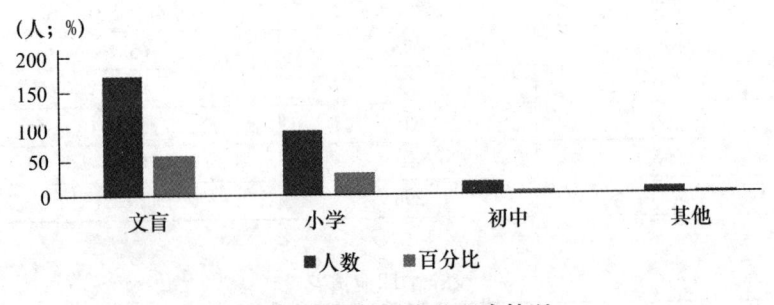

图 3-14　母亲的文化程度情况

二　家庭对学生汉语学习动机的影响

通过调查研究发现，家庭环境（包括父母的职业、社会地位、文化水平等）与学生的汉语学习动机有一定的关系。本研究中父母职业为牧民的藏族学生家长几乎不重视孩子的汉语学习，认识不到汉语学习的重要性。此外，家庭经济条件差，也难从物质上支持学生的汉语学习。这种家庭氛围下的藏族学生，几乎没有家长的监督，学习汉语的难度可想而知，学习的动机也相对较低。

教育首先在家庭环境中产生，父母是孩子的第一任教师，其次才是学校等环境。所以说，家庭教育对于孩子的成长具有先导性作用，对他们学习的积极性具有直接影响。不良的家庭环境和教养方式，给孩子心理、行为、学习态度等方面会带来消极影响，甚至可能会对社会造成负担。家庭父母的教育方法，养育子女的水平，父母之间关系的融洽程度，对学生的学习成绩、学习动机以及未来的发展都具有影响。另外，父母的要求与子女自身成就的愿望有极强的联系，尽管随着年龄的增长，这种影响会逐渐减小，但其作用仍不可忽视。研究发现，家长对子女有愈高的要求，子女对自己成就的愿望则愈强烈；家长要求低，子女的成就愿望则低。

第六节 社会文化生态环境对学生汉语学习动机的影响

一 调查结果分析

（一）家庭位置

从图3-15中可以看出，有89%的学生认为居住在学校附近，有更多的时间学习汉语，同时也有29人认为，学习汉语的时间与学校的距离没有关系。学生反映说："我的家住在桑科草原附近，距离学校比较远，交通也很不方便，通常都是爸爸骑摩托车来接我，回到家，根本没时间学习汉语。"

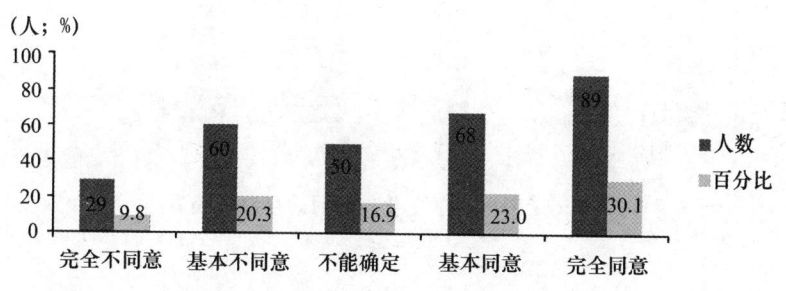

图3-15 学生关于家庭"硬环境"和学习动机之间关系的看法

（二）学校位置

调研数据显示，有34.8%的学生认为，他们如果在县城的小学上学，汉语成绩会更好；有26.7%的学生认为在县城上学的话，汉语成绩也许会好；有22.3%的学生不能很好地把握学校的地理位置与他们学习汉语之间的关系，有7.1%的学生认为上学地点与学习汉语的关系不大，有9.1%的学生认为学校的地理位置与他们学习汉语成正比关系。学生反映说："因为我的爸爸是我们学校三年级的数学教师，妈妈是学校的后勤人员，所以爸妈就非得让我在这个学校上学，为了方便照顾我，可是我不喜欢这个学校，因为我的家住在县城。所以我更喜欢在县城上学，如果在县城上学，我会更加好好地学习汉语。"

（三）民族文化

从3-16中可以看出，一半以上的学生觉得本民族的文化对他们学习汉语的积极性影响很大，仅有12.5%的学生认为本民族信仰对自己的汉语学习起不到积极作用。学生反映说："我觉得学习汉语没用，因为我小学一毕业，爸妈就要把我送到拉卜楞寺当和尚，平时也不问同学和老师问题，只是在等毕业而已。"

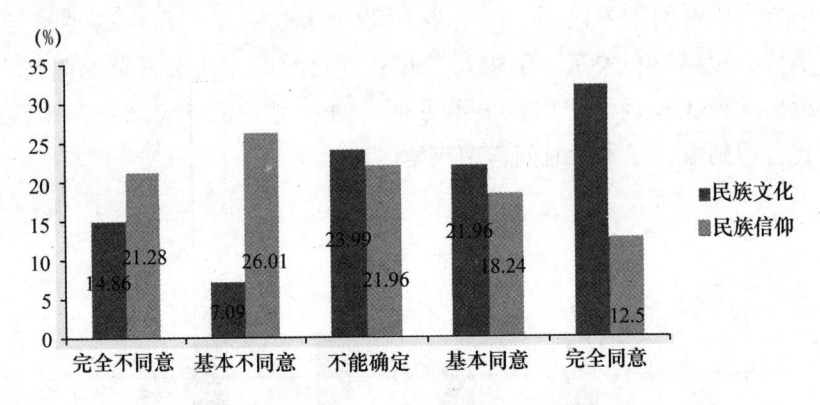

图3-16 学生关于文化与学习动机之间的看法

二 社会文化生态环境对学生汉语学习动机的影响

藏族聚居地区是我国资源富集区，其中矿产、土地、水等资源十分丰富，具有得天独厚的旅游资源，但是藏族聚居区的地理位置偏僻，经济落后，自然条件恶劣，这些地区人口密度小，人口居住也比较分散。一般来说，农业和牧业地区的教育略好于游牧区的教育。虽然中华人民共和国成立后教育水平得到了提升,但仍不及全国平均水平,需要国家和当地政府加强扶持力度。夏河县拉卜楞镇×小学坐落于拉卜楞寺边上,是一个六年制非寄宿制学校,学校实行"5+2"的上课制度。因为地理环境的限制,藏族祖祖辈辈都生活在这一片土地上,接触汉语的机会比较少,导致藏族学生从小就对汉语没有较高的目标追求,所以学习汉语的积极性就不是很高。

此外,藏族人民主要以从事畜牧业为主,兼营农业,人民长期过着游牧的生活,其文化主要是口头传唱诗歌,形成的草原文化属于奔放豪迈型,在藏族发展的过程中,传统文化已经打上了宗教意识的深深烙印。到目前为止,宗教信仰在藏族人民社会生活中依然有着巨大的影响,宗教意识在藏族的思想观念、价值取向等方面都起着重要作用。在藏族社会生活中,宗教的影响力遍布各处,有很高的地位,在藏族文化中,宗教的力量潜移默化,随处可见宗教文化的产物。不同文化、不同宗教、不同民族性格,形成了当地藏族独特的文化特色。藏族学生在学习汉语言和汉文化时,由于藏语言的表达方式、行为方式与汉语言不同,难免会感到不适应,这也制约了藏族学生有效学习汉语言课程。这也是双语教学改革中亟须注意的地方

第七节 学生汉语学习动机改善策略

一 研究结论

通过分析问卷调查和访谈资料发现,影响藏族学生汉语学习的动机主要有学生个体、学校、家庭、社会四个方面。

(一)学生个体

总体表现为学生对汉语学习的动力不足,积极性较低;学习的兴趣波动大,好奇心不强。调研发现,藏族小学生没有良好的明确的学习价值观,受"考试指挥棒"的影响,学习具有明显的功利性,缺乏远大的理想,坚定的信念,最终学习动力不高,积极性较

低。此外，该藏族学校小学生对汉语文课程学习的兴趣较弱，上课表现不积极，参与度不高，对探索汉语知识世界的好奇心不强。

研究表明，如果一个学生上的是自己感兴趣的课，整个学习过程的学习动机就比较高，反之，就需要使用外部力量来提高他们的学习效果。一个学生兴趣广泛，好奇心强，就会在课堂上主动探索新知识，学习动机自然而然就会变强。学生的学习动机在很大程度上由学习兴趣来决定，然而学生的学习兴趣会受到很多因素的影响，比如老师的教学方式，课程内容的吸引力，课堂氛围等，这些因素导致兴趣很容易发生变化。

（二）学校层面

在该六年制小学中存在着双语教学体制与双语教学不匹配、师资力量薄弱、教材缺乏针对性、测量评估体系不合理、双语教学模式单一、课堂人际关系疏远的现状。因为当地汉语学习主要通过学校展开，所以学校层面对学生汉语学习产生着重大影响，学校存在的缺陷将进一步反映在汉语教学效果上。

第一，学校的双语教学体制与双语教学不匹配阻碍了教学进度。该学校的双语教学还处于探索阶段，体制落后，任课教师、管理层随意性较大，不利于双语教学长时间且有效的开展。

第二，学校双语教师师资力量薄弱，制约着汉语学习。藏区原有双语教师存在专业知识不足、教学技能落后、责任感缺失等现象，但新的双语教师又难培养，存在汉族教师不懂藏语的困难。

第三，教材的编写欠缺合理性，学生学习理解起来困难。拉卜楞镇×小学采用的是"五协版"的藏文教材，教材的主要问题是藏族学生汉语学习内容上缺乏民族特色，难以引起藏区学生情感共鸣，学生学习的积极性难免受到消极影响。

第四，学校测量评估体系不合理。学校汉语文课的考试仅有纸笔测试，缺少听、说测试。不仅导致难以评估藏族学生的汉语听、说能力，学生和教师也忽略汉语的听、说学习和训练。藏族学生在汉语学习过程中长时期忽视听、说能力的培养，极易导致汉语文思考分析、语言运用能力滞后，日常生活中使用汉语言的概率降低，也降级了学习汉语文的积极性。

第五，学校双语教学模式单一，仅仅视汉语为一门课程。也就是说除了汉语课用汉语教学外，其他课程继续用藏语授课。与其他课程不同语言的学习还需要配套的语言环境，汉语言学习长时间缺少使用、练习、训练，效果将大打折扣。

第六，课堂人际关系疏远。班级中存在教师忽略成绩较差的学生，重视成绩较好学生的现象。这部分被忽略的学生易产生不平衡感，做出不利于人际交往、学习的态度、行为。这势必会影响整个班级的学习氛围，耽误汉语的学习。

（三）家庭层面

家庭层面的因素主要包含文化程度、职业等级、家庭收入、社会地位等。调查发现，该藏族地区的经济生产方式较为单一，以放牧为主且收入较低，收入仅够生活开支，当子女学费过高时家庭会出现经济困难，更不用说为子女购买额外的汉语学习参考资料了。此外，父母长期生活在藏区，汉语的使用频率低，对孩子汉语文学习重视程度较低，难以形成语言学习氛围，最终影响汉语文的学习效果。

（四）社会文化生态环境

藏区社会文化环境影响学生汉语文课程学习的积极性和主动性，生活习俗、宗教信仰、历史传统等都对学生在学习外界知识文化时产生着重要作用。不同文化、不同宗教、不同民族性格，使他们形成了自己的文化特色。藏族学生在学习博大精深的汉文化时，由于民族心理特征，语言和表达方式不同，难免会感到文化不适应，最终影响了学生汉语言课程的学习效率与学习效果。

二　建议对策

根据上述的影响因素分析，本研究从四大方面提出促进藏族小学生汉语学习动机的对策建议。

（一）学生个人方面

1. 加强学生思想教育，培养良好的学习价值观

学校、教师、家庭、社会要加强对学生学习动机的培养，树立

正确的世界观、人生观和价值观。因为学生的学习动机是一种内在的推动力，当一个学生具有强烈的学习动机时，会根据自己的具体学习情况，制定阶段性学习任务，同时积极投入学习中。当遇到困难时，会积极调整学习目标和任务。但是，需注意学习动机不能过强。心理学研究发现，学习效率和学习动机的强度存在倒 U 形的关系。当学习动机过强时，个体处于高度的紧张状态，反而会降低学习效果。所以汉语授课教师应根据阿特金森的理论，设置难度适宜的学习任务。当然，对于任务难度的判定并没有固定的标准，这就要求老师在了解学生的基础知识和自身条件的情况下做出选择。最后，教师也要引导学生进行合理的归因分析，引导学生将成功归因于努力付出，将失败归因于不够努力，发挥更好的激励作用。

2. 培养学生的自学能力，激发他们的学习兴趣

John Dewey（1913）指出，最棒的课程和教学的基础是兴趣，那些精心打扮与学生没有任何联系的东西是毫无价值的，因为这样做只是制造了瞬间或转瞬即逝的兴趣而已。[①] 而真正的兴趣意味着身心俱醉于学习过程，而不仅仅是对学习的最终产品感兴趣。在教学过程中，老师不能墨守成规，只要是学生感兴趣的话题都可以适当引入课堂，激发出学生对知识的渴求和兴趣，促使学生把其他活动的动机迁移到学习方面。在学生日常学习生活中，教师要引导学生养成良好的学习方法和习惯，培养自学能力。教师要充分利用课堂之外的学习机会，努力给学生创造更多的空间，激发他们的想象力、创造力。

总而言之，学习动机在第二语言习得中起着非常重要的作用。老师应当努力激发学生的学习兴趣，使学生自发产生学习的动力，兴趣是最好的导师，充满兴趣的学习才有可能快乐。

（二）学校方面

1. 改革学校的教学体制，使其与双语教学相匹配

藏汉双语教学应该坚持功能、结构、文化三位一体，遵循学习

---

① 转引自渠珍、刘波《动机因素与第二语言习得——调动冷漠型学生的学习动机》，《和田师范专科学校学报》2007 年第 5 期。

规律，注重教学科学性，在不同的教学阶段各有侧重。

首先是功能。语言的学习不仅仅是纸上谈兵，更应该在交际中使用。由此，汉语教学在知识学习的基础上，可以增加交流使用的频率。学校要创造语言情境，让学生在其中使用汉语，并进一步知晓学习这些知识的价值所在。语言长时间学而不用，能力就会退化。

其次是结构。汉语教学既要注重功能，也要注重语言结构。从科学性来说，结构所体现出来的层次性与汉语本身的特点相吻合。由于小学生年龄小，循序渐进地了解汉语的结构和语法，能使小学生较容易掌握、理解汉语知识。在小学阶段给学生打好汉语内部结构基础，为将来汉语言的综合运用提供帮助。

最后，藏族小学生的汉语教学也要注重文化的作用。给学生提供汉语学习的文化背景，深入了解所学语言，进行合理的交际，以达到更好地学习汉语的目的。

2. 引进师资，加强教师培训，促进教师队伍建设

培养双语教学师资队伍，提高双语水平是构建小学双语教学课程体系的关键。基于双语教学发展的迫切需要，促进双语教学师资队伍的建设已经迫在眉睫。其具体措施和方法如下：

第一，加强教师师德培养，为学生提供榜样示范作用。教师作为对学生影响较大的权威人物，其影响不可忽略。教师需努力在学习生活当中表现出自信心，采取良策激发学生的学习潜能，并对学生保持较高的期望，相信学生。

第二，加强学科带头人的培养工作，努力培养一支专门研究藏族汉语教学的教师队伍，为其创造条件参加全国的学术探讨，增加与专家学者的交流机会。

第三，给藏汉双语教师更多外出进修的机会，加强专业知识的培训，学习先进的汉语言教学理论，提高教师队伍质量。

第四，适当减轻汉语教师的教学压力，以确保教师有足够的研究学习时间，增进教师专业知识水平和理论素养。

第五，校内开展灵活多样的研讨活动，如教学公开课、集体备

课、听课、评课与说课以及教学技能大赛。学校教研气氛浓厚，学术思想比较活跃，有助于提高教师的教学反思、教育研究能力。

第六，加强对教师的监督。自治区教委可以定期组织汉语教师资格考试，对教师的汉语业务素质、教学能力等进行全面的考试考核，不合格者不能上岗。通过定期考试检查的方式，督促教师主动提高自身的业务水平，从而提高汉语教师的整体素质。

3. 加强教材建设，开发具有少数民族特色的教材

我国藏汉双语教学的历史悠久，现在已经初具规模，但是与藏族学生的实际情况相符合的教材仍然缺乏。因此，编写藏族汉语文教材要特别注意以下几个方面：

首先，使教材的内容与语法相互融合，体现汉语教学的实用性。汉语文教材内容的选择要"文质兼美"，尽可能与藏族学生的社会生活相贴近，体现出学生关注的热点，更多地反映社会的发展情况。语法的选择不仅要实用，学习更需要循序渐进，在短时间内突然接受大量的汉语语法知识学生将难以消化。教材要选择在实际生活中有价值、有意义的内容，从而增强学生学习汉语的积极性。

其次，增加教材内容的趣味性，提高学生的学习兴趣。根据不同学龄学生的知识水平，创建与其生理、心理特点相匹配，并且趣味性浓厚的汉语教学系统。适当编写流传于藏族民间的小故事、寓言，以及关于藏族习俗的活动。比如，阿古顿巴的故事，欢度藏历年等。总之，语言课讲授的生动形象，课堂气氛活跃，离不开教材内容、教学方法，原则就是努力激发学生学习汉语的兴趣和积极性，充分发挥其主观能动性。

最后，听、说、读、写四项相互协调，提高学生的整体素质。由于藏汉汉语教学属于第二语言教学范畴，藏族学生只能通过学校系统的教育来获得汉语知识。因此，我们应该协调学生的听、说、读、写能力。听、说是基本，读、写是更高的要求，四项皆不可忽略。

4. 构建科学合理的测量评估体系，发挥考试的正确导向作用

探索双语教学评价，促进双语教学体系的完善，是构建双语教

学课程体系的动力。教学评价具有对教学的反馈、激励、导向、改进功能。

在教学过程中，教师要根据教学实践的具体情况，合理运用奖赏和惩罚两种方法，既不伤害学生的自尊心，又要鼓励取得进步的学生，以更好地发挥奖惩的作用，提高学生的学习成绩。

考试作为检测教学效果的手段之一，能及时反馈教学信息。但我们也应注意到为考试而学习的学习动机的局限性和副作用。为此，教师应帮助学生树立正确的考试观和学习目标，把考试当成学习过程中的一种自我诊断的信息反馈方式，正确发挥考试的导向作用。教师首先要让学生明白考试只是学习过程中一种衡量他们学习能力的有效而公正的手段，而不是最终目的。其次，让学生以平等合作的方式与老师探讨考试的形式和内容。最后，学生通过与同伴的互动学习、相互评价，参与考试中信息的接收、处理、反馈、修正的全过程。另外，对学生的评价方法要注重多元化，语言测验是要对学生的语言表达能力和书写能力做出全面的测量。所以最理想的语言测试应该既包括读写也要包括听说。同时，我们要开发适合于藏族小学生学习汉语习惯的测试标准，只有当藏族小学生的汉语学习水平和能力得到科学有效的评价时，引导作用才会发挥出来。

5. 创新教学模式，采用灵活多样的教学方法

第一，力求教学方法和手段的灵活多变，新颖别致。根据不同的教学内容以及教学对象，要选择不同的教学方法。教师用新的教学方法教学，会让学生在课堂学习中体会到新鲜感。一个充满活力的课堂，可以帮助学生树立积极的学习态度，提高学习汉语的热情。比如利用多媒体技术，展示学生喜爱的歌曲、视频等激发学生的学习兴趣，教师也可在教学中尝试模拟和角色扮演，这生动有趣的教学过程也可以激发学生的学习兴趣。教师要注意任务形式的多样化，如果学生每天做的家庭作业类型与学习活动的参与方式，都遵循相同的模式，学生就很容易出现学习疲倦现象。教师根据不同教学内容变换作业方式，例如，举行故事演讲比赛、诗歌朗诵、纸牌游戏、写作竞赛等活动。

第二，整体把握课堂教学。种种原因导致教师的汉语教学长期沿袭着固定的模式，学生每天按照这样的模式进行学习，慢慢地就会厌倦。语言作为一种工具，本身具有艺术性，在语言教学过程中，揣摩语言、理解思路、概括要点等，都是在整体把握的基础上进行训练。所以没有必要逐字逐句地讲解课文内容，在层次划分的基础上，可以分段讲解。另外，要花费大量的时间让学生进行普通话朗读训练，读准字音，读好句子，注意停顿，流利地读出语气和感情。只有在朗读时，才能整体把握文章，提高学生的汉语水平。

第三，设计有趣味性的教学内容。学生的学习兴趣与教学内容之间有着一定的联系，充满趣味性的教学内容可以提高学生的学习兴趣。为此，教师在教学的组织和安排中，应注意挖掘有趣的内容。在教学实践中灵活转变形式，多安排一些有趣的主题。如果某些教学内容本身没有太大的吸引力，教师可以在教学设计上多下工夫，将教学内容与学生的生活联系起来，将抽象的概念与具体的概念联系起来，选用学生周围的事实举例，注意材料的因果联系以及材料组织的清晰性等。

第四，进行两种语言对比，引导学生减少母语的干扰。语言教学是一门科学，有其自身的规律和特点，同时它又是一种艺术，一项技术性很强的活动，必须进行细致观察、认真思考。教师对藏族学生进行汉语教学，首先就应了解藏语的语音系统、构词方法，以及语法规律，并同汉语进行比较，从中找出相同、相似和相异点，对教学难点进行详细讲、反复练。语言教学实践证明，不同的语言之间确有不少相同、相似之处，这是教学中的主动因素，而那些不同之处则是教学中的被动因素。如果可以将母语和汉语这两种语言进行对比分析，并找出异同，然后在相应的实践中，减少母语习惯的干扰，学习效果将会提升。汉语同藏语是亲属语言，有不少相同相似之处，但汉语和藏语仍然存在不少差异，这部分就是教师教学中的难点和重点。比如通过汉藏语音比较，可以发现汉藏语结构的动宾语序正好相反，汉语是动词在宾语前，而藏语是动词在宾语后，所以他们常把"你喝酥油茶，我吃糌粑"说成"你酥油茶喝，我糌粑吃"等。学生把母语规则不恰当地应用于第二语言的这种情况，就是语言学上所谓的"消极转移"或"干扰"。我们只有了解了藏族学生的母语音系、构词方法和语法规律，才能了解来自母语的种种干扰，从而总结出规律，抓住难点，突出重点，有的放矢地进行教学。

6. 营造良好的课堂氛围，建立融洽的师生、生生关系

第一，创造轻松的语言学习环境。教师应创造一个轻松愉快的课堂语言学习环境。良好的课堂氛围会增强学生的班级归属感，有利于其自由地运用汉语交流，更好地提高语言技能，为提高汉语水平搭建平台。此外，轻松的课堂氛围会降低学生学习汉语的恐惧和焦虑感，更有利于其自身的思考和表达，吸收课堂上所学的语言知识，更好地促进汉语的学习。

第二，建立和谐的师生关系。教师主动改善师生关系，特别是与班级中内向、成绩较差的学生的关系。既要从内心深处尊重学生，也要在日常生活中帮助学生。公平对待每一位学生，关心学生的生活和学习，觉察并理解他们的情绪以及情感，做"父母般"的老师。教师也可以参与到学生的活动中，做学生的朋友，在活动中增进对他们的了解。因为老师一旦赢得了学生的尊重，就会激发起学生学习的强大动力。人本主义心理学家罗杰斯主张，父母对自己的子女给予无条件的积极关注，这种要求同样适用于教师，老师的关心、帮助和接纳会有助于他们树立自信心，更好地学习汉语，提高自身的积极性。

第三，建立积极的同伴关系。教师要建立合作、互助共进的同伴关系，鼓励学生互相帮助，当某个学生取得进步时，要鼓励其他学生学会接纳并欣赏同学的进步。比如，当某个学生取得进步时，教师可以让全体学生用掌声向其表示祝贺。当学生遇到困难时，要鼓励其他学生积极给予支持与帮助。同时引导学生之间和谐竞争，合理地看待他人的进步，帮助学生认识到嫉妒的危害性。

(三) 家庭方面

加大社会分配制度的宣传力度，促建家庭经济来源的多样性，

以进一步革新旧观念。由于当地的经济发展水平较为落后，农民的家庭收入主要靠农作物和外出打工，收入微薄。由于无法供给学生在校的开支，许多家长放弃了让孩子继续读书，导致基础教育阶段学生大量辍学。所以，为了提高学生的入学率以及降低辍学率，当地政府应该加大社会分配制度的宣传力度，促进家庭经济来源的多样性。比如，利用当地丰富的旅游资源，大力发展旅游业，为当地牧民提供更多的就业机会，增加家庭收入。收入增加后，还需要转变当地居民的思想观念，使其认识到教育的重要性，汉语的重要性，让更多的适龄儿童完成基础教育。针对一些过着游牧生活的藏族家庭，政府要及时实施扶持政策，比如为在读小学生提供补助，为他们的家长提供贷款，减免部分家庭经济困难的学生在校的开支等。家长也需要积极配合政策的执行与展开，促进基础教育的良性循环，提高藏族教育和教学质量，促使他们将知识转化为生产力，提高经济收入，为汉语的学习提供物质基础。

（四）社会生态文化方面

当地政府应做到统筹兼顾，加大教育投入力度，积极引进外资，提高学校教学设施设备建设。西部大开发为地方的教育发展带来了便利条件，但对教育的需求也更加迫切，加大了挑战力度。要想发展农牧区的教育，政府首先需要增加投资，加强西部地区基础设施建设，因地制宜地建设好当地学校的教育软件和硬件设备。其次，政府以及学校要开源节流，搞好资金的筹措，从而保证硬件的建设真正做到位。最后，要好好利用当地的优势，发展经济。我国西部地区经济发展滞后，这一点是毋庸置疑的，被动的竞争地位也对西部地区的经济发展产生了阻碍。但任何事物都是矛盾的统一体，在西部地区，仍然存在着比较大的优势，比如，西部地区具有经济发展的后发优势，劳动力成本低的优势，农牧业产品质量优势，矿产资源优势，政策优势以及旅游资源优势。如果西部地区可以认识到自己的长处和弱点，充分发挥长处，尽量避免劣处，就可以促进其经济更快更好的发展，为藏族学生学习汉语提供经济基础。

第三章 藏族小学生汉语学习动机影响因素研究

促进藏族文化与汉族文化的相互交融，使宗教信仰发挥正确的导向作用。藏族的汉语教学应该反映社会生活的发展变化以及优秀的文化，同时也要反映藏族人民的生产以及现实生活，对于他们优秀的文化传统也要加以宣传，这样就会使得教学的针对性更强，可以解决学生的实际需求。所以，汉语教学要注意双向式交流，一方面向藏族学生介绍汉族文化，促使他们对课本上的知识有更深入的了解；另一方面通过汉语这个媒介，将藏族的文化讲授给藏族的学生，使他们将所学的知识在自身的生活实践中体现出来。教师在授课过程中，要培养藏族学生对汉族文化的热情和好感。为此，汉语文授课教师在教学中，要加大汉族文化内容的学习，促使藏族学生充分了解汉族文化和风俗习惯，激发他们学习汉语的欲望，消除他们对汉族语言文化的陌生感，实现提高跨文化交际能力的最终目的。汉语水平直接关系着其他基础课是否能顺利进行，关系着广大藏区科学文化的发展，乃至于全国的四化建设。因此，要加强藏族学生的汉语学习。

第四章 文化生态视域下东乡族小学生汉语学习影响因素研究

第一节 绪论

一 研究缘起

东乡族的母语为东乡语,是东乡族人民的日常生活用语,但缺乏文字系统。东乡族教育质量低下的不争事实一直牵动着社会各界的忧思,其重要原因是由于东乡族小学生长期生活生长在母语环境中,入学之前几乎不懂汉语,深受本民族语言文化濡化的儿童进入学校后,面临的首要问题是实现由日常用语(东乡语)到教学用语(汉语)的适应和转换,同时还要学习以汉族文化为核心的课程,然而学校文化与其所熟悉的实际生活和文化习俗之间的差异使其难以理解,从而使得学生不能唤起已有认知结构中的相关知识经验。当前我国国家通用型语言文字教育已进入"攻坚"阶段,提升国家通用语言文字教育基础薄弱地区学校的语言文字工作是新时期西北少数民族地区学校教育发展的重心所在。东乡族就属于基础教育薄弱,汉语言文字教育薄弱的民族,因此本研究响应了国家的号召。长期以来,虽然在关于东乡族双语教学模式和教学方法上的改革取得了一定的成果,但是在理论和实践中都缺少重大突破,东乡族小学生汉语学习仍旧缺乏有效的指导。

基于上述实践和分析,研究者聚焦东乡族小学生汉语学习问题,试图通过文化生态的镜像对东乡族小学生汉语学习的影响因素展开全方位的调查。

二 研究问题的确定

研究者试图以教育人类学有关语言文化生态环境的研究为视点，通过对当前东乡族小学生汉语学习现状的考察与分析，从而把学校、家庭及社区的语言文化生态环境联系起来，对影响东乡族小学汉语学习的因素展开全方位的调查，在此基础上针对存在的问题及其影响因素，提出相应的变革策略。因此，研究者将拟研究的问题具体分为以下几个方面：

第一，东乡族小学生汉语学习的现状怎样？问题有哪些？

第二，东乡族小学生汉语学习存在的问题是由什么引起的？

第三，提高东乡族小学生汉语学习质量的对策是什么？

三 研究的目的与意义

（一）研究目的

首先，通过对东乡族小学生汉语学习现状进行调查与分析，了解东乡族小学生的汉语学习成效、存在的问题以及产生问题的原因。

其次，本研究试图以教育人类学有关文化生态环境的研究为视角，把视野扩大到东乡族地区的社会文化大背景中，把东乡族小学生的汉语学习放在其具体的"语言文化生态环境"中进行考察，即主要以学校、家庭及社区的语言文化生态为逻辑起点，力求全面、系统地对东乡族小学生汉语学习的影响因素进行探讨，为有效提高东乡族儿童汉语学习质量提供依据。

最后，基于汉语学习影响因素的分析，对如何提高东乡族小学生的汉语水平提出对策和建议。

（二）研究意义

从国家发展战略来看，加强少数民族地区国家通用语言文字教育是新时期民族教育的基本任务和重心所在。从学习者自身来看，揭示东乡族小学生汉语学习的影响因素对相关教育管理部门、当地汉语教师以及相关研究者进一步关注和重视东乡族小学生汉语学习的难点，掌握汉语学习的规律与特点，有针对性地采取相关措施，进一步提高学生的汉语学习效果，增强学习的兴趣等具有重要的实践意义。从语言环境来看，东乡族小学生的汉语学习问题不仅与双语教学的模式有关，而且缺乏汉语言环境。本研究基于对学生长期生活中语言文化生态环境影响因素所做的分析，有助于加强学校、家庭以及社区之间的良性互动，为东乡族小学生的汉语学习提供必要的语言文化环境，促进其汉语学习效果的巩固。

四　核心概念界定

（一）汉语学习

汉语是对普通话和规范汉字的总称，可以从时间上划分为古代汉语、近代汉语和现代汉语。普通话就是规范化了的现代汉语标准语，规范汉字是指规范化了的现代使用的汉字。① 《中华人民共和国国家通用语言文字法》规定："我国的国家通用语言文字是普通话和规范汉字。"显然，国家通用语言文字的内涵主要就是现代汉语和规范汉字，学习汉语就是学习国家通用语言文字。《中华人民共和国教育法》第十二条规定：国家通用语言文字为学校及其他教育机构的基本教育教学语言文字，学校及其他教育机构应当使用国家通用语言文字进行教育教学。因此，本研究中的国家通用语言文字的学习指的是汉语学习，它是东乡族小学生基础教育的主课，起着培养学生基本素养的作用，支撑着其他课程的学习，具有多重功能。

（二）语言文化生态环境

通过对上述理论、观点的综合分析，本研究可以对语言文化生态环境作如下的界定和解释：东乡族聚居区的社会传统文化、自然生态环境、经济文化以及东乡族人民的生产生活方式、语言、习俗等传统文化对东乡族小学生汉语学习起着制约和调控作

---

① 方晓华：《少数民族中小学汉语教学的性质和特点新论》，《双语教育研究》2014年第3期。

用的语言文化环境及多元语言文化成分所组成的有效的语言文化生态环境,具体来说它是构筑学校、家庭、社区为一体的三维教育发展空间,其在空间上是互为镶嵌的三个语言文化生态环境,包括学校语言文化生态环境、家庭语言文化生态环境、社区语言文化生态环境。

第二节 文献综述

根据对已有文献的梳理分析发现,关于东乡族小学生汉语学习问题的研究大都是以双语教学、学业成绩、辍学问题等为研究视点展开的。因此,研究东乡族小学生的汉语学习,促进其汉语水平的提高,具有重要的现实意义。

以"语言机制"为视角。有研究通过调查发现,东乡语对小学生的汉语学习具有消极的影响,东乡族教师普遍认为,东乡语是学生学习汉语的最大障碍。① 也有研究发现,东乡族小学生汉语学习比较困难最为主要的原因是受到东乡族小学生母语——东乡语的影响。② 还有研究发现,东乡族儿童的汉语学习仅局限于课堂上,以致学生汉语学习时间较短,缺乏良好的汉语学习环境。③

以"辍学问题"为视角。有研究通过考察语言与东乡族女童学习困难及其失学辍学的关系,认为语言障碍是东乡族女童学习困难及其失学辍学的主要原因之一,并指出不同的语言环境、不同汉语水平的教师以及不同的语言学科对东乡族女童汉语水平的影响是不同的。④

---

① 董仁忠、徐继存:《东乡族自治县地方课程目标初探》,《民族教育研究》2001年第4期。
② 董仁忠:《东乡族小学课程资源开发与利用研究》,硕士学位论文,西北师范大学,2002年。
③ 马春花:《东乡族儿童汉语语句理解的研究》,硕士学位论文,西北师范大学,2006年。
④ 何晓雷、王嘉毅:《东乡族女童学习困难及其失辍学——语言因素影响的研究》,《西北民族研究》2004年第4期。

以"学业成绩"为视角。有研究指出，对汉语的理解能力、对汉语学习的态度、家庭和学校的语言环境对东乡族小学生学习汉语的影响作用，将以间接的方式表现在学生的学习成绩上。①

以双语教学为视角。有研究通过个案分析指出，东乡族学生在汉语学习过程中汉语言环境的缺失以及东乡族自身的消极影响、课程内容与民族文化的差距以及师资水平对东乡族学生的汉语学习都具有不同程度的影响。② 也有研究认为，首先，东乡族小学生不能及时掌握汉语，其作文中存在错别字、用词不当、语句不通现象，教学进展缓慢，教学效率不高。其次，课堂教学过程中东乡族学生学说汉语，在课外学生交流、师生交流几乎全用东乡语，汉语成了只是课堂上存在的"孤岛"。再次，民族传统文化的消极影响，东乡族的民族排外心理较重，对待学习汉语的态度比较消极，对汉语学习不够重视，致使东乡族学生缺少使用汉语言的社会大环境。最后，在具体的汉语学习策略上，缺乏有效的对学生汉语学习的指导，学生的汉语学习得不到充分练习和及时强化。③

长期的实践证明，语言障碍之所以长期困扰着东乡族儿童的汉语学习，最为主要的原因是受到其母语——东乡语的影响。令人遗憾的是，东乡族的过渡型双语教学模式也并未解决长期困扰东乡族儿童的语言障碍问题，从而阻碍了东乡族小学生汉语水平的提升。本研究认为，东乡族小学生的汉语学习是一种文化学习，深受其语言文化生态环境的制约，汉语学习过程中的语言障碍问题不仅仅是双语教学的问题，在某种程度上也是语言文化生态环境的问题。基于此，本研究通过对东乡族小学生汉语学习的语言文化生态环境的

---

① 吕国光、常宝宁：《影响东乡族小学生学业成绩因素的调查研究》，《西北民族大学学报》（哲学社会科学版）2006年第5期。
② 罗莉：《东乡族双语教学研究——以临夏回族自治州和政县梁家寺东乡族为例》，硕士学位论文，西北民族大学，2015年。
③ 王嘉毅、周福盛：《少数民族双语教学中存在的问题及其对策——以东乡族为个案》，《西北师大学报》（社会科学版）2005年第1期。

考察，分析东乡族小学汉语学习的诸多社会文化背景因素影响汉语学习的内在机制。

第三节 理论基础——文化生态理论

一 理论基础的内涵

文化生态理论（Cultural Ecological Theory）[①]也叫文化模式理论（Cultural Model Theory），强调学校作为一种社会结构与社区之间的相互作用势必会影响学校的教学过程。只有重视学校教育与更为广大的社会文化背景之间的互动关系，才有可能更好地理解少数民族学生及其家长面对主流学校所采取的相关策略，从而更好地从文化生态的视角分析社会文化背景因素影响少数民族学生学业成就的内在机制。[②]具体而言，文化生态理论的内涵即是指对少数民族学生在学校教育中所遇到的各种障碍进行全方位的检视，以考察制度对少数民族学生学业成就所造成的影响。它观照的不仅是宏观层面的社会文化环境及其学校场域中的各种因素，而且更加重视少数民族社区的内部因素。研究视角并不仅仅局限于学校、课堂、家庭，还重视少数民族群体的生态结构、认知结构以及学校与社会之间的互动关系等与学校相关的社会和历史因素。[③]

二 研究的分析框架

本研究认为，东乡族小学生汉语学习的障碍，在一定程度上不仅仅是学生个体层面的问题，更是一种语言文化生态环境问题，学生汉语的学习除受到自身主观能动性的影响之外，还受到"校内因素"包括学校语言文化环境、课堂教学、汉语学习活动和"校外因素"包括家庭语言文化、社区语言文化环境等"社区力量"的影

---

① 滕星：《教育人类学的理论与实践：本土经验与学科建构》，民族出版社2009年版，第365页。
② 滕星：《教育人类学通论》，商务印书馆2017年版，第532—536页。
③ 同上书，第535页。

响和制约。正是基于这样的认识，本研究运用文化生态理论，把学校语言文化生态环境和家庭语言文化生态环境、社区语言文化生态环境等"社区力量"联系起来，将东乡族小学生的汉语学习实践活动投放到其具体的语言文化生态环境中进行考察，构建了本研究的理论架构。在现实中，学校文化生态环境、家庭文化生态环境与社区文化生态环境对学校教育的影响作用是难以分开的，它们从各个方面、各个层次与学校教育进行互动，从而对东乡族小学生的汉语学习起着潜移默化的影响作用。

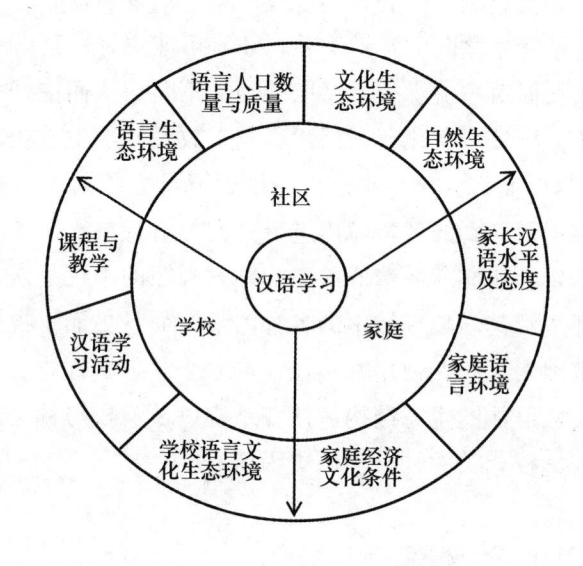

图 4-1 本研究的分析框架

第四节 研究对象与方法

一 研究对象

本研究的调研地点位于甘肃省东乡族自治县，在样本的选取上主要以东乡县两所颇具代表性的农村中心小学（A学校和B学校）的学生、教师以及学生家长为对象，而且2016年研究者在进行课题调研时，曾经来到B学校，对其所在地区的自然环境、经济环境、语言文化环境等都具有一定程度的了解,通过观察和访谈对该学校的汉语水平印象深刻。本研究选取 A、B 两所学校作为样本学校,具有一定的代表性和个案意义,以此从语言文化生态环境的视角对东乡族小学生汉语学习的影响因素展开田野调查,了解当前东乡族小学生汉语学习的具体情况及其影响因素。

二 研究方法

教育科学研究方法作为按照某种途径,有组织、有计划、系统地进行教育研究和建构教育理论的方式,是以教育现象为对象,以教学方法为手段,遵循一定的研究程序,以获得教育科学规律性知识为目标的一整套系统研究的过程。[①] 本研究主要以定性和定量相结合的研究方法,力求对研究的分析更加深入具体。具体的研究方法主要有问卷调查法、访谈法、观察法、实物收集法。在两所样本学校四到六年级中共发放问卷 380 份,回收问卷 380 份,回收率为 100%,同时剔除 10 份无效问卷,有效问卷为 370 份,有效回收率为 97.4%。

第五节 东乡族小学生汉语学习现状调查分析

一 东乡族小学生汉语学习的现状及存在的问题

(一)对学生汉语学习目标的调查分析

学习目标是学习的出发点和归宿。通过调查发现,有 38.6% 的学生表示具有一定的汉语学习目标,有 61.4% 的学生表示并没有汉语学习目标。这说明超过六成的学生对汉语学习缺乏自主意识,对汉语的工具性功能及其发展性功能缺乏深刻认知,大多数学生对于汉语学习的认识仅仅停留在抄写课文、生字词方面,没有汉语学习目标的概念。

---

① 裴娣娜:《教育研究方法导论》,安徽教育出版社 1995 年版,第 4 页。

表4-1　　　　　　　汉语学习目标设定统计表

		有	没有	合计
有效	人数（人）	143	227	370
	百分比（%）	38.6	61.4	

对于如何确定少数民族小学生汉语学习目标的考察依据，本研究在考察东乡族小学生汉语学习目标的过程中主要参照了华中师范大学罗芳在其学位论文《西藏农牧区藏族小学汉语教学研究》中关于藏族小学生汉语学习目标的考察依据，其主要分为六个层次。目标一：具备较高的听、说、读、写能力；目标二：具备一般的听、说、读、写能力；目标三：具备较高的听、说能力，读、写能力不重要；目标四：具备一般的听、说能力，读、写能力不重要；目标五：具备较高的读、写能力，听、说能力不重要；目标六：具备一般的读、写能力，听、说能力不重要。

表4-2　　　　　　　汉语学习目标统计表

	目标一	目标二	目标三	目标四	目标五	目标六	合计
人数（人）	93	101	63	31	39	43	370
百分比（%）	25.1	27.3	17.0	8.4	10.5	11.6	

由上述调查发现，从听、说能力方面看，有42.1%的学生对自己的听、说能力具有较高的要求，有35.7%的学生表示听、说能力达到一般水平就可以了，还有22.1%的学生表示听、说能力不重要，可见，将近六成的学生不重视汉语学习的听、说能力，缺乏较高的学习目标。他们的汉语学习主要在于完成作业，而不是口语交流。从读写能力方面看，有35.6%的学生对自己的读、写能力具有较高的要求，有38.9%的学生表示读、写能力达到一般水平就可以了，有25.4%的学生表示读、写能力不重要，可见，超过六成的学生不重视汉语的读、写能力，缺乏较高的学习目标。这部分学生的读、写能力较差，特别是写作水平较弱。综上分析，由于学生对于汉语学习目标的侧重点不同，导致学生在汉语知识和汉语

技能方面存在严重的不平衡。

(二) 对学生汉语学习方式的调查分析

学习方式是学生学习的基础,对学习的实践结果有重要的影响。从心理学的角度看,学习方式是指学习者在完成学习任务过程中的基本行为倾向和认知倾向。① 因此而论,为了进一步提高东乡族小学生的汉语学习效果,需要厘清其汉语学习的方式方法。

在表4-3中,汉语学习从方式一到方式八依次为"在学校上汉语课、背诵课文和做作业、阅读课外书、参加汉语学习活动、与同学进行口语练习、看电视、听广播、上网"。通过上述统计可以看出,学生们较常用的汉语学习方式是在学校上汉语课、背诵课文和做作业、阅读课外书以及与同学进行口语练习。其中"在学校上汉语课"是学生们认为有效的学习方式,因为对于许多东乡族的小学生而言,学校是他们唯一的学习场所,家庭教育极其缺乏,父母对孩子的学习普遍缺乏重视,缺乏监督与管理,能送到学校来读书已是很大的进步了,因此很多学生回家缺乏良好的学习习惯,还有些学生尤其是女学生回家还要帮家里干活,比如照顾弟弟妹妹、洗衣做饭等,根本没有时间学习了。正如一位六年级的学生所言:"我每天回家都要帮家里做饭,等大家吃完饭,还要做些家务,基本上做完就晚上十点多了,也就没有时间学习。"然而,从学生在学校汉语学习的实际情况来看,学生汉语学习的场域主要局限于以教师、课堂、书本为中心的传统课堂上,学习方式被动单一,主要以端坐静听的方式为主,效率低下。

表4-3　　　　　　　　汉语学习方式统计表

	方式一	方式二	方式三	方式四	方式五	方式六	方式七	方式八
人数(人)	120	111	111	61	77	41	26	25
百分比(%)	32.4	30	30	16.5	20.8	11.1	7.0	6.8

---

① 张亚星:《自主·合作·探究:学生学习方式的转变》,《华东师范大学学报》(教育科学版)2018年第1期。

(三) 对学生汉语学习困难的调查分析

相关研究指出,关于学习困难概念的界定,需将其置于特定的学科进行深入研究。本研究中的汉语学习困难即指,学生在汉语知识和汉语技能学习过程中所遇到的困难。在考察东乡族小学生汉语学习困难之前,本研究先对东乡族小学生汉语学习难易心理认知情况进行调查,以期进一步了解学生汉语学习的心理状态,并进行深入的分析(见表4-4)。

表4-4　　　　　　　汉语学习困难度统计表

	非常好学	好学	既不好学也不难学	难学	非常难学	合计
人数(人)	122	154	59	25	10	370
百分比(%)	33.0	41.6	15.9	6.8	2.7	100.0

调查结果显示,有33.0%的学生认为汉语是非常好学的,有41.6%的学生认为汉语是好学的,有15.9%的学生认为汉语既不好学也不难学,有6.8%的学生表示汉语是难学的,还有2.7%的学生表示汉语非常难学。显然,累计有74.6%的学生认为汉语好学,累计有9.5%的学生认为汉语是难学的,有15.9%的学生对于学习汉语难易程度的认识持中立态度。总体而言,绝大多数东乡族小学生认为汉语学习是容易、简单的,可见,东乡族小学生对于学习汉语的心理是积极的、乐观的、接受的。

通过进一步的访谈与观察,研究者发现,不同年级学生对汉语学习难易有不同的认识,低年级学生普遍认为汉语要比数学难学,而高年级学生表示汉语比数学容易学,其原因在于低年级学生,尤其是长期生活在东乡族聚居区的农村学生,他们所在地区的语言文化生态环境主要以东乡族语言文化为主,在家庭及其社区中基本不使用汉语和普通话,导致这些学生在上学后不会说汉语,汉语学习基础几乎为零,因此,对于东乡族小学生学习汉语一开始必须进行一段时间的适应学习,包括学校教学语言的适应,学习内容的适应等。对此,教师普遍认为,面对入学伊始汉语学习基础基本为零的学生,汉语教学的难度是很大的,尤其是不会说东乡语的教师的汉语教学更是难上加难。但随着年级的升高,学生对汉语学习的适应性逐渐增强,不断积累汉语知识,听、说、读、写能力会得到一定程度的训练,汉语学习能力逐步提高,而数学知识却随着年级的升高而逐渐变得困难,因此高年级学生普遍认为汉语比数学更为简单。

汉语知识学习难点的定性分析。如图4-2所示,总体而言,有38.8%的学生认为汉语学习中语法最难,有38.2%的学生认为语音最难,有10.3%的学生认为汉字最难,有12.7%的学生认为词汇学习最难。

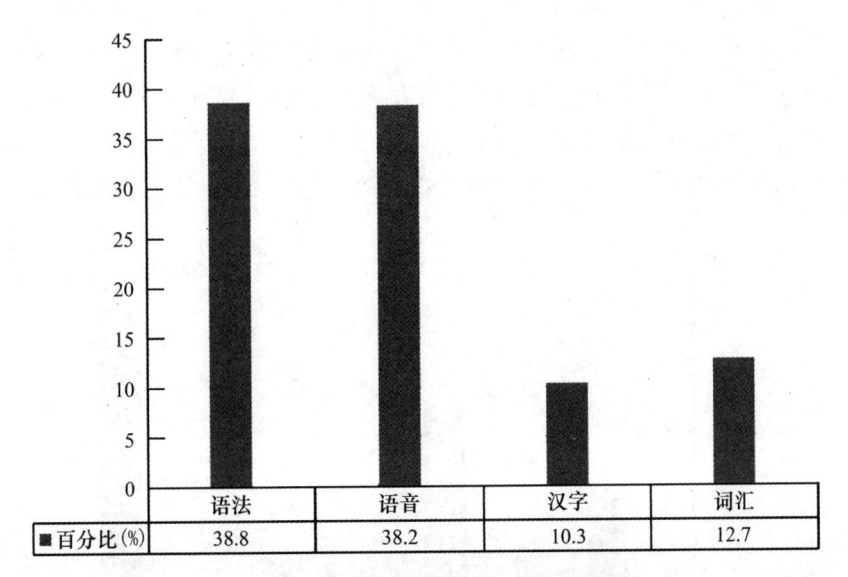

	语法	语音	汉字	词汇
■百分比(%)	38.8	38.2	10.3	12.7

图4-2 汉语知识学习难点调查分析图

上述分析表明,对于东乡族小学生来说,汉语学习内容从难到易依次为语法、语音、词汇、汉字,多数在语法或者语音方面都存在困难,少数学生认为字词是汉语学习的困难点。

通过进一步调查可知,语音困难主要表现在:由于受到其母语(东乡语)的影响,其汉语发音不准确或不正确,东乡语和汉语在语言结构方面存在本质的差别,属于完全不同的语言系统。李定仁等人指出,东乡族小学生的语法困难还表现在汉语主谓联合结构以及把字句、被字句的句型转换上。[①] 语法困难主要表现在:由于东乡语和汉语的语法差异较大,受东乡语语法的干扰很多学生都将主语和宾语混淆,错将宾语置于主语的位置。字词困难主要表现在:由于大部分东乡族学生长期生活在山大沟深的东乡族聚居区,浸润在以东乡族语言文化为背景的生态环境中,其信息较封闭,与城市文化接触较少,他们在生活中几乎不曾用到汉语字词,尤其是口头表达更为不同,东乡族学生很难理解这些以汉文化为背景的字词。

由于东乡语和汉语语法的较大差异以及东乡语语法的干扰,很多学生汉语发音不准确,主语和宾语混淆,在汉语学习上面临着难以克服的困难。而字词方面的困难主要存在于含义理解方面以及缺乏对所学字词及时的巩固练习,极易对形近字词或音近字词产生混淆,导致学习质量低下。

汉语技能学习难点的定性分析。如图4-3所示,总体而言,

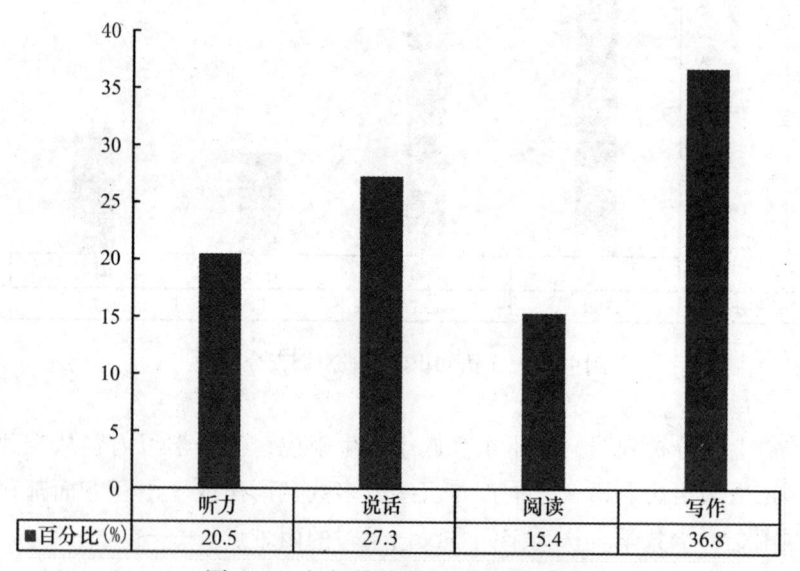

	听力	说话	阅读	写作
■百分比(%)	20.5	27.3	15.4	36.8

图4-3 汉语技能学习困难调查分析

---

① 李定仁、付安权:《东乡族小学生汉语文学习困难调查研究》,《西北师大学报》(社会科学版) 2002年第3期。

有36.8%的学生认为写作是其汉语学习中最难的，有27.3%的学生认为说话最难，有20.5%的学生表示听力最难，有15.4%的学生表示阅读最难。

上述分析表明，对于东乡族小学生汉语技能的学习来说，由难到易依次为写作、说话、听力、阅读。绝大多数东乡族小学生认为，汉语学习中写作和说话是最大的困难，听力与阅读相对简单。

在访谈中三到六年级的语文老师都表示，写作是学生汉语学习中最大的问题，这是因为在听、说、读、写四种语言技能中，写作能力是听、说、读的综合表现，由于东乡族小学生汉语基础薄弱，识字量相对较少，语言表达、组织、理解能力较弱，再加上汉语言环境的缺乏，致使很多学生羞于用汉语清晰地表述其内心的所思所想，也就难以使其内心的想法跃然纸上，对远离本土文化，自身认知的主题更是无从表达。

（四）对学生汉语学习效果的调查分析

汉语学习水平调查分析（学生自我认知）。如表4－5所示，大部分学生认为自己的汉语在一般及其以上水平，仅有10.3%的学生表示自己的汉语水平不好或很不好。总体来看，学生认为自己的汉语水平不算太差，但也没特别好。但是自我认识有时候存在局限性，并不是真实情况的反映，还需要采取其他的评价标准，进一步了解当地学生的汉语学习效果。

表4－5　　　　　　汉语水平调查分析表

	很好	好	一般	不好	很不好	合计
人数（人）	57	100	175	33	5	370
百分比（%）	15.4	27.0	47.3	8.9	1.4	100.0

学生学习成绩。首先，当地对汉语学习效果的评价方式较单一，学生学习成绩成为最重要的判断标准。表4－6是A学校2017—2018学年第二学期学生期末成绩。经分析可以发现，一年级学生的语文及格率较低，说明学生在入学之前基础较差。二年级

及格率较高,可能经过长时间的汉语文教学,提高了学生的汉语水平。但三年级又出现回落,与教材内容难度加大有关。在这之后,及格率随着年级的升高而稳步提升。但是不难发现,总体平均分仍处在低水平上,也就是说,大部分学生的语文成绩在及格线边缘,并不优秀。

表4-6　A学校2017—2018学年第二学期学生期末成绩

年级	人数（人）	语文			数学			语数双科	
		及格人数（人）	及格率（%）	平均分（分）	及格人数（人）	及格率（%）	平均分（分）	及格率（%）	平均分（分）
一年级	39	11	28.2	48.6	13	33.3	50.1	23.1	49.4
二年级	43	33	76.7	65	30	69.8	63	65.1	64
三年级	25	9	36.0	48.3	8	32.0	44.6	28.0	46
四年级	24	15	62.5	57.1	8	33.3	42.9	33.3	50
五年级	25	16	64.0	62.6	7	28.0	46.4	28.0	54.5
六年级	32	19	59.4	60.3	15	46.9	48.7	40.6	54.5

其次,通过对语文和数学成绩的纵向比较可以发现,一年级数学成绩略高于语文成绩。随着年级的升高,语文成绩赶超数学成绩,并逐渐拉大差距。从图4-4所示的语数及格率曲线,可以清晰地看出纵向比较得出的结论。正如董仁忠和徐继存的研究所表明

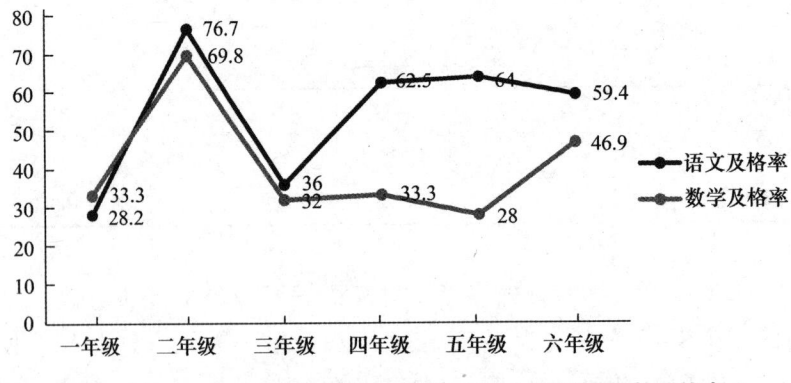

图4-4　2017—2018学年第二学期一至六年级期末语数及格率

的，这种现象并非偶然事件，而是一种普遍存在于东乡族小学生学习中的规律性事件。因为东乡语和汉语在语言结构、思维、文化方面存在着差别，汉语学习作为学生第二语言的学习所涉及的不仅有语言的适应问题，还有心理、文化、环境问题。而一年级的数学学习内容较简单，对汉语理解能力的要求较低，因此学生的数学成绩略高于语文成绩。但是随着年级的升高，数学学习难度增加，应用分析类题目增多，要求学生具备更强的汉语言理解和判断能力。如果前期汉语基础差，对汉语掌握不够，那么学生数学成绩将会下降。可见，汉语的学习和掌握对东乡族学生的学习影响较大，而东乡语在一定程度上制约了学生的学习。

第六节 东乡族小学生汉语学习的影响因素解析

这部分主要通过问卷调查、访谈、观察等方法，以东乡族小学生汉语学习过程中所遇到的困难为起点，试图把学校、家庭以及社区的语言文化生态环境联系起来，聚焦东乡族小学生所面对的现实语言文化生态环境问题，并通过量化统计与质性资料描述，力求全面、系统地对东乡族小学生汉语学习的影响因素展开深入解析。

一 学生自身方面的影响因素分析

相关研究发现，学生作为学习的主体，其自身对汉语学习的态度、兴趣、动机等对于汉语的学习具有重要的影响作用，因此本研究在这部分主要从学习者个体层面出发，通过定性与定量相结合的方式对影响东乡族小学生汉语学习的因素进行分析。

（一）学生的汉语学习态度

学生学习汉语的态度决定其学习的努力程度，这是一种十分复杂的社会心理现象，是由认知、感情、行为倾向等因素组成的有机组合体。[①] 汉语学习的过程就是汉语行为的习得过程，汉语学习态

---

① 王远新：《中国民族语言学理论与实践》，民族出版社2002年版，第91页。

度影响着汉语学习行为的形成。反之，当学生汉语学习效果不佳，汉语学习目标不明确时又会影响其汉语学习的态度。

通过调查发现，绝大多数东乡族小学生认为，学习汉语在他们的日常社会生活中具有重要的作用，普遍认为学习汉语对于他们学习其他科目、增长知识是很重要的，并对学好汉语可以促进其个人的发展从而赢得别人的尊重持积极肯定的态度。总体来看，东乡族小学生对学习汉语必要性的认识还是清楚的，也乐于接受汉语言和文字。从课堂教学和学生学习的实际情况来看，东乡族小学生在汉语学习的态度和行为之间存在一定的差距，尽管绝大多数学生意识到汉语学习对于个体发展的重要性，但是在具体的实践环节，有些学生对汉语学习的积极性却不高，学习质量低下。通过进一步的课堂观察、访谈与实地考察，本研究认为，出现这种矛盾情况，不仅与东乡族小学生汉语学习的动机、家庭教育有着密切的关系，而且与其所在的语言文化生态圈有关。

表4-7　　　　　　　汉语学习态度调查分析表

		非常重要	比较重要	一般	比较不重要	非常不重要	合计
学习汉语在日常生活中很重要	人数（人）	176	121	63	3	7	370
	百分比（%）	47.6	32.7	17.0	0.8	1.9	
学习汉语对于其他科目很重要	人数（人）	96	161	75	34	4	370
	百分比（%）	25.9	43.5	20.3	9.2	1.1	
学习汉语对于增长知识很重要	人数（人）	140	125	73	23	9	370
	百分比（%）	37.8	33.8	19.7	6.2	2.4	
学习汉语对于前程很重要	人数（人）	129	120	70	39	12	370
	百分比（%）	34.9	32.4	18.9	10.5	3.2	
学习汉语对赢得尊重很重要	人数（人）	108	91	104	42	25	370
	百分比（%）	29.2	24.6	28.1	11.4	6.8	

第四章　文化生态视域下东乡族小学生汉语学习影响因素研究

（二）学生汉语学习的动机

从教育心理学的角度讲，所谓学习动机即是指激发和维持学习者的学习行为，从而促使学习行为指向一定学习目标的内部动力。而学生学习的内驱力主要源于与学习有关的生理性刺激和社会性刺激，从而不断推动和维持着学习者积极的学习行为。[①] 一般来说，学习者若欣赏其所学语言及其语言背后的文化，希望运用所学语言与人进行交流，其学习动机就会比较强。

表4-8　　　　　　　　汉语学习动机统计

	动机一	动机二	动机三	动机四	动机五	动机六	动机七	动机八
人数（人）	71	100	125	40	102	35	23	41
百分比（%）	19.2	27.0	33.8	10.8	27.6	9.5	6.2	11.1

说明：动机一——喜欢汉语老师；动机二——为了掌握更多的知识；动机三——升学就业更容易；动机四——对汉族语言文化感兴趣；动机五——方便与人沟通交流；动机六——学校规定要求的；动机七——家长要求学习；动机八——为了将来出去工作、赚钱。

学生的汉语学习动机影响着语言学习的态度与效果，它为学生的学习活动提供了动力。大多数学生学习汉语的动机主要缘于汉语的潜在应用价值，即为了考试、升学以及未来就业，更加重视汉语

表4-9　　　　　　不同年级汉语学习动机统计

		动机一	动机二	动机三	动机四	动机五	动机六	动机七	动机八
四年级	人数（人）	24	18	30	7	12	6	4	8
	百分比（%）	32.0	24.0	40.0	9.3	16.0	8.0	5.3	10.7
五年级	人数（人）	31	37	51	18	32	12	14	14
	百分比（%）	20.4	24.3	33.6	11.8	21.1	7.9	9.2	9.2
六年级	人数（人）	16	45	44	15	58	17	5	19
	百分比（%）	11.2	16.5	30.8	10.5	40.6	11.9	3.5	13.3

[①] 林海亮、杨光海：《教育心理学：为了学和教的心理学》，北京师范大学出版社2012年版，第61页。

的工具性功能。结合现实来看,这些学生在学习中或重视听、说,或重视读、写,这也就解释了东乡族学生在汉语言综合能力上为什么发展不平衡这一问题。显然,学好汉语最直接的目的就是能够出去打工,做生意赚钱,至于学习成绩,他们是不在乎的。

（三）学生汉语学习的兴趣

兴趣就是对某种行动有所分担、有所参与、有所袒护。① 学生的语言学习兴趣影响着他们的语言学习动机。学习兴趣是学生在学习活动中所产生的一种力求认识世界,渴望习得科学文化知识并带有强烈情绪色彩的心理倾向,学习兴趣对于巩固学习动机,激发学习积极性,调节学习活动以及学习效果具有非常重要的作用,学习兴趣越厚浓,相应地,学习动机也就越强。②

表4-10　　　　　　　　汉语学习兴趣调查分析

	非常感兴趣	比较感兴趣	一般	不感兴趣	非常不感兴趣	合计
人数（人）	169	89	81	20	11	370
百分比（%）	45.7	24.1	21.9	5.4	3.0	

经数据统计发现,如果仅对汉语学习持"感兴趣"的比例来分析,至少有69.8%的学生对学习汉语是感兴趣的,而且比较喜欢上汉语课;反之,如果仅对汉语学习持"不感兴趣"的比例来分析,其所占比例为8.4%;而就持"一般"态度的学生比例来看,其所占比例为21.9%,这说明,这部分学生对于自己是否喜欢学习汉语是不确定的。对此,研究者对持"一般"态度的学生进行了深度访谈。在实地考察与访谈过程中研究者发现,在一、二年级阶段,大部分学生都表示喜欢学习汉语,而且热情度也很高,不仅会积极完成老师布置的课后作业,还会对生活中的汉语知识和主流文化感兴趣。

---

① 杜威:《民主主义与教育》,王承绪译,人民教育出版社1990年版,第191页。
② 林海亮、杨光海:《教育心理学:为了学和教的心理学》,北京师范大学出版社2012年版,第47页。

表4-11　　　　　　　各年级汉语学习兴趣调查分析

		非常感兴趣	比较感兴趣	一般	不感兴趣	非常不感兴趣	合计
四年级	人数（人）	40	17	15	2	1	75
	百分比（%）	53.3	22.7	20.0	2.7	1.3	
五年级	人数（人）	77	38	27	5	5	152
	百分比（%）	50.7	25.0	17.8	3.3	3.3	
六年级	人数（人）	47	38	48	9	1	143
	百分比（%）	32.9	26.6	33.6	6.30	0.7	

问卷调查发现，四年级有76.0%的学生表示对学习汉语是"感兴趣"的，五年级有75.7的学生表示对学习汉语是感兴趣的，而六年级只有59.5%的学生表示对学习汉语是感兴趣的，但其感兴趣的程度比四、五年级的学生要低，可见，四年级和五年级学生的汉语学习兴趣比六年级学生的兴趣要浓厚，分别相差16.5%和16.2%；反之，从不感兴趣人数的比例来看，四年级所占比例也是最低的。

对上述现象分析可知，学生对于汉语学习的兴趣深受外界因素的影响，比如教师对学生是否关心，是否体罚学生，汉语知识的难易程度、汉语技能的高低等都对学生的汉语学习兴趣有着强烈的影响，究其原因还在于学生的汉语基础薄弱，求知欲差，导致其汉语学习的兴趣易受外界因素的影响，而其自身对于汉语学习的主观能动性未能有效发挥出来。

二　学校方面的影响因素分析

学校是现代文明的重要代表，是学生离开家庭、村落社区进行公共生活的开始。对于长期生活在农村和少数民族聚居区的学生而言，学校与村落社区是两个完全不同的空间，要使学生形成新的价值观念和新的习性就必须使其摆脱狭小的地域局限，从村落形成的习性中脱离出来。① 从教育社会学的视角来看，学校教育不仅肩负

---

① 滕星：《教育人类学通论》，商务印书馆2016年版，第407—408页。

着科学文化知识传承的使命，而且具有人文教化与社会行为规约等重要的社会职能，① 故有研究者将学校称为"村落中的国家"②。正如涂尔干所言，学校教育是一种能够将个人生活和社会生活联系起来的具有社会意义的中介组织。③ 而就东乡族学生来讲，学校是其进行汉语教学的主要场所，也是学生学习的主要场所，学校的语言、文化环境、汉语学习活动以及课堂教学等都直接影响着学生汉语学习的态度和效果。

（一）汉语课堂教学

学校是学生汉语学习的重要场域，课堂是汉语学习的主阵地，教学是促进学生汉语学习质量提高的重要内在机制和手段。本研究运用定性和定量相结合的方法，对汉语课堂上的教师、教材、教学方法、教学语言、教学手段、教学困难、教学态度进行考察，从而深刻揭示课堂教学的相关因素对学生汉语学习的影响。

1. 教学方法：重形式轻质量

通过课堂观察发现，汉语教师在课堂上主要采用的是讲授法和小组讨论，师生互动情况普遍良好。在实际的课堂教学中，教师的教学方法相差较大，有一些教师侧重于讲授法，与学生互动局限于被动式的提问上，课堂气氛比较严肃、紧张；还有一部分教师则善于跟学生进行互动，善于启发学生进行思考，课堂气氛也显得格外活跃。从教学方法来看，汉语教学方法的选择与运用比较单一，讲授法和讨论法在东乡族小学生的汉语课堂教学中占据很重要的地位，存在"教师为中心"和"重形式轻质量"的弊端。讲授法和讨论法在东乡族小学生的汉语课堂教学中占有很重要的地位，而自主学习对学生自身汉语素质的要求较高，因此很少有教师采用

---

① 周洪新、徐继存：《农村学校布局调整中的乡村文化危机与反思》，《理论学刊》2014年第9期。

② 李书磊：《村落中的国家：文化变迁中的乡村学校》，浙江人民出版社1999年版。

③ 渠敬东：《现代社会中的人性及教育：以涂尔干社会理论为视角》，生活·读书·新知三联书店2006年版，第215页。

这样的方法。教学手段对小学生汉语学习的影响主要表现在以下方面。

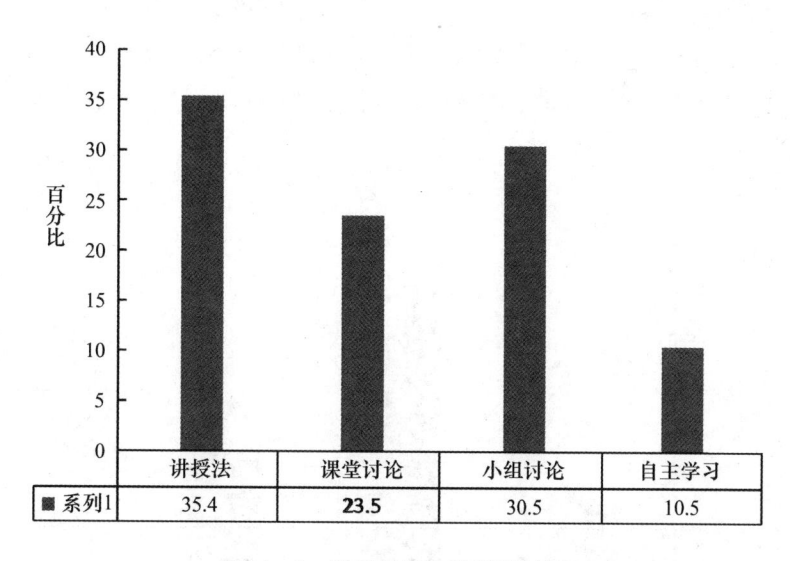

	讲授法	课堂讨论	小组讨论	自主学习
系列1	35.4	**23.5**	30.5	10.5

图4-5 课堂教学方法使用情况

杜威曾指出:"教学方法是一种艺术的方法,是受目的明智地指导的行动和方法"[①]。它是指在教学过程中,教师和学生为实现教育目的,完成教学任务而采取的教与学相互作用的活动方式的总称。[②] 在实际考察过程中,研究者对不同学段的汉语课堂教学情况进行了观察,发现低年级教师侧重于师生互动,或者生生互动;高年级教师则侧重于讲授和小组讨论,对课堂秩序的控制都比较严格;在师生互动或者小组讨论过程中,教师一般都只与坐在前排的、优秀的学生或小组进行互动,有些学生处于一种"假参与"状态。还有些年龄较大的教师,其教学观念陈旧落后,教学方法单一,长期钟情于讲授,其课堂可谓完全的"以教师为中心",对于学生的学习状态、学习效果则完全不顾。

---

① 杜威:《民主主义与教育》,王承绪译,人民教育出版社1990年版,第196页。
② 李秉德、李定仁:《教学论》,人民教育出版社2000年版,第183页。

2. 教学手段：陈旧过时，不愿更新

正如夸美纽斯所言："在可能的范围内，一切事物都应该尽量地放到感官跟前，一切听得见的东西都应该放到听官跟前。气味应该放到嗅官跟前，尝得出和触得着的东西应当分别放到味官和触官跟前。"① 因此，学生亲自体验所学知识，才容易理解知识。

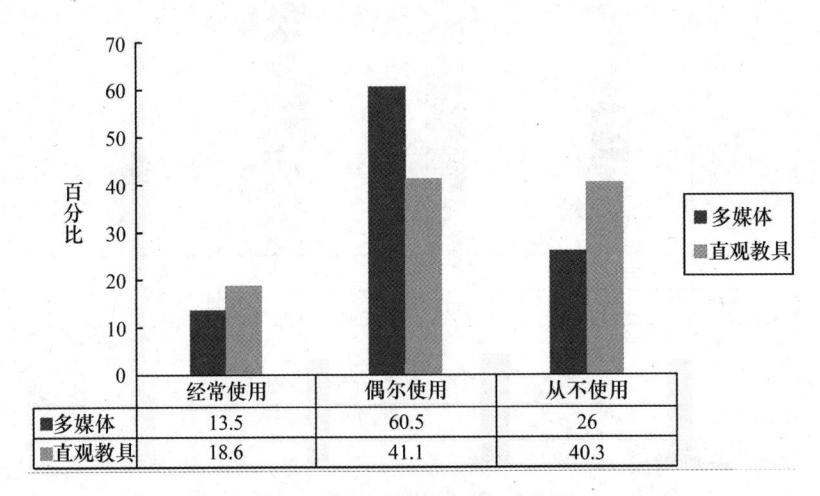

	经常使用	偶尔使用	从不使用
多媒体	13.5	60.5	26
直观教具	18.6	41.1	40.3

图 4-6 课堂教学手段使用情况

通过实地考察和访谈，研究者发现，案例学校的教具比较欠缺，教具的使用率比较低，只有低年级老师使用一些简单的教学用具，高年级教师使用教具的频率很低，如图 4-6 所示，大部分教师一学期中就是偶尔使用一些简单的教具，甚至还有些老师一学期都不会使用相关教具。

在多媒体教学如电子白板、幻灯片以及信息技术的使用方面，研究者发现，两所学校的每个教室都配备了交互式电子白板，而且接通了互联网，从具体的使用情况来看，大多数教师都是偶尔使用，年轻教师对多媒体教学资源的使用频率则较高，但也有些老师

---

① 夸美纽斯：《大教学论》，傅任敢译，教育科学出版社 2014 年版，第 125 页。

嫌麻烦，不喜欢使用。从实地考察情况来看，两所学校的多媒体使用局限于部分教师身上，并没有扩大到全体教师的教学过程中，大部分教师都是偶尔使用，只有少部分教师经常使用。教学手段对小学生汉语学习的影响主要表现在以下方面。

教学手段是指师生为完成预期的教学目的，开展教学活动、相互传递信息的工具、媒体及设备，恰当地使用教学手段有助于教师全面深入地揭示教材的内容，培养学生良好的学习动机。[①] 总体而言，教学手段的有效运用在东乡族小学生汉语教学中是比较薄弱的。首先，直观教具在汉语课堂教学中有着举足轻重的作用，但只有低年级老师使用一些简单的教学用品，学校也不重视教具的配备，导致学生在汉语学习过程中很难理解所学内容，这限制了东乡族小学生学习汉语兴趣的提高。多媒体的有效运用，恰好可以弥补直观教具的不足，为学生创设图文并茂、声像具备、动静结合的学习情境，从而激发起学生汉语学习的兴趣，提高学生的学习效率和效果。令人遗憾的是，多媒体的使用仅局限于年轻教师，大多数教师教学观念落后，在具体的教学过程中已经形成了自己特有的"讲授法"教学风格。由于自身能力有限，不愿意接受多媒体教学资源，教师仍然是课程的主讲人，不注重调动学生学习的积极性。

3. 教学语言：使用不够，理解困难

在教学过程中，不管是知识的传授，还是思维的训练，主要是借助于教师的语言来实现的，教师教学语言的使用能力对教学的效果具有直接的影响作用。[②] 课堂教学语言是教师传递信息的媒体，是打开知识宝库的钥匙，是沟通师生心灵的桥梁。鉴于此，研究者对案例学校教师的教学语言情况进行了考察（见表4-12）。

[①] 李如密：《现代教学理论研究》，吉林人民出版社2003年版，第232页。
[②] 李秉德、李定仁：《教学论》，人民教育出版社2000年版，第183页。

表 4-12　　　　　　　　课堂教学语言使用情况

		汉语	东乡语	汉语+东乡语	合计
当前课堂用语	人数（人）	266	38	66	370
	百分比（%）	71.9	10.3	17.8	
希望课堂用语	人数（人）	80	223	67	370
	百分比（%）	21.6	60.3	18.1	

由表 4-12 可知，大部分教师在教学过程中都有能力使用汉语进行教学，然而，由于学生的汉语基础薄弱，尤其是刚入学的低年级学生不懂汉语，因此懂得东乡语的教师在教学过程中偶尔也会根据学生的需要用东乡语对相关教学内容进行解释。对学生所期望的课堂用语的调查显示，有 21.6% 的学生希望用汉语上课，有 60.3% 的学生希望课堂上用东乡语讲课，有 18.1% 的学生希望课堂上用汉语加东乡语上课。教学用语对小学生汉语学习的影响主要表现在以下方面。

在东乡族汉语课堂教学中，教学语言既是传输手段，又是目的语，极大地影响着汉语课堂教学的有效性，以往的研究表明，教师在课堂上运用汉语频率越高，为学生营造的学习氛围就越好，学生的学习成绩也就越好。[①] 东乡族汉语教学的实践证明，语言障碍之所以长期困扰着东乡族学生的汉语学习，最主要的是因为受到东乡语的影响。东乡语只有语言没有文字，在语音、语法、词汇等方面和汉语有着本质的差别，不能利用母语为心译的工具，这对学习汉语造成了困难，这也使得东乡族学校过渡型双语教学模式并未有效解决长期困扰东乡族学生的语言障碍问题，教学用语不当，第二语言过渡的困难长期困扰着东乡族小学生汉语水平的提升。正因如此，东乡族小学已普遍不采用双语教学，课堂上教师传授知识、启迪思维、与学生沟通都必须以汉语教学语言为载体。

[①] 吕国光、常宝宁：《影响东乡族小学生学业成绩因素的调查研究》，《西北民族大学学报》（哲学社会科学版）2006 年第 5 期。

总而言之,在教学过程中,由于语境因素的不稳定,学生汉语知识水平、思维方式以及具体的教学内容在课堂教学过程中直接或间接地制约着教师的语言表达。而且还有部分老师的汉语水平也不高,平时在上课过程中习惯使用本地汉语方言或者东乡语,使学生课堂汉语学习的效果受到影响,而且无助于课堂汉语环境的创设。

4. 教材:与东乡族学生的实际生活缺乏有机的联系

教材是指以文字和图形等语言符号形式反映一定课程内容的一种基本的教学用书。① 从教材的实际使用情况来看,东乡族所有学校一至三年级使用的是 2017 年 9 月教育部组织编写的教材,四到六年级统一使用的是和汉语地区相同的由人教社出版的《义务教育课程标准实验教科书语文》,本研究主要从学生和教师的视角对教材做进一步的考察。

从教师的视角来分析。由于低年级学生所使用的教材是由教育部直接组织编写的新教材,高年级使用的是旧教材,因此低年级教师和高年级教师表现出两种不同的看法。在访谈过程中,大多数低年级教师对于现行的新编教材表示不满意,"认为东乡族小学生对于新编教材很难适应,缺少民族文化,是面向城市学生的,教材内容不仅比较难,而且比较多,如果按进度上,学生学不会,不按进度上,内容则讲不完,因此新编教材使得学生难学,教师更难教。"(摘自 A 学校教师访谈,2018 年 10 月 30 日)

从学生视角来看,大部分学生对于教材内容的适应性不强,未能使学生已有的生活经验和认知结构与教材中的汉语知识建立有意义的联系。

总体而言,大部分学生对于新编教材内容的适应性不强,由于缺少民族文化,学生很难将已有生活经验和认知结构与教材中的汉语知识建立有意义的联系,而且教材内容不仅比较难,量也比较大,学生难学,教师难教。

---

① 王道俊、郭文安:《教育学》,人民教育出版社 2009 年版,第 147 页。

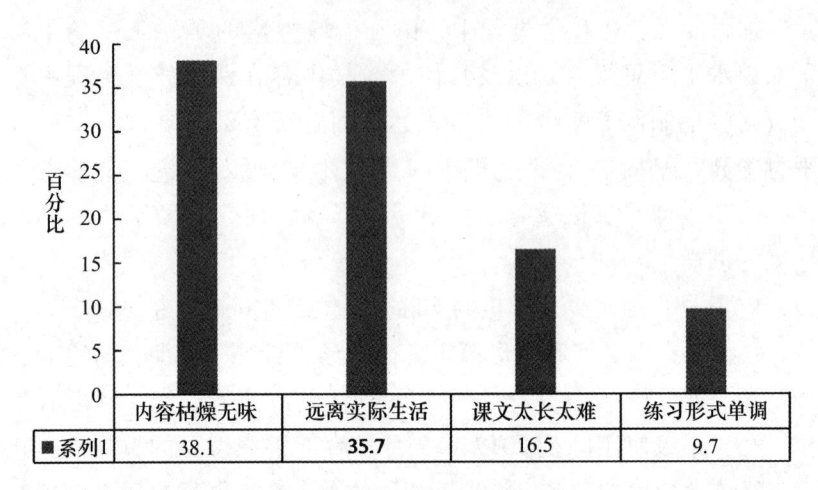

系列1	内容枯燥无味	远离实际生活	课文太长太难	练习形式单调
	38.1	35.7	16.5	9.7

图4-7 学生对教材的看法

  本研究主要从如图4-8所示，学生对课文内容的理解和教师课堂教学内容的实施两方面进行分析，通过对学生课文内容的理解程度进行调查，发现只有18.9%的学生表示能完全理解课文内容，能够达到基本理解程度的学生占比最大，为46.2%，有26.5%的学生表示不确定，有5.7%的学生表示基本不理解，还有2.7%的学生完全不理解课文内容。

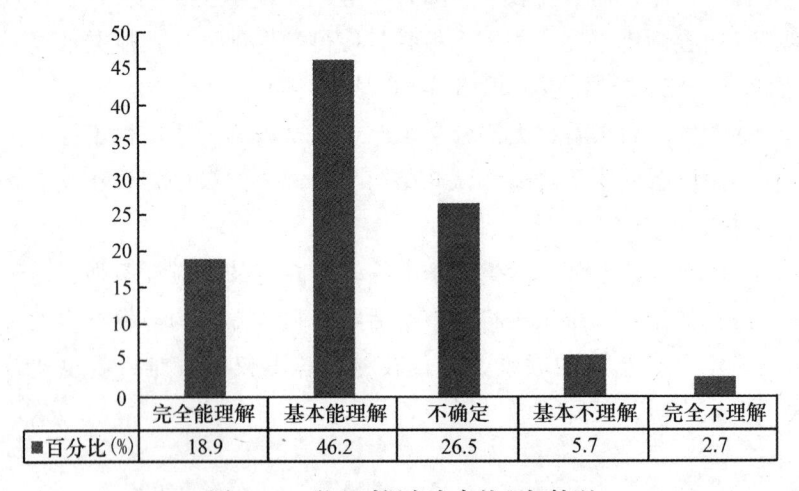

百分比(%)	完全能理解	基本能理解	不确定	基本不理解	完全不理解
	18.9	46.2	26.5	5.7	2.7

图4-8 学生对课文内容的理解情况

第四章 文化生态视域下东乡族小学生汉语学习影响因素研究

反观课堂教学内容，它是联系教师和学生的中介，不仅包括教材中的知识，还包括教师根据教学要求对学生传授的知识、技能、思想、行为习惯等。①

如图4-9所示，相比之下，不难看出在教学过程中，教师主要以字词及其课文的讲解为主，而对相关的汉语文化的讲解比较疏忽。从学生现实的学习环境来分析，如果汉语老师不注重学生所学汉语知识的文化背景，让其孤立地学习汉语，最终就会留下"邯郸学步"的遗憾。然而在实际的课堂教学中，重点主要在生字、生词的指导和练习上，对学生汉语思维训练及其汉语文化的讲解不够，同时也显得力不从心。因此，在少数民族汉语教学中增加和汉语知识密切相关的文化内容，应让学生在学会相关汉语知识的过程中理解其深刻的内涵。

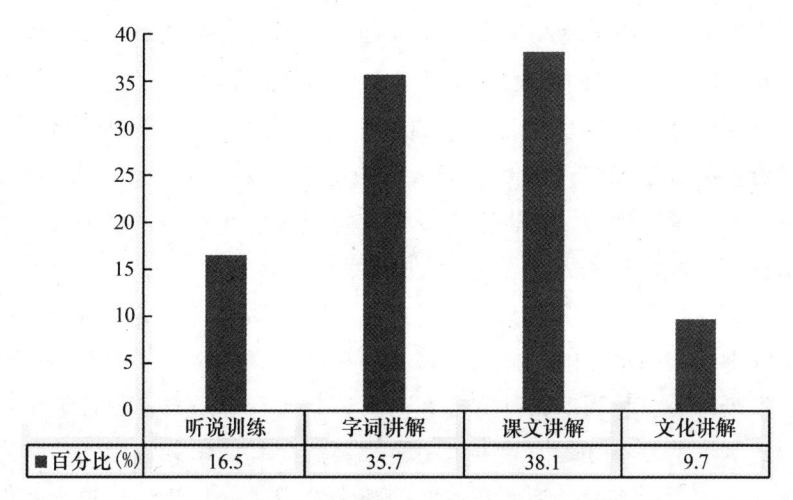

	听说训练	字词讲解	课文讲解	文化讲解
百分比(%)	16.5	35.7	38.1	9.7

图4-9 课堂教学内容实施情况

5. 教学态度：师生之间缺乏有效的沟通与交流

大量研究表明，教师要尽量以积极的态度关心、鼓励学生，避

---

① 迟艳杰：《教学论》，高等教育出版社2009年版，第141页。

免用消极的态度干扰和影响学生。① 调查发现,有 29.5% 的学生表示老师非常关心他们的学习生活,有 21.4% 的学生表示老师比较关心他们的学习生活,但是有 42.7% 的学生表示一般(见表 4-13)。

表 4-13　　　　汉语老师对学生学习的关心情况

	非常关心	比较关心	一般	比较不关心	非常不关心	合计
人数(人)	109	79	158	13	11	370
百分比(%)	29.5	21.4	42.7	3.5	3.0	

　　教师教学态度对小学生汉语学习的影响主要表现在以下方面:通过课堂观察和学生访谈,发现大部分教师平时关注的都是一些学习成绩好、乖巧的、衣服干净的、长得好看的学生,他们之间的关系也显得比较好,而对于那些学习成绩不好,经常调皮捣蛋的学生或者不怎么说话的学生则表现出一种不耐烦的态度。正如一位六年级女生所言:"我们的汉语老师(女)对我们要求很严格,我们的作业很难得到一个优秀,偶尔错一个字就是良,而且还特别偏心,对男生经常给优秀,我们再怎么努力,都很难得到优。"那些成绩一般、不善表现的学生也很难得到老师的关注和关心,这再次说明东乡族女教师在关于学生群体性别特征的认识方面存在着明显的"重男轻女"的性别偏见。② 可见,这些经常被老师忽视的学生,不仅不喜欢汉语老师,而且导致其不喜欢上汉语课,逐渐对学习汉语失去兴趣。从当地教师的职业态度、教育观念来看,教师通常认为,学生学习不好是因为家长不重视,而没有认识到自身的教学态度对学生所造成的影响,在他们的教学意识中,只要学生每天能够按时到校,不闯祸,至于学生学的怎么样,有没有学会,很多教师是不关注的。时至今日,我们依然在谈论东乡族教师对于学生学习的重视和关心问题,在以往研究关于学生学习困难的归因中,教师

---

① 王鉴:《课堂研究概论》,人民教育出版社 2007 年版,第 254 页。
② 吕晓娟:《潜在课程的性别审视:在东乡族中小学的教育人类学考察》,甘肃教育出版社 2011 年版,第 284 页。

对学生的学习不够重视早已被相关研究者提出①,可是十多年过去了,为什么还存在这样的情况,值得大家深思。

(二) 学校语言环境

汉语的掌握和运用离不开一定的语言文化生态环境,一方面是由于学习者本身的需要,另一方面是因为语言文化生态环境是整个语言学习过程中必不可少的组成部分,对少数民族学生汉语学习的过程及其效果具有直接的影响作用。鉴于此,本研究以定性和定量相结合的方法对样本学校的语言文化生态环境进行了考察,在语言环境方面主要调查了学生的语言使用情况;在文化环境方面主要涉及样本学校的校园文化、教室文化等,从而对影响东乡族小学生汉语学习的学校语言文化因素进行深入分析。

如表4-14所示,就学生的语言使用情况而言,通过对东乡族小学生学校语言使用情况的调查分析表明,东乡族学校场域中汉语学习环境并不理想,只有在课堂上,汉语的使用频率比较高。可见,在学校场域中学生的汉语使用频率明显低于东乡语的使用频率,学生的语言学习还主要依靠课堂,课外绝大多数学生习惯使用自己的母语与同学和老师进行交流。一方面,这与学生对东乡语和

表4-14　　　　　　　　学生学校语言使用情况

		东乡语	汉语	东乡语+汉语	合计
课堂上学生语言使用情况	人数（人）	32	309	29	370
	百分比（%）	8.6	83.5	7.8	
课外跟同学语言使用情况	人数（人）	254	43	73	370
	百分比（%）	68.6	11.6	19.7	
课外跟老师语言使用情况	人数（人）	142	136	92	370
	百分比（%）	38.4	36.8	24.9	

---

① 王连照:《马小菊的学习困难——西北少数民族贫困地区一位学习困难生的个案调查》,《教育理论与实践》2004年第1期。

汉语的熟练程度有关；另一方面，还可能与学生群体的语言交流环境有关，即学生要适应同他人交流的语言环境。

就教师的语言使用情况而言，在实地考察过程中发现，在 A、B 两所样本学校中，教师与教师、教师与学生之间的语言使用有所差异。具体而言，在 A 学校当中，由于部分教师使用汉语，不会讲东乡语，因此教师之间在工作或者闲暇时间基本上都讲汉语，汉语教师自然也跟学生讲汉语，即使是不会说汉语的低年级学生。相比 A 学校，B 学校的教师与教师之间使用东乡语的频率较高，师生之间说汉语的主动性比较差，在与学生交流的过程中个别老师也倾向于讲东乡语，其原因在于教师自身的汉语不标准，再加上学生汉语能力较差，这些老师也就倾向于和学生讲东乡语。学校汉语环境对东乡族小学生汉语学习的影响主要表现在以下方面。

教育的发展离不开教育的生态环境，教育生态环境对教育的产生、存在和发展起着制约作用，文化生态环境是教育生态环境的组成部分，影响着语言的使用与传播。[①] 语言环境是影响东乡族小学生汉语学习的最重要外部因素，不仅影响着学生的汉语水平，而且对学生的学业成就具有较大的影响。其一，东乡族儿童由于长期处于母语环境中，受母语习惯的影响，学生常常回避汉语，在课外，学生主要使用东乡语进行交流，使得学生能够获得的汉语信息刺激非常有限，也无法将课堂上习得的汉语知识运用于实践当中，最终对学生汉语知识的输出质量产生了消极影响，严重削弱了课堂上汉语学习的效果，特别是对学生汉语口语提高的影响极大。其二，汉语作为他们的第二语言，在学习过程中不可避免地受到东乡语的影响，因为东乡语和汉语在语言结构、语言思维、语言文化方面存在差别，汉语学习作为学生第二语言的学习所涉及的不仅有语言的适应问题，还有心理问题、文化问题以及环境问题，因此对刚入学学生来说具有很大的挑战，并非仅仅是教与学的问题。

---

① 付东明：《试论语言文化生态环境差异对新疆少数民族双语教学的影响》，《伊犁师范学院学报》（社会科学版）2007 年第 4 期。

（三）学校文化环境

学校文化是学校的灵魂，是学校的价值观念、办学思想、教育理念以及思维方式，是全体师生经过长期的教育教学实践活动所创造的成果的总和①，具体包括校园物质文化、制度文化、精神文化，其中精神文化是学校文化的核心。学校文化统率和规范着学校师生的处世态度与方式，对师生的言行举止具有积极的导向作用。② 鉴于此，本研究将主要以 A 学校为例，对其学校文化环境建设的物质文化层面、制度文化层面和精神文化层面进行考察与分析。

1. 学校物质文化：形式缺乏创新、内容缺乏特色

学校物质文化是学校文化建设的基础，属于学校表层文化，学校的物质文化建设对学校师生具有潜移默化的影响作用，是学校教学工作顺利进行的基础与保障，体现着一个学校的精神风貌，包括学校自然地理环境、教学设施建设、校园环境布局、文化设施等方面。学校自然地理环境——学校所处的自然生态环境是学校文化生存发展的沃土，学校的地理位置是考察学校文化不可忽视的因素。③ A 学校始建于 1987 年，坐落于东乡县中部农村纯东乡族聚居区，学校北面为 213 国道，东面、西面和南面为连绵不断的大山深沟，学校所辐射的村落即坐落在大山深沟当中，自然环境恶劣，一出校门东为 213 国道，西为乡政府。

校园整体环境建设——学校占地 3300 平方米，有综合教学楼一幢，学生公寓楼一幢，教室 8 间，有微机室、图书室、仪器室以及多媒体教室。步入校门，映入眼帘的便是悬挂在教学楼侧面墙上的学校文化展板。一是"中华人民共和国国旗内涵简介"；二是"学校校徽简介"；三是"中国少年先锋队简介"；四是"学校管理策略"；五是"校训、校风、教风"。步入校园，学校建筑比较简

---

① 顾明远：《论学校文化建设》，《西南大学学报》（人文社会科学版）2006 年第 5 期。

② 崔允漷、周文叶：《学校文化建设：一种专业的视角》，《教育发展研究》2007 年第 9 期。

③ 冯增俊、万明钢：《教育人类学教程》，人民教育出版社 2005 年版，第 77 页。

单,从文化展板的布局来看,由于校园绿化设计不到位,这些文化展板都被几棵树挡住了,学校的校园绿化也比较简单,只有校园四周种植着一些参差不齐的柳树和柏树。校园文化墙设计更为简单,而且远离学生的活动区域,加上长时间没有修缮,文化墙破旧不堪。走进教室,墙壁已经很多年没有粉刷,既脏又黑。每间教室墙上都挂有两幅名人画像及其名言警句,高年级的教室设有学习园地。总体来看,学校的物质文化建设形式缺乏创新、内容缺乏特色,空间资源开发严重不足,校园环境布置简单,各年级教室环境布置没有特别大的差别,缺乏时代性,班级文化缺乏学生主体意识,忽视学生的主体地位,给教室造成一种空间上的沉闷和压抑感。

2. 学校精神文化:欠缺以汉语学习为依托的核心价值观

学校精神文化是学校文化建设的核心内容,是学校文化建设追求的最高境界,包括学校管理策略、教育理念、价值观念以及学生观、师生观等。① 从学校文化的显性层面来看,对学校的精神文化内容已经有所论述。核心发展理念是团结勤奋,求实创新。学校宣扬"天天有进步,人人能成功"的校训,"抬头、挺胸、微笑、向前"的校风,"敬业、爱生、厚德、博学"的教风以及"自信、自主、乐学、善学"的学风。对于学校的精神文化建设,在实际的调研中,研究者通过访谈、观察发现,学校的精神文化严重缺失,教师之间缺乏沟通与交流,按部就班,还有些教师对学生缺乏亲和力,团体精神不强;学生比较散漫,对学校缺乏感情,存在随意迟到、旷课、早退现象,与理想中的校训、校风、教风以及学风的要求相差甚远。从实际情况来分析,学校精神文化的建设存在两方面的问题:一方面,学校在教学工作中缺乏主动性,缺乏对课程及其教学文化内涵的探索,缺少对东乡族学生语言学习独特性的深入挖掘,忽视语言文化生态环境对学生汉语学习的影响;另一方面,在教育教学过程中对学生学习态度、价值观、思想情感的熏陶有待进

---

① 顾明远:《论学校文化建设》,《西南大学学报》(人文社会科学版)2006年第5期。

一步加强。如果学校在精神文化建设方面能够弥补学生学校文化适应过程中所面临的不足,透过正确、积极向上的价值观引领,为汉语学习的语言文化环境创建有力的精神文化保障,在实践中不断弱化学生民族心理对汉语学习的消极影响,从而在深层次上构建以语言学习为核心目标的学校文化,这样才能促进学生其他方面的健康发展。

3. 学校制度文化:制度文化建设工作没有得到充分的重视和落实

学校制度文化的建设是学校健康、绿色、持续发展的保障条件,对学生、教师及其家长的言行举止具有引导性作用,因此也可以说是学校的行为文化,制度文化必须在党和国家的政策方针指导下建设,以确保正确的方向。① 制度是保障学校教育教学工作、思想工作、后勤工作有条不紊进行的强有力保障。学校在长期的发展过程中要有成文或不成文的制度规定,让学生和老师明确各自的职责所在。学校制度文化的建设需要与办学理念进行有机结合,以办学理念为指导思想,制度建设是服从于学校的精神文化建设的。② 然而,从实际情况来看,相关文件的落实力度还需进一步加强,从学生的汉语普通话水平来看,文件的目的还未达到,还停留在文本之上,对校园文化建设还未重视起来,特别是对学校语言的推广与普及工作缺乏实效性,导致对校园用语监管不严,对学生的汉语学习效果和汉语水平造成消极的影响。

综上所述,从学校文化环境来看,A 学校的校园物质文化形式简单、内容单调、千篇一律、缺乏特色;学校精神文化严重缺失、欠缺以汉语学习为依托的学校精神文化、师生参与度低;制度文化建设工作没有得到充分的重视和落实、处于停滞状态、缺乏创新、价值弥散。学校文化对小学生汉语学习的影响主要表现在以下方面。

---

① 曾祥友:《学校文化建设的三个层面》,《教书育人》2018 年第 2 期。
② 顾明远:《论学校文化建设》,《西南大学学报》(人文社会科学版)2006 年第 5 期。

学生的认知首先是从认识客观环境开始的,这对于东乡族学生从小学习汉语具有潜移默化的影响作用。校园文化的建设应该体现出社会的主流文化背景,汉语作为我国的通用语言文字,只有在汉语文化环境优越的状态下才能促进学生汉语学习质量的提高。

（四）课外学习活动

从生态学的视角界定学习,即认为学习是由学习群体及其所处的外部环境共同构成的生态系统,是学习主体有目的地借助教育实践活动,主动参与生态学习系统的过程,学习活动则是学习者及其所处的环境之间形成的动态系统。① 换言之,学习必定发生在一定的活动系统中,在动态的情景中学习,滋养着学习活动所承载的文化。② 因此,借助相关的汉语学习活动让东乡族小学生在具体的、情景化的学习活动中加强对汉语及其文化的理解具有重要的发展性意义。课外学习活动对小学生汉语学习的影响主要表现在以下方面。

首先,低年级的学生对于像"普通话比赛"类的活动不了解,也不够重视,羞于参与学校举办的各类活动,缺乏积极主动性。

其次,从学校的举办过程上看,活动形式简单粗糙,缺乏趣味性以及激励性,没有最大限度地调动起学生的积极性,疏于对学生的鼓励,致使绝大多数学生没能够真正参与到相关的汉语学习活动中。在活动过程中出现"假参与"现象。

再次,从参与主体来看,很多活动的参与者仅限于学习成绩较好、普通话讲得比较流利、长得漂亮、干净整洁的学生,缺乏对全体学生的关照。

最后,从活动的意义上看,学校对相关的汉语学习活动的组织和设计不够重视,在一定程度上是为了办活动而开展活动,教师对汉语学习活动不够重视且参与度较低,未能照顾到学生的兴趣和

---

① 陈川等:《学习生态视角下翻转课堂学习活动设计模型及应用研究》,《电化教育研究》2015年第11期。

② 郑葳:《学习共同体:文化生态学习环境的理想架构》,教育科学出版社2007年版,第127页。

需求。

在调查中，很多学生也表达了他们对学校汉语学习活动的愿望和需求，但由于每次老师都让那些学习好的同学参加，使得他们缺少参与的机会。从中可以发现，丰富多彩的课外学习活动有助于激发学生汉语学习的兴趣，而且不同的学生对于不同的学习活动具有极大的热情。令人遗憾的是，学校关于类似的学习活动疏于组织和设计，平时更加侧重于完成规定的教学任务，只是为了办活动而开展活动，忽视了组织课外学习活动的重要性。

三 家庭方面的影响因素分析

（一）家庭语言环境

相关研究表明，家庭语言环境对个体语言的习得与发展具有重要的影响，特别是方言的使用对于儿童语言的萌生与发展具有很大的影响。[①] 根据对学生家庭语言使用情况（表4-15）的调查可知，学生在家庭中使用汉语的频率非常低，绝大部分学生在家庭中基本都是使用东乡语，说明学生的家庭汉语言环境较差，严重缺乏汉语言交流环境，尤其是与长辈的交流，只有少部分学生偶尔会使用汉语。

表4-15　　　　　　　　学生家庭语言使用情况

		东乡语	汉语	东乡语+汉语	合计
与爷爷奶奶的语言使用情况	人数（人）	334	15	21	370
	百分比（%）	90.3	4.1	5.7	
与爸爸妈妈的语言使用情况	人数（人）	311	20	39	370
	百分比（%）	84.1	5.4	10.5	
与兄弟姐妹的语言使用情况	人数（人）	252	38	80	370
	百分比（%）	68.1	10.3	21.6	

---

① 尹静：《家长对保姆使用方言的态度与影响认识》，《学前教育研究》2009年第5期。

大量研究表明，家庭语言环境对语言学习的影响是潜移默化的，父母及其家人在家庭环境中所使用的语言会引起孩子对言语的各种反馈，进而直接影响到他们的语言学习。[①] 在东乡族聚居区学生家长普遍不会讲汉语，家庭用语主要为东乡语，对外交流也较困难，很难在家庭中形成开放的汉语言学习氛围。汉语学习效果不高，学习积极性不浓厚，同时也会对学生学习以汉语为媒介的其他科目产生阻碍作用。由于缺少汉语学习的家庭氛围，校内的学习在校外基本上得不到有效巩固和练习。在实地调研中，大部分学生表示，他们回家后基本上不会使用汉语，在与同伴群体交流中偶尔会用到一点点汉语，因为在家里说汉语不好意思，不习惯。

家庭语言环境阻碍了学生汉语学习知识和技能的运用，削弱了汉语学习的效果。值得关注的是，随着家庭成员年龄的减小（见图4-10），学生与其家庭成员之间使用汉语交流的频率逐渐增加。在同辈群体之间，由于学校教育汉语水平逐渐提高，使用汉语行为的倾向也逐渐提高。这说明，家庭成员之间的语言行为倾向对学生的汉语学习具有潜移默化的影响作用，特别是同辈群体之间。

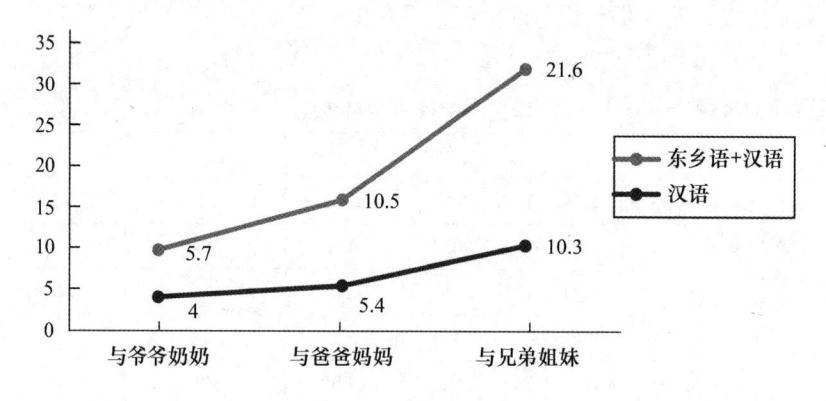

图4-10 学生汉语使用发展趋势

[①] 胡艳明、韩宇轩：《影响少数民族学生双语习得之环境因素探究》，《新疆社会科学》2016年第3期。

(二) 家长汉语水平

研究表明：学生汉语知识水平的高低与使用汉语人的接触频率息息相关，而家庭成员交流的密切性对家庭成员汉语水平的高低，对其他成员有很大的影响。[①] 对此，研究者设计了学生家长汉语言行为倾向的调查统计。

如表 4-16 所示，家长主要的汉语言行为倾向为看电视、用手机上网，而听、读方面的倾向表现得比较低。这也在一定程度上反映了东乡族学生家长的汉语书面阅读和听说处在低水平上，而家长的语言行为倾向也会潜移默化地影响子女。经常读书看报的家长仅占 6.8%，经常看电视、听广播的家长分别为 19.5%、8.4%，而从来不看电视、听广播、读书看报的家长分别为 20%、69.7%、74.3%，而经常用手机上网的家长为 22.4%。家长的汉语水平与其在家庭中使用汉语的行为和频率具有一致的相关性。从表 4-17 中可以看出，只有 14.3% 的学生表示其父母汉语水平很好，有 20.5% 的学生表示其父母的汉语水平好，有 19.8% 的学生表示其父母的汉语水平不好，有 11.4% 的学生表示其父母的汉语水平很不好。

表 4-16　　　　　　**家长汉语行为倾向调查统计**

	经常		偶尔		从来不		合计
	人数（人）	百分比（%）	人数（人）	百分比（%）	人数（人）	百分比（%）	人数（人）
看电视	72	19.5	224	60.5	74	20.0	370
听广播	31	8.4	81	21.9	258	69.7	370
读书看报	25	6.8	70	18.9	275	74.3	370
用手机上网	83	22.4	143	38.6	144	38.9	370

[①] 方俊明、王嘉毅、琳达·西格鸥：《当代中国少数民族双语教学理论与实践》，陕西人民教育出版社 2001 年版，第 117 页。

表 4-17　　　　　　　家长汉语水平调查统计

	很好	好	一般	不好	很不好	合计
人数（人）	53	76	126	73	42	370
百分比（％）	14.3	20.5	34.1	19.7	11.4	100.0

总体而言，东乡族学生家长本身汉语言水平比较低，再受东乡族文化独特性的影响，像对汉语水平要求比较高的听广播和读书看报等行为较少出现。随着信息时代的到来，许多新生代家庭都开始看电视，偶尔看电视的家长比读书看报的人多一些。这也反映了学生家庭的汉语言环境比较差，不仅家长较少说汉语，甚至了解汉语的途径，家中都缺乏，更不用说父母汉语水平对子女汉语水平的提高作用了。事实证明，东乡族学生在其家庭的影响下，汉语言环境严重缺失，父母的汉语水平对子女长期的汉语学习、提高和巩固作用较弱。这不仅严重制约着学生汉语学习质量的提高，而且加剧了学校成为学生汉语学习"孤岛"的可能性。

（三）家长文化程度

以往研究表明，家长的受教育程度对子女的学业成就具有显著的影响作用，文化程度较高的家庭，其子女的学业成就比文化程度较低的家庭中的子女高。[①]

本研究调查了学生家长的文化程度（见表 4-18）。大部分学生的父亲只有小学文化水平，而母亲的文化水平更低，大部分是文

表 4-18　　　　　　学生家长文化程度调查统计

		文盲	小学	初中	高中	专科	合计
父亲	人数（人）	116	184	43	23	4	370
	百分比（％）	31.4	49.7	11.6	6.2	1.1	100.0
母亲	人数（人）	219	117	17	16	1	370
	百分比（％）	59.2	31.6	4.6	4.3	0.3	100.0

---

① 方俊明、王嘉毅、琳达·西格鸥：《当代中国少数民族双语教学理论与实践》，陕西人民教育出版社 2001 年版，第 122 页。

盲。整体而言，东乡族学生的父母受教育程度偏低，接受过高中以上水平教育的人十分稀少。在访谈中，有教师表示，"这里的人文化程度都很低，素质也低，很多人祖祖辈辈都不识字，就是这么过来的，他们也认识不到学习文化知识的重要作用，安于现状就是他们的生活态度，如果学生自己不愿意上学，家长也不会勉强、也不管，学生辍学之后要么就在家里干农活，要么学手艺赚钱，学知识对他们来说没多大用处，他们上学的动力也不强。"

通过统计调查和进一步的访谈得知，东乡族学生的父母本身文化程度偏低，还受东乡族传统思想观念的影响，更加不重视子女的教育，也就谈不上对子女的教育期待了。但家庭教育是教育之根本，家长的文化程度与子女的求学期望之间具有相应的关系，因为父母的文化程度不同，教育观念也随之存在不同程度的差异，这些差异可通过种种途径影响子女的教育抱负。① 所以我们也就不难推测出，低教育水平的家长也是无法对学生汉语学习提供太多的帮助的，有时甚至会起阻碍作用。

（四）家庭经济条件

大量研究表明，家庭经济对学生的学业成绩具有显著影响，相对于经济收入较低家庭的学生而言，经济收入高的学生的家庭在学习上表现出更多的投入行为，其学业成绩更好②，较低的家庭经济地位会在一定程度上损害学生的学业成绩。③ 对此，本研究基于东乡族学生家长的职业来考察其家庭的经济来源（见表4-19）。

---

① 滕星、张俊豪：《教育的人类学视野——中国民族教育的田野个案研究》，民族出版社2009年版，第128页。

② 武丽丽、张大均、程刚、王鑫强：《家庭社会经济地位对小学生学业成绩的影响：心理素质全局因子的中介作用》，《西南大学学报》（自然科学版）2018年第6期。

③ 乔娜、张景焕、刘桂荣、林崇德：《家庭社会经济地位、父母参与对初中生学业成绩的影响：教师支持的调节作用》，《心理发展与教育》2013年第5期。

表4-19　　　　　　　　　学生家长职业调查统计

		农民	商人	打工	教师	医生	公务员	其他	合计
父亲	人数（人）	146	48	154	4	4	4	10	370
	百分比（%）	39.5	13.0	41.6	1.1	1.1	1.1	2.7	
母亲	人数（人）	267	33	56	2	2		6	370
	百分比（%）	72.2	8.9	15.1	0.5	0.5	1.1	1.6	

根据学生家长所从事的职业分析，大部分学生的家庭经济来源主要是务农、打工和做生意。在东乡重男轻女的传统习俗之下，一般来说，整个家庭收入主要依靠父亲，而母亲只能在家里做家务、干农活。表4-19显示，学生父亲从事务农、打工或做生意的占比分别为39.5%、41.6%、13%，学生父亲有固定收入者仅占3.3%，在其他职业类型中，阿訇职业是少数学生父亲的主要职业，这与东乡族的传统文化习俗具有很大的关系。从母亲的职业来看，有72.2%学生的母亲由于受教育程度低，又不能外出打工，只能在家务农。其次，东乡族人历来善于经商，部分有能力的家长除了务农之外，还做点小生意，这也是家庭收入中的主要来源。随着城镇化进程的不断加大，有41.6%的学生家长为了增加收入开始选择外出打工。总体而言，东乡族学生家长的职业类型比较单一，家庭经济来源主要集中于体力劳动、外出打工和经商，脑力劳动者较少。

经济环境是教育发展的物质基础和必要条件，经济环境不仅是教育发展的经济后盾，而且对教育提出了客观的要求，家庭经济条件直接影响着学生的物质生活、学习环境等。[①] 东乡县作为国家深度贫困县，经济环境对于教育发展水平的制约作用非常显著。缺乏固定收入的家庭更看重经济利益，在这种家庭教育观念影响之下，许多学生秉持以赚钱为主的观念，轻视学校学习。调研期间，研究

[①] 滕星、张俊豪：《教育的人类学视野——中国民族教育的田野个案研究》，民族出版社2009年版，第23页。

者发现,学生深受家长的影响,喜欢打工,做生意,不喜欢学习,对于许多学生来说,学校已然变成学习的"孤岛",特别是女生,放学就要帮父母做饭、洗衣、喂牲口等,家庭学习时间无法保证,学校教学效果包括汉语教学效果无法得到巩固,从而影响了东乡族小学生的汉语文学习。

四 社区方面的影响因素分析

教育与其所处的社会文化背景有着千丝万缕的联系,重视教育发生的社会或社区,根据情境来界定学校教育过程中所存在的问题,并将其置于更加宽广的、全面的社会文化情境之下进行观察与分析,从而获得较为全面而客观的理解。①

(一) 社区语言环境

东乡语是东乡族传统习俗的"文化象征"和"交流工具",是人们日常生活的主要交际用语。东乡族社区具有较强的宗教文化观念、地域观念、亲族观念。学校是社区中的学校,其特定的语言文化生态环境对学生的汉语学习具有潜移默化的影响。从语言的使用情况来看,社区中的东乡族老年人对于东乡语具有浓厚的感情,文化相对封闭,大多数人不通汉语,东乡语是其生产生活中唯一的交际语言。特别是女性,由于常年生活在山大沟深的东乡族聚居区,外出机会少,受语言接触的影响较弱,导致她们说与理解都存在困难。而年轻群体由于外出务工、做生意或者与其他民族的交往等都离不开汉语,从而受到语言接触的影响,对汉语具有极大的认同感,他们能够听懂并进行表达,显然,这是生产生活方式的发展对他们语言使用所产生的影响。

社区语言环境对小学生汉语学习的影响主要表现在以下方面:东乡族社区的地理环境、历史条件以及成员的语言使用态度、语言使用水平、民族习惯、语言感情决定其社区的语言环境。而对于学

---

① 袁同凯:《学校、社会与文化:教育人类学的情境观》,《西北民族研究》2008年第3期。

生而言，自出生便生活在母语环境的包围之下，其语言能力、语言思维便受到特定的东乡族文化的制约。

研究者对学生在社区日常生活中的语言使用情况进行了局部的调查，学生、家长及老师都表示，社区中学生基本上没有说汉语的习惯，有学生表示，在社区说汉语觉得很尴尬，和同学玩耍时会偶然说几句。

从学校到家庭再到社区，调查结果显示，学校的汉语言环境特别是课堂汉语环境比较好，但校园语言环境的创设还需大力加强，不能仅限于师生之间，还应该打破学生之间用汉语交流的壁垒。从家庭和社区的语言环境来看，汉语言环境极度缺失，对学生的口语训练具有严重的消极影响。

（二）社区文化环境

学校是社区的学校，社区的文化必然会对学校教育产生重要影响。然而，在东乡族的社区村落中，很多学校与社区之间并没有特别紧密的联系，学校作为现代文明的象征，悬置在社区当中，是社区中的孤岛。但学生作为文化传承与发展的载体，必然会将社区文化带入学校，从而对学校教育行为产生不同程度的影响和制约。东乡族社区文化的核心即为宗教文化，东乡族社区的传统文化习俗皆源于伊斯兰教文化，在漫长的文化传承中，东乡族的传统文化思想和观念渗透到东乡族社区居民生产、生活以及教育的各方面，同时东乡族的传统文化习俗深受儒家思想文化的影响，具有很强的家庭观念，尤其是男尊女卑的落后思想观念。从东乡族的民族文化心理来看，安于现状、保守自闭心态较重，不愿接受新鲜事物。从表现形式来看，东乡族的社区文化主要表现在日常的节日活动和生活仪式上，其传承则主要通过长辈的"言传身教"和相关的宗教仪式对其子女进行宗教知识的教化，历来不重视学校教育，教育观念比较落后，"读书无用论"的思想观念普遍存在。

社区文化对小学生汉语学习的影响主要表现在以下方面：社区文化氛围、文化传统影响着社区成员对于科学文化知识的认识，从而影响着教育的发展。① 传统民族习俗深深地影响着家长的教育观念，他们思想观念陈旧、保守、封闭、排外，对子女读书的重要性认识不足，从而对东乡族学生（尤其是女生）产生了较强大的约束力。在家长访谈中，很多家长表示，"孩子识几个字就行了，没必要念那么多书"。正如张利洁、王希隆在其研究中所论述的那样，早婚习俗造成大量男女青年放弃学业，是东乡族辍学率居高不下的原因之一。② 吕晓娟在研究中进一步揭示了这一问题背后所承载的社区文化，即东乡族"重男轻女"的性别歧视，致使家庭成员对于女孩上学持消极的态度。③ 然而，近些年，随着人们经济水平的提高，女童教育已经大改过去的不良习气，和传统观念相比，家长的陈旧观念还是有了很大变化，大多数家长都愿意把孩子送到学校读书，东乡族社区文化中特有的性别歧视正逐渐消减，特别是在新生代父母群体中，这是值得庆幸的。再加上东乡县"控辍保学"措施的严格实施以及政府、学校多方面的努力，适龄儿童在小学阶段基本上都能够回归学校，回归课堂。尽管如此，本研究认为，这种改变浮于表层，传统文化习俗依然在不同的家庭中具有不同程度的影响，对家长的教育意识、教育观念有一定的制约，从而影响学生的学习，形成代际转移，导致子女辍学行为的发生。

（三）社区人口素质

社区人口素质的高低直接影响着民族地区的教育发展，在学校及学生生活的区域内，落后的社会观念、教育观念是当前民族地区教育质量低下的一个重要原因，④ 也是该地区贫困得以代际传递的主要因素之一。

---

① 滕星、张俊豪：《教育的人类学视野——中国民族教育的田野个案研究》，民族出版社2009年版，第128页。

② 张利洁、王希隆：《山区东乡族小学生辍学问题的调查与思考——以东乡族自治县北岭乡为例》，《民族研究》2006年第2期。

③ 吕晓娟：《潜在课程的性别审视：在东乡族中小学的教育人类学考察》，甘肃教育出版社2011年版，第293页。

④ 艾力·伊明：《多元文化整合教育视野中的维汉双语教育研究》，民族出版社2011年版，第231页。

对60户家庭120口人的文化素质调查发现，未受教育者达56人，小学文化程度的有54人，初中文化程度有10人，这种情况反映了该社区人口素质和文化教育水平偏低。在这样的人口素质环境下，学生汉语学习效果必然受到社区文化水平的影响。

以往研究表明，东乡县社区人口的文化素质对学校教育的健康发展具有一定的影响。民族地区人口素质的高低直接影响着该地区教育的社会环境，学校教育生源的总体素质，对教育的支出等。①如上所述，社区人口素质极低，文盲与半文盲所占比例过高，学生家长的受教育程度也较低，学生从小就处于这样的社区当中，落后的文化教育环境和经济社会条件，造成了父母对子女接受学校教育的忽视，学生不可避免地受到家长、社区长辈的文化观念、教育观念、价值观念的影响。东乡族小学生长期处于这样的社区环境中，汉语学习和巩固缺少的不仅是汉语言环境，而且是长期潜移默化的文化熏陶，这对东乡族学生的长远发展必然造成一定的消极影响。

五　语言层面的影响因素分析

在影响东乡族小学生汉语学习的众多因素中，母语是一个不可忽视的重要因素。语言因素作为影响学生汉语学习的隐性因素，在某种程度上决定了东乡社会化发展的成败。东乡语属于阿尔泰语系蒙古语族，只有语言没有文字，它和汉语在语音、语义、语法、词汇等方面有着本质的差异。本研究认为，东乡语对小学生汉语学习的影响主要表现在以下方面：东乡语对汉语学习更深层次的影响主要是二者思维方式的差异，从而直接影响着东乡族学生的学习方式和效果。东乡族儿童在入学前已具备母语思维，对日常生活中的事物已经形成了固有的认识和理解，当汉语学习过程中出现相关语言和语义符号的时候，他们就会自觉地基于母语而建构相应的意义，

---

① 艾力·伊明：《多元文化整合教育视野中的维汉双语教育研究》，民族出版社2011年版，第230页。

第四章 文化生态视域下东乡族小学生汉语学习影响因素研究

这不再是一种意义上的自我建构,而是社会建构的过程,这种建构是基于母语语系背景下个体间的人际交往策略、高级语言认知与熟练水平,这正是建构第二语言习得的重要基础,也是第二语言交流交往中必然关涉的问题,母语的学习正好为第二语言的学习建立了基础。① 对此,本研究基于学生汉语学习过程的思维方式和母语观念——是否有意识地借用母语而建构相应的意义进行了调查分析。

(一)东乡语对学生汉语知识获取的影响

如表4-20显示,六成以上的学生在汉语学习过程中需要基于母语的理解才能更好地领会汉语的语义,而建构自我知识。但这种借助母语进行汉语学习的策略并非万能,其使用范围仅限于东乡语的语言范围之内,即如果东乡语的词汇中含有学习所需翻译的词汇时,此方法可行,然而前文已经论述,东乡语的发展并不完善,语言局限性较大,缺乏文字系统,在语音、语义、语法、词汇等方面与汉语有较大差异,对汉语的阐释力度和范围有限,因此对于那些习惯采用母语策略进行学习的学生在汉语语义理解和知识学习上会产生一定的阻碍。

表4-20 东乡族小学生接受信息时借助母语程度的调查统计

接受信息(听、读)时先翻译成母语再理解	基本如此	偶尔翻译	从不需要	合计
人数(人)	112	132	126	370
百分比(%)	30.3	35.7	34.1	

(二)东乡语对学生汉语表达能力的影响

表4-21显示,近七成的学生在汉语学习过程中需要基于母语的翻译才能更好地表达自己的想法。由于东乡语和汉语属于完全不同的语言系统,其语言结构存在本质差别,语言思维方式也不相同,从而不利于东乡族小学生的汉语表达。在书面表达方面,很多

---

① 李泽林:《西北少数民族地区师范教育综合改革研究》,中国社会科学出版社2018年版,第65页。

学生受东乡语影响,在汉语写作时常出现错别字和语句不通顺现象,且经常"东乡语化";在口语表达方面,对学生的口语表达造成极大的限制,从而导致东乡族小学生不易正确用汉语进行口语表达,而是用东乡语理解和表达汉语。

表4-21 东乡族小学生表达信息时借助母语程度的调查统计

表达信息(说、写)时先用母语构思再翻译成汉语	基本如此	偶尔翻译	从不需要	合计
人数(人)	123	128	119	370
占比(%)	33.2	34.6	32.2	100.0

第七节 结论与建议

一 本研究的主要结论

本研究主要采用定性和定量相结合的综合分析法,以东乡族小学生的汉语学习为起点,把学校、家庭以及社区的语言文化生态环境联系起来,聚焦东乡族小学生所面对的现实语言文化生态环境问题,通过深入的研究和探讨,分析了语言文化生态下影响东乡族小学生汉语学习的因素,现得出以下结论。

(一)学生自身因素影响其汉语学习

东乡族小学生汉语学习的影响因素,首先是学前教育缺失,即绝大多数小学生缺少学前教育的经历,缺少正规化的学习汉语语言的经验。其次是学生学习汉语的积极性不高,学习质量低下。最后是学生学习汉语缺乏持久性和稳定性,遇到困难容易放弃,学生的学习行为易受周围环境的影响。

(二)学校汉语教学影响了东乡族小学生的汉语学习

首先,学校汉语教学忽视了学生语言学习的规律,过于注重语言知识的学习,忽视了学生汉语学习的语言过渡问题,同时,汉语教学重知识、轻技能及其语言所负载的社会文化,使得学生只知其然而不知其所以然。其次，教师教学方法的选择与运用比较单一，教学手段比较匮乏，教学用语不便，教材内容的适切性不强，教学内容忽视学生所学汉语知识的文化背景、教师的教学态度等都对学生的汉语学习造成不同程度的影响。

（三）家庭经济文化条件影响了东乡族小学生的汉语学习

首先，家庭语言环境、家长汉语水平、家长文化程度、家庭经济条件影响了学生汉语学习的目标、方式和效果。其次，家庭文化条件影响着小学生的求学期望和学业成就。

（四）汉语言环境影响了东乡族小学生的汉语学习

首先，学校语言环境的不理想对东乡族小学生汉语学习的效果具有重要的影响作用。其次，家庭语言环境的缺失影响了学生汉语学习的目标、方式和效果，从而进一步对汉语学习的态度和动机产生了"先入为主"的消极影响，最后，社区语言环境的极度缺失对学生的学习动机具有严重的消极影响，对学生的语言能力、语言思维产生重要的影响。

（五）东乡族语言文化影响了东乡族小学生的汉语学习

首先，语言是造成东乡族学生学习困难的最关键因素之一。语言作为影响学生汉语学习的隐性因素，不仅加剧了学生汉语学习的困难，而且影响着东乡族小学生汉语学习的方式和效果，即东乡语思维方式和汉语思维方式之间的差异所引起的对其汉语知识获得与汉语技能表达方面的影响。其次，传统文化习俗严重影响着小学生汉语学习的态度和动机。

二 对策与建议

通过上述分析可见，影响东乡族小学生汉语学习的因素是复杂的。本研究认为，长期以来，东乡族小学生汉语学习的语言问题是其对周围环境适应的结果，是诸多因素相互作用的产物。要解决东乡族学生汉语学习的障碍就要从各方面找原因、找对策，这样才能帮助东乡族小学生跨越语言鸿沟，提升对国家通用语言文字的应用能力。鉴于此，本研究试图提出以下对策建议。

（一）进一步拓宽国家通用语言文字宣传渠道，创建社区汉语环境

第一，在社区村落中加强国家通用语言文字政策的宣传力度。

第二，在社区加强利用网络媒体、广播等现代电子设备进行宣传。

第三，每个月在社区举办一次类似于"送文化进乡村""送戏曲进乡村"的文艺演出活动，将其与"国家通用语言文字"法规宣传活动结合起来，以此给单调的东乡族群众聚居区带去一些生机与活力，进一步营造社区的汉语言环境。

（二）搭建家校合作平台，加强家校的沟通与合作，改变家长的教育观念

一是学校每学期尽量在开学和期末举行家长会，对家长进行培训，使其正确认识学校教育和学生的学习，重视学生的学习。

二是学校在每个班级建立家长委员会，拉近与家长的距离，促进家长之间的交流，鼓励其参与到学校和班级的建设中来。

三是充分利用微信群，搭建家长与教师的联系平台，教师可以及时将学生在学校的学习情况与家长进行沟通，让家长参与到学校的管理当中来。

四是定期进行家访，查看学生家庭学习条件与环境，与父母拉近关系，进一步改善家校合作关系。

五是定期举办家长讲座，宣传教育知识，帮助家长提高教育素质，树立正确的教育观念。

六是鼓励学校对社区和家庭发挥窗口和辐射带动作用，鼓励学生帮助家长学习汉语普通话，并提供相应的条件，鼓励学校教师积极承担起本班学生家长的普通话培训工作，促进家校之间的合作关系。

（三）加强学校语言文字管理工作，多举措并举创建良好的汉语环境

一是通过有效的措施和手段加强师生校园语言的使用和监督工作，认真贯彻落实国家通用语言文字教育方针，教师在学校创设汉

语环境，切实发挥对教职员工的表率作用，设立相应的监管机制。

二是充分利用学校广播站、宣传栏、黑板报、多媒体设备等手段，增强师生使用国家通用语言文字的意识和语言文字的应用能力，营造和谐的校园汉语环境。

三是改善学校课外汉语学习活动的有效性，尽可能让每个孩子都有参与的机会，以此营造学校的汉语学习氛围。

四是开展丰富多彩的文艺体育活动。

（四）改进课堂教学方式和方法，激发学生汉语学习的兴趣和动机

一是大力普及教育信息化。加大教育信息化的建设力度，实现宽带网络班班通，使其随时能够联通互联网、随时能够使用校外的教育资源。这一方面有助于共享优质教育资源，另一方面有助于教育教学方式多样化，有助于情景教学，提高学生的学习兴趣，开阔学生的视野。

二是进一步改善课堂教学方法，更新课堂教学方式。改变传统的教学方法和管理方式，更新教学方法，积极使用参与式、活动式、互动式、体验式、研究式、探究式等教学方法，对学生的汉语学习要进行主动帮助和指导。

（五）大力发展学前教育，提高学前教育入园率，加强早期语言教育

一是大力发展东乡县学前教育，提高学前教育入园率。

二是扩大学前教师资源补充途径，加强师资队伍建设。

三是充分发挥数字教育资源的优势，增强汉语学习的趣味性。

（六）注重学生汉语学习过程中的跨文化心理适应问题

本研究认为，东乡族小学生汉语学习的最大问题就在于语言障碍。语言障碍造成东乡族小学生在汉语学习过程中对汉语言及其文化认识存在跨文化心理适应问题。所以，教师在汉语教学中需要关照学生对汉语言及其文化的适应问题，通过适切的语言文字，采取丰富、有效的教学方法，无论教师是否熟悉儿童的母语，都可以通过友善和适宜的教学方法，有针对性地提供必需的、多样的、方便

的教育教学条件和资源,并结合非语言的教学与学生进行沟通,从而将儿童的社区、家庭和学校经验融合起来,保证每一个少数民族儿童获得有质量的教育。①

(七)加强东乡农村教师队伍建设,提高教师的专业能力与专业素养

一是按照国家所规定的师生比和班师比标准,增加农村教师编制名额,做到农村小学编制专编专用;进一步加大特岗教师招聘名额,特别是对本民族的大学生给予适当倾斜和照顾,先从数量上满足东乡农村师资队伍建设的要求。

二是加强东乡农村教师培训,提高教师专业能力、专业素养和专业知识。教师培训是提高教师专业发展的有效途径之一,针对东乡教师队伍建设和发展的特殊性,采取具有针对性的教师培训,特别是对于那些一线教师。

---

① 郑新蓉:《试论语言与文化适宜的基础教育》,《民族教育研究》2010年第3期。

第五章 改善西北少数民族地区农村小学课外阅读环境的行动研究

第一节 绪论

一 研究缘起与问题确定

（一）研究缘起

2015年4月20日，在北京发布了我国第十二次全国国民阅读调查数据，并公布了2014年国民阅读情况。国际上关于学生课外阅读环境的检测活动也越来越多，实时掌握国民的阅读环境状况已经成为世界各国的一项重要工作。

从21世纪初开始，我国开始致力于为学生创造良好的阅读环境的尝试，在阅读量和开设阅读课程上提出了相应的要求。2003年教育部发布了《中小学图书馆（室）规程（修订稿）》，明确要求学校开设阅读指导课程，开展课外阅读指导的活动。对于一个国家和民族而言，培养儿童阅读能力是提升民族整体素质和提高国家竞争力的重要途径。早在20世纪80年代，西方发达国家就已经开始关注儿童阅读的重要性，并建立了完整的儿童阅读促进机制和社会服务体系。马世晔指出，20世纪的国际竞争是政治、经济和军事竞争，在世纪末发达国家已经把竞争舞台转移到了教育文化领域，开启了软实力竞争，而阅读素养成为国家软实力的关键指标，成为国家和个人竞争力的重要因素。[①]

[①] 马世晔：《阅读素养与国家竞争力——国外阅读素养对我们的启示》，《教育测量与评价》2010年第7期。

在国际社会和国家课程目标的影响下，我国社会各界人士积极推动学生阅读活动，为建设良好的社会阅读环境进行了多项尝试。朱永新等人发起的"新教育实验"正是以"营造书香校园"为基础的。① 窦桂梅、梅子涵、周益民等一线教师对于学生的阅读问题给予高度关注。研究者反思：前辈们之所以如此重视儿童时期的阅读，是因为儿童所处的时期是一生中最具可塑性的时期，这一时期的习惯养成和能力提升对于其今后人生的发展具有重要意义。

（二）问题的确定

在最近一次到甘肃省J县调研的过程中，研究者去了丁县的十余所学校，即一所中学，三所小学和七个教学点，在"行路难"的感慨之余，发现学校没有形成"阅读的环境"。

1."紧闭"的书橱隔开学生与书籍

在G小学，研究者走进一所小学的教室，发现三到六年级教室后面都有书柜，激动地跑过去，发现每个书柜里大概都有200—400册书籍，它们整整齐齐地排在书柜里面。在四年级教室里，当我试图取出一本书翻阅时，书柜的门却怎么也拉不开。热心的小朋友最终帮我"撬开"了书柜的门，原来门是没有锁的，只是不知道为什么门关得这么紧！孩子们表示："这些书随便看的呗，可以带回家，也经常看。"但是当我问到"你们都读过这里的哪些书"时，两三个孩子争先恐后地在书柜里找到自己看过的书籍，一个女孩子拿着一本《音乐舞蹈入门》告诉我，这是一本故事书，她最喜欢了。还有一个男孩从一个女孩手里抢过一本《中国孩子的疑问》，说他们好几个人都看过。当我问到"里面讲了一些什么呢"的时候，他们却一哄而散，表示不知道。当我走到一个女孩面前再次问她时，她羞涩地用方言说："看是看了，看不懂呗"。在接下来研究者利用一周的午饭和课外活动时间对每一间教室进行观察。观察发现，在一周时间内，只看到五年级的几个学生和三年级的一个学生的座位

---

① 朱永新、丁林兴：《苏霍姆林斯基与"书香校园"建设研究》，《集美大学学报》2005年第3期。

上有从书橱里取出的课外书,但是没有看到正在阅读的学生。不管是午饭时间还是课外活动时间,看到的都是正在写作业或抄作业的孩子。于是研究者也产生了疑问,为什么他们"只做作业,不读书"!

2. 一篇学生的习作

在五年级教室后面黑板上的"学习园地"里张贴着比较优秀的学生的习作,研究者认为,小学生的习作总是有趣而真实的,能够通过学生的习作了解当地的风俗,无疑是一件让人激动的事情。于是研究者仰着头、踮起脚一篇篇阅读起来,当看到一篇题目叫《我喜爱的一本书》的习作时,顿时有发现新大陆般惊喜的感觉,读完以后我找到了这篇习作的作者,当我问"《西游记》你看了多少了"时,他却支支吾吾地说不上来,后来别的同学"翻译"说:"书没有呗,电视上演的呗"。

G小学是一所西北地区的小学,研究者深知处在西北山区的少数民族学生在学校学习机会的珍贵,但是,这里的学生在校的学习兴趣并不大,且社区和家庭教育环境差。研究者产生了"引领"他们开始课外阅读、体验另一种校园生活的想法,期待通过他们能够置身于阅读的氛围当中。

二 研究的目的与意义

(一) 研究目的

总目标:探索在西北少数民族地区社会和家庭不能为学生提供积极的阅读环境的背景下,依托学校改善小学生课外阅读环境的途径。

(二) 研究意义

1. 理论意义

探索西北少数民族地区农村学校小学生课外阅读环境建设的新模式。由于受到西部民族农村地区客观的地理环境和民俗传统的影响,社区和家庭的阅读氛围较差,因而学校成为所在地区的文化高地。这成为少数民族农村地区的普遍现象,因此探索在校园内促进小学生课外阅读的模式,成为该类地区的共同选择。这就意味着,G 小学课外阅读环境建设的探索能够为其他少数民族农村地区学校提供模式上的借鉴。

2. 实践意义

本研究在 G 小学进行,对作为主体的学生的"内在环境"和为学生课外阅读提供支撑的"外在环境"进行探索,因此,本研究的每一个策略都将会对该校的小学生课外阅读状况产生直接影响,通过对研究策略的不断改进,学生课外阅读状况得到及时调整,最后实现大部分学生在阅读习惯、阅读方法等方面产生积极的变化,形成良好的阅读环境。本研究作为学校教学工作的一部分,将带动一部分教师参与进来,从而使本校的教师和领导更加清晰地明白研究的各阶段内容,对后期引导小学生课外阅读活动提供做法上的参考,为本校"书香校园"建设提供直接的策略指导。

三 研究方法

（一）研究思路

本研究的思路是：首先,围绕"小学生课外阅读"进行相关内容的文献查阅,在查阅文献的过程中,确定研究问题的角度；其次,制定并实施相关行动研究的方案,根据预调查情况初步做好行动研究的准备,在此基础上实施行动研究方案,在行动中不断反思研究的不足,并进行改进。最后,总体反思行动研究过程,尤其是对研究过程中所发生的故事和教育教学事件等现象进行反思,尝试建立符合少数民族农村学校特点的阅读教学的扎根理论。

（二）研究对象

本研究选择甘肃省积石山县某乡村的 G 小学作为研究对象。积石山县是一个回族、撒拉族、保安族、东乡族的杂居地区,本地区的居民已经很少有人会说民族语言。据了解,在校学生的父辈和祖辈已经没有说民族语言的习惯了,因而学生从出生开始说的就是汉语,即当地"方言",因而汉语是学校中的通用语言。G 小学的校长和部分老师认识到本校学生的阅读问题,并准备开展"书香校园"建设,从而改善学生课外阅读的状况。研究者提出可以通过利用部分课堂时间以及课余时间改善学生的课外阅读状况,得到了学校领导和教师的支持。这也为研究者研究的顺利进行提供了契机。

选择小学二到六年级作为本研究的研究对象。虽然阅读习惯培养得越早就越有利于形成较好的"内在阅读环境",但是 G 小学的一年级学生是没有经过幼儿园学习而直接上学的,这就存在着学习习惯不稳定、无法与研究者交流等情况。研究者选择二年级到六年级作为本次行动研究的对象,同时期待一年级学生能够感受到学校中逐渐发生变化的课外阅读环境。选择五个年级作为本次研究的对象,还考虑到阅读是需要创造氛围的,越多的年级参与,就越容易形成好的阅读环境,从而带动全校学生进行课外阅读。

(三) 研究方法

研究方法应该取决于研究问题。[①] 根据研究的需要,本研究采用行动研究。本研究致力于改变西北少数民族地区农村小学生的阅读问题,试图通过教学干预实现该校学生课外阅读能力的提升,并塑造该地区小学生课外阅读的良好行为。陈向明认为,质的研究应重视行动研究,行动研究倡导实践者自己通过研究手段来对实践做出判断。[②] 行动研究的信念是"实践中的有效改变",为了真正实现有限的改变,需要协同式的行动研究。在这种研究中,通过与该校教师的平等交流,相互学习,使研究深入下去。[③] 在行动中研究,要求研究者对研究过程进行不断反思,在反思中实现计划—行动—观察—反思—计划的循环,实现"在研究中行动,在行动中研究",最终促使 G 小学学生"形成良好的课外阅读习惯"的有效改变。

1. 观察法

观察法是"作为人们在自然的条件下有目的有计划地对自然现

---

① 理查德·沙沃森、丽萨·汤:《教育的科学研究》,教育科学出版社 2006 年版,第 11 页。
② 陈向明:《质的研究方法与社会科学研究》,教育科学出版社 2000 年版,第 449 页。
③ 赵明仁、王嘉毅:《教育行动研究的类型分析》,《高等教育研究》2009 年第 2 期。

象或社会现象进行考察的一种方法"①。非介入式观察具有自然的本质，能够帮助本研究获得真实可靠的研究资料，研究主要是以阅读课教学以及组织阅读活动的形式进行，进而观察相关教学活动时学生的状态；观察研究过程中前中后不同阶段学生的不同表现；观察学生在校阅读行为习惯的一般规律；观察研究进行中学校其他教师的反应等，并做好相关记录，为本研究的进行提供比较好的反思材料，在此基础上实现行动研究的推进和循环。

2. 访谈法

访谈是研究者通过口头交谈的方式从研究对象那里收集第一手资料的研究方法。本研究通过访谈校长、教师、学生等，一方面能够比较及时、直接地反映研究中的不足或得到需要改进的建议或者意见，另一方面可以及时与学校领导沟通、解释相关问题，保证研究有一个比较宽松的环境。

就研究主体对访谈结构的控制程度而言，访谈可以分为三种类型：封闭型、开放型和半开放型。② 行动研究是一个相对比较动态的过程，预先不可能知道会出现什么问题，因而，本研究将采用开放型访谈和半开放型访谈。开放型访谈保证在行动研究中可以获得研究者思考范围之外的信息，而这些信息对于后续研究可能有着重要的价值，一般以即兴进行的聊天为主；半开放型访谈是研究者在研究中遇到一些困惑或者想收集学校师生对某一问题的想法时所进行的略带倾向性的谈话。

3. 实物分析法

陈向明认为："任何实物都是一定文化的产物，都是在一定情景下某些人对一定事物的看法的体现。因此这些实物可以被收集起来，作为特定文化中特定人群所持观念的物化形式进行分析。"③ 在研究中，研究者收集研究过程中关于教师、学生的照片、学生文本以及研究者自己的文本等，既可以记录研究的进展，又可以为分

---

① 李秉德、檀仁梅：《教育科学研究方法》，人民教育出版社2001年版，第38页。
② 陈向明：《质的研究方法与社会科学研究》，教育科学出版社2000年版，第103页。
③ 同上书，第25页。

第五章 改善西北少数民族地区农村小学课外阅读环境的行动研究

析行动研究所产生的变化提供反思和证明材料。

第二节 文献综述

一 核心概念界定

（一）阅读

对于阅读概念的讨论，主要从20世纪80年代开始，分为"提取说"和"解释说"。"提取说"多认为，书面材料的信息是固定的，其文本意义也是固定的，因此阅读的过程就是读取文本原有信息的过程。"解释说"受到阐释学和接受美学观点的影响，认为阅读不是被动的接受过程，阅读是读者与文本的互动，这一观点的代表人物主要有马笑霞、朱作仁等，因此，阅读作为一种心理活动，需要人、阅读材料、摄取感官以及心理加工四个要素，阅读即人通过某种感觉器官将阅读材料反映到头脑中进行心理加工的过程。

小学生阅读是指发生在小学阶段的阅读，根据心理学研究结果，通常认为，小学三到四年级是阅读的分界线，三年级以前是学会阅读的阶段，到了四年级，学生开始通过阅读进行学习，即阅读开始成为学习的技能。

（二）课外阅读

关于课外阅读，目前还没有成形的定义。传统上定义课外阅读一般分两个维度进行：一是阅读的时间发生在课内还是课外，发生在课余时间即为课外阅读；其次根据阅读的读物与教科书的关系来定义，如果阅读的不是课文而是课文之外的扩充内容则是课外阅读。

本研究关于课外阅读的定义与后者相近，即指学生阅读传统教材之外的阅读材料的阅读活动，这种课外阅读活动不受时间和空间的限制。

（三）阅读课程

阅读课程，关于阅读课程定义的研究很少出现在已有的研究成果当中，研究者根据以往研究，认为阅读课程包括教师教的活动和学生学的活动。从教师的角度来讲，课程教学的目标是让学生学习阅读技能，实现自主阅读，并在此过程中形成相应的语言素养；从学生的角度来讲，阅读是一种实践活动，在教师的指导下，掌握理解各种文本的方法，能够发现并利用作品中的关键信息和鉴赏评价文本的相关内容。

本研究中的阅读课程是一种"课上＋课下"的模式，即阅读课程包括两部分：在一定条件下，利用学校的空余时间设立阅读课程，课程主要包括课上阅读方法的传授，阅读兴趣的激发等；课下是指学生自由阅读的时间，在课下安排学生在适当的空间进行自主阅读，以不断改善学生课外阅读为目的的课程。

（四）课外阅读环境

阅读环境是指"影响读者阅读的所有外界力量的总和，如读者所处时代的政治、经济、文化等构成的宏观环境以及个体进行阅读时所处的具体的微观环境"[①]。在通常情况下，微观环境包括学校、家庭和社会三个维度，同时又包括物理环境和精神环境。[②] 本研究中的阅读环境具体指学生在学校进行课外阅读的环境，通过对图书材料重组、阅读空间争取等改善"外在阅读环境"（即物理环境）和指导阅读方法、开展阅读交流活动等改善个体"内在阅读环境"（即精神环境）进行的行动研究尝试。外在阅读环境主要是指物的建设，包括书籍、空间、时间等；内在阅读环境建设注重阅读主体的阅读兴趣、阅读方法、阅读习惯以及阅读主体之间的交流活动。

二 已有相关研究成果回顾

（一）国内小学生课外阅读的研究综述

通过梳理文献发现，关于小学生课外阅读的研究，主要有小学生进行课外阅读的重要性研究，小学生课外阅读的兴趣、习惯、阅读量、阅读环境等的现状研究，小学生课外阅读状况的归因研究，

---

① 邓小昭、张敏、刘灿：《农村留守儿童课外阅读环境研究》，《图书情报工作》2013年第5期。

② 曾祥芹：《阅读学新论》，语文出版社1999年版，第17页。

促进小学生课外阅读的优化策略研究。

1. 小学生课外阅读的价值研究

刘敏认为:"小学生通过阅读自然科学、人文历史等书籍能够对其自然科学等学科的学习起到相应的促进和补充作用,有利于锻炼其独立思考的习惯和能力,有利于养成其终身学习的习惯。"① 终身学习依靠自学,而课外阅读正是小学生自学的最为重要的途径。朱永新发起的"新教育"最为明显的特征是对小学生阅读的关注,他从民族和人生的角度阐述了阅读的重要意义。②

2. 当前小学生课外阅读环境存在的问题研究

通过文献梳理,研究者发现,当前对于小学生课外阅读环境现状的研究,大多围绕课外阅读微观环境的总体情况进行。涉及家庭、学校和社会的不同维度,围绕课外阅读的内容、阅读量、阅读动机、阅读兴趣、阅读时间、阅读物的种类等方面,较全面地涵盖了课外阅读的物理环境和精神环境的相关内容。

在众多的研究当中,郑惠生关于学生课外阅读的研究较为全面,研究对象包括大学生、中学生和小学生。关于小学生的研究内容主要包括阅读时间、阅读内容、阅读形式等方面,调查对象包括城市和农村,其中,关于当前小学生阅读时间方面,该研究通过对小学生课余时间的统计,分析得出当前小学生中男生处于课外阅读时间最长和最短两个极端,城镇小学生的阅读时间比农村小学生的阅读时间多等结论;③ 在读物选择的研究上,通过对641位六年级的学生进行问卷调查,发现超过八成的六年级学生喜欢"文字类"的童话阅读,其中学生每年购买的图书以"教辅类"最多,喜欢的种类也以明星趣事、教辅材料以及魔幻小说为主。④ 针对报纸和杂

---

① 刘敏:《从阅读环境论中小学生课外阅读引导》,硕士学位论文,华中师范大学,2012年。

② 朱永新:《午读:唤醒生命的美好与神奇》,《教育科学研究》2009年第3期。

③ 郑惠生:《"考试至上时代"小学生课余时间用在哪?》,《内蒙古师范大学学报》(教育科学版)2007年第20期。

④ 郑惠生:《"新媒体时代"小学生最喜欢阅读哪类书?》,《湖南师范大学教育科学学报》2007年第6期。

志读物的研究发现,小学生最喜欢的杂志是《读者》,很多城乡家庭没有订阅报纸,农村小学生几乎没有"喜欢"的杂志和报纸,小学生报刊阅读的性别差异很大等。①

3. 改善小学生课外阅读环境的对策研究

周岚岚、龚杏娟等人在以图书馆为依托研究小学生课外阅读相关问题之后提出社区公共阅读资源——图书馆应该积极发挥促进小学生课外阅读的积极作用。② 王艳、王锡纯两位一线教师分享了他们的经验:"当好学生课外阅读兴趣的激发者、'导航员'、'陪读员'、点拨者。"利用课堂和课下的时间,用讲故事、布置具有"阅读特色"的教室、开展多种形式的阅读活动等方法激发并保持学生的阅读兴趣。③ 刘月月在对四到六年级学生的课外阅读状况进行量化分析之后,得出"教师的指导对小学阶段学生的影响很大,因此必须重视对小学生课外阅读的正确引导"的结论。教师需要"纯化"高年级的课外阅读动机;通过课堂"诱导"的方式激发学生的阅读兴趣;及时关注学生课外阅读状态的变化,防止随着年级的增加而产生"劣化"趋势;推荐课外读物要考虑到年级的不同、性别的不同、学业成绩的不同以及地区(城市和农村)的不同。④此外,还有学者要求学校减少"应试教育",增加"素质教育"空间,从而使学生的阅读兴趣能够真正放在课外读物上,而不是"课内教辅"上。

(二)我国农村小学生课外阅读环境的研究综述

到目前为止,我国依旧是一个农业大国,农民的人数占据了我国人口大多数,农村的儿童人数也占全国儿童人数的半数,因而,

---

① 郑惠生:《城乡小学生最喜欢哪种杂志和报纸》,《内蒙古师范大学学报》(教育科学版)2007年第20期。

② 周岚岚、龚杏娟、翁映、陈琦、黄蓉:《绍兴市区小学生课外阅读问卷调查》,《图书馆学研究》2012年第23期。

③ 王艳、王锡纯:《小学生课外阅读调查及指导对策》,《教育实践与研究》2009年第10期。

④ 刘月月:《小学4—6年级学生课外阅读现状的调查与分析》,《当代教育科学》2003年第14期。

|第五章 改善西北少数民族地区农村小学课外阅读环境的行动研究|

农村儿童的阅读情况在很大程度上制约了中国儿童阅读的整体发展。在我国,农村的儿童尤其是西部地区儿童的阅读是我国阅读最为薄弱的环节,关注农村地区儿童的阅读对于中国儿童阅读的评价有着极为重要的意义。众多研究者在对农村儿童的阅读进行调查以后生发出极为担忧的感慨。已有研究显示农村儿童阅读环境的特点是:阅读量少;缺乏阅读兴趣等。农村儿童图书的匮乏是当前我国农村儿童"阅读缺失"的重要原因。应该合理配置农村儿童读物,改善城乡儿童图书拥有量严重失衡的状况。苗承燕对积石山县的初中生课外阅读研究发现,该地区学生课外阅读物来源质量差,学生没有进行课外阅读的环境,家长、教师对于学生的课外阅读几乎没有关注,学生课外阅读兴趣不大,缺乏正确的阅读方法和阅读态度等。该研究显示出该地区小学生的阅读环境也存在较大的问题。

三 对已有相关研究成果的反思

学术界对于西部地区小学生课外阅读的关注较少,采用多种检索方式和关键词从 CNKI 上进行检索,所得到的与西部农村小学阅读相关的文章寥寥无几,并且在核心期刊上更是难以寻到相关的信息,可见我国对于西北少数民族地区小学生课外阅读环境问题的忽视。当然,在少数的研究成果中,依然有可以借鉴的地方。周世琼以云南的少数民族地区为研究对象,认为大多数民族地区儿童缺少阅读的学校环境,入学后开始学习统一编制的教材,学习压力很大,难以适应,最终导致阅读兴趣下降,甚至出现厌学退学的现象。应通过灵活多样的双语教学、营造良好的校园阅读氛围等激发小学生的阅读兴趣。本研究揭示出,学校的努力对于小学生阅读兴趣培养的重要性。[①] 尖措通过他在华隆县山区建立个人图书馆的实践分析了少数民族地区小学生阅读环境的特点,并总结了阅读在山区儿童成长和基础教育中的意义。另外,他指出贫困的山区往往缺

---

① 周世琼:《如何培养边远少数民族地区儿童的阅读兴趣》,《中小学图书情报世界》2005 年第 Z3 期。

乏适合孩子阅读的图书,一些捐赠的图书并不适合山区儿童的阅读需要。尖措发现,少数民族学生有竞争的意识,因此给出了依据少数民族特点开展教学活动的建议。① 以上两位一线教师通过自己的努力,较好地改善了学生进行课外阅读的校园环境。

由此可见,西部农村儿童入学晚导致小学阶段阅读教学的开展不能够按照统一的课程标准进行,并且达不到相应的目标;社区环境较差,学校成为决定儿童阅读发展的关键性因素。因此建设适合西北少数民族地区农村小学生课外阅读的校园环境显得尤为迫切。

通过对已有研究的反思,研究者总结出:(1)就小学生课外阅读环境问题本身而言,研究角度已经比较全面,对于小学生的课外阅读也起到了相应的指导作用;(2)从地域角度来讲,关于农村地区,尤其是西北少数民族地区的研究较少,这不利于西北少数民族地区小学生课外阅读环境的改善;(3)就研究方法而言,以调查研究居多,较为全面地反映了当前小学生课外阅读的基本状况,但是缺少对于具体问题的行为干预,这就使得调查研究的策略不能落到实处,也不能具体揭示不同地区农村小学生课外阅读环境的特殊性。

因而在西北少数民族地区开展具体情境下的行动研究成为当务之急,这是由于少数民族农村地区教育的特殊性决定的,没有深入实际的行动研究,将不能对该类地区小学生的课外阅读起到实质性的推进作用。

第三节　G 小学学生的课外阅读环境现状

在前期调研中,研究者发现了 G 小学学生在课外阅读中存在诸多问题,适当了解当地小学生所处的教育环境和阅读状况对于本研究将要采取的行动措施具有指导意义,因此,研究者走访了 G 小学

---

① 尖措:《寻找一把打开心灵的钥匙——少数民族贫困山区小学阅读推广的实践与思考》,《新世纪图书馆》2014 年第 10 期。

第五章　改善西北少数民族地区农村小学课外阅读环境的行动研究

所在地区的几所学校以及社区家庭，以期能够得到相关的指导，使本研究在符合本地区社会文化风俗的情况下顺利进行。

一　G小学所在社区阅读环境状况

甘藏沟村是一个有着几个社的大村，有着这个地区特有的地理特点，即山村，是一座坐落于几座山上的村落，地理范围相对较广。通过家访发现，本地区家庭父母的文化程度不高，有比较多的家庭存在着父母为文盲的情况。在一次放学后散步时，我无意中走进一户人家，一位有着地方民族特点装扮的老奶奶正在门口"铡草"喂羊。老奶奶看见我这个"陌生人"后，非常热情地跟我交流，放下手中的草，做出"请到家里来"的手势。我明白这是热情的当地人在邀请我进门做客，而我也"应邀"进了家门，在喝过当地特色的"圆圆茶"以后，我跟老奶奶隔桌对面而坐，又品尝了茶和点心，随后开始聊起来，从几口人聊到孩子的教育：

　　我：奶奶，只看到您跟这位大姐，家里还有其他人吗？
　　老奶奶：儿子出去开饭馆了（据了解，外出开饭馆是该地区外出务工的主要项目之一）。呵呵……
　　……
　　我：您的孙子现在几年级了？孩子上学给家里增加的负担多吗？
　　老奶奶：孙子三年级了，上学莫负担，除了买笔不花钱呗……
　　我：平时孩子会要求买课外书吗？或者家里会要求进行课外的学习吗？
　　老奶奶：莫有的，书就在学校念了呗。
　　……

在访谈结束时，我提出参观一下房子的请求。我发现这里的家庭布置相似，有着明显的北方特点，就是进门上炕。会客的地方基本上就是休息的地方,所以可以看到家里的一切。这里的孩子几乎没有独立的空间,家中看不到可以用来学习而不受打扰的地方,也不见书籍的踪迹,即使是在装修很好的家庭也是一样,这大概印证了学校教师的话,娃娃们在家里是不存在读书行为的。经过灶房时,我看到了柴火堆里散落的破本子和几页从课本里撕下的书页……

二 G小学的校园阅读环境状况

(一) 师生缺乏课外阅读意识

G小学所在的山区,虽然每个村落都有一所小学或者教学点,但是由于本地区特殊的地理条件,学生上学路途遥远,花费在上学和放学途中的时间较多,有些学生单程时间就是两个小时。同时,学生的课业负担小,通过观察发现,学生对于平时的学习没有压力;G小学学生在校期间课内阅读与课外阅读也难以进行。阅读在语文教学中常常被忽视,课程中没有进行阅读活动的安排,校园内也不存在阅读的空间。总体而言,教师和学生几乎没有主动阅读的行为。

怡老师是最后一批中师毕业的人,因为没有"包分配"的机会,这使得怡老师没有很快进入热爱的教育行业,也曾经自暴自弃。他说,因为外出打工结交了很多三教九流的朋友,见识到一些事。进入这所小学七年,也深刻体会到在这一方土地上长大的孩子,读书对于他们的重要性,只有阅读更多的书籍才能知道外面的世界。怡老师是G小学的教务主任,还承担着六年级的语文和英语教学工作。在调研期间,从学生和教师那里了解到,怡老师是学生眼中"有才"的教师,在同事眼里是个"能教出成绩""能者多劳"的行家里手。怡老师由于工作能力突出,学校经常派他参加各种培训,见多识广,对自己工作中发生的问题能够做到比较深刻的反思。在调研开始以后,怡老师对于研究者的研究给出了很多帮助。借着一次因为学校停电,灶上没法做饭的机会,研究者与怡老师和学校的另一个老师一起到镇上的面馆吃饭,从而有机会听到怡

第五章 改善西北少数民族地区农村小学课外阅读环境的行动研究

老师的见解：

研究者：怡老师，您在这里工作几年了？我看到您资料上显示跟我年龄相当，但是教龄却挺高的。

怡老师：我是中师毕业的，我上学早，小时候家在学校边，所以出来得格外早呗。我比你大两岁。

研究者：怡老师在 G 小学担任的一直是语文教学的工作？您对本地区孩子的学校教育怎么看？

怡老师：说实话，要不是当时家里支持念了书，现在可能也就是打打工，做个普通老百姓……语文是一直在带的，主要因为自己对于文学比较喜欢，其他的科目也带的。说实话，这里的娃娃眼界有点窄，因为家里很少有特别支持教育的。在上语文课时最大的感触就是有时候"讲不动"，毕竟书本上的东西有限，但是拓展的东西，有时候学生接受不了，因为他们可以说除了学校发的书，其他都没有看过，可能有些娃娃会看一点经书，因为有属于他们的信仰的缘故。其实，这里的娃娃脑子挺聪明的，但是看得少了，难免就有点比不上城里的孩子……所以你说你想做一点关于咱们小学的阅读研究，还是有意义的。以后需要的地方，你跟我说，能解决的就帮一下呗，没什么的。

研究者：谢谢怡老师。您是认为这边学生阅读方面的缺陷对语文教学和学生自身发展都有所限制？

怡老师：肯定会有所限制的，因为读得多了，语文课堂教学容易进行，考试也能稍微好一点，他们就更有自信了，书读多了，脑子也会灵活呗，读书肯定需要思考的。这样跟本地的教学也好教育也好就会相得益彰呗，现在的问题是学校不具备这样的条件。

研究者：怡老师，我看到咱们小学每间教室里还是有一些图书的，来自社会捐赠的居多，但是我也发现，似乎学生的兴趣并不大呢。而且，这次发现比 4 月时减少了很多。

怡老师：呵呵，算起来，G小学书册还是不少的，但是，你看看有几本被翻过？都被娃们撕了叠了"包子"，马上冬天来了，有些书就会被用来生火。本来孩子的阅读意识不强，不爱惜图书，空余的时间也不多，而那些书都是旧书，捐来时也没有考虑到是否适合……

研究者：我看到了，那些书确实都是比较陈旧的，内容也比较枯燥，远离了孩子的实际生活和想象空间。而且以科技类居多，浅显的故事类很少。那平时老师们对于这些书籍感兴趣吗？会不会引导学生阅读什么的？

怡老师：很少吧，呵呵……老师上完自己的课就要批作业，书就让娃自己去读，读得都少。老师们平时也不读书，因为你看到了，办公室和宿舍是一间屋子，似乎床比办公桌的诱惑更大一点。呵呵……

研究者：也是的。所以怡老师，我有一个想法，就是想开设专门的阅读课程，具体的做法是……

怡老师：听着不错，要没有专门的时间，娃们是不会读书的，开设专门课程，成形以后，应该对其他课程也有帮助的，这个事校长同意后我可以安排……

……

怡老师的话给了研究者极大的启发和鼓舞，使研究者认识到本地区小学语文课堂发挥更多的是考试知识点的传授功能，不仅限制了本地区学校阅读环境建设中的精神环境建设，也阻碍了物质环境的建设。因此研究者认为，阅读指导课程以及语文阅读教学作用的发挥亟待改进，学校的阅读指导教学对于G类小学的课外阅读环境建设至关重要。

学生对课外阅读意识淡薄。研究者观察到，G小学的学生对于课外阅读的兴致不高，最直接的表现就是破坏班级图书角的图书。印象深刻的是4月研究者初来G小学时，赶上一次学生"叠包子"事件。因为没有午休的习惯，研究者与同宿舍的老师在休息时照常出来在校园里转悠，刚拐进第一排教室前就看到一帮学生趴着围在五年级的教室门口，正在摔打着什么东西，于是好奇地走过去，问他们在玩什么？围观的孩子告诉我在玩"包子"。正疑惑"包子"怎么玩时，就看到了地上的"包子"，原来就是小时候玩的用写完的作业本叠的"四角子"，一种用纸叠的正方形的玩物。只是眼前的这堆"四角子"真是"出身不凡"，一眼就可以看出这是用书页叠的：

　　研究者：（惊讶地）这是谁的书做贡献了？怎么撕书做这个呢？

　　一个男生（从地上起来，淡然地）老师，是图书角的书，多得很……

　　研究者：（怔住）图书角的书你们不看却用来叠"包子"？

大概是听出了研究者语气上的变化，几个男孩子便跑开了，边跑边喊："不爱看……"

当研究者回过神来时，刚好有几个女生经过，便顺口问道："图书角的书，你们都不看的吗？"几个女生害羞地说道：看得少。也有摇头说不看的。于是研究者走进教室，细细观察图书角的书架，书籍整齐地摆放着，确实不见被动过的痕迹。研究者与所在班级的学生聊天时发现，学生并没有阅读的意识。很多学生提到，虽然学校老师说可以随便看，但是那些书不知道怎么看，因为没有人看。学生们在说到看书时显得局促不安，甚至不知道该如何回答研究者的问题。研究者感到学生对这个"朝夕相处"的图书角其实是陌生的。

（二）G小学课外阅读的外在环境

1. 阅读资源"利用率"极低

G小学与所在乡镇的10所小学存在着诸多问题：阅读资源"旧"；阅读资源有数量无质量，"可利用率"低；阅读资源的使用意识较弱，实际利用率低，等等。经过观察发现，出现这些问题的重要原因是 G 小学图书资源"可利用率"低，以及实际利用率低。

G 小学的王校长在了解了研究者的研究问题后详细介绍了本校的图书来源与更新问题，王校长告诉研究者，G 小学的图书来自县里的统一分配，并且分配的频率比较低。图书资源的内容"陈旧"，书本"破旧"。班级图书角的图书九成以上是破旧的图书，书页发黄显示了图书的时间之久，而陈旧与破旧的图书显然不符合小学生对于新鲜事物的好奇心，内容陈旧自然也不能激发小学生的阅读兴趣。

2."可利用率低"与利用率低

G 小学的图书存放在各个班级的图书角，以便于学生的取阅。由于本地学生较少上幼儿园，一、二年级学生识字量有限，因而并没有在一、二年级设置图书角。研究者统计了 G 小学三到六年级教室里图书角的图书，每个年级的图书量和班级人数分别如表 5-1 所示。

表 5-1　　　　　　　不同年级图书量统计表

	三年级	四年级	五年级	六年级
图书数（册）	124	130	168	211
学生数（人）	29	26	17	24

从表 5-1 的数据可以看出，G 小学的图书数量虽然不是很多，人均占有量也不是很高，但是研究者观察了这些图书的种类。随便打开一个年级的书柜可以发现，大多是电脑技术类和文学类，研究者粗略地统计了一下 G 小学的图书种类，大概的比例情况是"电脑类"约占四成，科技类约占两成，文学类约占5%，史地类约占一成，儿童名著类约占5%，其他约占20%。除去理解难度大、不适合小学阶段阅读的书籍外，大概只剩下不足10%的适合 G 小学学生阅读的图书。在这不足10%的图书中，G 小学学生的阅读率又是少得可怜。研究者在预调研的星期四下午，随机进入教室，询问

"今天又去书架上翻阅书籍的同学有哪些?""这一周翻阅过书架上书籍的同学有哪些?"通过对这两个问题进行简单的统计,统计得出如表5-2所示数据。

表5-2　　　　　　　　学生课外阅读情况统计表

	三年级	四年级	五年级	六年级
当日阅读（人）	0	1	0	0
本周阅读（人）	0	2	1	2

在听课过程中研究者发现,有些书还是可以作为课文的延伸读物进行利用的,但是任课教师并不了解书架上有哪些书可以用,也不会想到利用图书角的书,一般只是完成教学任务。例如,李老师在执教《一个中国孩子的呼声》时,书架上的《中国孩子的疑问》可以作为延伸读物加以推荐。然而,当研究者提到时,任课老师显得相当惊讶,表示不知道有哪些书,并且认为学生没有阅读的能力:"告诉他们,他们也不会读,教材上的课文尚且不学习,何况课外的呢?"

3. G小学学生校内自由时间

学生课余时间的活动安排也直接影响了G小学学生的课外阅读,学生用于课外阅读的时间对其阅读素养的提高有着至关重要的影响。从课程时间表上看,G小学学生的课余时间除10分钟的课间时间外还有每天的自习课,中午一个半小时的休息时间,下午放学前的30分钟活动时间。这三段时间看起来是相对自由的学习和活动时间,而在这几段时间里学生的活动内容几乎也与阅读无关。

第四节　埋下种子——进入研究现场

研究者再次来到G小学已经是金色的秋天了,进入G小学的第一周,作为"实习生"先帮教师代课,第一天就让研究者帮忙

"随便上个什么课都行"。研究者便趁机带着随身携带的一本儿童读物《小兔彼得和他的朋友们》进了二年级的课堂。"新教师"的到来引起了一场"轰动",当研究者告诉他们所上的课是"故事课"时,几个学生的眼睛睁得圆圆的,看着他们期待的样子,研究者故意卖了一个关子:"可是我不会讲故事,怎么办?你们谁能先教老师一个呢?"这一问并没有难住活泼聪明的学生,一个男生在大家的起哄声中站起来说,他来讲一个大灰狼趁兔妈妈不在家吃了三个兔宝宝,之后被兔妈妈教训的故事。他的声音虽然不大,但却引起了在场学生的好奇,一个故事讲了不到五分钟,但是掌声和笑声却多次响起,渐渐地引来了窗外的"围观者"。研究者为表诚意,就说道:"刚才这位同学讲得很好,老师也知道一个关于小兔子的故事,老师的这只小兔子也很顽皮、很机灵。但是老师的故事在这本书里面,老师读来给你们听,可以吗?"学生在鼓掌后,自觉地将双手放在桌上端坐,这股"认真劲儿"告诉研究者,他们迫切地想知道这本书中小兔子发生了什么故事。于是,研究者便打开书,讲起了"小兔子彼得"的故事。慢慢地,靠门这边围观的学生越来越多,从一开始的一年级到后来的高年级,不知道他们是对研究者这个"新教师"好奇,还是对"小兔子彼得"感兴趣,竟然几次都"赶"不走。后来才知道有一年级、三年级、四年级、五年级的学生,"我们老师没有,新老师,故事让我们听一会儿吧!"这是一个头发自然卷曲、梳着高高的马尾的女生。回到教室继续讲着"小兔子彼得"的故事,后来研究者明显感觉到声音压不过外面的吵闹声,原来有几个"大胆"的男生,踩着两个叠放起来的"高凳"从后墙的小窗户往里看呢,不时敲敲玻璃,我回头看他们时,他们就对我"示意地笑笑"。

  这是一个学生进行课外阅读的契机,在一周时间里,经过几乎对所有的年级的考察,研究者认识到学生对于课外阅读的渴望,G小学学生对于研究者"故事课"的兴趣,慢慢地形成了小范围内学生"内在阅读环境"的改善,说明"改善"G小学学生的课外阅读是有必要的,同时也为研究者的进一步研究提供了基础。

第五节 用心耕耘——在行动中反思，在反思中行动

一 第一阶段：探索中的得与失

（一）将阅读课列入课程表

研究者将阅读写进 G 小学的课程表，具有现实的必要性和可行性。首先在 G 小学这样的地区，社区与家庭对于提高学生的课外阅读所起到的积极作用很有限，学校成为本地区唯一可以发挥作用的区域，然而，G 小学的语文教学对于学生阅读的忽视又阻碍了学校提高小学生课外阅读功能的发挥，因而将阅读写进 G 小学的课程表成为提高 G 小学学生课外阅读的重要保障。同时，G 小学课程中学生自习时间较多，这为阅读课程的设立提供了时间上的保证。

经 G 小学校长的同意，通过教务主任怡老师的安排，本研究的课时就被安排进 G 小学的课程表里。

表 5-3　　　　　　G 小学课外阅读课程表

星期一	星期二	星期三	星期四	星期五
	二年级阅读课	六年级阅读课		三年级阅读课
中午自由阅读时间（12：40—13：30）				
四年级阅读课			五年级阅读课	
下午自由阅读时间（16：00—16：30）				

阅读课程开始在各年级教室中进行，后期改到阅览室。在自由阅读时间里，G 小学学生可以自由进入阅览室进行阅读。

（二）选择阅读书目：购买新书、旧书推介

书籍是进行阅读的载体，因而在促进 G 小学学生课外阅读的行动研究中，书籍的配备成为至关重要的一项准备工作，书籍的构成

也成为阅读课程的重要组成内容，通过学习不同学校的经验并结合G小学的实际情况，本研究在进行过程中，采用了购买新书、从旧书中挑选合适的书籍以及由学生习作构成阅读资料的方式。

1. 选购新书，激发学生的阅读兴趣

在行动研究的准备阶段，购买适合G小学学生的书籍无疑成了重要内容。购买新书的主要原因是经过前期调查发现，G小学现有的图书内容和形式较为陈旧，大部分不适合G小学学生阅读，同时因为书本陈旧并且长久地存放在图书角，学生对于课外书籍的情感较为淡漠。研究者认为，通过购买新书不仅能够很快地激发学生的阅读兴趣，也能在一定程度上改善目前G小学图书结构简单、图书内容陈旧的状况，从而为提升G小学学生的课外阅读环境提供前提条件。

2. 发挥已有图书的价值：旧书"推介会"

从旧书中选择有用的图书，是在行动研究开始之后的第四周进行的。研究者发现，购买的新书确实引起了G小学学生的极大热情，但是新书并非这次行动研究唯一能够利用的资源，研究者期待通过引起学生的阅读兴趣之后，学生能够在班级已有的图书中自主寻找阅读书目，这是学生主动阅读的重要一步。于是研究者让三到六年级的学生从自己班级的书架上挑选其感兴趣或者推荐大家一起阅读的书籍。经过三周的阅读和了解，向学生推介新书已毫无压力，因此在自由阅读时间里，大部分小组将课间选好的书拿到阅览室进行阅读，并准备第五周的旧书"推介会"。

（三）争取阅读场地：阅览室的开张

小小图书室的开张是本研究的重要内容，也是本研究得以进行的空间保证，承载了本次行动研究的不同意义。提高小学生阅读素养的行动研究注定是一个集体性的活动，阅读资源的最大化利用也应该是集体的共同使用，这就要求空间的稳定性。此外，因为本研究是脱离家庭和社区进行的，所以更需要给G小学学生在校园内创造阅读的空间条件，以保证G小学学生在校园内的课外阅读空间。

第五章 改善西北少数民族地区农村小学课外阅读环境的行动研究

1. "18平方米"阅览室的诞生

与选择图书一样，专门的阅读场地可以为促进小学生课外阅读提供空间保障。正如前文所描述的那样，G小学供学生活动用的有七间教室，一到六年级各一间教室，还有秋学期因取消学前班而空出来的多媒体教室，所有教师都可以在协调好的情况下使用多媒体教室。但是通过第一周的行动尝试，研究者与G小学的一些教师认为，有一间专门用来阅读课外书的教室是必需的，因为专门的阅览室能够让学生更加专心地阅读，为学生的校园阅读提供空间保证；同时，将带来的书籍放在一间固定的教室里方便管理，也是阅读课程本身的需要。

通过与G小学多位教师进行交流后发现，使用多媒体教室的老师很少，只有校长偶尔使用，因此研究者找到校长，表达了想使用多媒体教室的想法。在得到校长的同意和支持后，研究者将大约18平方米的多媒体教室重新打扫布置一番，最终研究者将阅读室布置成：靠里面的两面墙边摆上放书用的桌子，中间即靠外部分为阅读区。再将图书搬进图书室，将绘本归为一类，其他书籍按照由浅到深的顺序摆放，保证每本书都能够被看见，以方便寻找。

2. "去图书室自由阅读"

经过一个上午的准备，终于在10月9日这一天中午，图书室对学生开放了。一开始并没有很多学生，研究者并不希望通过强迫的方式要求学生读书，但是怡老师出于好心，认为这是一件好事情，就到每个班级说了一下："小L老师的图书室开了，你们没有作业的就去自由阅读！"进来的学生也会引来更多的学生，一下子，这间小小的图书室便挤满了前来阅读和看新奇的学生，还有来迟了，只能遗憾地留在窗户外的学生。在进入教室后，学生们都乖乖地坐着并没有拿图书进行阅读，直到我说："欢迎进来这间教室读书，现在你们可以去选一本自己喜欢的书，拿过来让我登记一下，我来告诉你们书要怎样读。"于是学生一窝蜂地取了自己喜欢的书来到我面前，我一一做了相应指导。在以后的自由阅读时间里，研究者充当着监督者、观察者、指导者的角色。

（四）及时发现并纠正不良阅读习惯

1．"请不要在书页上留下指纹"

在三十几位学生中有两三个学生不停地更换图书，拿到手的书籍随便翻开看看就放下，再换成其他的，还有的高年级学生选择绘本进行阅读，研究者留意到他们更多地关注文字阅读，而没有对绘画进行观察，二、三年级的学生在阅读完文字之后则会进行一段时间的"绘画阅读"；在阅读习惯上，总体来讲女生优于男生，但存在很大部分学生在阅读时没有保护图书的习惯：四年级坐最前排的男生，翻阅着绘本《一片叶子落下来》，这个绘本的总体色彩是以白色为主，但是，这位男生在翻书页时先是习惯性地沾了一些唾沫，然后从书右下角开始"推"书页，把原本纸质较硬的绘本书页推出一道很深的"折印"和一团黑乎乎的"指印"。在第一次开放时间结束，学生离开时，研究者发现很多新书上包的一层纸散落在教室地面上。

2．"辣条味"阅览室的"净化"

在行动研究进入常态时，研究者慢慢发现，作为研究重地的图书室，时常散发着一股味道，学生们则习以为常地坐在这里进行着每天的阅读。终于有一天在浓郁的味道驱使下，研究者"抓到"一个藏在书后面吃东西的四年级女学生，而她吃的正是这里学生经常用来当作午饭的"辣片"和"辣条"，也就是味道的来源。

研究者经过思考之后决定采取与G小学的学生交流"书的味道"的活动，以纠正学生将东西带进阅览室吃和不爱护书籍的不良习惯。在四年级的课堂上：学生穷尽词汇地描述着他们心中书的味道，有果子香，有蜂蜜甜。在感叹他们想象力的同时，我拿起一本书，闻了一下，说："可是我闻到了辣条的味道，方便面的味道，还有冰激凌的味道，你们闻闻看。"学生们也学着研究者的样子拿起书闻起来，然后大笑起来。于是我顺势说道：阅览室其实就是一座"食物城堡"，在这里饥渴的人能够享受天下美味，你看（我拿起几本书）：这是馍馍，这是清茶，这是手抓羊肉……（摘自研究日记）每个年级的方式或活动内容或有不同，但是通过"书的味道"的活动和《弟子规》的相关教学,最终收获的成果还是比较明显。到研究中后期,研究者发现,学生们不再在阅览室吃辣条了,书籍上的辣条味也逐渐淡去。

(五) 去除学生阅读的后顾之忧:协商更改营养餐时间

在下午活动课时间里,由于 G 小学将营养餐中的苹果放在下午活动时间发,在一周的观察中,研究者发现,部分学生会因为面临"鱼"和"熊掌"的抉择,即高年级学生领了苹果就不能占到座位,占了座位就不能挑拣苹果,低年级的则必须排队领取。研究者不断地观察问题和提出应对策略,将学生阅读本身存在的一些问题放到阅读课程上通过教学的方式完成;关于下午活动期间营养餐与图书室开放时间冲突的问题,通过与学校负责营养餐的教师商定,将营养餐发放时间调至最后五分钟,这样不值日的学生就有近 30 分钟的时间用来阅读,因此 G 小学图书室下午开放时间是四点到四点半。很好地稳定了在阅览室进行自由阅读的学生的情绪,创造了"专心的阅读环境"。到第一阶段尾声时,研究者在建立独立阅览室和填充图书、营造学生课外阅读氛围方面取得了些许的进展,但是在"阅读课程"的探索上遇到了瓶颈,使得部分学生的阅读兴趣下降。研究者认为,这是在准备过程中忽视了 G 小学学生的特殊性,但是对于当地学生的特殊性,研究者并没有很好地把握,因此决定进行第二次"取经",为推进本研究探索新的路径。

二 "二次取经":为行动研究充电

到研究中期时,研究者感觉研究进入相对"疲软"状态:学生的阅读兴趣有了,但是苦于找不到办法让这种热情保持下去;前期采取的对于经典背诵的"硬性"要求,其效果适得其反等,这使研究者在进一步推进行动研究上感到力不从心。在行动研究中期,研究者去临夏州 H 中学观察学习,这是一所民族学校,与 G 小学的学生背景相似,让研究者收获良多。对于在 G 小学的行动研究所产生的启发,使得研究者的后续研究更加有深度,也更加贴合 G 小学学生的需要。

(一) 机缘巧合，雪中送炭

在 G 小学调研期间，一次学区性的教务检查，使得研究者有机会见到学区校长——X 校长。这是一位见识广博、颇有威信的学区校长。来 G 小学进行检查工作时，知道研究者在做促进 G 小学学生课外阅读方面的研究，在交代完同行教师检查和评估任务之后，他将研究者叫到所在的职工办公室聊了起来。

X 校长：(满怀深情) 这一地区孩子的阅读很成问题，虽然县里一直在抓"书香校园"的建设，但是除了几句墙体口号外，实质性的内容则没有。你要想做好阅读研究，首先，对本地区的社区状况应该好好了解，深入村庄了解情况。其次就是家庭氛围，这里的家庭因为有着自己信仰的缘故而比较特殊，学校的情况多少会受到社区和家庭的影响……学区小学在提高学生的阅读能力方面也做了一些尝试，但都停止了。以后这里孩子的阅读素养好与不好可要问你了……

研究者：呵呵，只是在做尝试，哪里担得起这份重任呢！X 校长，您说得很对，一个地区学生的课外阅读环境确实受到社区环境、家庭和学校三方面的影响。之前对社区状况和家庭情况有了一定的了解，我认为，通过我一人的力量很难改变当地的很多现实，这个需要时间。所以我想我能做的就是通过学校这个角度进行突破，期望通过学校慢慢影响社区和家庭。

X 校长：既然在这里做学校阅读研究，那有一个学校和一个人，你是必须拜访的，那就是临夏 H 中学和那里的 M 校长，可以说，M 校长就是用阅读搞活了一个学校，他也算是我们地区乃至全国很有影响的一个人了……

M 校长与临夏回民中学的事研究者早有耳闻，常常听到老师们议论这位"个性"校长的传奇故事。通过学区校长的联系，研究者得以有机会向 M 校长提出去临夏 H 中学学习以完善自己研究的请求，很幸运，请求得到了允许，于是研究者带着在 G 小学研究过程中所产生的问题和困惑去了回民中学，期待从那里得到解答和指导。

（二）雪中拜访，豁然开朗

因为海拔的关系，积石山县寒冷的日子总是多的，10 月，雪就迫不及待地下起来了，启程去 H 中学取经的这一天，雪纷纷飘下，为旅途增添了诗意。

H 中学是临夏回族自治州的民族中学，现任校长是颇有名气的 M 校长。来到临夏回民中学，首先被宏大的图书馆建筑"惊艳"了，研究者立刻有一种融入阅读氛围当中的感觉，然而，图书馆只是 H 中学外在阅读环境建设的一角。因为 M 校长有工作上的安排，由学校的 W 副校长带着参观了 H 中学的图书馆、班级书架、阅读走廊、阅读长廊，除此之外，还介绍了学校每年的师生阅读活动。图书馆的利用方式就是每个班级每周都有一节大课（两节课连着上）在这里上，学生进行自由阅读或按老师的要求进行有针对性的阅读，在阅读中产生兴趣，可以将图书借走继续阅读。班级书架上的书来自学生的捐赠，而且研究者发现，每个班级阅读书架上都有一层是存放学生阅读笔记的。学生使用同样的本子，打开后发现，满满当当记录着阅读的感受和摘抄等；阅读走廊的设计也别出心裁，一是精选著名诗词配上相应的画面，镶在相框里，挂在墙上；二是在墙上安装书架，书架上的书既五花八门，又类别齐全，书籍的来源是马自东校长联系甘肃省的《读者》等杂志，将其过期的杂志收集过来供学生免费取阅。最后是阅读长廊，W 校长介绍说，这是 M 校长的"专利"，他参观过北京十一中学李希贵的阅读长廊之后，认为存在很多弊端，于是自己设计了这条课外阅读长廊，主要是学生精选的美文，有些是汉英两种语言的，打印在不同颜色的纸上，由硬塑料包起来，方便课间的学生有效快速阅读。

下午，研究者与 M 校长的交谈只剩下他的"一言堂"。在初步了解我的研究困惑之后，这位"大汉"便开始详细介绍自己如何从一个数学学科的学习转向文学，如何想到通过阅读唤起学校的新生，如何设计学校的阅读氛围等，并开导研究者："你所使用的阅读材料能否与这里孩子的生活产生关联,这是关键的一步;之后你行动研究的方式是否被接受同样决定了你的研究能否继续。比如我们学校高一学生一进校我会要求他们阅读《为母亲祈祷》,这是我写的发生在这里的故事,学生看'身边人'的作品,能够理解所以就比较喜欢,在产生兴趣之后再推荐他们阅读其他书籍,让他们了解除此之外的世界是怎样的……"

M校长的一番话让研究者醍醐灌顶,意识到研究初期学生们因为好奇,所以对"新书"产生了兴趣,而不是阅读本身。虽然研究者组织了"旧书推介会",将G小学已有图书进行了选择使用,但是,这些书对他们而言依旧是"外来的",依旧不能与他们的生活产生共鸣。同时后期因为使用的阅读材料和举办的阅读活动远离了他们的生活,因而兴趣渐渐降低。而研究者将之前学到的一些办法用在G小学学生阅读上,没有考虑到环境的"适应性和接纳能力"。于是研究者进一步思考如何将在H中学学到的经验用在G小学的行动研究上,诸如阅读资料来自学生选择的材料、无压力的阅读活动等成为本研究的"助推力",推动着研究的进一步展开,为本研究注入了活水。

三 第二阶段:继续探索

在第一阶段的探索中,研究者完成了课程的设置和场地的争取,然而,图书的填充和"阅读课程"教学的探索并没有结束。需要在第二、三阶段继续进行,从而更有效地实现G小学学生课外阅读的行动研究。经过在H中学的参观学习,研究者对下一阶段研究的各个方面有了新的思考和行动。

(一)填充"本土"读物

1. "编订"学生习作的契机

研究者发现,S小学和临夏H中学编写学生习作的方式是可以用在G小学的。在一次给五年级上完教材上的阅读单元之后,按照李老师的嘱托留了"描写一件事物"的作文。在当天下午的作文课上当堂反馈修改意见,让学生进行修改,研究者发现,很多学生在

第五章 改善西北少数民族地区农村小学课外阅读环境的行动研究

与研究者进行反复沟通后,对于自己的习作更加重视,修改的效果也很好。第二天,因为另一位三年级教师临时有事,便将四年级的阅读课安排成了自由阅读课。此间研究者发现,夹在讲台上本子里的五年级学生的习作有被拖出散落的痕迹,细问之后才知,原来是风刮开了我的笔记本,把里面的纸张吹出来了,前面的学生在帮忙捡起来时发现是别的年级学生的作文,于是很好奇地看了一下。了解情况之后,我便随口问了一句:"这是五年级学生写的说明文,描写身边的一件事物,有很多写了你们这边的果子树,你们看后觉得写得像不像?"没想到平时最调皮的男生马如俊说:"有的地方像有些地方不像,但是另一个写的那种花,特别像奶奶家的一种(花),原来叫七叶秀啊。"原本认真看书的学生的注意力也被转移过来,似乎是对五年级学生的习作产生了兴趣,又似乎是对我们谈论的内容产生了兴趣。就这样,研究者便在没经"作者"同意的情况下,将五年级学生所写的事物告诉四年级的学生,想看看他们有什么修改意见,结果收获令人十分意外。经过四年级学生的"七嘴八舌",五年级学生写的事物突然"活化"了,更有许多建议是我这个"外来的"教师提不出来的。

于是编写学生的习作,作为阅读课教学资料的想法就油然而生了。因为学生所写的事物、事件和情感,是有着共同生活习惯和信仰的他们能够理解的,如果对自己的生活都没有丝毫的了解,又怎么思考书籍里的另一个世界呢?于是研究者先是向 G 小学的各位老师索要以往学生的作文本,将其中优秀的习作选出来订在一起,变成一本本新的阅读"书目",放入阅览室。自从有了学生作品,G 小学学生的课余话题又多了起来,经常听到议论某某姐姐或者哥哥写了个什么,也会把相近的或者相同的习作拿在一起"评头论足",遇到与自己作文要求相近的习作更是睁大眼睛用心看。到研究快结束时,学生们的作文抄袭情况已经有了很大的改观。在行动研究后期,研究者还发现,把以前学生和现在学生的习作作为阅读资料并没有影响阅览室其他新书和旧书的阅读,反而增加了阅读的频率。

2. 寻找阅读"活水":"订报"的尝试

在研究者的印象中邮局总是有很多多余的旧报纸。如果可以将这些旧报纸利用起来,必将对 G 小学学生的阅读起到很大的促进作用。于是研究者趁一次去邮局的机会询问了旧报纸的事情,结果令研究者"沮丧"了一段时间。原来本地区订阅报纸的只有两三个学校,所以并没有很多的旧报纸可以利用。邮局的大爷知道我的来意之后还是将他准备当废品的一小沓报纸"赠送"给我,说:"这是攒了很久的,老师拿去让娃娃念吧,你要是留在这里当老师,以后这里能有的报纸我都留给你!哈哈……"费力地听懂邮局大爷厚重的方言并表示感谢之后,抱着这些"珍贵"的旧报纸离开了。回到 G 小学之后把它们放在阅览室里,开始时还担心报纸上的内容比较枯燥,在引导学生阅读上会存在难度,没想到,学生们尤其是男生兴趣很大,因为这一沓报纸中大多是《临夏日报》和《民族报晚刊》,里面的新闻多是本地区发生的事。虽然是过期的报纸,但是遇到积石山县的新闻,学生们还是觉得很惊喜,因而阅读兴趣也比较高。没想到,不起眼的一沓旧报纸还为已经稍有气候的阅读环境增加了新的气息。

(二) G 小学课外阅读终成一道风景

正如王嘉毅和赵明仁所认为的:实践中的有效改变是行动研究的信念。[①] 因此行动研究所带来的变化既是行动的结果,也将是检测并改变研究中行动的直接因素,因此研究者的行动效果直接由研究对象——G 小学学生体现出来。研究者在研究中所实行的各种行动策略,直接影响了学生日常的校内阅读行为。在整个研究过程中产生了阅读兴趣、阅读方法、阅读习惯等诸多方面的变化。

1. 整本书阅读的习惯逐渐养成:"我还没看完"

整本书阅读是研究者在阅读课上提到过的阅读建议之一。读整

---

① 赵明仁、王嘉毅:《教育行动研究的类型分析》,《高等教育研究》2009 年第 2 期。

本书,是叶圣陶先生的重要教育主张,《论中学国文课程标准的修订》中提到要以阅读整本书为主,单篇短文为辅的思想。从2001年开始实行的《全日制义务教育语文课程标准(实验稿)》的教学建议也提到"要培养学生广泛的阅读兴趣,扩大阅读面,增加阅读量,提倡少做题,多读书,好读书,读好书,读整本书"。根据这一建议,研究者进行整本书阅读的教学示范是《弟子规》。

研究者设计了一份学生阅读的全程记录表——《我的阅读"脚印"》(见附录V)用来统计学生三个阶段阅读的基本情况,用来发现学生在阅读过程中所产生的困惑,以便在下一阶段中调整行动策略,更好地进行研究。记录表的问题很简单,是为了防止产生"阅读考试"的误解,从而影响课外阅读的正常进行。

第一阶段,研究者统计了三到六年级的阅读情况,从第二阶段开始只统计四到六年级,因为研究者发现,三年级学生的书写和理解比较困难,在课堂上需要花费两节课时间,第一阶段统计的情况可以显示出,三年级的学生绝大多数阅读以绘本为主,文本类阅读很少,四年级开始,学生写字等基本功有了很大的改善。

利用较少时间完成问卷内容,能够保证问卷的准确性。研究者的统计问卷的发放是在研究开始后的第七周,即10月的最后一周、研究进行的第11周和第15周。由于学生阅读具有连贯性,尤其是内容较多的图书,学生阅读时间跨度较大。因此研究者统计了在研究过程中四到六年级学生绘本和文本类阅读的人均数量。

从表5-4可以看出,学生随着年级的增高,文本类图书完整阅读的数量随之增加,说明高年级学生对于文本类图书的接受能力高于较低的年级;绘本类的阅读受年级的影响不是很大。总体而言,研究者对学生在本研究过程中的阅读量感到满意。在研究前期,学生的兴趣点一般是在比较容易简单的绘本读物上,不论低年级还是高年级,只有个别高年级学生进行整本书的阅读,例如,六年级的马继援利用四周时间阅读了《神笔马良》整本和《木偶奇遇记》大部分内容。

表 5-4　　　　　学生课外阅读量统计（平均数）

	四年级		五年级		六年级	
	绘本	文本类	绘本	文本类	绘本	文本类
生均阅读（本）	12.3	2.1	8.2	4.3	9	6.5

五、六年级学生的整本书阅读是本次研究的重要收获，六年级因为人数少，学生在阅读课上选择图书的空间大，因而学生能够持续阅读一本书习惯的培养较容易。马继援是五、六年级学生坚持阅读整本书中的一个，研究者在研究正式进行的第二周对整本书阅读进行了引导，马继援的整本书阅读便是在当堂课上选择的一本。

2. 丢书促就的阅读品行

在研究进行到第七周时，就在阅览室开放没多久，六年级的女生陕学学向我求助说："新《西游记》没有了，上午上课时间我还看的。"现在就剩下这本从班级旧书里选过来的了，为了安抚在场的学生，研究者提了一个要求：现在大家还是回去读自己的书，因为时间短暂，很快就会放学。《西游记》这本书，我负责给大家找出来。时间到了以后，部分学生放好图书，飞奔出去领苹果了，等我走进教室，准备找书时，发现有几个身影还在，走过去看到是两个三年级的学生，正在整理乱放着的图书，他们把所有的书按照新旧搭配，整齐地摞起来，看到我过来也不说话，当我感谢他们时，他们却害羞地笑着跑出去了。

经过反思、权衡，研究者舍弃了对"丢书"事件进行追究，而是将同一天发生的两个三年级学生替我归置图书的事，在每个年级的课堂上进行表扬。尽管有些班级的学生唏嘘不已，认为也不是很大的事情。"列典籍，有定处。读看毕，还原处。虽有急，卷束齐。有缺坏，就补之。"研究者说道："这正是上一周让同学们在课堂上讨论的内容，而当时三年级还没有进行这一章节视频的专门讨论。"于是，这一周阅读课的热点话题变成了关于要有良好的阅读品行并爱护图书等。如此一来，虽然丢失了一本书，但是大家更多地记住了三年级两个学生为研究者整理阅览室图书的事情，大概要比责怪一个一时不小心拿走书的行为有益得多。上一周还在给研究者出主意报警查找真凶的学生也不再厉声厉色而是变得心照不宣。直到研究结束，阅览室的书再也没有出现一本差错。

3. 阅览室的温度见证了学生的阅读渴望

因为积石山的高海拔，寒冷的冬季来得很早，10月中旬以后，G小学就开始给各个班级装烤火炉了。有一周多的时间，研究者的阅览室变成G小学"计划外"的一间教室，没有分到火炉，于是阅览室一度成了学校冰冷的一角。10月底11月初的积石山县，已经下过几场雪了，每一场雪带来的都是温度的降低。在这样的气候下，如果再碰上雨雪天，研究者每上一次阅读课或者开放阅览室都面临着极大的心理挑战，因为每次进来，很快就会感觉到从头到脚被冻得没有知觉。但是每次坚持去了，又会收获不同的温馨。

很快学校又买了一批新炉子，阅览室有幸也分到了一个，从此研究者每天的工作就多了一项：给炉子生火。研究者一般在需要用到教室的前两个小时开始生火，这样炉火旺起来，等学生来阅读时，教室就已经是温暖的了。因为有了炉子，本研究的阅读课又可以回到阅览室，学生又可以全身心地投入阅读，尤其是温度极低的早晨和下午。

G小学的小小阅览室几乎承载了本研究的全过程，学生们来这里阅读，可能会因为好奇、因为大家都在，但是，随着研究的深入，来这里的学生越来越能找到自己的兴趣，找到属于自己的阅读天地。每天进入阅览室阅读的学生会有所不同，但是不管是坚持每天都来的还是间隔过来的，他们在阅读时总是专注的。

研究者认为，这里学生的阅读渴望一直没有被发觉，通过三个多月的研究，研究者发现了G小学学生阅读素养提升的空间和可能。到研究结束时，虽然没有进行精确的测验，但是研究者能够明显感觉到G小学学生在阅读方面所发生的可喜变化。因而研究者也越发觉得对于像G小学一样的处于少数民族农村地区的学校来说，一个能够供学生自由阅读的阅览室是何等重要。

第六节 结出果实——觅得行动"接力者"

研究者在 G 小学进行的促进小学生课外阅读的探索，是为了促使 G 小学学生进行课外阅读，在教学中激发学生的阅读兴趣、传授阅读方法、培养学生阅读习惯等，然而，学生的阅读是一个持续的过程，不能因为研究者研究的结束而结束，因此，在研究者离开 G 小学后学生仍然能够继续阅读是本研究的意义所在。首先，学生阅读作为全校性的活动，并非一位老师所能够进行的，因此需要学校给予课程设置的安排，使课外阅读能够成为学生学校生活的一部分。其次是学生阅读的场地问题，小学生的自我控制能力较差，容易受到环境的影响，因此设置专门的阅读环境有利于学生进入阅读状态，从而实现良好阅读习惯的培养与阅读兴趣的激发。阅读环境的创设无疑是一个持续的过程，没有人的参与，环境很难自发形成，尤其是在少数民族农村地区，在研究者来之前，这里的学生基本上没有课外阅读的习惯，因此，寻找承担研究者角色的 G 小学的人来"接力"成为后续研究的重要方面。

一 觅知音：发现"接力者"

在考虑到处于少数民族农村地区，学生的社区与家庭环境的特殊性，学生的课外阅读几乎只能通过学校的努力才能实现。因此在研究进入尾声时，研究者开始寻找"接力"的老师。

幸运的是，G 小学的王校长也是热衷于学生阅读问题的，经过几次外出学习，他认识到阅读对于小学生成长的重要性，经常与研究者探讨在外面见到的其他地方小学生的阅读状况和学校中阅读设施建设的人性化。研究者在 G 小学时，王校长外出培训过两次，每一次回来都会跟学校的教师以及研究者聊及学生的阅读问题。王校长第一次外出培训是在开学初，回来时，研究者已经将经他同意"征用"的多媒体教室布置成为阅览室。在一次学生自由阅读结束，研究者正在整理图书时，王校长进来说道："小 X 老师的阅览室成立了,都'开业'了,学生们表现的怎样?"在了解到学生们热衷于阅读,这里常常坐不下时,王校长表示很高兴:"这是个好事,等来年我们学校建了新的教学楼以后就可以有一个专门的阅览室。我这次在深圳培训也去了那里的一所小学,看到人家的图书馆了,那真是好,他们的阅览室很大,按年级分为不同的区域,但也不限制学生在哪个区域,阅览室地上铺了垫子,学生进来要脱鞋换鞋套,给学生坐的凳子也是很讲究的,用的是没有棱角的各种几何图形的各种颜色的小'墩子',也有舒适的读书桌,那种阅读环境都特别的好,小娃娃的阅读量也很多(大)……"因而研究者认为王校长是本研究结束后最合适的"接力"人选,在他的领导下,G小学学生的课外阅读状况才能够继续得到改善,慢慢使课外阅读变成学生生活的一部分。

校长作为学校的领导者,对于学生阅读的关心为推动G小学学生课外阅读活动提供了经费和学校设施上的支持,但是在具体实施上还需要有热情的教师执行,这样才能使得学生的课外阅读不会变成空头支票或空中楼阁。于是寻找能够接力阅读课程的教师成为本研究的重要内容,根据在行动研究过程中的观察,研究者比较倾向的是四位老师。

二 与"接力"老师相遇

校长和教师对于一个学校阅读环境的建设无疑具有决定性的作用。校长作为上层领导,能够为阅读环境建设提供最高的保障,在校长的支持下,教师对于阅读环境建设的配合和投入,决定了G小学的阅读环境能够真正有利于学生课外阅读的进行。选择能够理解和支持研究者进行研究的老师无疑成为最合适的"接力人选"。

表5-5　　　　　　　G小学四位老师的基本情况

姓名	性别	民族	擅长学科	倾向原因
怡老师	男	汉	语文	教龄7年,爱好文学阅读,多才多艺。对于阅读教学感兴趣,时常帮助研究者进行活动教学

续表

姓名	性别	民族	擅长学科	倾向原因
马老师	女	回	语文	新老师，有热情，受学生欢迎，语文教学中重视学生自主阅读，与学生关系融洽
卢老师	男	汉	数学	是学生眼中的"大哥哥"，为人和蔼
李老师	女	回	语文	性格活泼，专业学校毕业，比较有上进心

卢老师和李老师最终没有成为本研究的"接力手"，原因是卢老师在大学学的是政治教育专业，自身性格较为内向，"怕麻烦"，在研究者试图与其交流阅读课程时表现出没有兴趣，只想教好现在的课，其他时间用于研究"美食"；李老师在大学学的是小学教育专业，自身的语文功底较好，但是李老师家中孩子较小，经常需要回家照顾，因此精力有限。

最终选择怡老师和马老师，因为怡老师除了自身条件之外，对本研究兴趣较大，平时对于研究者的教学工作给予很大的帮助。除了要求他带的六年级学生多到阅览室读书外，对于平时研究者举办的阅读类活动，经常到场协助；马老师是 G 小学的聘用教师，是一位年轻的女教师，研究者非常欣赏马老师的上课风格，她习惯让学生成为她语文课堂的主角，在研究者正式进行研究时，她被安排到一年级带语文课。研究者经常看到她，她脸上总是挂着笑容，特别亲近学生。研究者观察到她是一位对教学有很大热情的年轻教师，经常看到她为了准备一节课，而跑到不同老师宿舍借"道具"。

在研究过程中因为与怡老师互动较多，所以已经形成了默契。怡老师表示，只要学校同意继续搞这样的活动，他将不遗余力，为 G 小学学生的课外阅读"尽全力"。在找到马老师时，马老师先是表示自己是代课教师，能力有限，但最终还是答应尝试一下。"其实平时注意到你的课蛮有趣的，我比较喜欢这样的课，怪不得学生都这么喜欢，谢谢你对我的信任。"

研究者始终使研究与 G 小学的教学生活保持着密切联系，因而"接力者"对于本研究并不陌生，能够很快融入"行动者"行列中。

三 与学生的阅读"接力"约定

学生作为课外阅读的主体，也是课外阅读的受益者。本研究结束时，G 小学已经形成较为浓厚的课外阅读氛围，在阅读兴趣、阅读方法、阅读习惯等方面都有了较好的改变。在研究后期，研究者时不时询问学生对于研究者所带来的阅读课的看法，几乎所有的学生都认为，这学期的阅读课给他们带来了积极的影响，并希望学校能够继续进行这样的课程。与四年级女生马海兰的聊天：

研究者：这学期，你一共读了多少本书？

马海兰：图画书有 10 本，书就两本，《大林和小林》《神笔马良》。

研究者：能够看懂吗？

马海兰：能！有拼音，就能懂。没有拼音的厚书不看呗。

研究者：那老师走以后，还会不会去阅览室读书？

马海兰：还是去的，校长开门就去。老师要走吗？

……

这样的谈话有很多，可以看到学生还是有着很浓厚的阅读兴致的，学生也表示："以后学校开了门（阅览室的门）就会去看书。"学生的阅读热情如果能够得到很好的引导，G 小学学生的课外阅读必将得到很好的提升，对于学生的学习态度也会起到一定的影响。研究者相信，只要给学生创造一定的阅读环境，并进行相应的引导，那么 G 小学学生随着年龄的增加，阅读视野也会更加开阔，会逐渐形成自发阅读的氛围。这种阅读氛围可以不断带动低年级学生进行课外阅读，形成良好的循环。

在研究过程中，得到怡老师一贯的帮助，因而算是"老伙伴"了，与马老师的接触是在研究还剩下三周的时候，那段时间，研究者的阅读课程内容大多围绕"阅读之星"的评选，我们三人一起在对各个班级节目形式的选择上做了大量指导，并且怡老师对六年级

"创作剧本"《智斗劫匪》的小组给予很多的指导，使得这个小品表演获得了学生的好评。怡老师在与研究者协同开展教学时，总能根据本地的实际情况提出宝贵意见，因此，研究者常学着"刘备托孤"开玩笑地说："您是我的研究军师，马上我走了，军师应该担起大任……"

马老师在"阅读之星"评选活动中的表现使得研究者认为自己"没看错人"。马老师是一个比较有耐心、有想法的女教师，因为研究者与几乎不太会说话的二年级学生沟通较费力，马老师主动承担起二年级学生"讲故事"的指导工作。同时在四年级"表演绘本故事"的学生知道马老师成为"阅读老师"后，很多学生找马老师帮忙指导，这才最终使得参加评选的节目那样成功，同时也浸透了两位"协同者"的心血。

找到两位"接力者"，一起合作完成了最后"阅读之星"的评选活动，同时在业余时间也进行了今后"阅读课程"的讨论，虽然与马老师合作的时间短，但是怡老师作为研究者的"指导老师"已经见证了本研究每个重要的阶段，因此以后两个人能够协同进行，必将带来好的合作效果。校长致力于通过扩充学生课外阅读改善学生的养成教育，也变成本研究后续能够实现的便利条件。

第七节　研究反思与结语

在4月的一次到积石山G小学的调研中，研究者对于处在山区中孩子的课外阅读问题留下了深刻的印象，在经过简单的准备之后于9月中旬开始了在G小学为期三个多月的行动研究。研究者利用G小学现有资源，通过开设阅读课程的方式改善了学生的课外阅读状况，同时也为该校的书香校园建设提供了相应的帮助。为使本研究对少数民族农村地区其他学校产生借鉴意义，研究者反思如下。

一　西北少数民族地区农村小学课外阅读环境亟须改善

由于地理分布的原因，我国的西北少数民族农村地区多处在山区，交通不便，家庭受地区风俗习惯和传统观念影响较为严重，对孩子的学校教育并不热心。封闭的客观环境导致了学生课外阅读环境的落后，学校成为学生学习的唯一场所，学生的课外阅读以及阅读效果完全取决于学校方面的引导。而在实际的学校活动中几乎见不到学生课外阅读的踪影，原因是学校没有组织相关阅读活动，语文课堂上的阅读教学功能缺失，学生阅读时间的缺乏以及学生几乎没有进行课外阅读的习惯等，使得学校作为该类地区的阅读引导功能丧失，学生的课外阅读失去了唯一能够依靠的支柱。因此在西北少数民族地区农村小学探索促进学生课外阅读的模式显得尤为迫切。

二 通过"内在+外在"基本模式实现西北少数民族地区小学课外阅读环境的改善

鉴于 G 类小学学生课外阅读的兴趣、方法以及习惯等方面较为薄弱，需要适当加以引导，才能够使得课外阅读兴趣得以保持。阅读方法更加科学，形成较好的阅读习惯，实现小学生内在阅读环境的优化。G 类小学现有的物质条件较差，学校基本上缺少有用的图书和适用的阅览室等，通过挖掘自身条件，努力为学生提供较好的外在阅读环境，有利于与内在阅读环境形成照应，实现改善西北少数民族地区农村小学生课外阅读环境的目的。

三 依托学校"课上+课下"的"阅读课程"改善"学校阅读环境"

吴刚平认为，在教育教学领域中出现的许多问题并非都是显而易见的教学问题，而可能是更大范围、更深层次的课程问题。[①] 因而研究者反思，如果不将阅读纳入 G 小学的课程体系中，那么学生的课外阅读将很难实现。将课外阅读列入课程，能够最大限度地提高少数民族农村地区小学生的课外阅读质量。

"阅读课程"主要在"课上"发挥"引子"的作用，课堂上可

---

① 吴刚平：《教学改革的课程论意义》，《教育研究》2002 年第 9 期。

以根据不同阶段学生的心理发展特点以及平时观察到的阅读中所出现的阅读问题进行正确引导、激发阅读兴趣和纠正阅读方法。"课下"则主要通过安排课外阅读时间和空间，让学生有自由阅读的机会，在自由阅读中找到其阅读兴趣点，形成自己的自主阅读意识。因而阅读课程是"课上＋课下"的模式，唯有课堂上的正确引导，课下学生自由阅读，才能突破少数民族农村地区小学生几乎没有课外阅读的难题。

四 学校"可读性"资源是实现阅读外在环境建设的基础

没有图书，阅读就失去了载体，课外阅读则无法进行，因而有书可读、有书能读是外在阅读环境的前提和基础。研究发现，少数民族农村地区小学的图书量很少，而且大多是旧书：配送和捐赠。这些书中很大一部分并不适合学生的阅读，因而需要进行处理。首先，处理已有旧书以及接受捐赠和配送的图书，留下学生真正感兴趣的、适合小学生阅读的书籍。其次，在接受捐赠时，对相关内容进行明确要求，以免资源浪费。在有能力购买新书时，同样保证"可读性"，选择适合本地学生阅读的，坚持简单易懂，形式多样的原则。最后，对于学校中已经选择出来的图书加以保护，举行活动让学生体会保护图书的意义。

五 专门的阅读空间有利于创造并带动全校的阅读氛围

学校作为西北少数民族农村地区的文化高地，承担着学生的教育功能，学生课外阅读的进行也毫无疑问地落在了学校的肩上。创造阅读氛围，可以在全校范围内，每学期开展一到两次主题阅读，这样可以将全校学生的阅读聚集到一个平台上，形成"大家都在阅读"的氛围；在学校中提供固定的阅读场所非常重要。很多学校喜欢将图书放在班级，然而小学生，尤其是少数民族农村地区的小学生很少知道利用班级图书的，也形成不了阅读气氛。而在学校中固定阅读场所，在自由开放期间，不同年级的学生在阅读时，可以起到相互学习、相互感染的作用。

六 改善小学生课外阅读环境应贯穿于民族农村学校工作的始终

西北少数民族地区的社区环境和家庭环境并不利于学生课外阅读的进行，这种外界环境有着属于其自身的文化特点和思想观念，改变这样的大环境需要的时间代价很大，因此学校几乎是唯一的突破口。目前G小学学生的学习状态并不理想，通过培养学生课外阅读的兴趣不失为一种"教育补救"的有效尝试。通过激发学生的阅读兴趣，让学生自己对书本产生兴趣从而进行阅读和学习是最根本的办法，然而校内课外阅读的发生需要书籍和空间。书籍是否符合学生的阅读兴趣与阅读能力是阅读能否持续的关键，而专门用来阅读的空间则是阅读兴趣蔓延的关键，专门的阅读场所将喜欢阅读的学生集中起来，并吸引着更多的"读者"。

结语

西北少数民族地区教育发展的相较落后，导致学生课外阅读环境的"恶劣"。改善西北少数民族地区农村小学生课外阅读环境现状是对该地区教育发展的推进。而少数民族农村地区的传统文化和观念较为严重，因而学校作为相对独立的场所，成为该类地区唯一的文化高地，也成为改善学生课外阅读的唯一突破口。因此在校内进行学生课外阅读环境建设的探索，成为该类地区促进小学生课外阅读无可替代的选择。根据学校的实际情况，以个体"内在阅读环境"和"外在阅读环境"为建设维度，整合课程与空间资源，实现课外阅读的"课程化"，其可行性已经经过验证，可以在一定范围内实施。通过"课上+课下"的模式进行"阅读课程"的实施，能够在少数民族农村地区社区和家庭对学生课外阅读不能起到积极作用的大环境下，有效提高小学生的课外阅读质量，保证对学生阅读兴趣、阅读习惯和阅读方法的正确引导，培养学生自主阅读和通过阅读学习的能力，建设能够起积极作用的课外阅读环境应该成为少数民族农村小学重要的工作内容和目标。

第六章 提高藏族地区汉语文教学设计有效性的行动研究

第一节 研究设计

一 研究缘起

甘南藏族自治州是全国10个藏族自治州之一，位于甘肃省西南部，辖7县1市，地处青藏高原的边缘地带，是藏族聚居的高寒牧业州。目前，甘南藏族自治州基础教育有两种主要的教学模式：一是"藏加汉"，即以藏语教材教学为主，用藏语直接授课，同时加授汉语文课；二是"汉加藏"即以汉语授课为主，单科加授藏语文。X县人口中藏族约占80%，所以采用"藏加汉"的双语教学模式。虽然经过多年的探索，X县已初步形成一条符合当地实际的双语教育教学新路径，但由于地区差异性，民族成分多样性，自然、社会环境的复杂性等致使双语教育的发展仍存在一定的问题：一是整体教学质量差、办学效益低；二是双语师资队伍整体素质及专业化程度较低；三是双语教学缺乏合适的语言环境，学校教育与家庭教育相脱离，学生双语学习兴趣、动力不足，等等。

研究者有幸多次参与老师课题调研，调研对象大多在民族地区，因此对少数民族教育的了解也越来越多，尤其对民族地区汉语文教学产生了兴趣。基于研究兴趣以及调研经历，研究者慢慢迈向汉语文教学的研究之路，聚焦于汉语文教师的教学设计问题。

二 研究目的和意义

(一) 研究目的

通过与汉语文教师合作的"行动"和"研究",改变藏区汉语文教师陈旧、单一的教学设计理念和思维,提升汉语文教师教学设计能力。在行动研究中让学生意识到自己作为学习者在教与学中的重要性,逐渐改变传统上"教师讲,学生听"的死气沉沉的课堂气氛,努力构建学生之间的"学习共同体"。最终,共同搭建"润泽的课堂",使课堂成为一种学习型组织。

(二) 研究意义

1. 理论意义

通过查阅文献资料发现,对藏汉双语教学的研究较多,而具体到汉语文教学设计的研究却很少。本研究试图探索符合现代教学设计理念的汉语文教学设计,更新汉语文教师教学设计系统过程中陈旧、不适合学生发展的思想,为进一步构建新的汉语文教学设计模式提供借鉴依据,同时也为以后的汉语文教学研究提供新的研究视角和理论基础。

2. 实践意义

通过与汉语文教师的合作行动,激发汉语文教师行动研究的兴趣,使其逐渐成为"专家型教师",促进汉语文教师的专业发展。此外,寻找学生学习汉语文低效的原因,改变学生学习状态,诱发学生学习动机,努力提高藏区学生的文化素质,促进藏区学生的全面发展。

三 研究理论基础

(一) 第二语言习得理论

第二语言习得 (second language acquisition, SLA) 研究作为一门独立的学科,主要研究人们获得母语以外的第二语言的过程和规律。第二语言习得理论中影响极大的是美国语言学家、南加利福尼亚大学语言学系教授克拉申 (S. D. Krashen) 的语言监控理论 (monitor theory)。克拉申的语言监控模式（monitor model）被称为"第二语言发展监控模式"（monitor model of second language development）。

语言监控模式的"五个中心假说"包括："习得与学习假说""自然习得顺序假说""监控假说""输入假说"和"情感过滤假说"。"习得"是指"下意识的语言习得"（subconscious language acquisition），而"学习"是指"有意识的语言学习"（conscious language acquisition）。"习得的知识是学习者下意识获得的第二语言规则的知识，是一种不可言说的'程序性知识'。学习的知识是学习者有意识获得的第二语言规则的知识，包括元语言知识，是一种可明确陈述的'陈述性知识'。"①"自然习得顺序假说"区分了两种不同的习得过程：自然习得顺序反映的是"习得"的过程，是受学习者内在大纲支配且可以预测的；课堂语言知识的学习反映的是"学习"的过程，是受外在大纲支配的，其表现顺序与自然习得顺序不同。②"监控假说"是对学习者"学习"知识的作用或功能而言的。"输入假说"指出人们习得一种语言，必须通过理解信息或接受可理解的语言输入。"情感过滤"指的是阻止学习者充分利用所接受的可理解的输入来习得的语言心理障碍。③动机、自信和焦虑是能否成功进行第二语言习得的三大类情感因素。

（二）建构主义学习理论

建构主义学习理论的知识观、教学观以及学习观对现代教学设计理念与实践产生了深远的影响。建构主义学习理论认为，教师教学不能将教师对知识的认识及理解作为学生接受的理由而单纯地把知识作为"预设品"简单地传授给学生。学生的学习由其在原有的概念、经验、知识、技能等元素的基础上积极主动地理解、分析知识的合理性，甚至是检验和批判，最终建构知识。根据建构主义学

---

① 王建勤：《第二语言习得研究》，商务印书馆2009年版，第111页。
② 同上书，第113页。
③ 同上书，第117页。

习理论的基本理念，在教学设计过程中，教师就必须走出教学中自我中心的传统角色定式，在教学过程中构建体现民主、平等的"共同参与、互相合作"的师生关系；要在教学设计中真正贯彻尊重学习者的个性，倡导积极交往与对话，积极开展自主学习、合作学习和研究学习的教学观念。[①] 教师不只是知识的传授者与权威的象征，更应重视学生的理解，倾听学生的声音。教学设计要适合学生的身心发展，满足学生多方面的学习需求，而不是强硬地从外部对学生进行知识的"填灌"，应给予学生学习知识的更多知情权和选择权。

（三）传播理论

教学过程是一个信息传播特别是教育信息的传播及输送的过程，"传播理论就是运用现代传播学的理念与方法，对相关信息传送的过程与方式、信息的结构与形式、信息的效果与功能等方面做出相应的解释和说明。"[②] 传播过程离不开传播者、信息、媒体、接受者四要素。在教学过程中的表现如下：第一，从教学信息的传播者（教师）来看，影响其效果的因素有信息传播技能包括书写、表达技能等；态度和情感包括教师的自我态度，对学生的情感与态度；知识水平包括教师的知识结构；社会与文化背景包括教师的文化、社会背景。第二，从接受者（学生）来看，学生的知识结构、学习技能、兴趣、态度、动机以及身心状态都会不同程度地影响信息传播的过程及效果。第三，从信息（教学内容）来看，教学内容必须通过语言、文字、图像、符号等加以表现，表征信息的符号可分为语言的和非语言的。语言符号有口头、文字语言；非语言符号有表情、动作、图形、音像等。第四，从信息传播渠道（教学方法、手段）来看，在教学过程中，应尽可能运用多种渠道、方式呈现知识，有效地激发学生利用多种官能接受教学信息，提高信息传播的效率和效果。

---

① 谢利民：《教学设计应用指导》，华东师范大学出版社2007年版，第15页。
② 同上书，第10页。

四 研究思路与方法

（一）研究思路

1. 行动思路

首先，运用现代教学设计理念对当前藏区汉语文教学设计加以研究。利用马杰教学设计模式，探索有效的汉语文教学设计。

其次，研究者扎根藏汉双语学校，通过分析教案，参与式观察，师生访谈，从中找到当前教师教学设计的问题。寻找有意向改变教学设计现状的教师，与其合作，共同针对现实问题进行教学设计，在合作中开展行动研究。

最后，在与教师的合作中，尝试进行"以学生为中心"的教学设计，在反思中行动，在行动中反思。

2. 教学设计模式的应用

马杰（Robert R. Mager）是当今国际上公认的最有影响力的培训与教育专家之一，他在《有效的教学设计》（*Making Instruction Work or Skill Bloomers*）中以当今教学与培训设计的先进理念为依托，提出了教学设计或培训设计界通用的 ADDIE 模式。本研究拟采用马杰的教学设计模式（图 6-1），对藏区汉语文教学设计进行分析，并与汉语文教师开展行动研究。对每个阶段的汉语文教学设

教学设计的ADDIE模型

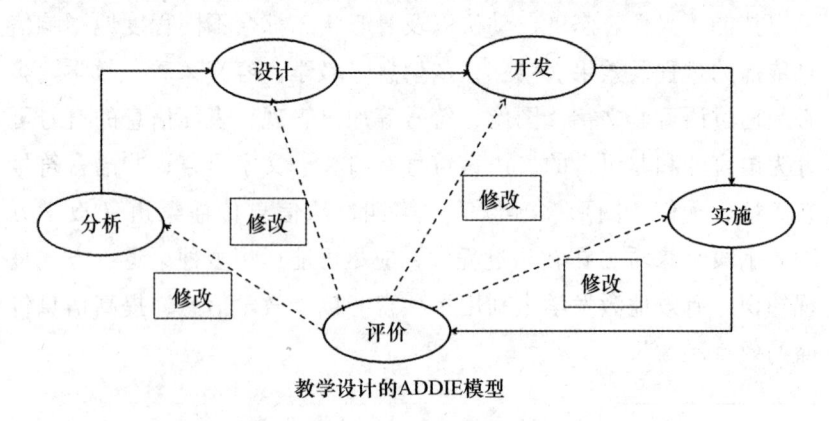

图 6-1 马杰的教学设计模式

计都会经过教学分析、教学设计、教学开发、教学实施、教学评价阶段、改进阶段等反复聚焦深入,直至解决每个阶段所出现的问题。

(二)研究对象的选择

鉴于研究问题的考虑,本研究计划选择初一年级一个班的汉语文教师作为开展教学设计的合作对象。首先,初一年级教师还没有过重的升学压力,有足够的时间和条件开展行动研究;其次,作为初一年级的学生,经过小学的学习已经掌握了足够的汉语文基本知识;最后,初一年级还处于语言学习的关键时期,是语言获得和学习能力提升的重要转折期。

Z 中初一年级共 8 个班,每个班约 60 名学生,总计约 480 名学生。藏汉语文每个学科各 4 个教师,每个教师带两个班。其中,汉语文 4 个教师,3 名回族教师,1 名藏族教师。通过听 4 位老师的课以及课后的交流,逐渐将研究对象锁定为一名 50 多岁,教龄 30 年、经验丰富的回族男教师。因为他思想一直比较开放,很愿意接受别人的想法,而且积极关注民族地区的教育以及国家关于民族地区的教育政策。

(三)研究方法的确定

本研究主要采用行动研究法,通过对汉语文教师教案设计的分析,参与课堂观察,访谈教师与学生,从中发现研究问题,进而与汉语文教师合作协同开展行动研究。此外,本研究还将具体采取以下三种方法收集资料:

实物分析法。本研究主要通过收集汉语文教师的教案、教学反思日记资料、学生作业以及学生测试成绩单等,从中了解教师教学设计的一系列环节以及学生学习汉语文的现实问题,为行动研究的持续开展提供充足的证据资料。

观察法。本研究主要采用参与式课堂观察法,在分析汉语文教师教案等研究实料的基础上,参与式观察课堂教学中师生教与学的课堂行为,进一步捕捉课堂教学证据。

访谈法。根据行动研究的需要,采取开放型访谈为主和半开放型访谈为辅的方法。在研究中对于出现的结构化问题或者是对研究有价值的一系列问题将利用教师、学生访谈提纲开展半开放型访谈。此外，还利用开放型访谈来收集资料。

第二节 文献综述

一 相关概念界定

（一）汉语文教学

汉语文教学是指我国主要民族地区双语学校加授"国家通用语言即汉语文教学"。在诸多研究中，较少有直接称呼汉语文教学的，较多称为双语教学，因此，本研究更多地从双语教学研究中反射汉语文教学的相关情况。本研究主要侧重藏汉双语教学中的汉语文教学，关于藏汉双语教学，有学者认为是指在藏族班开设藏语文课和汉语文课；在进行汉语文课或其他课程的教学活动中，主要的教学用语是汉语，同时使用藏语作为辅助教学用语。[①] 王鉴教授认为："双语教学是指在民族学校中开设民族语文课和汉语文课，并采用其中一种作为主要教学用语，另一种作为辅助教学用语的特殊教学活动。"[②] 综上所述，研究者认为，藏族地区汉语文教学是指在藏族地区学校开设国家通用语言即汉语文课程，主要以汉语为主并且使用其中一种语言（藏语）作为辅助教学用语的特殊教学活动。

（二）教学设计的有效性

20世纪70年代，加涅在《学习的条件与教学论》中指出，教学设计是一个系统规划的教学过程。国外有研究者认为，教学设计是运用系统方法解决教学的具体问题，是一种系统化的设计活动。[③]

[①] 西藏自治区教科委：《西藏自治区教育论文选集》，西藏自治区教育学会和自治区民族教育研究所，1989年。

[②] 王鉴：《民族教育学》，甘肃教育出版社2002年版，第135页。

[③] 转引自何克抗等编著《教学系统设计》，高等教育出版社2006年版；刘志华《教学系统设计与实践》，清华大学出版社2010年版，第8页。

第六章 提高藏族地区汉语文教学设计有效性的行动研究

还有研究者认为,教学设计是分析学习需要和目标,以形成满足学习需要的传送系统的全过程。① 国内有研究者认为,教学设计是运用系统方法,确立教学目标、内容、方法与评价等的过程。② 还有学者认为,教学设计是一种现代化教学技术,一种教学过程的精心安排。③

教学设计的有效性是用什么教(有效性理论)和怎么教(教学设计)的有机结合。在教学设计的研究领域,最早强调教学的"设计"取向的主要研究者是罗兰德(Gordon Rowland)。他主张对教学进行理性的、注意归纳的、重视最优化的教学设计观以实现教学设计的有效性,偏重于教学设计的科学性。④

本研究主要针对当前藏族地区汉语文教学中教师不注重教学设计,教师设计理念落后、能力偏低,课堂教学低效,学生学习效率低的问题。具体表现为教师教学设计没有明确的设计目的,教学目标含糊不清,学生学习无动力;教师写教案只是为应付学校检查,根本没有起到应有的作用;课堂教学主要采用传统的教学方法,方法单一,教学效率低,师生互动较少,学生学习无兴趣;教学评价只注重学生成绩测评,没有对学生的多元化发展给予积极评价,学生学习不能持久。

二 相关研究述评

(一)有关汉语文教学的相关研究

由于本研究主要探讨藏族地区汉语文教学,藏汉双语教学就成为本研究关注的焦点。有关汉语文教学的研究少之又少,因此,从

---

① [美] R. M. 加涅等:《教学设计原理》,皮连生等译,华东师范大学出版社1999年版。
② 何克抗:《教学系统设计》,北京师范大学出版社2002年版,第3页;乌美娜:《教学设计》,高等教育出版社1994年版,第11页。
③ 鲍嵘:《教学设计理性及其限制》,《教育评论》1998年第3期;盛群力:《教学设计》,高等教育出版社2005年版,第4页。
④ 转引自陈琴《初中〈历史与社会〉教学设计有效性研究——以"我们传承的文明"主题部分为例》,学士学位论文,东北师范大学,2010年。

藏汉双语教学的研究反观汉语文教学研究现状成为实然样态。

1. 有关汉语文教学模式的研究

汉语文教学模式是藏族地区中小学校经过长期探索形成的符合本地区实际的教学活动模式。1985年，严学宭首先提出民族地区"语文教学"的六种模式为：延边式、内蒙古式、西藏式、新疆式、西南式、扫盲式。①李延福认为，藏区中小学教学用语大体呈现出四种情况：除汉语文外，各科用民族语文授课；部分用民族语文授课，部分用汉语文授课；除民族语文外，各科都用汉语文授课；全用汉语文授课。"②扎洛认为，藏区存在着三类教学模式：一是实行以藏语授课为主，加授一门汉语文课，即"一类模式"；二是实行以汉语授课为主，加授一门藏语文课，即"二类模式"；三是实行与汉族地区同样的教学模式，即藏族学生占多数的学校也将所有学科知识完全用汉语授课，不再开设藏语文课，即"三类模式"。③

2. 有关汉语文教学影响因素的研究

文化生态学主要分析和研究各种文化生态环境因子对文化的作用和影响，语言文化生态是文化生态学的子系统，从语言文化生态的角度研究汉语文教学，可以宏观的视野研究汉语文教学的影响因子。付东明在其《少数民族双语教育视野中的语言文化生态环境》中借用语言文化生态环境理论和教育生态环境理论从少数民族人口分布及语言使用、家庭语言、社会语言、学校教育环境与双语教育等方面分析了新疆少数民族中小学双语教学现状与发展趋势。④张婷通过对藏族小学生第二语言学习动机现状进行调查，从学生学习双语的语言文化生态环境——地理位置，学习动机、兴趣，学校师

---

① 严学宭：《中国对比语言学浅说》，华中工学院出版社1985年版，第85—87页。
② 李延福：《藏族教育的双语教学体系问题》，《青海师范大学学报》（社会科学版）1995年第1期。
③ 扎洛：《藏区藏汉双语学生类型及学校类型研究》，《青海师范大学学报》（哲学社会科学版）2008年第6期。
④ 付东明：《少数民族双语教育视野中的语言文化生态环境》，硕士学位论文，新疆师范大学，2007年。

资、测评体系,父母文化程度,宗教文化等宏观视野分析了学生学习藏汉双语的影响因素。① 不同的语言文化生态环境对少数民族汉语学习产生了不同的影响。

3. 有关汉语文课堂教学的研究

课堂是汉语文教学开展的主要阵地,也是教师"教"与学生"学"双语的主要场所。许文俊在其《藏汉双语教学现状研究——以拉萨市为例》中,经过课堂观察,从城区、郊区、农村学校的教师队伍中藏汉族教师比例和课堂教学主要语言及辅助语言方面探讨了双语课堂教学问题。② 王珍珍在其《藏汉双语教学模式的研究——以西藏拉萨市中小学为例》中,具体阐释了言语传递信息、实际训练、直接感知、欣赏活动、引导探究五种教学方法。③ 为了促使学生学习汉语文,有些学者提出利用现代化教学手段来提高教学的质量。调查表明,现代化的教学方式可使学生多学30%的课程,提高80%的学习效益,降低50%的教育成本。④

(二) 有关教学设计的相关研究

1. 有关教学设计理论基础的研究

20世纪50—80年代,以加涅的《教学设计原理》为代表的"第一代教学设计理论"已较成熟。20世纪80年代90年代初,情境教学、建构主义心理学与计算机多媒体相结合的"第二代教学设计理论"崛起,这时的教学设计牵涉整个教学系统,理论逐渐趋于综合。20世纪80年代中期,教学设计不断进入我国学者的研究视野。研究者对教学设计的理论基础进行了整理和研究。

---

① 张婷:《藏族小学生第二语言学习动机的影响因素研究——以甘南藏族自治州夏河县拉卜楞镇×小学为个案》,硕士学位论文,西北师范大学,2014年。
② 许文俊:《藏汉双语教学现状研究——以拉萨市为例》,硕士学位论文,西北师范大学,2013年。
③ 王珍珍:《藏汉双语教学模式的研究——以西藏拉萨市中小学为例》,硕士学位论文,西北师范大学,2013年。
④ 卓玛草:《藏汉"双语"教学模式初探》,《西北民族大学学报》(哲学社会科学版) 2003年第6期。

"单基础"论即认知学习理论。主要是指加涅(Robert M. Gagne)的认识学习理论。①

"双基础"论即传播理论和学习理论。②

"三基础"论即指学习理论、教学理论、传播学,③布鲁纳的教学设计理论即掌握学习理论;加德纳的多元智能理论;建构主义理论。④

"四基础"论即系统论、学习理论、教学理论和传播理论。谢利民认为:"一般系统理论、传播理论、学习理论、教学理论是现代教学设计的基础理论。"⑤

"五基础"论即学习心理理论、现代教学理论、设计科学理论、系统理论和教育传播学。⑥

"六基础"论即学习理论、传播理论、视听理论、系统科学理论、认识论和教育哲学。⑦

2. 有关教学设计有效性的影响因素研究

教学设计有效性的达成会受到多方面因素的影响。胡曦春在其《初中语文课堂教学设计的有效性研究》中认为,影响教学设计的因素有初中语文教材版本、教师和学生角色定位、初中学生审美心理特征。⑧通过对高中生物教学设计的现状分析,李淑丹认为,高中生物教学设计之所以出现错误,就是因为教师对教学设计的"认知""情感""态度",具体表现为:教师缺乏相关的认知教育和实践训练;教师认为教学设计不重要;教师缺乏主动克服教学设计困

---

① 李克东、谢幼如:《多媒体组合优化教学设计的原理与方法》,《电化教育研究》1990年第4期。

② 转引自林宪生《教学设计的概念、对象和理论基础》,《电化教育研究》2000年第4期。

③ 乌美娜:《教学设计》,高等教育出版社1994年版,第11页。

④ 戴莹:《教学设计研究》,世界图书出版广东有限公司2014年版,第9—15页。

⑤ 谢利民主编:《教学设计应用指导》,华东师范大学出版社2007年版,第9页。

⑥ 张筱兰:《论教学设计》,《电化教育研究》1998年第1期。

⑦ 冯学斌、万勇:《教学设计的理论基础》,《电化教育研究》1998年第1期。

⑧ 胡曦春:《初中语文课堂教学设计的有效性研究》,硕士学位论文,华中师范大学,2013年。

难的意志行为，缺乏内部动机。① 王彦峰初步提出了有效提高高中化学教学设计以及课堂教学效率的 21 个影响因素：个人信念、教学机智、教师预期、教学观念、教学问题、集体备课、同行建议、教学进度、教师化学知识、教学策略、教学目标、教学资源、考纲要求、教材内容、学生背景、社会反馈、化学前景、先前课案实施、课堂情境、教学反思、教学评价。②

3. 有关教学设计有效性的策略研究

教学设计有效性策略涉及一系列环节，不同学者从不同角度进行了研究。严锦石认为，提高教学设计有效性的途径有突出目标设计的整体性，提倡情境设计的针对性，强调提问设计的指向性，追求实验设计的可行性，考虑作业设计的合理性，注意评价设计的情感性。③ 包军认为，有效的教学设计要"以学生为本"，并提出教学目标的设计要体现人本性，课堂教学设计要注重探究性，学科练习的设计要富有创新性，学习评价的设计要侧重发展性。④ 樊玉国采用现代教学设计理论，通过以下几个方面分析了课堂教学设计的有效性：学习者分析、教学活动、教学媒体、课堂评价。⑤

（三）对已有研究的反思

从研究内容看，已有研究对于双语教育和教学设计的研究比较多，对民族地区汉语文教学设计的研究甚少。

从研究方法看，研究者采用定性和定量相结合的研究方法的趋势明显增强，采用思辨式的研究较少。其中，主要采用问卷调查、访谈法对双语教育以及不同学科的教学设计进行研究，也有研究者

---

① 李淑丹：《高中生物教学设计中的问题、归因及对策研究》，硕士学位论文，陕西师范大学，2015 年。

② 王彦峰：《高中化学教学设计影响因素调查研究》，硕士学位论文，河北师范大学，2010 年。

③ 严锦石：《提高生物学教学设计有效性的思考与实践》，《教育理论与实践》2010 年第 14 期。

④ 包军：《思想品德课堂教学设计有效性初探》，《中学政治教学参考》2011 年第 9 期。

⑤ 樊玉国：《小学英语课堂教学设计的有效性》，《基础英语教育》2008 年第 3 期。

采用行动研究方法和一线教师共同致力于教学实践的改变。

从研究者的身份背景看，一线双语教师的研究成果相对比较缺乏，高校教师、专家学者以及研究生的研究成果相对比较集中。

第三节 藏族地区汉语文教学设计的现状

一 汉语文教学设计现状

（一）观其文：T老师汉语文教学设计

以初一汉语文教材中第五课《金黄的大斗笠》的教案分析为例，说明T老师教学设计的具体现状。

【课题】金黄的大斗笠　　　　　【课时】两课时

第一课时

【教学目标】

1. 会读、会写、会用生词
2. 能辨别多音字的差别

【重难点】会读、会写、会用生词

【课型】讲授课

【教法】讲读法

【教学过程】

一　自主学习：查字典和词

二　导学合作：做课后练习

三　成果检验：多音字

看 { kàn　看书　观看
　　 kān　看护　看家（表示守护、照料）

调 { tiáo　调皮　调节
　　 diào　调查　调子　调动

形近字：偷—愉　谣—摇　梳—流　辩—辨—辫

【小结】就课堂情况进行小结

第六章 提高藏族地区汉语文教学设计有效性的行动研究

【作业】抄写生字、词语

【板书设计】

一　生字

二　解词

柔和 $\begin{cases}温和而不强烈\\柔软；软和\end{cases}$　　梳理：用梳子整理

闪现：一瞬间出现，呈现

悠闲：闲适自得

任凭：听凭，无论，不管

歌谣：指随口唱出，没有音乐伴奏的韵律，如民歌、儿歌

【课后反思】本课词语例解中的"偶尔"具有一定的书面性，不像"恐怕""正好"一般口语化，通过多举例子，让学生了解后掌握。

——摘自 T 教师教案

《金黄的大斗笠》第一课时，主要是课文中生字词语教学，从中可以看出 T 老师教学设计中有关课时安排、教学目标设计、学情分析、教学方法等具体情况：（1）教学目标没有具体划分三维目标，只是笼统地概括；（2）教学重难点也比较简单，仅用"会读、会写、会用生词"加以抽象概括；（3）教学过程作为重点部分，在 T 教师教案中写得也比较简单，包括自主学习、导学合作与成果检验三部分；（4）教学方法比较单一，习惯化地使用传统讲授法；（5）教案中的课堂小结没有具体写，板书设计主要是词语解释；（6）课后反思在前两周就写好了，针对词语讲解而反思，预设性较强。

为了进一步深入了解这节课的教学设计，在《金黄的大斗笠》第一课时前，我访谈了 T 老师。从对 T 老师的访谈中可知：（1）教案写作离不开教师参考书以及已有的教学经验，教师没有灵活使用课本知识及教师用书，生成"领悟或理解的课程"；（2）教学目标的设计只是参照教师用书和教学经验，没有根据学情设计教学目标的意识和想法；（3）对教学三维目标理解不深刻，教案写作中没

有具体设计;(4)教学方法只是采用讲授法,很少使用多媒体教学;(5)课后反思基本上都是提前写好的,对本节课的课堂教学没有及时具体的反馈。

(二)察其行:T老师汉语文课堂教学

经分析知,T老师教案是对文本进行的解释。以这节课为例,利用弗兰德斯互动分析系统(FIAS)分析T老师的汉语文课堂教学现状以反射教学设计的实施状况。

1. 课堂教学的编码统计

根据弗兰德斯互动分析系统对观察和记录编码的规定,研究者每3秒取样一次作为观察记录。这个矩阵表是按照时间顺序进行记录的,比如,4~8~8~7~11~7~5~5~7~13~13,就可以用4—8、8—8、8—7、7—11、11—7、7—5、5—5、5—7、7—13、13—13来表示;再比如序对6—5出现13次,就可以在纵6列与横5行相交的单元格中填写13。同理,序对5—5出现276次,就在纵5列与横5行相交的单元格中填写276。表6-1是《金黄的大斗笠》课文讲解的弗兰德斯互动分析,结合改造后的FIAS分类,我们可以将本节课做如下分析。

在编码记录过程中,有些编码在3秒钟里可能会同时出现两种及以上行为,比如教师语言、学生语言;既有教师板书,又有教师语言;既有教师提问,又有学生回答等情况。因此,如果通过编码计算时间的话,这节课共花费时间43分9秒,比实际课堂教学40分多3分9秒。

2. 课堂结构

根据弗兰德斯课堂互动行为编码系统,在课堂结构上,将分为教师言语(矩阵表中的编码为1—7)、学生言语(矩阵表中的编码为8—10)、沉寂或混乱(矩阵表中的编码为11—12)、板书或做笔记(矩阵表中的编码为13—14)、技术(矩阵表中的编码为15—16)。通过频数统计可以分析得出课堂上师生互动情况与课堂结构,用每个项目编码的数据之和与编码总数的比算出每个项目的比率,如教师言语比率,用教师言语编码数据1—7列之和与编码总数的比得出，教师所占课堂时间之比，用教师语言编码数据 1—7 列之和乘以 3 秒/次得出。其他四个项目的计算方法与此相同。

表6-1　　《金黄的大斗笠》课文讲解的弗兰德斯矩阵

编码	1	2	3	4	5	6	7	8	9	10	11	12	13	14	15	16	合计
1	0	0	0	0	0	0	0	0	0	0	0	0	0	0	0	0	0
2	0	0	0	0	0	0	0	0	0	0	0	0	0	0	0	0	0
3	0	0	0	0	0	0	0	0	0	0	0	0	0	0	0	0	0
4	0	0	0	6	9	0	0	76	0	0	0	0	5	0	0	0	96
5	0	0	0	38	276	13	6	28	0	0	9	0	20	0	0	0	390
6	0	0	0	6	5	8	0	3	0	0	4	4	2	11	0	0	43
7	0	0	0	0	6	0	3	1	0	0	3	0	2	0	0	0	15
8	0	0	0	32	61	0	6	45	0	0	2	0	10	0	0	0	156
9	0	0	0	0	0	0	0	0	0	0	0	0	0	0	0	0	0
10	0	0	0	0	0	0	0	0	0	0	0	0	0	0	0	0	0
11	0	0	0	2	9	3	4	0	0	0	3	0	3	0	0	0	24
12	0	0	0	0	1	0	0	0	0	0	0	30	0	0	0	0	31
13	0	0	0	13	17	12	10	3	0	0	5	0	23	0	0	0	83
14	0	0	0	0	21	4	0	0	0	0	0	0	0	0	0	0	25
15	0	0	0	0	0	0	0	0	0	0	0	0	0	0	0	0	0
16	0	0	0	0	0	0	0	0	0	0	0	0	0	0	0	0	0
合计	0	0	0	97	405	40	29	156	0	0	26	34	65	11	0	0	863

因此，我们可以计算出《金黄的大斗笠》课文讲解这节课的课堂结构情况（见表6-2）：按照编码时间 43 分 9 秒计算，教师言语用 28.55 分钟，学生言语用 7.8 分钟，从课堂观察中可以看出，课文讲解主要是由 T 老师讲授，学生在老师提问后回答，其余时间就端坐静听。课堂有 3 分钟时间处于沉寂或混乱状态，教师在提问后学生的思考或者教师在板书时学生跟随抄笔记。课堂上板书或做笔记的时间为 3.8 分钟，占课堂时间的 8.81%。T 老师没有使用多

媒体教学，使用技术时间为零。对课堂结构表的整体分析可知，这节课是以教师为主导，学生被动回答问题，学生在教师"权力控制"范围内，没有充分发挥学生自主探究、合作学习的能力，因而T老师这堂课仍然采用传统讲授方法，课堂气氛比较沉闷压抑，学生很少参与。

表6-2 《金黄的大斗笠》课文讲解的弗兰德斯互动分析课堂结构

类别项目	时间		比率（%）	
	计算方法	时间（分钟）	计算方法	比率（%）
教师言语	1—7列次数×3秒/次	28.55	1—7列次数/总次数	66.16
学生言语	8—10列次数×3秒/次	7.80	8—10列次数/总次数	18.08
沉寂或混乱	11—12列次数×3秒/次	3.00	11—12列次数/总次数	6.95
板书或做笔记	13—14列次数×3秒/次	3.80	13—14列次数/总次数	8.81
技术	15—16列次数×3秒/次	0	15—16列次数/总次数	0

二 学生汉语文学习现状

经过对考试试卷的分析以及与T老师的交流，下面对学生有关基础知识、阅读理解、作文写作这三类题目进行具体分析。

（一）基础知识是教师"教"与学生"学"薄弱意识的奠基石

汉语文作为藏族学生的第二语言，基础知识是语言学习的最基本内容，也是流利掌握汉语的必备基础，因而学生必须掌握汉语的基础知识。在学生作业中，笔画书写不规范导致字词的错误，有关"老师"的"老"、"依赖"的"依"一撇一捺书写不规范，二者之间发生同样的错

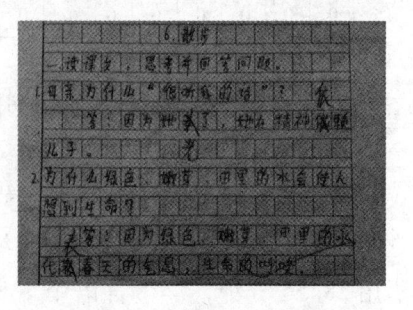

图6-2 汉字笔画书写不规范

误（见图6-2）。"依赖"写成"依懒"，"举头望明月"写成"菊头望明月"（见图6-3）。在查字典填表中，有关部首、结构、音序

及字义的填写发生如下错误：部首分辨不清，不知道字的结构，音序中声调（尤其是轻声）发音不准，字义理解不准确（见图6-4）。

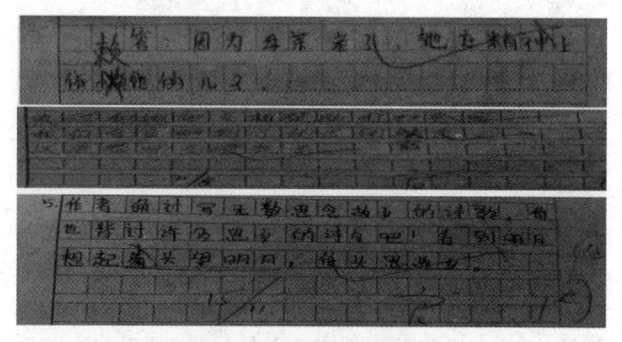

图6-3　错别字的书写

图6-4　查字典填表

字同音不同、音同字不同、多音字等拼音与汉字的搭配是汉语学习中比较难掌握的部分。对于词语的发音，学生分不清声调，如图6-5中第一大题第1题B选项"使劲（shì jìng）"分辨不清，而应该是使劲（shǐ jìn）。学生难以分辨多音字的多个读音，分不清具体哪个词语发哪个音，如图6-6中第一大题第4题C选项"尽量"分不清多音字，应该是"尽量（jǐn liàng）"。

学生在学习词语的搭配、副词的运用等方面都比较困难，不能很好地掌握。如图6-7中第一大题第2题中，学生对"大方的课本""亲切作业"等词语不能做出准确判断。学生对于副词在句子中的意思不能完全准确地理解，如图6-8中"毕竟""总算""偶尔"等副词学生掌握不够，不能分清其词义。

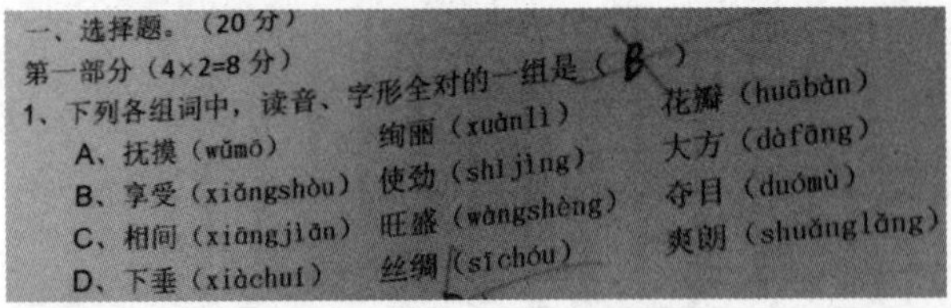

一、选择题。(20分)
第一部分 (4×2=8分)
1、下列各组中,读音、字形全对的一组是(B)
　A、抚摸 (wǔmō)　　绚丽 (xuànlì)　　花瓣 (huābàn)
　B、享受 (xiǎngshòu)　使劲 (shǐjìng)　大方 (dàfāng)
　C、相间 (xiāngjiàn)　旺盛 (wàngshèng)　夺目 (duómù)
　D、下垂 (xiàchuí)　　丝绸 (sīchóu)　　爽朗 (shuǎnglǎng)

图6-5　读音与字形辨析

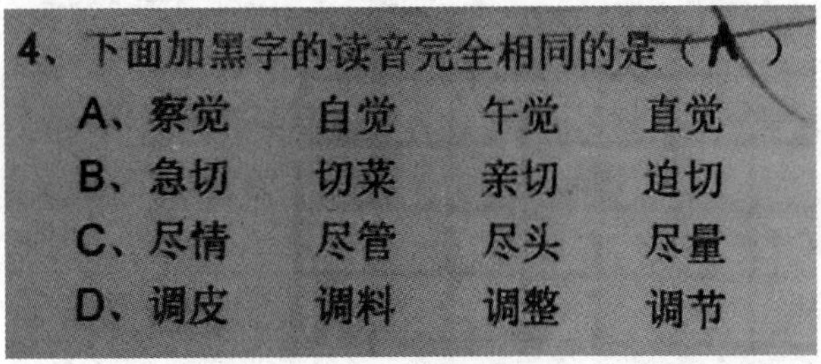

4、下面加黑字的读音完全相同的是(A)
　A、察觉　　自觉　　午觉　　直觉
　B、急切　　切菜　　亲切　　迫切
　C、尽情　　尽管　　尽头　　尽量
　D、调皮　　调料　　调整　　调节

图6-6　读音辨析

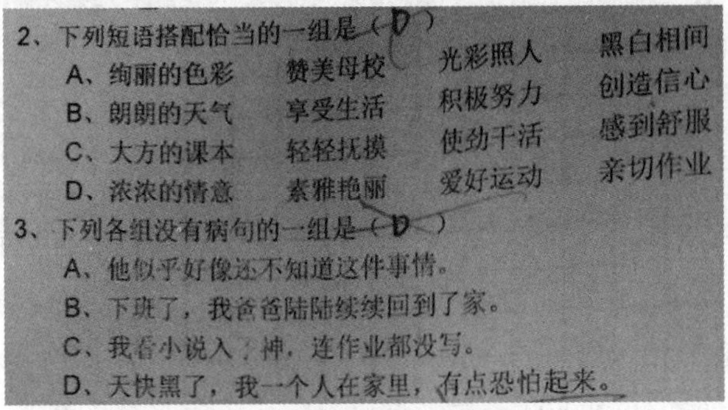

2、下列短语搭配恰当的一组是(D)
　A、绚丽的色彩　赞美母校　光彩照人　黑白相间
　B、朗朗的天气　享受生活　积极努力　创造信心
　C、大方的课本　轻轻抚摸　使劲干活　感到舒服
　D、浓浓的情意　素雅艳丽　爱好运动　亲切作业
3、下列各组没有病句的一组是(D)
　A、他似乎好像还不知道这件事情。
　B、下班了,我爸爸陆陆续续回到了家。
　C、我看小说入了神,连作业都没写。
　D、天快黑了,我一个人在家里,有点恐怕起来。

图6-7　短语搭配与病句选择

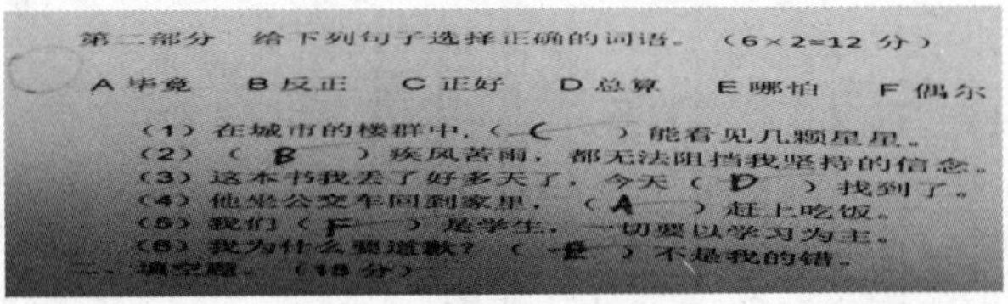

第二部分　给下列句子选择正确的词语。(6×2=12分)
　A毕竟　B反正　C正好　D总算　E哪怕　F偶尔
(1) 在城市的楼群中,(C)能看见几颗星星。
(2) (B)疾风苦雨,都无法阻挡我坚持的信念。
(3) 这本书我丢了好多天了,今天(D)找到了。
(4) 他坐公交车回到家里,(A)赶上吃饭。
(5) 我们(F)是学生,一切要以学为主。
(6) 我为什么要道歉?(E)不是我的错。
二、填空题。(18分)

图6-8　副词选择

第六章　提高藏族地区汉语文教学设计有效性的行动研究

（二）阅读是教师"教"与学生"学"的拦路虎、绊脚石

在与教师、学生的交流中得知："阅读"是教师"教"之困，学生"学"之惧。对词语、句子、文章的中心思想不能全面深刻的理解是学生在学习阅读中遇到的难题。

如图6-9试卷中阅读理解的第1题给文中加黑的词语"抑扬顿挫""绘声绘色"等造句，大部分学生不能理解这些词语的意思。第2题"本文主要记叙的人物是谁？说说她是一个怎样的人"。大部分学生对第一小问都可以答出，但是对第二小问，90%的学生概括不全面，不能准确回答。第3题"'她像粉笔、蜡烛、桌子、椅子'这句话用的修辞手法，表达了……"大部分学生对于修辞手法的掌握不准确，分辨不清什么是比喻句、排比句、设问句等。

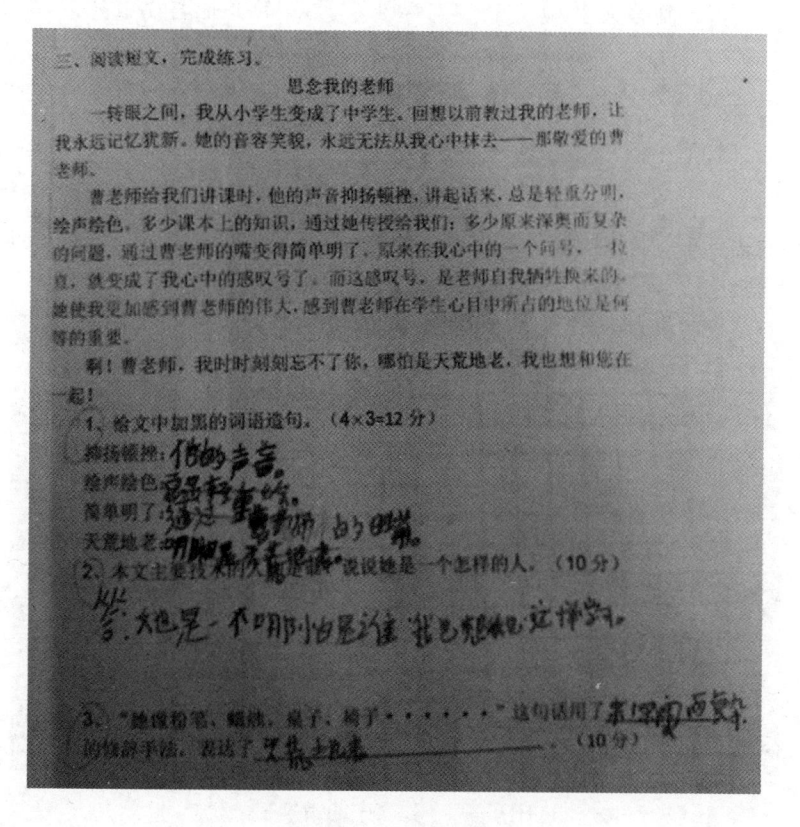

图6-9　阅读理解

如图 6-10 所示，在第二课《我的老师》练习册第二大题第 1 小题"作者一共选取几个经典的事例"这道题目学生几乎答不出来，对教材中的课文没有进行全面深刻的理解。由此看出，学生对于课文的理解不到位，不能深刻全面地把握课文中的句子以及中心意思。

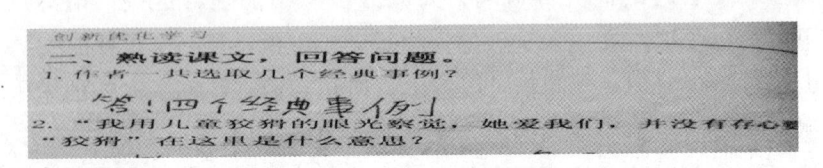

图 6-10　课文理解题

（三）作文是教师"教"与学生"学"的高地与制胜点

作文中基本知识的薄弱会影响作文的质量，错别字众多、标点符号误用是学生在写作中面临的基本知识难点。

如图 6-11 中，"奔腾"写成"贲腾"，"家庭"写成"家廷"，"灭亡"写成"灭王"等。标点符号使用不准确，如图 6-12 中标点符号的使用，不知道哪儿使用逗号、句号，理不清句子之间的逻

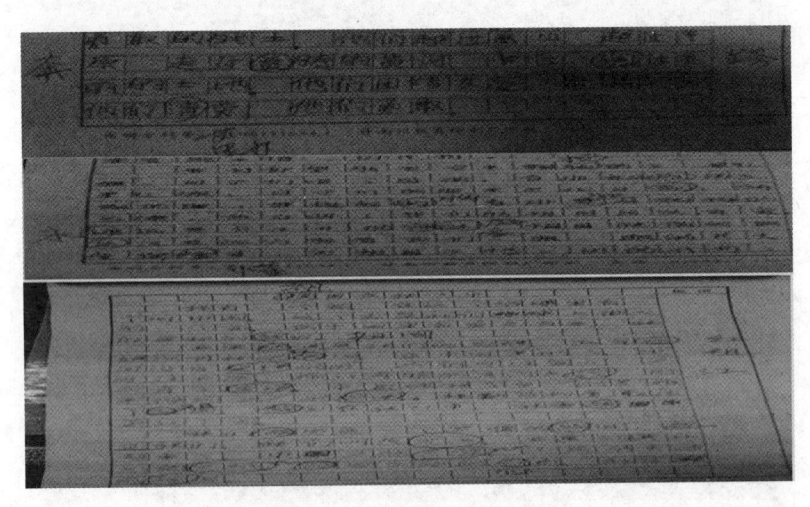

图 6-11　作文中的错别字

第六章 提高藏族地区汉语文教学设计有效性的行动研究

辑关系，不会断句。

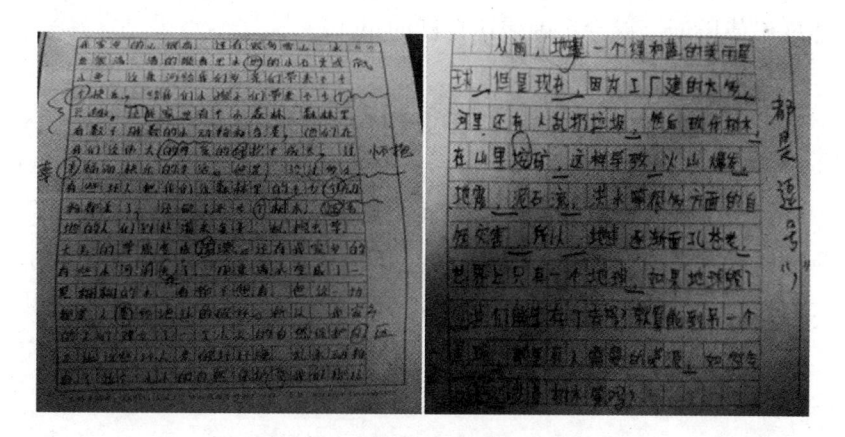

图 6-12 作文中的标点符号

学生在作文写作中完全不能用汉语正确地表达自己的意思。如图 6-13 中作文《祖国在我心中》，学生进行了如下描写："祖国帮助了我们做学校，让我们学习，不会我们也跟着牛羊辛苦……"从中可以看出学生想要表达的意思，但是不能正确表达，同时不能明白句子之间的逻辑关系，不能正确断句。有一名学生在《保护环境》的作文中写道："我们作为一个中华民族，更作为一个中华民族的学生，应该懂得要保护环境，要改掉乱扔垃圾，随地吐痰的道理"……可以看出：作文中的病句太多，比如"我们作为一个中华

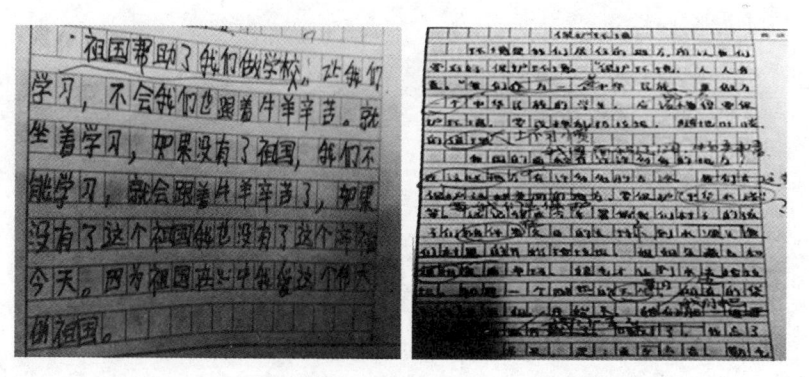

图 6-13 作文《祖国在我心中》与《保护环境》

民族""要改掉乱扔垃圾、随地吐痰的道理"等都是病句,学生不能准确使用词语或者正确表达自己的想法。

第四节 行动研究的过程:我们在做什么

为了逐步实现有效的教学设计,在研究开展的前两个阶段中分别与 T 老师进行每节课的教学设计(13 节课),第三阶段为 T 老师独自进行的教学设计。其中,选择每个阶段具有代表性的课程,共三节课的教学设计作为本研究在三个阶段的具体行动过程并体现实施效果。

一 初步探索:与 T 老师的协同行动

9—10 月是本行动研究开展的第一阶段,是研究者与汉语文 T 老师相识相遇、逐步了解、增进认识的过程。这一阶段选择汉语文中《散步》作为初步探索的代表设计来说明我与 T 老师的具体合作过程。

(一)《散步》生字词的教学设计

【课题】散步
【课型】讲授课
【教学目标】
1. 知识与能力目标
(1) 学习掌握生词和词语,了解它们的意义和用法。
(2) 学会使用"本来""总算"和"毕竟",能够造出正确的句子。
(3) 通过学习,训练学生围绕一个话题进行简单会话的能力。
2. 过程与方法、目标
(1) 在教学中,让学生学会自主、合作、探究式等学习方法。
(2) 通过课文的学习,掌握描写人物的方法。
3. 情感、态度、价值观目标
通过学习,在把握课文内容,感受父母、子女之间的亲情,

第六章 提高藏族地区汉语文教学设计有效性的行动研究

体会中华民族家庭伦理观念和传统文化，弘扬传统美德的思想感情。

生字词教学（第一课时）

【教学重难点】

1. 字词句的学习和巩固。
2. 有些字词比较难写，多音字学生容易混淆。

【教学方法】

讲读法、自主探究法、合作学习法。

【教学过程】

一　课堂导入

师：同学们，你们和爸爸妈妈或者其他家庭成员一起玩过吗？（比如散步、去草原玩耍等）在一起散步有什么样的感受呢？大家说一说。

生：我们全家人一起玩过，香浪节的时候我们全家都会到草原上，在一起能够感觉到有家的温暖，感到爸爸妈妈等亲人之间的亲密之情。

二　导学合作

师：接下来，大家看看今天学的是什么课文？从题目中大家可以看出什么？

生：《散步》，从题目中可以看出这应该是有关一家人一起散步的课文。

师：这篇课文的作者是谁？

生：莫怀戚

师：莫怀戚，1951年6月3日生于重庆，笔名周平安、章大明。当代作家。其中《散步》《家园落日》被选入中学语文课本。2014年7月27日因病在家中不幸去世。

师：咱们今天一起学习《散步》，大家下去预习课文，把生字词语都预习一下吧，接下来，同学们一起朗读一次课文，注意要把生字词画出来。

生：（一起朗读课文）

师：给大家1分钟时间，每个组讨论一下今天要学习的生字、词语以及多音字,然后每个组出一个同学,到黑板上写这节课的生字、词语以及多音字。

生:(黑板上写生字、词语以及多音字)

师生:共同检查黑板上组员所写内容,查找正误,(教师)进行讲解。

三 检验提高

练习课后第二、三大题,并填写到书上。

【课堂小结】

这节课主要是学习生字、词语,在此基础上巩固字词,加强朗读,熟悉课文,为课文讲解做铺垫。

【布置作业】

把生字、词语以及多音字抄到作业本上。

【板书设计】

6 散步

《散步》写于1995年,因为是发一种"生命的感慨",所以注定了它的抒情色彩。(抒情散文)

解词:

熬:忍受,表示不容易。

取决:表示由某个方面或某种情况决定,后面常跟"于"字。

两全其美:做一件事顾全两个方面,使两个方面都很好。

拆散:使家庭、集体等分散。

各得其所:每一个人或事都得到合适的安顿。

委屈:(1)受到不应该有的指责或待遇,心里难过。(2)让人受到委屈。

尽头:末端;终点。

反义词:老—小(幼) 慢—快 温暖—寒冷 迟—早
　　　　瘦—胖 矮小—高大 浓—淡 重—轻 强—弱

多音字:

重 { zhòng 重要 重量　　行 { háng 银行 行列
　　 chóng 重复 重新　　　　 xíng 行为 行动

【课后反思】

课后我与 T 老师进行了交谈，T 老师说："这节课感觉时间有点紧，把课堂交给学生，让他们先自主、合作学习生字、词语以及多音字，课堂时间比较有限，担心讲不完，这样讲我觉得挺好的，但是好像学生还是不太习惯。"T 老师的这番话也不无道理，在课堂观察中我也在思考课堂上学生自主、合作学习时间太长，一节课的教学任务肯定完不成。我感觉到 T 老师有点不耐烦，还是想使用传统讲授法，对于没有把握的变化，似乎有点想放弃，或许是我们之间还缺乏信任感和契合度。毕竟是新的尝试和变化，但是 T 老师比较和蔼可亲，倒是没有对我以及行动研究失去信心。

在与 T 老师共同进行教学设计，经过课堂观察，并与 T 老师和学生交流后发现，《散步》第一课时教学设计存在不少问题及注意事项：（1）在听课过程中发现，由于采用"比较新"的教学方法，教师与学生的出现短时期不适应，课堂效率比较低，T 老师对课堂教学时间的掌控有点紧，导致出现拖堂现象；（2）在学生课堂小组讨论生字、词语及多音字时，不知道自己该做什么，具体任务分配不明确，自主探究、小组合作学习方法有待进一步改善，必须思考在合作中学习任务如何分配，学生学习兴趣如何激发，如何加强学生的学习动机等问题；（3）课前学生的学习准备，如怎么进行预习，怎么在课外进行自主学习等；（4）课堂上师生互动比例有所改善。虽然开始只有少部分学生积极上黑板写生字、词语及多音字，但是在 T 老师的鼓励下，学生们比较积极参与了。

（二）关于《散步》课文理解的教学设计

阅读教学是学生学习汉语文的一大难点，学生对阅读中的词语、句子、中心思想等难以把握，针对此难题，教师在课堂教学中如何加强课文中词语、句子、中心思想等内容的理解是教学设计亟待加强的环节之一。

课文理解（两课时）

【教学重难点】

1. 思考课文所要表达的思想感情，加深对课文内容的理解。

2. 对散步过程的理解（"走大路"还是"走小路"）以及掌握课文写作和语言特点。

【教学方法】小组讨论法，多媒体教学法

【教学过程】

一　课堂导入

师：同学们，昨天咱们一起学习了《散步》的生字词。大家想不想跟着多媒体一起朗读课文呢？然后咱们一起学习这篇课文所讲的内容，课文中有哪些优美的语句？这篇课文究竟告诉我们什么道理呢？

二　导学合作

师：同学们，咱们今天读课文分小组朗读，注意一边读课文，一边思考每段的段落大意并写下来。（第一自然段——老师，第二自然段——第一组，第三自然段——第二组，第四自然段——第三组，第五自然段——第四组，第六自然段——第五、六组，第七自然段——第七、八组，第八自然段——第九、十组，并且按照分组概括段落大意，最后将其写到黑板上。）

生：（学生分小组朗读课文。）

师：接下来大家听听多媒体中的标准朗读。（边听边思考每段的大意，写到笔记本上。）

生：听多媒体朗读。（标准普通话版朗读。）

师：把大家刚才思考的段落大意按照朗读的小组，写到黑板上。

生：在黑板上写出段落大意。

师：课文第一自然段写什么？

生：开篇点题，交代一家四口人（祖孙三代）一起散步。

师：课文中第二、三自然段描写的是什么？

生：写了散步的缘由。

师：那么散步的缘由是什么呢？课文中哪些句子可以体现出来？

生：（1）年老的母亲很信任我："她现在很听我的话，就像我小时候听她的话一样。"（2）春天来了，天气很好："天气很好。今年的春天来得迟，太迟了，但是春天总算来了。"

师：课文中第四自然段描写的是什么？

生：是过渡段，起承上启下的作用，以写景显示出春天的气息。

师：这个自然段写景，也是优美句子段落。仔细阅读这一自然段，思考课后第一大题的第二小题。

生：因为田野里的绿色、树上的嫩芽、田里"咕咕"冒着水泡的水，代表着初春生命的复苏、萌生。

师：课文第五—七自然段讲的是什么？

生：散步的过程，具体第五自然段讲散步伊始，第六自然段写"我"的心理活动，突出"我"的孝心，第七自然段讲走小路的缘由。

师：第五自然段儿子说"前面是妈妈和儿子，后面也是妈妈和儿子"。这句话说明了什么？

生：儿子的话充满情趣，代表着家族和伦理的传承。

师：结合第六、七自然段说说"我"为什么决定走大路？母亲为什么又改变了主意，要走小路？

生：（1）因为"我"和儿子在一起的日子还很长，"我"和母亲在一起的日子已经不多了，所以要听母亲的，走大路，尽孝道。（2）小路景色美丽，母亲不想让孙子失望，表现了长辈对晚辈的慈爱。

师：第八自然段讲的是什么？

生：点题，表达了人到中年后对家庭、对生活的责任感和使命感。

师：怎样理解"好像我背上的同她背上的加起来，就是整个世界"？

生：老人和孩子，就是"我"和妻子感情、生活的世界，表达出人到中年的责任感和使命感，体现了中国人的家庭观念和传统美德。

三　体验提高

1. 思考课后第一大题（五个小问题）。

2. 背诵"天气很好"到"——生命"

【课堂小结】

这篇课文是一篇散文，通过一家人散步这件平常事，表现了亲人之爱和传统的家庭伦理观念，强调的是一种理解和体谅精神，家庭的责任感和使命感，让学生懂得中华文化的家庭理念和民族传统美德。

【布置作业】

1. 将课后第一、二、三答题写到作业本上。（第一题是对课文内容的理解，第二、三题是对基础知识的进一步掌握。）

2. 请同学们根据课文内容，画一幅有关祖孙三代一起散步的画。（当初 T 老师不太愿意布置，我尽力说服了 T 老师。）

【板书设计】

《散步》
- 第一自然段：散步的人物（祖孙三代）
- 第二、三自然段：散步的缘由
- 第四自然段：春天的景色
- 第五—七自然段：散步的过程
- 第八自然段：作者的责任感和使命感

【课后反思】

《散步》是重点课文，加之学生对课文内容理解较差，因此就分成两课时教学。与 T 老师及时交流后发现一些问题：（1）有关多媒体教学方法的使用，T 老师与我商量后决定，多媒体和板书结合进行。生字词语教学等就不用课件，主要是课文讲解时采用多媒体，帮助学生理解课文，激发学生兴趣。（2）课堂互动比较多了，T 老师说："这两节课明显感到学生们参与积极性高了，让学生多参与课堂讨论,学生们小组合作,在小组之间进行朗读竞赛、查找概括段落大意等,似乎更能调动他们的学习热情,也能提高课堂上学生的学习效率。"

每天下午自习我都会去教室与学生聊天,这两节课后也依然如此。我问学生:"这两节课有什么变化?你们感触最大的是什么?"有的学生说:"最大的变化就是我们也可以在课堂上'说话'了(学生的意思就是合作、讨论学习)。我觉得这样挺好的,我们几个围成一圈朗读、概括段意,不会的话就互相商量。"与学生交流发现:学生普遍反映非常喜欢多媒体的使用,多媒体中的图片可以帮助他们理解课文中"走大路、走小路"的缘由。此外,跟随多媒体朗读课文,感觉可以练习普通话,就是老师经常强调的"有感情地朗读课文",学习模仿朗诵。

二 再次探索:与 T 老师的持续行动

国庆佳节过后,Z 中又开始忙碌起来,我们再次回到了 Z 中学,第二轮行动研究也逐步走上正轨。在前一个月行动的基础上,我与 T 老师继续协作进行新的教学设计变革。其中从 10—11 月合作制定的课程中选择《春节》的教学设计来分析此阶段的具体变革过程。

(一)《春节》生字词教学设计

基于学生学习的不断变化,我与 T 老师进行的教学设计也不停地调整,争取达至完美。

【课题】春节　　　　　【课型】讲授课
【教学目标】
1. 知识与能力
(1) 理解课本中要求掌握的生字"腊、氤、碌、侧、揭、截、吉、剁、馅、祸"以及词语表中的词语,学会使用词语例解中的"据说、处处、于是"造句。
(2) 能够有感情地朗读课文,理解课文中有关春节习俗的介绍，感受春节热闹的节日气氛。

2. 过程与方法：培养学生自主合作探究式学习方法，在预习、上课、课后学习中养成良好的学习习惯。

3. 情感、态度、价值观目标：理解和感受春节的习俗，激发学生了解民风民俗以及探究传统文化的兴趣。

【教学重点】

引领学生感受过春节的隆重和热闹气氛，领悟民俗文化的丰富内涵。

【教学难点】

作者在文中采用的表达方法，如何突出春节"热闹"这一特点。

【教学方法】

自主学习，小组合作探究，多媒体教学，问题阅读法。

【授课时数】

两课时。

第一课时

【教学过程】

一 导入新课，激发兴趣（2分钟）

谈谈喜欢春节的理由（唤起学生对春节热闹喜庆气氛的回忆），说说藏族过年时的热闹气氛。

二 春节包括哪些重要节日？（2分钟）

腊八——腊月初八　　　　　小年——腊月二十三

除夕——一年中的最后一天　　春节——初一至初五

元宵——正月十五

三 春节的来历（2分钟）

"春节"起源于古代殷商时的祭神祭祖活动，俗称"腊祭"。西周初年已有在新旧岁交替之际庆祝丰收、祭祀祖先的风俗活动，可认为是"年"的雏形。西汉汉武帝时期，由司马迁建议把春节定在农历正月初一，一直延续到今天。

四 朗读课文（10—12分钟）

1. 让学生分小组朗读课文并查找、画出生字、词语及多音字。

(第一自然段——老师,第二自然段——第一、二组,第三自然段——第三、四组,第四自然段——第五、六组,第五自然段——第七、八组,第六自然段——第九、十组。)

2. 用多媒体播放《春节》普通话朗读录音,让学生模仿着读,注意画出的生字、词语及多音字。

五 生字词教学(20—25分钟)

1. 先让学生按照前面分的小组,将本节课中他们认为的生字、词语及多音字写到黑板上,最后教师纠正。(每个小组只出一个代表,第二自然段——第一组,第三自然段——第二组,第四自然段——第三、四组,第五自然段——第五、六组,第六自然段——第七、八组,多音字——第九、十组。)

2. 重点强调以下字词

腊月:古代在农历十二月合祭神叫作腊,因此农历十二月叫腊月。

寒鸦:指寒冷冬天里的乌鸦,连寒鸦都冻死了,可见腊七腊八天气之冷。

心眼儿:一般指注意、心地、内心等。

福无双至,祸不单行:指幸运事不会连续到来,祸事却会接连而至。

团圆:指一家人分散后重新聚在一起。

据说:根据别人说或听别人说,一般做插入语。

处处:各个地方,各个方面。

于是:连词,表示后面的事情紧随着前面的事情发生。

【课堂小结】(1分钟)

加强生字、词语及多音字的练习,熟读课文,加深对课文的理解。

【布置作业】(1分钟)

把生字、词语及多音字抄写到作业本上。

【板书设计】

春节 { 春节的来历
春节的节日
生字词
多音字 } 学生在黑板上写,教师纠正

【课后反思】

《春节》第一课时结束后，我再次与 T 老师交流。我问："T 老师您感觉现在生字教学（也就是每节课的第一课时）这部分的教学设计还有什么问题吗？"T 老师笑着说："我觉得好得很了，你看现在课堂上学生们非常活跃，小组之间合作竞争蛮激烈的。"从刚开始与 T 老师进行合作到现在，他的课后教学反思越写越全面、具体，而且是对目前教学设计整体环节的反思。以下是 T 老师这节课的课后教学反思：（1）课堂时间预定后，就可以大体按照预定时间讲课，在给定时间里教授完毕；（2）最显著的就是教学方法的变化，分小组合作竞争性朗读课文，能够明显感觉到学生们朗读水平的进步，然后再跟随标准的普通话录音朗读，学生就可以声音整齐、发音标准，带感情地朗读；（3）生字词教学部分发生很大变化，让学生主动查字典，小组之间讨论商量后，把这些字词、多音字写到黑板上，能够激发他们自主学习的欲望。

在与学生的交流中也可以看出，学生这段时间的学习气氛确实有很大的变化。在课堂观察中，发现学生由原来的"不敢上黑板写字，课堂讨论中不敢说话"逐渐变为"抢着上黑板写生字词、多音字，小组讨论中积极发言，好几个同学凑到一起商量"。学生们对于小组合作教学方法非常喜欢，他们在学习中可以感到快乐，在小组合作讨论学习中可以学到很多字词。课堂合作探究式学习可以推动学生课外的自主预习，同班同学之间互相学习、互相帮助。由于课堂上的小组合作讨论任务，他们会在课下做好充分准备，课内外的互动促进了学习，不但可以推动教师教学设计的有效实施，而且使学生的学习效果得以体现。

（二）《春节》课文理解的教学设计

阅读是令教师与学生恐惧的难题。如何用新颖的教学方法诱导学生快乐阅读是设计中的难处。

第二课时

【复习导入】（2分钟）

重温过年的热闹气氛。

1. 听歌曲《恭喜》，回顾过年气氛。

2. 同学们喜欢这首歌吗？为什么？从歌声中你听到了什么信息？

【初读课文，整体感知】（35—40分钟）

1. 说说春节从整体上给你留下了什么印象？

热闹、喜庆、团圆、快乐、高兴。

2. 春节是什么样的节日？（第一自然段）

春节是中国最热闹的传统节日。

3. 一进入腊月，就会出现什么样的气氛？（第二自然段）

越来越浓的节日气氛。

4. 寒冷为什么减不了人们对过年的热情？（第二自然段）

因为寒冷过后很快便是春节，所以人们并不会因为寒冷而减少过年与迎春的热情。

5. 春节来临之际每家每户都不能少的是什么？（第三自然段）

贴春联。

6. 王羲之是谁？（第四自然段）

东晋时期的大书法家。

7. 为什么王羲之写的对联刚贴出来就不见了？（第四自然段）

因为一个邻居酷爱他的字，平常没有机会得到，这时就偷偷地揭走了。

8. 第三次贴出的春联为什么没有被揭走？（第四自然段）

因为他只贴出了春联的上半截，来揭春联的人一看，这话不吉利，就没有揭走。

9. 春联贴起来了，说明了什么？（第五自然段）

说明大年三十就要到了。

10. 大年三十大家为什么都要赶回家？（第五自然段）

要和家人团圆，全家人坐在一起吃团圆饭。

11. 现在流行去哪里吃团圆饭？（第五自然段）

饭店。

12. 吃过团圆饭，大家在一起干什么？（第六自然段）

吃过团圆饭，大家看晚会，打扑克，下棋，聊天，还要包饺子，好不热闹。

13. 新年的钟声敲响后，会出现什么样的场面？（第六自然段）

大家开始放鞭炮，各种各样的花炮映红了天空。

【总结反馈】（2分钟）

文章开篇点题，突出热闹气氛，先写一进腊月，节日的气氛就越来越浓，接着由气氛的浓烈引出春联，再写春节的主题，吃团圆饭，包饺子守岁等，扣住文章的中心，突出春节的热闹气氛。

【布置作业】（1分钟）

1. 把课后第二、三大题写到作业本上。

2. 把这篇课文编成故事讲给大家听或者搜集其他民族过年的资料，编成故事然后互相交流。

【板书设计】

春节 { 忙腊月——腊八、小年、扫尘
       贴春联——传说
       吃团圆饭——饭店
       看晚会，下棋，聊天 } 热闹

【课后反思】

对于课文讲解，T老师进行如下的课后教学反思：（1）激发学生学习课文以及阅读的兴趣是教学设计的难点和重心，但是，经过这段时间重新进行教学设计，学生对课文理解逐渐增加了积极性，主动参与课堂互动；（2）以前我没有精心设计课堂导入，发现这是教学设计中的缺陷，诱发性课堂导入可以将学生带入课堂，起到集中其精力的作用；（3）问题式教学方法，我觉得适合我们这种学习基础差的民族地区，学生可以根据所设置的课文问题跟随老师逐步理解句子和课文疑难问题。此外，问题式教学方法可以防止学生上课走神，激发学生学习阅读理解的兴趣和积极性。

极大欢喜之事就是看到学生在新的教学设计后的慢慢进步，由原来的恐惧心理逐渐靠近阅读，开始跟着老师慢慢理解句子、课文段落等，学生的变化也是我与 T 老师持续坚持教学设计的动力。学生告诉我："现在汉语文课感觉有趣多了，老师让我们听听歌、编编故事、讨论商量问题，我感觉到非常高兴快乐。"在课堂观察中可以看到，学生上课的积极性非常高，老师提问都是抢着回答。记得我第一次听课的时候，上课回答问题也只是一部分汉语文学习好的学生，而现在全班学生都可以参与其中，非常投入地上课、听课、讨论问题。一名女学生说："老师给我们一句一句分析，让我们从课文中寻找问题的答案，帮助我们理解，这样好得很。"

三 自我成长：T 老师的独自行动

11 月假期结束之后，我们再次返回了 Z 中学。时间飞逝，将近三个月的时间，每次都是在 T 老师前期教学设计变革的基础上，根据学生学习的变化，设计下一步教学流程。本阶段的教学设计我只是作为旁观者或是观察者，T 老师再次回归自己独自的设计之路。其中选择 T 老师《北京四合院》的教学设计作为此阶段其独自的行动设计。

（一）《北京四合院》生字词教学设计

生字词教学部分要充分发挥老师的引导作用，激发学生学习汉语文的动机，让学生在自主学习、合作探究、小组竞争中获得学习的成就感与自信心，实现教师轻松讲授，学生快乐学习的理想状态。

【课题】北京的四合院　　　　　　【课型】讲授课
【教学目标】
1. 知识与能力
（1）会读、会写要求掌握的生字"宅、统、虑、邀、欣、赏、溜、型、拥、谓、辈、廊、缸"以及词语。学会使用词语例解中的"常常、大多、往往"造句。

（2）认真阅读课文内容，了解四合院的基本结构及居住情况。

2. 过程与方法

培养学生自主合作探究式学习方法，在预习、上课、课后学习中形成良好的学习方法。此外，学习课文在介绍建筑方面的描写方法。

3. 情感态度价值观

激发学生了解北京的历史与文化的兴趣，引导学生感受四合院里老北京人和谐相处、情同一家的感情。

【教学重点】

逐渐启发学生对古代建筑等传统文化的学习兴趣。

【教学难点】

理解四合院的悠久历史以及深厚的文化底蕴。

【教学方法】

自主学习，小组合作探究，多媒体教学，问题阅读法。

【授课时数】

两课时。

第一课时

【教学过程】

一　课堂导入（5分钟）

播放歌曲《北京欢迎你》，问学生听过这首歌吗？你们想不想去北京玩？今天，老师带大家去北京的四合院游玩好吗？

在走进四合院之前，我们先学学应该掌握的字词。

二　朗读课文（10—12分钟）

1. 让学生分小组朗读课文并查找、画出生字、词语及多音字。（第一自然段——第一组，第二自然段——第二组，第三自然段——第三、四组，第四自然段——第五、六组，第五自然段——第七、八组，第六自然段——第九、十组。）

2. 用多媒体播放《北京四合院》普通话朗读录音，让学生模仿着读，注意画出生字、词语及多音字。

三　生字词教学（20—25分钟）

1. 先让学生按照前面划分的小组，将本节课中他们认为的生字、词语及多音字写到黑板上,最后教师纠正。(第一自然段——第一组,第二自然段——第二组,第三自然段——第三、四组,第四自然段——第五、六组,第五自然段——第七、八组,第六自然段——第九、十组。)

2. 解释词语

坐:指房屋背对着某一方向。

常常:副词,表示出现的次数多。

大多:副词,大部分,大多数。

往往:副词,表示某种情况经常出现。

随着:跟随,伴随,后边常常带名词性宾语。

积累了生词后让我们走进课文。

【课堂小结】(2分钟)

加强生字、词语及多音字的练习,熟读课文,加深对课文的理解。

【布置作业】(1分钟)

把生字、词语及多音字抄写到作业本上。

【板书设计】

学生在黑板上写,教师纠正。

【课后反思】

我与T老师前期的教学设计虽然也不是完美至上的,但一直在不断前行。从T老师这次教学设计中可以看出:(1)教学目标明确化、具体化,在符合教学大纲的基础上逐渐设计符合学生学习的目标,尤其是在过程与方法目标上更能让学生获得学习的方法;(2)教学目的是激发学生学习的兴趣,唤醒其学习的积极性、主动性,在自主合作探究式学习中逐渐培养学生自主学习能力、合作竞争意识、探究创新能力等;(3)教学过程就是教学实施环节,在课堂导入部分逐步注意激趣导入,唤起学生学习本节课的乐趣。经过这段时间教学方法所发生的变化,T老师逐渐采用了新的教学方法。

(二)《北京四合院》课文理解教学设计

如何在课文讲解中消除学生的"阅读恐惧症"是课文理解教学设计的核心。在持续三个月的变革中，T老师在课文理解设计上逐步走上成熟的教学设计之路。

第二课时

【复习导入】（1分钟）

你见过或者听过哪儿的四合院？能说说它们的样子吗？你家院子的布局是什么样的？

【初读课文】（2分钟）

1. 整体朗读课文，梳理文章结构。

2. 想想：课文是按什么顺序介绍北京四合院的？介绍了四合院的哪几个方面？

【精读课文，整体感知】（35—40分钟）

分小组学习第一——六自然段，展开讨论，说说你读懂了什么？在相应的段落旁边做出批注。（第一自然段——第一组，第二自然段——第二组，第三自然段——第三、四组，第四自然段——第五、六组，第五自然段——第七、八组，第六自然段——第九、十组。）

（多媒体图片展示，让学生直观感受北京四合院。）

1. 什么是四合院？（第一自然段）

多媒体图片展示，引导学生理解四合院的含义。

东南西北都有房子，房子与房子之间用院墙连接起来的一个院子。

2. 四合院的朝向及设计意图是什么？（第二自然段）

简单讲解四合院建设与太阳运行规律的关系。

朝向：坐北朝南。（吉利，阳光充足）

3. 四合院的布局是怎样的？（第三自然段）

多媒体图片展示，引导学生理解四合院布局。

布局：房屋和院墙围城一个院子，既互相连接又各自分开。

北边：高大，明亮，是长辈居住的地方。

东西两侧：由晚辈居住。南边：是书屋或客厅。

4. 四合院的环境好吗？（第四自然段）

院内有花草树木，月季，向日葵，一串红，荷花。

规模：有大有小，小型四合院（普通老百姓）。

　　　　大、中型四合院（有钱人家，如王府）。

5. 四合院的规模是怎么样的？（第五自然段）

小型四合院（普通老百姓）。

大中型四合院（有钱人）。

6. 四合院现在有什么样的变化？

过去：一家一户。

现在：许多户（拥挤、杂乱、和谐）。

【课堂小结】（1分钟）

北京四合院是我国的建筑文化，我们应该了解传承中华文化。

【布置作业】（1分钟）

1. 课后练习第一、二题。

2. 如果你是一位导游，你该如何向大家介绍北京的四合院呢？（可以写成宣传广告）

【板书设计】

北京的四合院
- 四合院：东西南北都有房子，房屋与房屋之间用院墙连接起来的叫四合院
- 朝向：坐北朝南（吉利，阳光充足）
- 住宅形式
  - 北边：高大，明亮，是长辈居住的地方
  - 东西两侧：由晚辈居住
  - 南边：书房或客厅
- 布局：房屋和院墙围城一个院子，既相互连接又各自分开
- 环境：花草树木，月季，向日葵，一串红，荷花
- 规模
  - 小型四合院：适合普通老百姓
  - 大中型四合院：适合有钱人
- 变化
  - 过去：一家一户
  - 现在：许多户（拥挤、杂乱、和谐）

【课后反思】

从T老师课文理解教学部分的设计中可以发现：（1）T老师已经掌握并应用了问题式教学方法，问题式教学是根据学生阅读水平和基础进行的教学设计，能够不断引导学生在课文句子和内容的基础上实现递进式进步；（2）课文讲解部分如何引导学生持久地跟随老师学习，消除学生对"阅读"的恐惧是教学设计的核心，因此尽量在结合课文内容的前提下使教学形式多样化和灵活化，多组织课堂活动，丰富课堂教学，比如编故事、写广告词、对话表演等。

随着时间的推移，我与T老师达成一致意见，对于课文阅读理解方面要使课堂教学形式灵活多样，丰富多彩。T老师这节课的整体课后反思是：（1）教学目标是针对每节课任务而写的，教学目标的实现必须是师生之间互动交流、探讨分析，最后解决问题的过程；（2）生字词教学要充分发挥学生的主动性，让学生自主预习，课堂讨论展示，课后复习巩固；（3）课文讲解部分采用问题教学法，结合使用多媒体，利用小组形式讨论分析问题，提高学生自主发现问题、分析问题、解决问题的能力；（4）课堂上尽量多组织活动，让学生多多展示表现自己，增加学习的自信心。T老师教学设计实现了一次次变革，作为"教学助手"的我即将退出研究场域，以后的教学设计将是T老师一个人持续的变革。

第五节 行动研究的反思与批判：我们在想什么

一 行动过程的反思

基于对教学设计现状与学生学习现状的分析，研究者开展了为期三个月、三个阶段的行动研究。从教学目标、课堂导入、教学过程、教学方法、课堂活动组织、教学反思等教学设计策略方面进行有效性反思。

（一）教学依照三维目标设计，具体全面

三维目标是新课程的"独创"，是新课程推进素质教育的根本体现。由 T 老师原来教学设计中对教学目标设置的模糊粗略发展到每节课在整体中预设三维教学目标。在与 T 老师的交流中发现，他知道三维教学目标，但在写教案时为了省事就直接省略掉三维目标的设计。在第一阶段的变革中，我与 T 老师尝试从三个维度设计目标，学生藏语文基础知识的学习优于汉语文基础知识的学习。因而，T 老师在生字词教学方面比较用心，将每节课的生字词及其意义、用法等的掌握都列入知识与能力目标范围中。过程与方法目标是 T 老师缺少的重要部分，只注重单纯的知识学习而非学习方法的运用。因而，在行动过程中为了激发学生学习兴趣，调动其积极性，小组合作学习、自主探究、问题式教学等都是培养学生课前预习、课中积极参与、课后自主复习的有效学习方法。情感态度价值观目标的达成是一种隐性的、逐步濡化的过程，在教学设计中通过课文中心思想的拔高提炼、课堂活动的组织等潜移默化式的教育，比如在《春节》一课中采取编故事、讲故事等方法使学生逐渐体悟到课中所要传达的中心思想与文化内涵。

（二）教学过程的系统化设计

从整体上看，教学设计也是一个系统，教学过程是教学设计的子系统。教学过程由课堂导入、课堂讲授、巩固提高、布置作业、板书设计等组成，它们之间是在互相作用和互相依赖中运行的，共同趋向于教学设计的目标。以行动研究第二阶段中《春节》第二课时即课文讲解为例。课堂上以歌曲《恭喜》切入，花费时间约 2 分钟；采取问题式教学为主的课文讲解，通过提问，带领学生从第一自然段到第六自然段逐步理解课文内容，耗时 35—40 分钟；教师对本节课的课堂总结反馈，也就是对这篇课文的中心思想进行概括，用时 2 分钟；布置作业是每节课最终实现学习目标的必要环节。除课本作业外，为了加深学生对春节的理解和感悟，根据所了解的"过年"知识，编一个小故事，花费 1 分钟；板书设计主要是在讲解课文过程中写成的，时间包括在 35—40 分钟内。在第一阶段，由于教学设计的变化（尤其是教学方法的变化），T 老师不能准确掌控课堂时间，每节课的教学任务不能按时完成。但随着 T 老师和学生对新教学方法的熟练把握和适应，课堂时间和教学任务之间的不协调现象逐渐消失。

（三）教学方法灵活多样，激发学生的学习动机

从 T 老师的教学设计和弗兰德斯课堂互动分析、观察得知，传统讲授法是藏区汉语文教学的主要方法，课堂上以教师讲授为主，学生被动回答教师提问，几乎成为"一言堂"。基于此，在与 T 老师进行教学设计变革中以改变教学方法为侧重，同时科学合理地选择、有效优化地组合教学方法，根据每节课内容以及学生学习情况采用合适的教学方法。比如多媒体教学法的运用。在与 T 老师合作进行教学设计中多媒体的使用逐渐成为师生课堂互动交流，学生直观感受教学内容的必备条件之一。但现代化信息技术的运用在汉语文教学中也必然会存在一定的本土化适应过程。比如在《散步》课文讲解结束后，T 老师说的一段话表明多媒体课件在教学中对师生都存在利弊。因此，多媒体课件使用的目的就是弥补教材中无法或没有呈现的内容，主要在课堂导入、课文讲解等部分采用，作为激发学生兴趣、凝聚学生注意力的有效工具。经过实践尝试，我与 T 老师决定在教学设计中适当使用多媒体教学方法。

（四）增加课堂活动，丰富课堂组织形式

课堂活动是新课程理念指导下教学过程的必要组成部分，也是新课改的本质体现。增加课堂活动能让学生主动参与课堂、自主探究、勤于动手，在活动中学习实现更有效的教学。在与 T 老师汉语文教学设计中尽可能安排符合所学内容的课堂活动，比如在课文《散步》中，让学生画一幅关于祖孙三代一起散步的图画；在课文《春节》设计中让学生根据所学"过年"知识，编一个小故事。从学生散步图中可以看出，学生对于画画的兴趣以及对课文内容的理解程度。无论学习优差，学生都积极展示自己的绘画天赋。让学生在作散步图画过程中明白"走大路，还是走小路"的缘由。在《春节》课编故事中，小组内分工合作，发挥每个学生的特长，最后选出组内的讲故事组员，在全班比赛中参演，让学生成为学习的"导演"。学生依据所学知识编故事，在组内讨论推举演员，在表

演中全班作为听众参与评价,让学生感受学习者自编自演自评的角色。从课堂活动中,我们看到了汉语文课教学设计的缓慢变革。

(五)教学反思逐步详细,全面认真

教学反思作为教师教学的重要组成部分,是对教学设计总体的反思,能够不断明晰前后教学设计的变化过程。从T老师教学反思是教学设计行动的有效印迹,从中能够明了T老师在行动中的成长和逐步变革过程。T老师的教学反思可分为教案中呈现的反思内容和与我不断交流中的话语性反思,以下着重研究教案中的反思部分。从T老师汉语文教学反思看,在第一阶段的变革中,老师和学生对新的教学方法感到不适,教师对课堂时间掌控不佳,学生小组合作学习没有充分发挥作用。教案中的反思内容还比较粗略,不透彻。在第二阶段的变革中,T老师从课堂时间的掌控、教学方法的调适、学生课堂学习表现等方面进行了有针对性、具体化的反思。在第三阶段的变革中,T老师从教学设计的总体和具体设计过程进行反思,注重反思的整体性、具体性、发展性等,逐步走向独自的教学设计,教学反思渐渐成形。

二 研究者的全程跟踪反思

(一)如何"进入"研究场域

2016年6月,作为预调研我们来过甘南藏族自治州Z中学,这是我第一次到Z中学。在Z中校长的带领下,我们参观了学校,虽然骄阳似火,但有千姿百态的云朵做伴,好似我们在辽阔的草原上悠悠漫步。这次预调研,校长与教导处人员十分热情,我丝毫没有感觉到作为"异族"的尴尬与无助。9月开学后,我们再次踏入Z中,开始了本次研究之旅。在校长的"最高待遇"、宿管主任的精心安排下,我们住在宽敞明亮的宿舍,总有一丝丝出乎意料的异地暖意。我们无论是穿行在县城还是学校校园、周边的村落中似乎都感受到一种异域的眼光,和本土风俗人情的差异,由服饰、肤色、种族、语言与文化相异所引起的被动感触,使得我们内心产生了一点不适感。秋天的Z中校园,淡淡白云漂浮在蔚蓝的天空中,操场上传来身穿藏胞的学生的嬉戏欢笑声，我坐在办公室思索着如何与汉语教师和学生顺畅地交流沟通，作为一名外族研究者，与不同社会文化背景中的群体交流，总会让你无法很快、顺利地融入研究群体。

（二）如何"赢得"老师的信任

教师是我研究的主要对象。如果无法赢得教师的信任，汉语教学设计变革则无法进行。在最初与汉语文老师的交流中，我访谈并听了四个老师的课。其中一名年近40岁的回族女老师在访谈与听课时显得比较排斥和冷淡；一名藏族老师虽然很热情地接受访谈和听课，但是不愿意和我一起协作变革教学设计。只有两名老师比较平易近人，同时也有试图改变教学现状的想法，其中一名回族女老师由于家庭原因最后退出，只剩下T老师可作为持久变革的合作对象。T老师作为一名有着30多年教龄却最容易接受新思想、新理念的老教师，他经常对我说："教育是一种良心工程，必须对每个学生负责。"为了赢得T老师的信任，同时也为了更好地了解学生的汉语文学习现状，我主动提出帮T老师分担一部分教学任务，批改6班的作文。T老师每2—3周布置一篇作文，我在分担T老师的教学任务后，他也非常高兴。每次批改完作文后，我都会向T老师汇报这次作文的写作情况，因此，除每次课前教学设计、课中听课、课后交流外，我与T老师见面交谈的时间也增加了。起初，我与T老师似乎就"一见钟情"，伴随着时间的推移，我与T老师之间更没有障碍了，彼此信任，协同行动。

（三）如何"走进"学生的心灵

对学生学习现状的分析与了解是变革教学设计的基础，但作为陌生的面孔，是无法与学生进行"心与心"之间的对话的。当我每次带着听课笔记本走在初一年级的走廊上时，学生都会微笑着鞠躬以示对老师的尊敬，但这种"严肃的敬礼"似乎只能保持尊师重道的师生关系。如何和学生保持亦师亦友的关系，真正与学生进行心灵深处的交流，了解影响学生学习的智力与非智力因素是以学生为中心的教学设计的基石。最初我听完课访谈学生时，大部分学生比较腼腆害羞，不敢说话，只是对我微微一笑。为此，每天下午课余时间，我都会去初一（6）班教室与学生聊聊天，学生们也逐渐肯与我主动交流了。有不会的语文、数学、英语题都会问我，我就一遍一遍地给学生们讲解。随着我和学生交流机会的增多，学生除了问我在藏汉语文预习或复习中所遇到的问题外，还会主动和我聊天。此外，还会邀请我打乒乓球、篮球，去他们宿舍等，我和学生之间交流的障碍渐渐消除了。我们一起打乒乓球、篮球、踢足球，经常在课下或星期天一起玩耍。晚自习后，我也会去学生宿舍聊天，学生会给我做糌粑，唱藏歌，跳藏舞，表演节目等，随着时间的推移，我和学生已经是学习生活中的朋友了。

（四）徘徊在"局外人"与"局内人"之间的惆怅

作为行动研究者，与我协作变革的汉语文老师是一名回族老师。由于所研究的学校采用以藏为主的教学模式，学生都为藏族，协作的教师基本上是少数民族。一名汉族研究者在这里真是一个"局外人"。在寻求协作的汉语文教师的过程中，阻力虽小，也有排斥和拒绝、不愿意变革的教师，最后还是与T老师建立了研究关系。在第一阶段的设计中，T老师在改变教学困境的要求下，虽有迟疑但行动着。我们的焦点不是最初的交往之困，而是如何进行有效教学设计，让学生改变当前低效的学习方法。在第二阶段，T老师和学生的变化惊人，都积极努力，行动迅速。双语优质课大赛的激励，使得汉语文老师变革教学之心更加强烈，我们的研究关系似乎没有了障碍。第三阶段，T老师走上了独自教学设计之路。

三 反思中的批判

目前T老师的教学设计仍然是"以教师、教材、课堂为中心"。从T老师的课堂互动分析中可以看出，汉语文教学依然是采用"教师讲授，学生静听；教师提问，学生回答；教师板书，学生抄写"的灌输传授模式，学生简单被动地接受知识的过程。随着现代教育技术的蓬勃发展以及新型学科的兴起和研究的不断进展，现代教学设计在系统理论、传播理论、学习理论的基础上，结合教学理论等强调"以学生为中心、以学习为中心"的教学设计。美国著名学者马杰指出，任何一种教学设计都可以概括为三个问题：教什么、学什么；如何教、如何学；教得怎么样、学得怎么样。从与T老师不断变革教学设计的行动研究中可以看出，"以学生学习为中心"的教学设计完全能够激发学生在获取知识与技能、学习过程与方法、培育情感态度价值观等目标中进行创造性、发展性、生成性的整体学习。T老师逐步将教学设计视为一个系统化过程，在教学目标、教学过程、教学方法、教学评价等方面围绕"学什么，如何学，学的怎么样；教什么，如何教，教的怎么样"思考教案各部分的设计，实现教师善教，学生乐学。汉语教学设计也在从"以教为中心"转变为"以学为中心"，以"教师为中心的传统教案设计"转变为"以学生学习为中心的现代教学设计"，最终达到有效教学设计这一目的。

第七章　藏族小学汉语文教学之行动研究

第一节　绪论

一　研究的缘起与问题的确定

（一）研究的缘起

A 小学位于甘肃省甘南藏族自治州夏河县 G 草原，是牧区一所实行藏汉双语教学的寄宿制小学。这所小学是西北师范大学基础教育研究基地之一，作为西北师范大学教育专业的一名研究生，我有机会多次深入该校进行调研和考察。

由于这里是藏族聚居地，日常交流以藏语为主。通过调查与了解，我发现：在这所学校里，除了汉语文课堂以外，学生基本上不讲汉语，也几乎听不到老师或其他人讲汉语，所以这里的学生汉语水平普遍很低。

促使我选择这个研究课题的动力，源于第一次去 A 小学所受的挫折——由于存在语言方面的障碍，我与该校的学生无法进行正常交流：刚下车，对我来讲，眼前的这一切，包括一草一木都是无比新鲜的，特别是这些身穿藏袍的围观者和他们那一双双热切的眼睛。我很激动，也有些感动，便迫不及待地跑过去和他们打招呼，但他们的反应却是那样出人意料——我话音刚落，围观的学生就四散跑开了，有一个高年级的男生大概是不好意思跑，他走得比较慢，我就追上去问他："同学，你几年级了？"他怔怔地看着我，没有说一个字。我又问："你叫什么名字？"他看了看我，又看了看四周,不好意思地低下了头。这时,在不远处观望的桑吉卓玛[①]老师过来了,对这个学生说了几句藏语,他这才开口说话了:"豆格扎西!"因为他说的是藏语,所以我根本不知道他在说什么,经桑吉卓玛老师的"转译",我才知道原来这就是他的名字。费了九牛二虎之力才弄清楚一个学生的名字,要想从学生那里了解更多的情况,恐怕是不可能的。但是,要在这里做研究,就必须掌握第一手资料。要掌握第一手资料,没有学生的参与怎么行?没有与学生面对面的言语交流怎么行?准备在这里开展研究的激情,顿时变成了一股巨大的压力,这引起了我对"如何在这里开展研究"这一问题的重新估量与考虑,我逐渐认识到:要在这样一所学校做研究,必须以语言为切入点,先过语言这一关。否则,即便做了研究,也必然不能深刻。我开始有了做这方面研究的冲动。

(二) 问题的确定

语言障碍带给我的挫折感,不仅没有因我去 A 小学的次数增加而减弱,反而更加强烈了。因为当我与那群可爱的孩子逐渐建立起感情,并将教育之爱倾注于其中的时候,不懂他们的语言对我来说是一件很痛苦的事情。由于这种刺激,内心的冲动便演变为一种信念——只要坚持不懈、努力探索,一定会找到一条与学生进行语言交流的渠道。于是,我开始阅读有关少数民族双语教学方面的文献,并决定通过自己的实际"行动"来改变这种让人尴尬的局面。

通过搜集、整理和分析这方面的文献和资料,我发现,学习汉语对于像藏族这样有本民族语言文字的少数民族学生来说是非常必要的。在当今世界,任何一个民族都不可能在故步自封的状态下取得长足发展。只有不断与外界进行信息交流,取长补短,才能够在激烈的国际竞争中立于不败之地。而进行信息交流主要依靠语言和文字。一方面,汉语已经成为联合国指定使用的六大语言之一,同

---

① 这一章内容中出现的人名均为假名。

时也是我国乃至东南亚一些国家的区域语言，其使用范围已经相当广泛。目前，汉语作为国家通用语言，在我国语言关系中具有较高的地位。因此，在少数民族双语教学中有必要加强汉语的学习和使用。

另一方面，学习汉语对于各少数民族自身的发展也是至关重要的。学好汉语，不仅能够促进各民族之间的交流，而且有利于各民族政治、经济、文化与教育的发展。因而，作为占我国少数民族总人口比例较大的藏族，也应该将学习和使用汉语作为文化教育领域的重要任务之一。

与此同时，就每一个少数民族同胞来讲，学习和掌握一定程度的汉语，有助于使自己获得更加广泛的交流空间，有助于拓宽个人的信息渠道，有助于直接了解外面的世界，有助于逐步改善和提高自己的生活质量。对于每一位藏族学生来说，如果只会藏语，在个人未来的发展道路上有可能困难重重。学习和掌握汉语，不仅有助于个人直接与外界进行交流，获取更多对自己有价值的信息，而且能够帮助藏族同胞走出草原，去看看外面的世界，并在外界多彩、广阔的空间里谋求自身更好的发展。

事实上，这里的学生从入校第一天起就开始学习汉语，而且汉语文教学时数很多，约占各年级教学课时总量的1/3。然而遗憾的是，直到小学毕业为止，能够说一句流利的、完整的汉语的学生却为数不多。从汉语文课所占用的教学时间来看，的确是高投入；而从其教学效果来看，显然是低产出。投入与产出之间的严重失衡恰恰说明这里的教学是低效的。通过长期的观察了解，发现产生这一问题的原因在于这里没有良好的汉语学习环境。

在A小学这所寄宿制学校里，学生全部来自附近的牧区，他们的身上流淌着藏文化的血液，脉搏里跳动着藏语言的音符。汉语离他们的日常生活十分遥远，这是因为当地人日常生活中的社交语言是藏语，极少有用汉语进行交流的场景；在校外的人际交流、家庭交流中，也全部用藏语；在校内的教师、学生、师生日常交往中，也几乎全部用藏语，甚至在汉语文课上，汉语也成了"教科书语言",教师的授课语言基本上是藏语。事实上,这与该校汉语文师资严重短缺、现有汉语文教师汉语水平低有很大的关系。在该校11名教师中,从教师学历来看,仅有两名教师是大专毕业,有7名教师是中专毕业,有1名教师是初中毕业,有1名教师是小学毕业;从教师民族身份来看,有10名教师是藏族,且所学专业都是藏文。仅有的1名回族教师,也是在本地区长大的。据校长说,她是全校汉语文课的"顶梁柱",高年级两个班的汉语文课由她"全权"负责。然而通过听课我发现:在她的汉语文课上,除了读课文以外,授课语言几乎全部是藏语。由于她是在藏族地区长大的,在平时的交流中,她使用的也是藏语。正如访谈中校长所说的那样:"她平时还是(说)藏语呗!她和我们、和家里人说话都是藏语。她男的(丈夫)也(是)藏民呗。"作为全校汉语文课"顶梁柱"的教师,汉语的使用情况亦如此,那么在其他"藏"族教师的"汉"语文课上,汉语的使用情况就可想而知了。汉语文教学在该校基本上形同虚设、有名无实。

语言是交际的工具,也是思维的手段。"学生语言能力的发展,一是靠当地语言环境的自然熏陶,二是靠教学。"① 汉语,对这里的学生来说是第二语言,但是学生通过日常交往学习汉语的机会几乎没有。在这里,作为学生学习语言重要途径的"当地语言环境",没有给学生提供任何学习汉语的机会,在校外,学生基本上听不到汉语。因而,学校就成为学生学习汉语的唯一场所,课堂教学就成为学生学习汉语的唯一途径。鉴于此,我选择通过改进汉语文教学的方式来提高学生的汉语水平。

二 研究意义与价值

从学校实际出发,通过开展行动研究,探索提高藏族小学汉语文教学水平的路径,具有重要的现实意义与价值。

第一,通过在藏区开展有效的汉语文教学,有助于消除文化隔

---

① 滕星:《文化变迁与双语教育》,教育科学出版社2001年版,第189页。

膜,增强藏族学生对祖国文化、世界文化的了解与热爱。

民族心理学研究表明:"环境差异是构成民族差异的最初动因。"① 在漫长的人类文化活动过程中,民族文化逐渐形成,并最终在文化心理中沉淀下来,形成了特定的民族心理。大部分少数民族长期生活于闭塞的空间里,群体认同意识非常浓,容易形成民族自大心理或盲目排外思想。这种以民族自我为中心的文化体系,使主体的活动范围与信息来源受阻,不易受外来文化的影响。在这类文化背景下生长的儿童,形成了本民族固有的思维模式,习惯于以民族传统或宗教文化来解释一切,不易认识新事物、接受新知识。

在藏族地区开展有效的汉语文教学,有助于消除文化隔膜;能够增强藏族学生的文化适应能力,为藏族学生提供更多的文化选择的权利和机会,使他们获得适应本民族文化、主流文化以及全球社会所必需的知识与技能;能够培养藏族学生运用汉语进行交流、阅读、思考等的技能与习惯,为将来融入主流文化的社会生活打下良好的基础;能够增进藏族学生对祖国文化、世界文化的了解与热爱,进而增强中华民族的凝聚力。

第二,提高汉语文教学水平,是增强藏族儿童汉语交际能力的需要,也是加速藏民族自身发展的重要条件之一。

要让生活在这里的藏族同胞早日融入主流社会,与我们共享现代文明,首先,必须提高藏族同胞的汉语水平,解决语言交流的障碍。这是因为"语言的学习不仅仅是获得一种图形符号、一种语言,同时也代表了使用该语言的民族文化的精华。语言表达的内容隐含着该民族的生活方式、历史传统、价值观念等"②。因此,学习和掌握汉语,是藏族同胞了解、吸收并融入主流文化的重要途径之一。

其次,语言不仅是辅助人们进行学习、交流的工具,也是文化

---

① 丁月芽:《中国少数民族儿童心理与教育研究综述》,《民族教育研究》1997年第2期。

② 万明钢:《文化视野中的人类研究》,甘肃文化出版社1996年版,第196页。

传承、知识传递的渠道,其本身是文化的重要组成部分。"在中国精通汉语已成为少数民族加速自身发展的必要条件之一。"① 因而,对藏区儿童进行汉语文教学是非常必要的。探索汉语学习的有效途径,则是非常迫切的。

第三,提高汉语文教学水平,既是藏区小学语文教学的客观要求,也是提高学生汉语学习兴趣的重要手段之一。

第四,新修订的《小学语文教学大纲》指出:"小学语文教学应培育学生热爱祖国语言文字和中华优秀文化的思想感情,指导学生正确地理解和运用祖国语文,丰富语言的积累,使他们具有初步的听说读写能力,养成良好的语文学习习惯。"② 由此可见,重视学生对汉语的学习,已经成为我国各民族语文教学的普遍要求。

由于受母语和汉语复杂性的双重影响,藏族小学生学习汉语普遍比较困难,在教学水平极其低下的情况下,容易使学生产生挫折感和对汉语学习的恐惧感,从而引发厌学情绪和厌弃行为。为了调动学生学习汉语的兴趣,有必要采取措施提高汉语文教学水平。

第五,提高汉语文教学水平,是该校双语教学的实际需要。

由于师资力量薄弱、教学条件落后、信息渠道闭塞,该校各科教学均存在着一定的问题。特别是在汉语文教学中,所存在的问题则更为突出:由于汉语文课师资严重短缺,汉语交流环境尚未形成,汉语学习资源极度匮乏,该校汉语文教学效果令人担忧。要想凭借学校自身的力量,在短期内排除这些困难,从增强师资力量、改善教学条件或拓宽信息渠道等方面入手显然是不现实的,也是学校自身力所不能及的。在学校现有条件下,要使这些问题得到缓解,最好的办法就是营造汉语学习环境,提高现有教师的教学水平。

---

① 丁月芽:《中国少数民族儿童心理与教育研究综述》,《民族教育研究》1997年第2期。

② http://massf.ahedu.Aovcn/xiaoxueyuwen/jxdA/jiaoxuedAmain.html。

第二节 研究的理论依据

一 "综合活动课"的概念界定

本研究中的"综合活动课",是针对该校长期以来音、体、美等活动类课程缺失的具体情况而提出的。与新一轮基础教育课程改革中所提出的"综合实践活动课"在概念的内涵与外延上都有所不同。

在本研究中,"综合活动课"是指为了提高该校小学生汉语水平,在不影响该校正常教学秩序的基础上,在现有教学时间允许的条件下,将音、体、美等活动性较强的课程,在单位课时内有机地结合起来进行教学,以便充分利用学校现有条件,给学生创设一定的汉语交流情境的一种尝试。之所以使用"综合",是因为要与单设的音乐、体育、美术等活动课区别开来。本研究拟通过开设"综合活动课",探索通过让学生主动参与各种活动来提高学生汉语水平的有效途径,并为下一阶段将活动引入汉语文教学,变教师单向灌输、学生被动接受的教学方法为师生双向交流、学生主动参与的教学方法积累经验、创造条件。

在该校开设"综合活动课"是基于以下几点考虑而做出的选择:第一,通过组织各种趣味性的活动,给远离城镇、远离家庭且没有"双休日"的孩子们一个展现自己、愉悦心情、调节压力的空间;第二,与单设的音体美课程相比,开展"综合活动课",可以最大限度地减少对其他课时的占用和对学校正常教学秩序的干扰;第三,"综合活动课"是以该校现有的师资为基础,在充分考虑该校教师在民族文化特色方面的优势与所学专业局限性的前提下开设的,具有可持续开展的可能。

二 开设"综合活动课"的心理学依据

从儿童心理学的角度讲,"儿童的活动有三种基本形式:游戏、学习和劳动"①。本研究中的活动主要是指游戏活动。游戏活动不仅能够推动儿童认知能力、思维能力的发展，而且能够促进儿童语言能力的发展。心理学家埃里克森认为，游戏能帮助儿童发展自我力量。"游戏时，儿童既可以越出空间、时间和现实的自我疆界，又能与现实保持一致，使儿童学会新的控制，走向新的阶段。同时，游戏又具有自我教育和自我治疗的作用。"②皮亚杰认为，游戏是儿童认知发展的动力，即"游戏是儿童学习新的复杂的客体和事件的一种方法，是巩固和扩大概念和技能的方法，是思维和行动相结合的方法"③。在结合教学目的而组织的游戏活动中，"可以有计划地培养儿童的言语能力、记忆力、观察力、注意力等良好的智力品质"④；在发展儿童体力的游戏中，"可使儿童掌握基本的身体动作，如走、跑、跳、投掷、攀登等，使动作更加正确、灵活"⑤，"还能培养儿童勇敢、坚毅、关心集体等个性品质"⑥。总之，游戏在儿童的心理发展中起着重要的作用。游戏不仅可以扩大儿童的知识面，使儿童掌握必要的生活和学习技能，还可以调节和治疗儿童情绪失调等心理问题。同时，游戏还能够促进儿童语言能力、想象力、创造力以及与人交往能力的发展。这是本研究尝试开展"综合活动课"的重要心理学依据。具体来讲，在该校开展"综合活动课"教学还有以下几方面的心理学依据：

其一，通过开展"综合活动课"，能够为学生创设良好的语言环境，有助于拓展汉语文教学渠道。

"综合活动课""侧重于知与情的整合"⑦，不仅能够达到寓教于乐、以"情"促学的目的，而且有助于实现学生人格的整体发展和认知的迁移，进而达到启智的目的。"语文教学要有效地提高学

---

① 李丹、刘金花：《儿童发展心理学》，华东师范大学出版社1987年版，第463页。
② 同上书，第438页。
③ 同上书，第464页。
④ 同上书，第466页。
⑤ 同上。
⑥ 同上。
⑦ 沈晓敏、有宝华：《综合课程的范式解析》，《课程·教材·教法》2000年第10期。

生语文水平,单靠课内是不行的,需课内课外两手抓。"① 在该校汉语文教学中,由于教师汉语水平和教学方式等的局限,学生在课堂上缺乏足够的汉语学习和锻炼的机会。如果根据小学生好动的天性,在课外有意识地组织各种活动,为学生营造汉语交流环境,则可以让学生在社会交往中,在语言的应用过程中有更多学习汉语、使用汉语的机会。

其二,语言环境的优劣决定学生语言学习的心理状态及学习策略的选择。

语言环境对第二语言的学习是非常重要的,它通过影响学习者对学习策略的选择,从而影响学习的效果。"第二语言学习过程,不仅是一种文化知识和语言技能的学习过程,也是对第二语言学习内驱力的激发过程,是一种动态的知识水平和人格品质的培养过程。"② 积极的心理状态会对其学习第二语言产生正面效应,反之,则会产生削弱意志或厌学的负面效应。因此,教师在汉语文教学中,应当依据少数民族学生的心理特点及语言水平,在"发展性教学"原则的指导下,采取"直观教学"的方法,努力营造愉悦的环境氛围,寻找学生第二语言学习的"最近发展区",唤起学生学习汉语的潜在意识。

其三,通过组织各种游戏活动,有利于更好地发挥教师的主导作用与学生参与汉语文课堂教学的主体性。

"主体参与"是现代课堂教学的核心。为了在教学活动中最大限度地调动学生的积极性,培养学生的主体意识,教师的主导作用尤为重要。教师的根本任务在于引导,在于教给学生学习的方法,使他们"学会学习"。这远不是教师在极为有限的授课时间内通过灌输能够完成的,必须充分发挥学生学习知识、接受知识的主动性。"满堂灌"的教学方式常常造成学生在接受知识时出现"消化不良"的现象。"课堂活动将教师和学生纳入二维互动的知识交流

---

① 于漪:《于漪语文教育论集》,人民教育出版社1996年版,第15页。
② 李速立:《试论第二语言学习内驱力》,《西安石油学院学报》(社会科学版) 2000年第3期。

的教学过程之中,既提高了教师的教学要求,又激发了学生学习的主动性;既有利于教师主导作用的发挥,又有利于学生对知识的主动接受。"①

多讲、多练是学好第二语言的有效途径,如何在第二语言的教学中,为学生精心设计并组织有助于提高学生语言能力的活动,是发挥和体现教师主导作用的渠道之一。该校的汉语文教学,是传统教学方法的翻版,忽略了教学的双边性;把教学变成了教师的"独角戏",教师成为整个教学活动的主宰,学生完全处于被动接受的状态。陶行知先生"在南高师任教时,就主张把'教授法'改为'教学法',发表了《教学合一》的文章,提出'教的法子必须根据学的法子'的主张"②,使语文教学走出了传统的教学理念,既重视发挥学生学习的主动性,又重视发挥教师的主导作用,突出语文教学的双边性,即做到了教和学的统一,达到"身无彩凤双飞翼,心有灵犀一点通"的境界,这为我们当代的教学提供了很好的范例。

兴趣是最好的老师。有道是:"知之者不如好之者,好之者不如乐之者"。③ 教学本是关注学生成长的过程,如何调动学生学习汉语的积极性,将课堂"还给学生",激发学生学习的激情,"让课堂焕发出生命活力"④,是教学生命之源,是学生学习之本。

第三节 研究思路和研究方法

一 研究思路

教育行动研究的特点之一就是,为了解决某一教育实际问题,研究者需要在一定的教育理论指导下,密切结合实际,灵活地调整

---

① 林乐芬:《课堂讨论与学生学习主动性的发挥》,《高等农业教育》2000年第3期。
② 孙培青:《中国教育史》,华东师范大学出版社1992年版,第747页。
③ 杨逢彬、杨伯峻注译:《论语》,岳麓书社2000年版,第53页。
④ 叶澜:《让课堂焕发出生命活力——论中小学教学改革的深化》,《教育研究》1997年第9期。

研究策略，以探索解决问题的有效途径。本研究是循着以下思路进行的：

首先，以目前国内外综合活动教学及民族心理学的研究成果为依据，以改进汉语文课的教学方式为着眼点，探索开展该校汉语文教学的有效途径。

其次，通过自身的探索与实践，提升汉语课堂教学效果，营造良好的汉语学习环境，激发学生学习汉语的兴趣。

最后，在此基础上激发教师反思并研究汉语文教学的热情，与汉语文任课教师一道，共同探索并大胆尝试新的教学方法。通过提高课堂教学效率，增强该校教师专业发展与成长的内在力量。

二 研究对象

本研究以甘肃省甘南藏族自治州夏河县 A 小学全体学生为研究对象。之所以选择全体而不是个别年级的学生作为研究对象，是因为以下几点考虑而做出的：第一，该校一直以来只开设三门课：藏语文、藏数学和汉语文，从未开设过音乐、体育、美术等以活动为主的课程。每天 10 分钟的课间操，成了学校为学生安排的唯一的有组织的活动。由于该校实行寄宿制，每个月 8—10 天的"月假"取代了每周的双休日，学生每个月有连续 20—22 天是在学校度过的。因此不难想象，对于长期寄宿于此的学生来讲，学校的生活无疑是单调的、缺乏吸引力和活力的；这对于正处在少年期的孩子来讲，这种生活无疑是残酷的，令人难以忍受的。鉴于此，我尝试为该校学生开设了音、体、美等相结合的"综合活动课"。本研究是在介入体育课教学的基础上展开的，而音、体、美等相结合的"综合活动课"，作为在该校新开设的趣味性与活动性较强的课程，如果只在个别年级开设，对学生来讲是有失公平的，显然行不通。在对自身能力和精力进行充分的估量之后，我选择了以该校全体学生作为研究对象。

心理学研究证明，语言习得与个体年龄特征和心理发展水平有关，如果只以个别年级的学生为研究对象，则研究成果的适用性仅限于个别年级、个别教师,而对其他各年级学生的汉语学习和教师的汉语文教学不具有普遍的指导意义。相反,对全年级学生进行研究,有助于从整体上把握藏族小学生汉语学习的规律,提高该校汉语文教学的整体质量。

三 研究方法

(一)行动研究

A 小学位于距离夏河县 30 多公里的 G 乡。该乡是藏族聚居地,交通极为不便,信息很闭塞。"民族文化影响民族的教育观和教育意识。"[1] 由于受到藏传佛教和地理环境的影响,该地区群众对公共教育的热情并不高,因此教师的地位相对较低。这是导致教师工作热情不高的原因之一。此外,该校学生入学率低,辍学率高的问题较为严重,这也在很大程度上挫伤了教师的工作积极性,从而导致教师对改进自己的教学既不热心,也不主动。在这样的情况下,想一开始就找到研究伙伴是很难的。然而,以解决实际问题、改进教育实际工作为首要目标,注重教师实际经验,自下而上的教育行动研究,是"'为教师所执行,探究教育实践,结果用以促进教师专业发展,改善教育实践以达教育理想'的一种教育研究或教育专业实践方式"[2],"重在鼓励人们从实际问题出发,通过研究者与实际工作者的参与协作来共同研究问题,探索新的理论"[3]。在研究过程中,"教师不再是被实验或操弄的对象,而是反省与探究自己的教学实际、建构自己专业实践的基础,并且获得专业知识的专业权力者"[4],因而,有利于克服传统研究中所存在的研究活动远离教师、远离教育实践等弊端。

---

[1] 王鉴:《民族教育学》,甘肃教育出版社 2002 年版,第 160 页。
[2] 陈惠邦、李丽霞:《行行重行行——协同行动研究》,师大书苑发行 2001 年版,第 179 页。
[3] 施长君:《教育理论与教育实践的链接——行动研究》,《继续教育研究》2001 年第 5 期。
[4] 陈惠邦:《教育行动研究》,师大书苑发行 1998 年版,第 17 页。

第七章 藏族小学汉语文教学之行动研究

鉴于此,本研究采用行动研究的方法进行。第一阶段的行动研究是由我自己单独完成的。即研究策略的计划与执行由我本人独立完成,我既是研究者也是干预实践的行动者。我以在实践中发现的问题为切入点,通过对自身为改进教育实践所采取的行动进行研究来探索解决问题的途径,并以自己的实际行动触动教师,引起教师对自身教学实践的反省和改进,在此基础上进行第二阶段的行动研究。

(二) 协同行动研究

第二阶段的研究采取协同行动研究的方法进行,即在民主、平等与自愿的基础上,我与教师"进行平等沟通、开放自我、交互反省思考、共同分享知识经验,以及一起参与行动的设计与执行"①。

引导教师参与行动研究的依据是:首先,教师最有资格从事教育行动研究。"没有任何人比教师自己更清楚教师的生活世界,也没有人比教师自己更了解教师的日常工作;除非教师能够改变自己,愿意改变自己,否则也没有任何人能够从根本上改变教师的价值、信念和教师的实践方式。"② 其次,教师有必要从事行动研究。长期以来,教师作为教育实际工作者,自己无法生产专业知识,实践的是他人生产的知识,实现的是他人预定的理想。引导教师进行行动研究,是追求教师专业化,建立教师专业权威,提高教师专业地位的必要手段。最后,教师有能力从事行动研究。教师在教学工作中所积累的知识与生活经验是教师开展教育行动研究的重要资源。

研究者与教师一道进行协同行动研究的依据是:研究者与教师在研究过程中,可以相互支持、相互启发、取长补短,充分发挥各自的专业特长,并有机地结合起来,以取得单个人所不能取得的研究成果。进行协同行动研究,更能加快教师观念的更新,使教师对自身的专业角色有更清楚的认识和更准确的定位,并因此增加专业

---

① 陈惠邦:《教育行动研究》,师大书苑发行1998年版,第136—137页。
② 同上书,第36页。

投入,增强专业使命感。该校的现实情况也决定了单凭研究者个人或单凭教师的力量是无法解决该校汉语文教学中所存在的诸多问题与困难的,只有研究者与教师紧密结合,开展协同行动研究,才有可能使该校汉语文教学水平在一定程度上得到提高,才有可能将在研究过程中摸索出的行之有效的做法持续坚持下去。

(三) 收集资料的方法

本研究在开展行动研究的过程中,综合运用访谈、观察等方法收集资料,以便及时了解行动研究的效果,并对行动方案和策略进行必要的调整。

第四节 行动研究历程

一 探路——为进入研究现场所做的努力

作为一个原不属于这一群体的研究者,其研究必然要从进入研究现场开始。因为研究者对于这一群体来讲,毕竟是一个"局外人"①。本研究便是从研究者进入研究现场开始的。

研究者关注藏族学生汉语学习这一问题,并产生对这一问题进行研究的念头,开始于2001年3月第一次来到A小学,至5月已经有了研究的大体思路。"万事开头难",因难于进入现场,研究迟迟未能开展。就在我为此事发愁之时,一场偶然的篮球赛悄然拉开了研究的序幕:

2001年9月,我与同伴一行六人来该校调研,这里平静的生活让我们这群习惯了都市喧闹生活的人感到很寂寞,很压抑。在一个风和日丽的下午,我们从校长那里借了一个篮球,当"砰砰"的篮球声和清脆的笑声在校园外的那片空地上渐渐响起的时候,围观的人也慢慢多了起来,有学生,有老师,也有附近的村民。围观的几名男生,由于经受不住诱惑,也先后加入进来了。在我的提议下,我们决定打一场篮球赛,由我和我的女同伴做"裁判"。就在这样

---

① 陈向明:《质的研究方法与社会科学研究》,教育科学出版社2000年版。

一场偶然的活动中,研究小组与学生之间的关系得到了改善,彼此之间由沉默走向对话,由拘束走向合作,学生也开始主动接近我们这群"陌生人"。这为研究的进行开了一个好头。

篮球赛结束后,一个刚刚参加过篮球赛的学生(后来得知他是六年级的班长)跑来邀请我的男同伴教他们唱歌。看到几个男同伴互相谦让,我再一次抓住时机,毛遂自荐,主动要求承担这个任务。在"班长"的带领下,我与女同伴一起来到了六年级教室。我们选择教他们唱"让我们荡起双桨"这首歌,在最初的十几分钟里,学生的表现确实让我们很失望——女生没有一个人开口唱;男生除了那几名"篮球队员"外,其余的人几乎也都默不作声。为了"破冰"、救场,接下来,我们将唱歌的"单一活动"变为集唱歌、画画、游戏于一体的"综合活动"。"功夫不负有心人",这一活动最终赢得了全班学生的喜爱,学生终于克服了拘谨,放弃了沉默,与我们一同快乐起来。在我们的鼓励、示范与引导下,有几名学生还在活动中表演了节目。这种超越课堂教学物理空间,打破学科课程界限,动静结合的"教学"方式在我的经历中还属首次,对学生来讲更是如此。这是教学实践中的一次新的尝试,为研究的开展积累了成功的经验。

正是这一尝试,消除了学生对我的距离感与陌生感,启发了我的思路,不仅使该研究在进入现场这一环节上实现了突破,而且使我悟出了这样的道理:要研究这里的教育,就必须了解当地人的生活,了解学生的生活,进而融入学生的生活。这就要善于抓住时机,走近学生,得到学生的认同。要做到这些,就必须以学生的需要为基础,以学生的发展为中心,深入了解学生的心理与年龄特征,积极组织适合学生心理发展水平与生活实际的活动,并以此作为进入研究现场的切入点。

2002年3月初,行动研究正式拉开了序幕。为了全面了解该校汉语文教学的基本情况,我与学校几位领导进行了深入交流,他们告诉我:目前学校汉语文教学最大的困难就是汉语文教师缺乏。"藏族老师,汉语都不好。每年(小学)毕业会考,汉语文(成绩）一直是最低的。"他们希望课题组能够帮助解决这个难题。而这恰恰与我准备在这里进行汉语文教学行动研究的想法不谋而合。因此，研究计划不仅得到了校领导的认同，还得到了他们的大力支持。由于缺乏音、体、美师资，该校长期以来只开设三门课，即藏语文、藏数学、汉语文。校长也多次因课程开不齐而受到上级教育行政部门的批评，学校原计划在这一学期开设该校历史上从未开设过的体育课，但这一计划终因无人愿意承担这门课的教学任务而搁浅了。在学校的建议和要求下，我决定承担该校体育课——就是后来的音、体、美等相结合的"综合活动课"——的教学任务。目的有二：一是通过自己的实践为该校开设此类课程摸索经验；二是探索如何更好地利用"综合活动课"来拓宽汉语文教学的有效途径，以便为将来与教师进行协同行动研究积累经验。

好动是孩子的天性。为了让该校每一名学生都有机会体验在游戏活动中轻松学习汉语的乐趣，基于对我本人时间、精力等主观条件和该校教学设施落后（用电极为不便）等客观条件的考虑，我决定将全校六个年级的"综合活动课"分三组进行，即低年级组（一、二年级）、中年级组（三、四年级）、高年级组（五、六年级）。

以上这些为进入研究现场所做的努力，为研究的顺利开展创设了良好的人际环境。因地制宜开设的"综合活动课"，也成为破解该校汉语文教学问题的"可能性行动策略"。

二 上路——实施"综合活动课"的单独行动

（一）实践中的尝试

随着第一阶段行动研究的逐步开展，学生的语言行为和精神面貌发生了一些可喜的变化。与此同时，我与师生的良好人际关系也逐步建立，教师与学生之间的互动更为频繁，关系也更为密切；在学生、教师的支持与帮助下，我本人也取得了进步、获得了"成长"，这不仅为下一阶段与教师合作创造了条件，也为下一阶段的研究积累了丰富的经验。

在这一阶段的行动研究中，有探索的挫折与艰辛，也有实践的

第七章 藏族小学汉语文教学之行动研究

成功与快乐。伴随着"行动"的逐步开展,学生、教师、我,以及我们之间都不断发生着变化,这些"变化"凝结成了一则则曲折动人的故事。因而,这部分的研究成果,是以在实践中不断的尝试,即"行动"为线索,通过这些故事将各个方面所发生的变化呈现出来。

1. 课堂内外的学生

(1) 课堂上

研究开始之前 如前所述,在 A 小学,汉语文教学是学生学习汉语的唯一途径,而汉语文教学又是最为薄弱的环节。在汉语文教学中,教师除读课文以外,基本上不讲汉语。在这样的学习环境中,学生的汉语水平是可想而知的。加之课程开不齐、课程设置不完善,使学生丧失了许多参与活动的机会,压抑了学生好动的天性。长此以往,就容易形成学生异常的课堂行为方式——沉默寡言、端坐静听、被动接受,致使课堂教学气氛沉闷。

——"**独具特色**"**的汉语文** 在 2001 年 3 月初来这里之时,四年级的一节汉语文课给我留下了深刻的印象:所有的学生都保持同样的动作——端坐、静听。更为奇怪的是:在整个一节课中,没有听到学生讲一句汉语;老师除了读课文,读生字以外,完全是用藏语讲授。作为汉语背景的我,竟然没有听懂这节课。老师写在黑板上的几个为数不多的汉字,没有一个学生能够全部读对,但对此,老师似乎已经习以为常,并没有进行纠正。

这也许只是个别现象,但足以让人惊叹不已。"双语教学不仅包括双语文的教学,而且包括两种教学语言的使用。"[①] 但在这节课上看到的是:双语教学在该校仅仅指"双语文的教学",至于"两种教学语言的使用"则有名无实。这种状况让我不得不思考这样两个问题:"这里的汉语文教学在学校整个教学中究竟扮演何种角色?""导致汉语文教学效果如此之差的原因又是什么?"残酷的现实让我感觉到:要想通过自己单枪匹马的"行动"来改进这里的

---

① 王鉴:《民族教育学》,甘肃教育出版社 2002 年版,第 145 页。

汉语文教学，的确任重道远。

——有名无实的体育课 5月初，我再一次来到A小学。无意间发现课程表上竟然有"体育课"。出于好奇，我对几个年级的"体育课"进行了观察。令人遗憾的是：在这几节体育课上，我既没有看到老师，也没有看到体育器材。男生追逐打闹、女生晒太阳是体育课的主要内容。为了弄清楚这件事，我询问了几位老师和几名学生，得到的答案并不一致：老师说，体育老师这几天请假了；而学生说，他们从来没有上过体育课，也不知道体育老师是谁。对此，校长的解释是，本来打算这学期开体育课，但是没有合适的老师，所以体育课就变成学生自由活动了。

然而，正是这些该校没有开齐的音、体、美等课程，因具有较强的趣味性、活动性而成为学生学习的兴趣之源、动力之本；也正是这些课程，为学生与学生之间、学生与老师之间建立良好的人际关系创造了广阔的空间，为学生的身心健康发展奠定了基础。"一张一弛，文武之道"，这些课程的缺失，不仅扼杀了学生的天性，也影响了学生身心健康发展，影响了学习效果。"儿童的活动有三种基本形式：游戏、学习和劳动。"[①] 相对而言，游戏、劳动倾向于外部活动，学习倾向于内部活动。苏联心理学家列昂节夫认为：活动在儿童的心理发展中具有决定作用。活动的缺失会严重影响儿童心理的健康发展。外部活动与内部活动相互联系，相互转化。"内部活动起源于外部活动，是外部活动内化的结果，而内部活动又通过外部活动而外化。"[②] 即儿童的游戏活动与认知活动是相互联系、相互促进、不可或缺的。在学校教育中，应当将学习活动与游戏活动有机结合起来。更为重要的是，以游戏为主的活动还为学生之间进行语言交流创设了情景，提供了空间。这些课程的缺失，限制了学生语言能力的发展。初来此地，学生异常的行为表现恰恰证实了这一点。同时，心理学研究也表明："儿童语言是在个体与

---

① 李丹、刘金花：《儿童发展心理学》，华东师范大学出版社1987年版，第463页。
② 同上书，第15页。

环境相互作用中,尤其在与人们语言交流中,在认知发展基础上发展起来的"①。

  研究开始之后 为了改善这一状况,根据学生的汉语水平和心理特征,我尝试为他们开设了音乐、体育、美术、故事、游戏等相结合的"综合活动课",并利用挂图、图片等对学生所学知识进行强化和巩固。我之所以采取这些措施,是出于两方面的考虑:一是组织各种活动,为学生创设学习汉语的环境。心理学家斯金纳认为:"环境因素,即当场受到的刺激和强化历程,对言语行为的形成和发展具有决定性影响。"② 二是通过各种直观教具,刺激学生的感官,达到强化和巩固所学内容的目的。心理学研究表明,"强化是语言学习的必要条件"③;"小学儿童的思维具有明显的具体形象性"④。

  那么,"综合活动课"的效果到底如何呢?

  ——"综合活动课"掠影 "小兔子乖乖,把门儿开开,快点儿开开,我要进来……"当我唱着这首儿歌走进教室的时候,教室里响起了雷鸣般的掌声。一、二年级第一次"综合活动课"就这样开始了……"同学们,你们见过小兔子吗?"我一边说,一边把"小兔子"三个字写在黑板上,也许是对新"老师"感到很陌生,也许是他们听不懂我说的话,也许是他们没学过这几个字的缘故,他们都好奇地看着我,但却沉默不语。但我能肯定在草原上长大的他们一定见过兔子。于是,我就在黑板上画了一只"兔子"。这时,我听见有人喊:"兔子!"看见我在黑板上画,许多学生也赶忙掏出自己的笔和本子学着画。从我刚进教室哼唱《小兔子乖乖》时学生的表情和神态上看得出,他们非常喜欢这首歌,所以画完"小兔子"之后的活动就是教他们唱这首歌。我拿出了事先准备好的小黑板,让学生把上面的歌词读一遍,并在他们读错的字词下面

---

① 李丹、刘金花:《儿童发展心理学》,华东师范大学出版社 1987 年版,第 158 页。
② 同上书,第 150 页。
③ 同上书,第 15 页。
④ 同上书,第 224 页。

做了标记。在教他们唱这首歌之前,我先逐字逐句地领读,直到他们能够把歌词全部读下来为止。因为低年级学生接触汉语时间短、基础差,所以学唱这首歌就比较困难,即使一句一句地教,也很费劲。于是,我决定只教他们第一段,并采取分组对唱的形式进行:一个小组扮演"小兔子",另一个小组扮演"大灰狼"。由于新鲜,大部分学生都唱得很投入,但是也有个别学生注意力不集中。为了吸引全体学生的注意力,我又根据歌词内容,加上了一些简单的动作。因为学生年纪小,纪律性不强,在以前的课堂上又没有经历过这样的场面,所以一让他们有所"行动",场面就乱套了。场面的混乱和语言沟通的困难迫使我不得不在讲解活动规则和维持课堂秩序上花很多时间。但"功夫不负有心人",临下课时,学生已经勉强能够唱完第一段了。总体上看,这些措施极大地调动了学生的学习热情,使教学任务在紧张、"忙乱"而又生动、活跃的课堂气氛中基本完成了。

伴随着下课铃声的响起,作为一节"综合活动课",的确可以告一段落了,但是作为汉语文教学的行动研究,才刚刚开始。此刻,弥留在我脑海中的思考久久不能消散:"没有教不会的学生,只有不会教的老师。"在这个地方,汉语文教学要取得成效,也必须以学生的实际生活经验为基础;否则,丰富多彩的教学方法、灵活多样的教学形式就会成为无源之水、无本之木,无法调动学生持久的学习兴趣。我想,以学生认知结构中原有的"小兔子"作为课程内容的依托,是本节课得以顺利进行的根源。

为了方便学生课后练习并认识和记住歌词,一下课,我就着手为一、二年级的学生制作以这首歌的歌词为内容的图片了:我给每一个字都注了汉语拼音,并将学生读错的字词专门用颜色鲜艳的笔写出来,以引起学生的注意。为了让学生更好地理解歌词内容,我还利用图片的空白处根据歌词内容画了一幅图,使歌词内容更为直观、形象。我将做好的图片贴在教室的墙壁上。这样,不仅为我利用课余时间及时指导学生提供了可能,也为更好地发挥班集体的同伴互助和其他教师的作用创造了条件。事实证明,这一做法是正确的。图片刚贴到教室里,就收到了良好的效果。学生争先恐后地围着看,有很多人还照着歌词唱了起来,虽然有人唱跑了调儿,有人唱错了词儿,但这丝毫不影响他们激动的心情。我情不自禁地走进二年级教室,和他们一起玩"小兔子与大灰狼"的游戏。虽然几遍都唱错了,但他们高兴极了,一个个都笑得前仰后合。在游戏结束后的半个小时里,孩子们的歌声仍时断时续,不绝于耳。从他们的表现中可以看出,他们开始喜欢我,开始喜欢这样的活动了。

如果说上述活动是在某种思路的引导下得以完成的话,那一定是以"小兔子"为引子,将画图、唱歌、健体、识字等活动糅合在一起,使学生的汉语水平在轻松愉快的活动中得以提高。教育的美,也许就体现在通过和谐的人际互动焕发出的勃勃生机之中。在乐中学、在玩中学的愉快教育情节,为打破本校原有双语教学的沉闷、乏味、无趣、低效的现实提供了一片思考的空间。

——"照相"的"风波" 在三、四年级的一次活动课上,我打算教学生画人物:一位身穿藏袍的"藏族女孩"。因为与学生的生活密切相关,他们画得特别起劲,但是这幅图比较复杂,所以他们画得特别慢,而且大多数学生画得不太好。考虑到学生本身就是藏族人,我便引导他们根据自己的理解画。这样一来,大部分学生画得更起劲了,可有几个"捣蛋鬼"开始乱涂乱画并不时地交头接耳、做鬼脸。为了使该活动能够吸引全体学生的注意力,我抛出了极具诱惑力的"鱼饵":给画得好的学生拍照!这法子,不仅成功地吸引了这几个"捣蛋鬼",其他学生也画得更卖力了。为了能够"入选",学生们真是用心良苦:很多学生自觉地把我写在黑板上的那几个汉字整整齐齐地抄在了自己的作品旁边;有些学生还掏出自己仅有的一支红蓝铅笔给自己的作品涂上颜色。他们这些做法是出人意料的!看着不断晃动的照相机,他们有点坐不住了。评选优秀作品的环节刚开始,有学生就焦急地站起来或者干脆捧着自己的作品走到我面前,想"走后门",让我提前"审阅",生怕自己的作品"落选"。一看见有同学"加塞",很多学生都跟着围过来了。其实,他们当中有些人画得确实不太好,但是看到他们的热情这么高，我又怎么忍心只给一部分学生拍照呢？事实上，要想给部分学生拍照，也是绝对不可能的，因为"入选者"已经被"落选者"紧紧地"包围"了，想给他们分组拍照都不行。于是，只好把全班学生集中在一起，给他们拍"全家福"了。

一想到初来这里学生面对我这个"陌生人"时恐慌的表现，我真不敢相信眼前的这一切会是真的。在这节课上学生主动学习、积极参与、追求卓越等一系列可喜的变化，其"秘诀"就在于利用学生的"好胜心"营造了良性竞争的学习氛围，抓住并满足了学生对新鲜事物的好奇心。

——"大家好，才是真的好""六一"儿童节快到了，学校要求各班重新布置墙报。在学生们的建议下，各位班主任都将这一"光荣"任务交给了我。为了让学生有机会参与这一活动，我打算利用下午放学后的时间，与学生一道，为各班布置墙报。

按计划，该布置二年级的墙报了。在我走进二年级教室的时候，已经有很多学生等候在那里了。布置墙报的活动一开始，他们就忙活起来了。挪桌子的挪桌子，拿粉笔的拿粉笔，递抹布的递抹布。有很多人因为没有"摊"到这样的"好差事"而感到心理不平衡。于是，"局部战争"开始了：一会儿，你抢走了他手中的抹布，一会儿，他抢走了你手中的粉笔，站在我周围，就像小蜜蜂一样，"嗡嗡嗡"地说个不停；有些人没有采取与其他人交锋的策略，而是干脆搬个凳子站在我旁边参观，没想到这一行动也招来了很多效仿者。为了照顾那些老老实实站在后面观看的女生，也为了平息这场"战争"，我以布置完墙报之后教他们唱一首儿歌作为"交换条件"，让所有的人都回到座位上去，照着墙报上的图自己画。一听见要教儿歌，他们就来劲儿了，不但二年级的学生自觉地回到了座位上，连其他年级的学生也取来了笔和纸，或趴在讲桌上，或倚在窗台边学着画。

当我画完第一幅图"猪八戒吃西瓜"的时候，我的身后传来了笑声与说话声："好！""好！"这是学生最常用也是用得最好的一句汉语。明明已经听见了学生的评价，但我还是习惯性地问了一

|第七章 藏族小学汉语文教学之行动研究|

句:"同学们,这个好不好看?""好!"学生争先恐后地说。就在喧哗的教室即将静下来的时候,有个男同学用洪亮的声音喊了一句:"大家好,才是真的好!"当这句曾经在电视上出现的普普通通的广告词从这个低年级藏族小朋友的嘴里"蹦"出来的时候,就变得那么不同寻常了!听到这句话,我激动的心情久久难以平静,于是便放下了手中的粉笔,让他们出去活动一下,结果只有一个四年级学生留下自己的作品出去了,他在他的作品上整整齐齐地写着几个大字:"老师再见!"学生这样勇敢的自我表现,在我的研究经历中还是第一次。

为了信守对学生的承诺和"答谢"他们在这一个多小时里出色的表现,在完成了这幅"取经图"之后,我结合图上的内容,给学生教了一首儿歌:"唐僧骑马咚了个咚,后面跟了个孙悟空,孙悟空跑得快,后面跟了个猪八戒……"我将这首儿歌写在了"取经图"的旁边,并给每一个字注了音。这样,既充分利用了直观形象的画面,又节省了制作图片的纸张,岂不是"一举两得"?

看到学生们站在墙报前面久久不肯离去的场景,我真正明白了"大家好,才是真的好"的深刻内涵:学生汉语学习效果不理想,并不是他们笨,而是因为:其一,教师汉语教学水平低、教学内容枯燥、教学方法单一,课堂教学难以"焕发出生命的活力"[①];其二,良好的语言学习和交流环境的缺失,致使学生在学习中无法体会到汉语的丰富内涵与中华文化的博大精深。同时,这里的学生惧怕与人交流,并不是天性使然,而是因为平时与人交流的机会太少,缺乏锻炼。与其他地方的孩子一样,这里的孩子也很好动、很天真,也有好奇心和表现欲,如果能够给他们一个展现自我的广阔空间,他们也会给我们带来惊喜。

——因咳嗽而遭冷眼的女生 在五、六年级的活动课上,我准备让他们听两则童话故事:《木偶奇遇记》和《巧儿姑娘》。当我

---

① 叶澜:《让课堂焕发出生命活力——论中小学教学改革的深化》,《教育研究》1997年第9期。

把录音机与提前画好的卡通人物"匹诺曹"和"巧儿姑娘"放在学生面前的时候，教室里出现了短暂的"骚乱"，但是，当磁带开始在录音机里转动的时候，教室里就越来越安静了。特别是在讲到高潮部分的时候，有很多人似乎还屏住了呼吸，他们那种聚精会神的样子，让我不得不放下手中哧哧作响的粉笔。① 就在这个时候，一阵剧烈的咳嗽声从教室后面传来，而且频率越来越高，声音越来越大，盖住了录音机的声音。这似乎让坐在前排的几位男生感到扫兴。当咳嗽声再次响起时，他们不耐烦地回头瞪她。

尽管这几个男生的做法不值得表扬，但是他们之所以会这样，是因为他们被故事情节深深吸引住了，他们喜欢听故事，喜欢这样的教学方式。学生的表现说明：选择通俗易懂的、趣味性强的故事，能够激发学生学习第二语言的兴趣，有助于提高课堂教学实效。这也进一步肯定了讲故事、听故事在提高学生第二语言能力中的积极意义，同时也折射出"愉快教学""情景教学"在课堂教学中的价值。

——自愿参加一、二年级活动课的"热心人" 等待了好几天的活动课马上就要开始了，学生们激动的心情一时间难以平静下来。上课铃声虽然响过了，但教室里依然很嘈杂，"同学们，请安静！我们上课吧！……"也许是他们没有听见，也许是他们没有听懂，总之，我说了半天，教室里依然如此。就在我感到很无助的时候，一个学生站起来了，他朝这群"不听指挥"的小家伙说了几句藏语，教室里顿时鸦雀无声了，大家都抬起头来望着我。带着感动与好奇，我走到了这个"助人为乐"的"热心人"身边，这才发现，他是三年级的学生。奇怪，这是一、二年级的活动课，他们的课刚刚上完，他怎么会在这里呢？在我正准备问他的时候，他主动站起来说："老师，这节课……没有（老师请假了）……我（想）来唱歌。"他的这一番话给了我一个意外的惊喜。

---

① 为了帮助学生理解故事情节和便于课后辅导，我一边听，一边将出现在故事中的生字、生词写在黑板上。

从这一小小的举动中，不仅可以看出学生对我工作的支持与肯定，还能够说明"综合活动课"在学生心目中的重要地位——学生喜欢生动有趣、丰富多彩、充满歌声与笑声的校园生活。通过"综合活动课"提高学生的语言表达能力，是正确的选择。

（2）校园里

研究开始之前　初次踏上这广袤无垠的大草原，让我不由自主地联想到藏族同胞热情豪迈的性格与能歌善舞的特长。但是初见学生时他们表现出的恐慌和沉默，让我不得不对这种先入为主的印象产生怀疑，同时也使我为自己能否走进学生的生活世界与精神世界产生了担忧。

——面对陌生人的恐慌　最令我难忘的莫过于刚见到学生的一刹那。对初来此地的我来说，感觉眼前的一切无比新鲜而富有诱惑力。面对着一群身穿藏袍的孩子，我产生了想跟他们打声招呼的强烈冲动。但是，没等我说完一句话，他们就跑得无影无踪了。在后来的几天里，我一直努力寻找和他们说话的机会，但始终未能如愿，即便某个学生运气"不好"，被我"逮"个正着，他也会"守口如瓶"，沉默到底。然而，更让我深受打击的是，若发现我或我的同伴在厕所里，她们就站在门口，不进来；如果主动跟她们打招呼，还会适得其反，她们就会跑掉，即使高年级的学生也是如此。但是若有她们的老师在场，情况就会不一样——老师说几句简短的藏语，她们就进来了。老师解释说，这是因为她们听不懂我说话，我一开口，她们就害怕，所以就跑了。

语言的障碍竟让学生如此恐慌?!　的确，当一个人的语言不能够被别人完全理解的时候，会让人感到紧张；如果是完全不能交流，那么带给人的必定是恐慌。

——交流中的尴尬　为了拉近与学生的心理距离，我一有时间就在校园里走，以寻找和他们交流的机会。看见六年级的两名女生抬着一大盆脏衣服走过来，我便问其中一名女生："你们是不是要去洗衣服？"她迟疑了一下，回答说："嗯，衣服！"起初，我以为她没有听懂我的问题，于是又重复了一遍，这一次她的回答是：

"才老师的！"当我再想追问时，她们已经加快步伐，头也不回地走了。看见一群学生都围在那里看老师办墙报，我指着墙报上的一道数学题，问他们："谁会做这道题？"结果没有一个人吭声。当发现一名五年级的男生在偷偷看我的时候，我便让他来回答，让人啼笑皆非的事发生了：他把这个题一字不落地念了一遍，就自信地站在那里等待着我的夸奖。当办墙报的老师用藏语把我的问题"翻译"给他的时候，学生们都不好意思地笑了。

——课间的难熬　上午第二节课后，有一个小时的早餐时间。但是吃早餐根本就用不了一个小时，在吃完早餐后，除了个别学生趴在教室门前的台阶上写作业之外，大部分学生都无所事事，这样，在校园里相互追逐就成了男生的"特权"，晒太阳则成了女生的"专利"。

——校园里的宁静　众所周知，能歌善舞是藏族的一大特点。然而不可思议的是：在"综合活动课"实施之前，我在这里就未听到过歌声，早自习时间，低年级学生背诵藏语文的声音成了校园里"唯一"的声音。天真可爱的孩子与宁静的校园所产生的强烈反差让人感到无比压抑。

研究开始之后　随着"综合活动课"的深入开展，我与学生之间逐渐形成了较为和谐的人际关系。在这一过程中，学生的精神面貌也逐步发生着可喜的变化。实践证明，"综合活动课"的开设是必要的，也是成功的。活动课在极大地调动学生汉语学习兴趣的同时，也使学生的汉语水平不断提高。这一点，可以通过学生在校园里的行为表现得到印证。

——"老师，你好"　2002年4月，当我再次来到这里之后，就明显地感觉到这些学生们比以前大方多了。有几个低年级的学生一看见我，就用他们那并不标准的"普通话"打招呼："老师，你好！"我回问他们："好！你们好吗？"其中有一个学生接着说："我好！你也好！"当他们看见我手中拿着的照相机的时候，有几个正在远处玩耍的学生就围过来了，其中有一个"理直气壮"地说："我照一个，来！"

第七章 藏族小学汉语文教学之行动研究

想一想以前看见我，学生紧张得连厕所都不敢上的情景，真的不敢相信眼前的这一切会是真的。看着他们，我会心地笑了。从他们这些简单的言语中，我深深地感到自己不再是"局外人"，而是学生校园生活的一部分。因此，教育学生，就必须走进学生的生活与情感世界，把自己当作学生的朋友，去感受他们的喜怒哀乐。

——操场上不绝于耳的歌声　随着"综合活动课"的实施，操场上日渐响起的歌声打破了这里往昔的宁静。与初来这里之时一样，我在午休时间难以入眠。然而，虽然结果是相同的，原因却是截然相反的：初来此地，过度的安静带给我的寂寞与焦急的确让我难以入眠；而现在，让我难以入眠的，却是我期盼已久的在操场上回荡的歌声。

——办公室前的门庭若市　距离我的办公室最近的是一、二年级的教室。为了让学生有更多的机会接触汉语，我利用这个便利条件，一到课间的时候，就把录音机打开，专门找一些儿歌、童谣给孩子们听。一、二年级的孩子只要听见录音机响，就会争先恐后地跑过来，聚精会神地站在我办公室门口听。有时候真的想让他们进来，可是人太多，地方太小，就只好委屈他们站在门口。为了让站在最后面的孩子也能听得见，我就把音量开到最大。时间久了，这项活动就成了低年级学生课间的"必修"课，特别是在早餐时间，孩子们一放下手中的饭碗就跑来凑热闹。在这段时间里，我办公室前通常门庭若市，挤得水泄不通。当有老师主动将他的可移动插座借给我，并建议我将录音机移至窗外以便让更多人分享的时候，我意识到，他们的热情，不仅激励着我不断开拓进取，也引起了全校师生的广泛关注。

——窗外谁在"偷窥"　下课铃响的时候，五、六年级的活动课还没有上完，需要拖延几分钟。这一拖便引来了一些低年级的"小观众"。他们趴在窗户上"偷窥"我们的活动，有的人可能是个头太小了，爬不上去，一着急竟然把门挤开了。他们用自己强烈的好奇心和实际行动告诉我：他们多么喜欢这样的课！

——"打雪仗"中意外的发现　几天的沙尘暴过后，迎来了一场大雪。午休的时候,雪还没有停。看到学生们兴高采烈地在校园里打雪仗,我也按捺不住内心的喜悦,便跑过去给他们助威。我站在场外诸多旁观者中,一边给打雪仗的学生加油助威,一边与周围的学生交谈。在交谈中,我意外地发现他们在汉语方面已经取得了很大的进步:和以前有所不同的是,我不用再重复自己说的话了,只要说慢一点,他们基本上都能听懂。

(3) 宿舍里

研究开始之前　如前所述,这所小学是寄宿制的。其"寄宿"的方式是独具特色的:学生宿舍的安排不是按性别和年级来划分,而是按"村"来划分,即只要是同村的学生,无论男女,也无论年龄大小和年级高低,都住在同一个宿舍里,并由各村委派一名家长作为"管护员"来学校照顾本村学生的饮食起居。在研究开始之前,宿舍的主要功能有二:为学生提供饮食和住宿。

——借打牌消磨时间的管护员　对管护员来说,除了做饭,剩下的时间是可以自由支配的。在闲暇时间,女管护员一般都做手工活儿,比如捻羊毛线;男管护员则以打牌为主。

——"光秃乌黑"的墙壁　"光秃乌黑"的墙壁是学生宿舍的突出特点。即使在个别宿舍见到过年画之类的图片,也已被熏得发黑发黄。而在大部分宿舍能看到的是挂在墙上的"干肉"①。

研究开始之后　充分利用宿舍空间,为学生创设汉语学习的环境,是本研究的基本设想之一。而直观形象的图片可以刺激学生的视觉,强化和巩固学生对所学内容的记忆。因此,在研究开始之后,我便对每个宿舍学生学习汉语的具体情况展开调查,并以此为依据制作了不同内容的图片。总体上,可以分为五大类,即汉语拼音、偏旁部首、字、词、句。但由于各宿舍学生的异质性较强,图片内容无法同时满足每一个学生的需要。为了弥补这一缺憾,也为了最大限度地发挥每一张图片的作用,我将各宿舍的图片每周轮换

---

① 每当"月假"结束,学生返校之时,都要从家里带足一个月的伙食。肉,是该地区牧民的主要食物之一,为了防止鲜肉变腐,各个宿舍的管护员就将大块的肉分割成15厘米左右长、5厘米左右宽的肉条,挂在墙上。时间一长,就成了"干肉"。

一次并不断制作补充新的图片,与此同时,依次对各宿舍的学生进行个别辅导。事实证明,这一"行动"取得了良好的效果。值得一提的是,这种新颖的"浸入式"学习环境的营造,不仅能够巩固学生所学的知识,而且在不知不觉中潜移默化地拓宽了学生的知识视野,激发了学生的学习热情。

——教低年级学生认汉字的"老管护员" 自从各宿舍里张贴了这些自制图片以后,在17号宿舍那个老管护员的生活里又增添了一项新的内容——教低年级学生认汉字。在与他的交谈中,我发现,他的汉语比六年级的学生都好。据了解,他的文化程度是初中二年级。他教低年级的学生认图片上的汉字,是我无意中发现的。当我站在他面前的时候,他指着图片跷起了大拇指,并笑着向我点头。虽然他什么也没有说,但是他的动作和表情已经足以表达他对这一做法的认可与支持。为了更好地发挥老人家的余热,我特意为他找来字典等辅助"教具"。

——"'作海'① 的宿舍里没贴" 更换宿舍图片是我每周日中午必须做的事,每当这个时候就会有很多"志愿者"加盟,从一开始的三五人到后来的一二十人,人数随着张贴图片地点的变换而不断增加。他们中有拿图片的,有贴图片的,有撕胶带的,有搬凳子的,忙得不亦乐乎。到底人多手快,不到一个小时,就结束"战斗"了。如前所述,由于现有图片上的内容只有汉语拼音等五类,对于高年级学生来讲过于简单了,新的图片还没有制作好,所以图片就暂时没有给5号和11号那两个只有高年级学生的宿舍贴。在换最后一张图片的时候,一个五年级学生提醒我说:"老师,'作海'的宿舍里没贴!"我解释说:"这些挂图上的内容对你们高年级的来说太简单了,所以没有给你们宿舍贴,你们宿舍的图片老师正在制作。"他离开的时候是那样的怏怏不乐,除了一丝淡淡的遗憾以外,我感到更多的暖意。我想学生之所以在乎这件事,并不完

---

① "作海"就是11号宿舍,由于11号宿舍住的全部是"作海"村的学生,所以他们把这个宿舍叫"作海"。

全出于好奇，而是对于这样一种全新的、轻松有趣的学习方式打心眼里喜欢。他们的在乎，让我看到了他们的进取与好学，进步与成长。

——五彩斑斓的墙壁 "图片进宿舍，大伙喜洋洋。我也要制作，与你比高低。"这是对图片掀起的热潮的真实写照。张贴在各宿舍的图片，成为学生效仿的"蓝本"，掀起了低年级、中年级学生自制图片的热潮，这是让人始料不及的。从"图片上了墙"的第二天开始，一至四年级的学生就开始"行动"了。他们把自己在课堂上学过的字、词也写在纸上，贴在宿舍里让大家看。这些"作品"真可谓"千姿百态"：有用藏语写的，也有用汉语写的；有用大白纸写的，也有用旧作业本写的；有黑白的，也有彩色的；有8K大的，也有32K大的；有专门写的，也有"投机取巧"从旧作业本上撕下来的……这些千奇百怪的"作品"，进一步证明了学生对这样的学习环境、学习方式的喜欢与认同。

2. 课堂内外的教师

引导教师积极主动地改进自己的教学，是本研究的长远目标之一。我在这一阶段研究中所采取的"行动"，在某种程度上潜移默化地影响了该校教师。当然，若以学生取得的进步作为参照，则会发现，教师的进步并不明显。

在这里，无论是领导还是教师，都很敬业。坐落在人烟稀少的大草原上的这所学校，没有任何娱乐设施，教师也没有任何娱乐活动。批改作业和备课就成为教师课余时间的主要活动。虽然他们在教学中存在着教学方法不当、教学内容死板、教学手段单一等问题和不足，教学效果也不理想，但是他们能在这样艰苦恶劣、封闭落后、单调乏味，又远离家人的环境里辛勤工作，是让我由衷地敬佩的。于是，我想通过研究为他们做点什么。鉴于此，我想将引导教师改进自己的教学作为下一阶段研究的主要任务之一。

为了更好地了解该校双语教学的实际情况，把握教师在双语教学中存在的问题，在研究开始之后，我花了大量的时间去听课：每一位老师、每一个班、每一门课我都听。虽然老师的能力和特点，学生的心理和年龄，课程的性质和内容各不相同，但是教学方法却完全相同：讲授法是唯一的方法。在课堂上，老师既不使用其他教具，也不设计组织学生参与的活动，仅靠嘴巴和粉笔与学生交流。课堂交流基本上是单向的、低效的。

——"老师，这支催眠曲真长"　在一节藏语文课上，学生在完成复习旧课和读课文的任务之后，就再也没有说话的机会。在学生断断续续的翻书声和此起彼伏的哈欠声中，老师"辛辛苦苦"地讲了30多分钟……

——"老师，您能帮助我吗？"　这件事发生在五年级一节关于"带分数"的藏数学课上。在做课后练习的时候，坐在我旁边的那个学生始终没有做对一道题。例如在计算"80/84 = ?"这道题的时候，他的得数竟然是"8"！当我告诉他这个得数不正确的时候，他就用最原始的、列竖式的方法重新计算，这才算对了。按照常理，这么简单的题对五年级学生来说，口算应该是不成问题的。又如在计算"15/2 = ?"这道题的时候，他第一次算出的得数是"2 + 5/15"，在我指出他的错误之后，他的得数又变成了"2 + 1/7"。再如，在计算"18 ÷ 19 = ?"时，他的得数是"1 + 1/19"。虽然我知道他是因为除法没有学好才会犯这些错误，但由于存在语言上的障碍，我无法直接给他进行辅导。当我将这件事告诉任课教师才让卓玛之后，她立刻对这个学生进行了"辅导"，但令人遗憾的是，她只是把这几道题的正确答案告诉了学生，并没有给他讲解计算过程。

——"啊？还要再读一遍？"　这是一节五年级的汉语文课，由全校公认的汉语水平最高的敏老师上。这节课是这样上的：在完成了复习旧课的任务之后，老师在黑板上写下了三个字——"凤仙花"，这是即将学习的一篇新课文的题目，没想到，它却成为本节课仅有的板书。在剩余的34分钟时间里，只有一项内容，即读课文。先由老师给学生领读了两遍，然后学生集体读了一遍，再让两名学生各读一遍。最后一遍还没有读完，下课铃声就响了。

通过课堂观察，我深刻地体会到，学生学业不良与教师的教学有直接关系。这是因为教师的业务水平、教学技能、教学风格、工作态度、个人修养等，直接影响着教学活动的结果。而上述问题到底是由教师水平能力差等客观因素所致，还是由教师工作态度和责任心不强等主观因素所致？在我看来，二者兼有。教学需要奉献，需要敬业，更需要爱心。可是，仅凭这些是不够的，还需要科学、系统、正确、规范的教学方法。

3. 教师与学生

——"默默地奉献" "小兔子乖乖……快开快开快快开，妈妈回来了，我来把门开……"操场上传来的歌声引起了我的注意，"咦？奇怪！这一段我还没教，他们怎么就会唱了？"带着惊奇与疑惑，我来到了这几名"小歌星"身边，想问问他们是怎么学会的。但是他们才一年级，听不懂我说的话，于是我找来一个汉语比较好的高年级学生做"翻译"，这才知道是他们的汉语文贡老师教的。为了当面感谢默默支持我工作的这位老师，我去找了她。在闲聊中贡老师对我说："你教的歌，尕娃们一挂①唱着，我们（老师们）也听会了。"我赶忙说："'小兔子乖乖'这首歌的第二段我还没教，已经有学生会唱了，听说是您教的？"贡老师急忙笑着解释说："嘿嘿……我那个本事没有！是（第二段）里面几个字尕娃们不会的，我就墙上的歌词（给他们）教着认了一下。唱歌？不可能！哈哈……"

这段对话无疑是对图片的作用与价值的肯定，因为这些图片无形中拓宽了师生之间沟通的渠道；贡老师的做法也无疑坚定了我前进的信心，因为从她的身上我看到了教师成长的希望。然而，这仅仅是一个良好的开端。

——操场上那道亮丽的风景线 持续近一周的沙尘暴，终于结束了，压抑了许久的大家终于可以参与户外活动了。看到操场上学生那么多，我赶忙取来从兰州买来的六根大跳绳，准备发给每个年级。通过活动，促进学生的汉语学习，是本研究不变的主题。因而在分发跳绳之前，考虑到学生的汉语水平，我先将自己儿时玩"跳大绳"游戏的一首儿歌教给在场的几名高年级学生：

---

① 临夏方言，意思是"一天到晚"。

第七章 藏族小学汉语文教学之行动研究

今天该我们上体育,大家都要守纪律,向前看齐!向右转!手放下!张三张三(跳绳的学生)你扫扫地;张三张三你摸摸头……

游戏规则是这样的:儿歌由摇绳的学生唱,跳绳的学生要根据歌词随时做出相应的动作,如果做错了,就罚他下场摇绳唱歌。我向他们介绍了游戏规则,并做了示范。由于学生还没有记住歌词,有些学生还不能完全听懂歌词,导致唱词与动作"不配套";也由于学生以前没有接触过大跳绳,导致跳绳动作的"千奇百怪"。这些情形使操场上的笑声此起彼伏,因此也吸引了很多老师前来围观。出人意料的事情就这样发生了:从拥挤的人群中突然冲出一个"神秘人物"——戈校长!你看他!居然还会跳绳!"一个,两个,三个……"我与围观的师生们大声给他计数。他还真行,都五十几岁的人了,居然一口气跳了八个!他的出现无疑成为这个热闹非凡的操场上一道最亮丽的风景线……当他气喘吁吁而又春风满面地朝围观的老师们走过来的时候,操场上响起了热烈的掌声。有几位老师远远地就用藏语冲他喊着什么,虽然我一句也听不懂,但是看着老校长笑容可掬的样子,我的内心得到了莫大的安慰与鼓励。

教育的美,首先是从和谐的人际关系中体现出来的,教师之间、师生之间、同学之间的关系和谐了,大家自然就会喜欢这所学校、喜欢这个班级,自然就会努力工作、努力学习。在参与活动的过程中,教师之间、师生之间、同学之间的联系得到了加强,感情得到了升华。这些活动不仅提高了师生对校园生活的热爱,也为教师主动改进自己的教学创造了心理条件,从而使学校成为师生共同成长的精神家园。

——别开生面的篮球赛 一天下午放学后,六年级的班长来找我,他说:"吕老师,我们打篮球?!"这是学生第一次主动向我发出的"邀请"!此刻,我内心的激动与自豪无以言表。当我们一起来到操场上的时候,已经有四个精力充沛的小伙子等在那里了。我想:"这么好的机会,为什么不找几个老师来和学生打一场篮球赛呢?"于是,我抱着试一试的态度去找几位男老师。起初,他们都不想参加,但在我的"纠缠"之下,还是来了两个。篮球赛就这样开始了……起初学生还有些放不开手脚,不好意思和老师抢球,总是"让"着老师,可是,当后来球赛越打越激烈的时候,也就顾不上这些了。到比赛结束的时候,老师和学生的关系已经可以用"亲密"二字来形容了。当我问老师对此有何感受时,一位老师得意地说:"哈哈!尕娃们,水平还挺高的,以后再有机会,还可以(和他们)玩(篮球)!"这些简单的话语背后,蕴涵着教师思想的巨大转变和师生关系的极大改善。

对于每个月有连续20—21天在学校里度过的学生而言,学校生活对他们的成长和个体的社会化显得尤为重要。在学校这个"小社会"里,学生接触最多的除了同伴就是老师了。师生关系融洽与否,直接关系到学生的成长与发展。而师生共同参与活动,又不失为构建良好师生关系的有效途径。这场看似简单的"篮球赛",见证着该校师生关系逐步改善的历程。

4. 我与学生

在研究开始之后这短短半年的时间里,我与学生之间经历了由陌生到知心的转变过程。然而,这一转变过程并不是一帆风顺的。当我回首这段往事的时候,不禁有几许感慨与自豪:感慨的是,我为此所付出的巨大代价;自豪的是,我的付出终有所获,我在这里结交了很多"知心朋友",为研究的进一步开展创造了良好的条件。如果说有某种力量加速了这一转变的进程,首要的一定是"综合活动课"。

——"老师,这只猴子您觉得怎么样" 在三、四年级的一次活动课上,我发现了一个很"特别"的学生。"特别"之处首先表现在他的图画作品上:他把猴子的尾巴画得特别长(猴子身体的三倍)、特别粗,用钢笔涂得黑黑的,看起来让人有点毛骨悚然。其次,他高举着自己的"作品"蹲在凳子上,不停地冲大家做鬼脸。当我走到他面前的时候,他竟然无动于衷,依旧蹲在凳子上,并冲着我哈哈大笑,看得出他一点儿都不怕我这个"老师"。这的确让

第七章 藏族小学汉语文教学之行动研究

我有点生气,但我并不想放弃他。所以,我没有批评他,只对他说:"这样画不好看!"接着,我在他的本子上亲手画了一只"漂亮"的猴子,并对他说:"以后如果不会画,可以来找我!"

看来我的努力没有白费。下午放学后,他来找我,手里拿着他刚画好的"猴子"。这一次他画得非常好,想必一定下了很大的工夫。当我发现他将这幅作品贴在宿舍里的时候,我坚信:在以后的课堂上,他再也不会捣乱了。这节课,我们大家收获很大,宽容开出了美丽之花。

——两块别有味道的泡泡糖 陪我一起住的这个女孩儿名叫九西草,她很朴实、很勤快:地上脏了,她就扫;炉子里的煤烧完了,她就添;桶里的水不多了,她就去提。我们两个相处得非常融洽,但是语言交流上的障碍是挡在我们之间的一道"屏风"。据班主任说,九西草的汉语是全班最差的。有一次我跟她说:"明天下午我们一起吃米饭吧?!"她说:"好!"结果她当天下午就来了。做饭前,我问她:"你吃一碗米饭不够吧?"她说:"嗯!"结果我蒸了很多,她只吃了一小碗。这些都说明,她根本就没听懂我说的话。为了给她补习汉语,我让她有时间就来找我。就这样,我与她由"陌生"到"信赖",最终成为"知心朋友"。有一天,九西草把她写的一篇作文拿来给我看,题目是《我的母亲》。我认真看了一遍,发现里面错别字比较少,但语法错误比较多,比如她在文中写到:"壶里的水呼的像在唱歌,还旁边放着新衣服……我不能老师遍(骗)……"这些错误,我逐个给她进行了讲解和纠正。第二天早上,她就把改好的作文和两块泡泡糖一并送到了我手中。

我将这份珍贵的礼物小心翼翼地包起来,因为我想让它成为激励我在这里继续研究下去的动力和鞭策。

——雪中的故事 我早就想让六年级学生练习写汉语作文了。一场大雪过后,这个想法终于变成了现实。下午自习时间,我给六年级学生布置了一篇作文,题目是"打雪仗"。因为今天中午他们自发组织并亲身参与了这项活动。第二天学生就要放"月假"了,我要求他们"月假"结束之后交上来。

让我意想不到的是，勒毛草同学竟然只用了一个半小时就把这篇作文写完了。而且这已经是她完成的第三篇汉语作文了。带着激动与兴奋，我仔细阅读了她的这篇汉语作文：

今天早晨我起床的时候，学校的院子里下了雪，我穿衣服和鞋去门外，到处都是雪，然后我去教室里读书的时候，才老师拿着书和粉笔来了教室，以后他说今天下了雪，你们不许打雪仗。然后下课了我们去吃饭的时候，忽然上课的铃子也响过了。四节课下课的时候，同学们写作业，有的写完了作业出去玩，以后全班同学都写完了作业，我和女朋友来了宿舍里，忽然院子里唧唧（叽叽）喳喳的声音，我马上看院子里在干什么，院子里打雪仗的人可真不少，打雪仗的人是五年级和六年级还有别的班，我看他们的心里好像在高兴或者惊（激）动，这时候二年级的女孩子在打雪仗，我看她的样子非常惊（激）动，我大声喊着卓玛加油，卓玛听了我的话她很高兴地还打雪仗。我的心里想以后下了雪我也用（要）打雪仗。

姑且不谈这篇文章的内容，仅她这种学习汉语的刻苦精神，就足以让我感动了。她的作文是对全体学生汉语学习历程的真实记录，更是对我的鞭策与鼓舞。正是像她这样一群群可爱的孩子，给了我前进的动力与克服困难的勇气。

——"敬爱的老师您叫什么名字"　一天晚饭过后，我正准备写研究札记，六年级的女生勒毛草来了，手里拿着一张纸。她把这张纸交给我，并深深地鞠了一躬，就匆匆跑出去了。我打开这张纸，吃惊地看到：

敬爱的老师您叫升（什）么名子（字），我好喜欢您。我们的老师没有的时候您给我们上西游记和很好听的歌，还有我们一起玩游戏。我很爱听您的歌和爱玩游戏。我相（想）给您一个小小的礼物，但是我没有钱所以我没给您，对不起老师。

第七章 藏族小学汉语文教学之行动研究

您和以前来过的乔老师还有讨（付）老师，我非常喜欢您们三个。我心里永远忘不了您们。

手捧着这封信，我流下了感动的泪水。这封信没有称呼，没有落款，也很短，但它却完整地表达了学生的心声。这是对我工作的最大程度的认可与支持，这是我在这里收到的最珍贵的礼物。从这封信中，我看到了自己来这里的价值；从这封信中，我深深体会到了作为一名教师的骄傲与自豪。

——晚餐中的友情　在这里做研究的几个月时间里，我经常邀请学生共进晚餐。这次，我邀请的是高年级的四位女生。虽然她们已经不是第一次来我这里吃饭了，但她们还是很拘束，饭菜也是我挨个夹到她们的碗里，她们才吃。其间，除非我问，她们很少主动说话。与之形成鲜明对比的是，她们饭后"忙活"的表现：洗碗的洗碗，扫地的扫地，提水的提水，我想客气一下都没有机会。而更让我感到惊喜的是，她们临走前说的那句话："吕老师，你明天宿舍来，我们……糌粑……吃？！"这是第一次有人请我吃糌粑，也是学生第一次请我吃饭。能够得此殊荣，我感到无比自豪。因为，对她们来说，主动邀请老师需要比接受"老师"的邀请更大的勇气。

坐在酥油飘香的学生宿舍里，看着围坐在我周围的一张张专心吃糌粑的面孔，我顿时感受到了藏汉两种文化在我心灵深处的融汇。

——"老师，还有我呢"　一、二年级的"综合活动课"上，我拿着一个洗脸盆走进了教室。我打算教他们"盲人摸象"的游戏。游戏规则是这样的：黑板上画着一张没有鼻子的大脸，被叫到的学生要用脸盆遮住自己的脸，用粉笔把鼻子补画上去，看谁画得最好。就这样一个简单的游戏，对学生来说也是无比新鲜的。游戏刚刚开始，他们便一拥而上，挤在讲台上，高举着自己的手，大声吆喝着："我！""我！"有的学生被挤下了讲台，一着急，嘴里直喊藏语。我"命令"他们都回到自己的座位上去，可是回去的人寥寥无几。我只好改变"战略"——把机会留给回到座位上的人。这才让这群误认为"近水楼台"可以"先得月"的"小家伙"们依依不舍地离开了讲台。这会儿好了，叫到谁，谁就来……突然，一名学生朝我跑过来，又扯衣服又比画，因为一直都没轮到他上场，还以为我把他忘了。

孩子们率真的行为让我认识到：只有尊重孩子的主体和个性，让学生"自我成就"的心理需要得到满足，教育才会焕发出生命的活力，学生对于课堂生活的向往才有可能展现出来。因而，教育实践呼唤掌握丰富多彩的教学艺术的高水平教师！

5. 我与教师

初来这里的时候，教师对我行动不了解，也不感兴趣。我组织的活动他们不参与，也不配合。但是，随着行动研究的开展，当学生的精神面貌逐渐发生可喜变化的时候，他们对我的态度发生了变化，对我行动也逐渐产生了兴趣：从起初对我听课的拒绝，到后来对观摩课的渴望；从起初对我的行动的漠不关心，到后来的积极配合与帮助，再到对提高自己的汉语教学水平有了主动的需求。

——对听课的拒绝　听每一位汉语文教师的课，是我初来这里时，为了更细致地了解该校双语教学中所存在的问题而采取的措施。然而，要想落实这件事并不容易：当我就听课一事征求老师们的意见时，没有一位老师愿意让我去听他的课。在多次尝试无果之后，我只能采取"下下策"——求助于校长。在校长的压力下，老师们才勉强答应了我的请求。

——对"观摩"课的渴望　学生的进步，促使教师有了主动学习的愿望。在一次"综合活动课"上，我无意中发现教三年级汉语文的普老师站在教室后门外，专心致志地看着教室里。课后，我主动去找他。在交谈中，他说：

> 吕老师，尕娃们很喜欢你上课。……以前一年级的（学生）一句汉话也不会，现在还歌唱着哩，三年级学生也课文读得（更）流利了。你怎么教的是，我想看一看。我班上的学生

第七章 藏族小学汉语文教学之行动研究

经常你教的歌唱哩,我也听着喜欢……我们汉语文课一般也就是读个课文,讲个生字、段意什么的,再就是做题。我们也汉语说得不好,学生也不爱听,我们也办法没有。吕老师你能不能汉语文课上一下,我们听?……

这段话充分说明,教师已经开始思考自己的教学,开始发现教学中所存在的问题了。

——合作中的默契 在4月底的教职工大会上,学校按照教育局的要求,布置了创建少先队的工作任务。为了让更多的教师关心并参与这项活动,在会上,我极力推荐比较擅长歌舞的旦正勒毛老师担任少先队辅导员这一职务。起初,她坚决不同意,在我承诺会尽力协助她之后,她才勉强答应了。旦老师是一个很有思想的老师,在我们的共同努力下,她制定了少先队活动计划,并设计了给全体学生教唱"中国少年先锋队队歌"的活动。可是,这首歌她自己不会唱,为此,她主动找我帮忙。我想,"何不利用这个机会来引导教师改进自己的教学?"于是,在答应给旦老师帮忙的同时,我也提出了一个"不情之请"——与旦老师合作教学生"妈妈的女儿"这首"藏汉双语"歌。起初,旦老师说什么也不答应,经过我的一番"纠缠",她最终决定试一试。后来的几节"综合活动课"就由我们一起上了,我用汉语给学生教第一段,旦老师用藏语给学生教第二段,当学生的笑声伴随着"跑调"的情况此起彼伏时,旦老师的脸上露出了灿烂的笑容。课后,我邀请旦老师一起给学生制作图片,旦老师一手漂亮的藏文在彩色笔的点缀下,显得越发具有吸引力了。当我将第一张写有藏汉两种语言的图片贴在教室里的时候,学生的惊奇与兴奋不亚于第一次看到图片的情形。事后旦老师告诉我,这样上课真的很有趣,也很轻松。

——共同的心声 "月假"前一天,与其他人一样,我也开始收拾返城的行囊。"录音机和电饭锅应该放在哪里?放假期间估计学校没有人啊!"正当我为此事发愁时,副校长道吉甲进来了。于是,我赶忙问他:"放假期间学校没人,这些东西就这样放着不会丢吧?"道校长是一个非常幽默风趣的人,他说:"人的话是放假学校一定有,但是你的东西也一定会丢!我就这一次不走了,专门等在这儿'偷'你的东西!不过,这个(他指着电饭锅)我不要,录音机考虑一下,磁带和字典一定'偷'哩!哈哈……""你这个'小偷'很特别,值钱的东西你不要,要这些干吗?"我有些不解地问。他解释说:"录音机我有哩,没你的好,磁带装进去的话是还能转。'字典'好,歌词不认识可以查。下次你来的时候我们两个比着唱,看谁唱得好?"道校长这番玩笑话提醒了我,我赶快去询问其他老师,看看大家还需要什么。没想到,提高汉语水平成为老师们共同的心声:有人需要普通话磁带,有人需要汉语词典,有人需要汉语文课的优秀教案……从上文我与老师的诸多对话中,可以看出,这里的老师在汉语表达上确实存在很多语法错误,但是如此强烈地渴望提升自己的汉语水平却是"史无前例"的。逐步发生在教师身上的这些变化,让我看到了该校教师对成长与进步的渴求,也看到了改进该校汉语文教学的希望!

(二) 对第一阶段研究的反思

1. 对研究过程的反思

(1) 研究者自身的局限

我本人一出生就接受汉文化的熏陶,因此对异文化的评判始终摆脱不了在汉文化中形成的固有的思维模式的局限。受自身文化背景的影响,我对事实,即自己的行动与现实所发生变化的描述也无法做到完全意义上的准确、客观,更不能够深刻体察异文化群体成员对研究的真实感受。由于对藏语一无所知,我无法直接获得有关"该研究对学生学习母语,即藏语是否有作用,学生的藏语水平是否得到提高"等方面的第一手资料,也无法彻底消除因文化的不同而造成的我与学生之间的距离感,更无法与学生、教师进行更深入的交流与沟通,并站在他们的角度和立场规划自己的研究。由于我本人对藏文化缺乏深入了解,在行动研究中,无法将更多更适合学生生活背景的藏文化素材引入自己的"综合活动课"教学中,无法在活动设计中充分吸纳藏文化中丰富的文学遗产。相关研究表明,

第七章 藏族小学汉语文教学之行动研究

"对儿童有意义而且适合他们兴趣的知识并不局限于主流文化的范围,相反,所属亚文化的内容更能激发他们学习的动机。……在意识观念中,自己文化的不重视或被轻视可以直接导致少数民族学生学业成绩的失败"[①]。在学习本民族歌曲和汉族歌曲时,学生不同的学习表现和学习结果恰恰说明了这一点。这些都暴露出"综合活动课"教学存在的不足与局限。

(2) 研究给学校造成的影响

正面影响"综合活动课"的实施,大大地活跃了校园的气氛,使整个学校生活呈现出勃勃生机。在学生悦耳的歌声和别开生面的趣味性游戏的诱惑下,宿舍里的"管护员"果断地放下了手中的扑克牌,校门外的牧羊人因经受不住校园热闹场面的诱惑而跳下了马背,镇子上闲逛的牧民也克制不住内心的好奇,统统跑来凑热闹了。据校长和老师们反映,以前"外头的人"[②]从不到学校来,开家长会都"请"不来。而现在,用校长的话说:"没有人请他们自己来了!"是的,他们来了;不但来了,而且还主动参与学生的活动:现在"外头的人"与学生一同打篮球已经是司空见惯的事情了。这说明,该研究的开展在客观上引起了周围群众对学校的关注,提高了群众对学校教育的参与程度。尽管这种"关注"和"参与"还不够广泛深入,但也算有了良好的开端,实现了质的飞跃。从长远来看,这必将有助于提高该校适龄儿童入学率,降低辍学率。

随着研究的开展,学生的汉语表达能力有了明显的提高。学生从初次相见时的"金口难开"到今天见面就说"老师,您好";从最初的"答非所问"到今天的作文"打雪仗"和"感谢信"……这些可喜的成绩并非一蹴而就,其中的艰辛与曲折我体会得最为深刻。然而交流或许就是一种默契的配合。与学生相处久了,必然会产生默契,交流也不必完全借助于口头语言和书面语言,只要适时地使用肢体语言,便可以降低交流的困难。这是我与学生慢慢形成的一种共识。

---

① 王鉴:《民族教育学》,甘肃教育出版社 2002 年版,第 41 页。
② 这里是指住在学校外面的人,如村民等。

在研究过程中，我自己也获得了成长与进步：因长期置身于藏语的环境里，我竟然不知不觉地学会了藏语中一些简单的日常交流用语。至此，我悟出了一个道理：为学生创设良好的语言环境，是提高学生语言表达能力的必要条件。"综合活动课"之所以在提高学生汉语表达能力方面取得了成效，是因为它为学生创设了一个广阔的汉语交流的时空环境。

负面影响　由于我为学生开设的"综合活动课"与其他教师的教学在方式、内容等方面完全不同，并在实践中取得了显著的成效，这就给每位教师造成了不同程度的心理压力。这种心理压力对不同教师产生了积极或消极的影响：前者演化为教师前进的动力；后者引起教师对自我或对他人的否定，进而引发自卑心理或对他人的排斥与反感情绪。在全校教职工会议上，我的做法多次受到校长的表扬。这在使我深受鼓舞的同时，大大挫伤了部分教师的工作积极性，更激起了部分教师对我的排斥与反感情绪。在研究中，通过对各位教师不同行为表现的观察和总结，我深刻地感受到了这一点。

随着"综合活动课"的深入开展，学生对这种教学方式的偏爱和对其他教学方式的排斥逐步形成了鲜明的对比。据教师反映，在其他课上，学生在语言表达和回答问题的积极性方面比以前有所进步，但是没有以前那么专心认真了，上课打瞌睡、东张西望、做小动作、吃东西、跟不上教学进度的学生比以前多了。

通过反思我意识到：要消除上述这些负面影响，应进一步融入教师的生活世界，让更多教师了解我、接纳我、信任我；同时，通过"综合活动课"的持续开展，让教师在时间的推移中逐步感受新的教学方式的独特魅力，以便激发更多教师参与教学改革的动机与热情，并在此基础上引导教师积极改进自己的教学实践。这是解决这些问题的有效途径，也是我继续探索和努力的方向。

2. 对研究结果的反思

在为期4个月即一个学期的行动研究中，我探索出了一条通过开设"综合活动课"和为学生创设汉语学习环境来提高学生汉语水平的有效途径，并取得了显著成效。但令人遗憾的是，由于教师对参与研究和改进教学的积极性不高,未能找到合作研究伙伴,在这一阶段的研究中,研究者只有我一个人。而我终究会离开这里的,在我离开之后,这些好的做法如何才能传承和延续下去?如果这些都会因为我的离开而"偃旗息鼓",那么我来这里的意义和价值何在?通过认真的思考,我发现解决这一问题的突破口必然是"教师",即与教师合作开展行动研究,是解决这一难题的唯一出路。

三 出路——改进汉语文教学的协同行动

学者陈惠邦等人在其教育协同行动研究专著《行行重行行》一书中,曾用孔子的名言"德不孤,必有邻"作为该书第三章的标题。这也是支撑我在经历多次失败后,仍然心存希望,坚持寻找合作研究伙伴的深层原因和动力。因为我坚信,只要出发点是好的,行动策略是正确的,行动结果对实践是有意义的,就一定会找到志同道合者。

(一)协同行动研究的历程

1. 通过访谈觅知音

2002年10月底,我与同伴又去了G草原。对我来说,此行的目的就是寻找研究伙伴。为此,我费了很大周折。

按照实验基地建设的要求,我们先与全体教师开了一个座谈会,会议主题是总结上学期和安排本学期的实验基地工作。在会上,校长充分肯定了我上学期的工作,当他说到"吕老师在这里,尕娃们一天到晚唱着呢;吕老师走了,活动再没人管了,歌也没人教了,还就是吕老师教的(歌),一挂唱着……"的时候,我顺水推舟,向他们表达了我非常想把这些"好东西"留在这里的意愿,以及发展合作伙伴的意图。

为了解大家的合作意向,会后,我对全体教师逐一进行访谈。这一次大范围的访谈结束后,选择范围缩小到六个人。原因是:第一,她们没有直接拒绝与我合作;第二,她们六个人的汉语相对较好。也许是凑巧,这六名老师均是女性。为慎重起见,我又对她们进行了全方位的了解和更深层次的访谈。没有想到这一轮下来,能与我合作的就只剩下卓玛老师一个人了，因为其中有两位老师一直上藏数学课，从未上过汉语文课；有一位老师说自己带着好几门课，工作繁忙，没有时间和精力；作为全校汉语文课"顶梁柱"的敏老师，也说自己能力差，不敢尝试；在少先队工作中与我有过多次合作的少先队辅导员旦正勒毛老师是我起初"认定"的最有发展潜力，最有可能成为我合作研究伙伴的人，然而，她也因近期身体不好，经常吃药而没心思参加。虽然从这几位老师所陈述的情况看，有些确实是由于客观原因而不适合与我合作，但是，也有个别老师很明显是在找"借口"推脱。"强扭的瓜不甜"，为长远计，我选择了放弃。

作为唯一人选的才让卓玛（以下简称"卓玛"）老师，她的条件也不错：她的汉语口语表达不是很好，但写作能力很强——相比其他老师的教案，她的教案用词准确，错别字较少。目前，她给三年级上汉语文课，也没有家庭拖累。她给我的印象是对工作尽职尽责。通过访谈，我发现她在教学方面是很有潜力的。最为重要的是，她本人有与我合作的意愿。

经过艰难的寻觅，我终于找到了知音！协同行动研究从此拉开了序幕。

2. 在实践中求真知

在这一阶段的研究中，我打算通过与卓玛老师齐心协力，把上一阶段在"综合活动课"中积累的成功经验延伸并引入汉语文课堂教学，通过增强和提升汉语文课堂教学的效果来更好地发挥汉语文课堂教学在学生汉语学习中的主渠道作用。因为卓玛老师教三年级的汉语文，于是我借来了本校长期使用的"青海民族教材编译处"编著的"九年义务教育六年制小学教科书"五、六册《汉语文》课本进行认真研读。我发现，五、六册《汉语文》课本在课文内容的选取和编排上，具有一定的规律性，主要可以归为四大类，即童话故事、科普性短文、情景对话和诗歌。我与卓玛老师初步商定，先从这四类体裁中各选取一篇有代表性的课文进行尝试。

为了降低教学设计和实施的难度以帮助卓玛老师建立自信心，

也为了能够在单位教学时间内展现较为完整的教学内容,我们准备选择较为简短的课文进行首次尝试。

我们首先选择的是第五册《汉语文》课本中的一篇科普性短文《乌鸦喝水》。我们的工作从备课开始:通过对这篇课文的分析,我们认识到这篇课文揭示了一个科学真理,即乌鸦之所以喝到了水,是因为它放进瓶子的是不溶于水但能够沉入水底的"石头",导致了水面升高。如果它放进去的是其他东西,比如泡沫呢?结果会如何?虽然这涉及"密度"等远远超出学生理解范围之外的复杂的科学知识,但是却与学生的感性认识及生活经验密切相关。于是,我们打算在"乌鸦喝水"的教学上做些文章。

"综合活动课"给我的一个重要启示是:精心设计学生参与性活动,是激发学生学习兴趣,提升学生理解、掌握、运用知识的能力,全面提升教学效果的关键。"如果教学过程中着力于让学生'动'起来,动眼,动脑,动口,动手,课堂成为师生共同活动的场所,学生就可以学得专心,学得巩固,知识就会由少而多,听、读、说、写能力就会由弱而强。"[①] 我将这些收获拿来与卓玛老师分享,以期在新的起点上达成共识。在不断地启发与鼓励下,卓玛老师的思路也慢慢打开了。我们决定设计直观简单的学生参与性实验活动,再现"乌鸦喝水"的过程。

在明确了这篇课文的难点是让学生弄明白乌鸦喝到水的原因以及什么物质能够使水面升高这两个问题之后,我们便开始商议具体的实验活动方案。我们打算这样组织实验活动:在三只完全相同的玻璃杯中倒入相同体积的水并做相应的记号,并准备相同体积的玻璃球、木块和泡沫;然后将全班学生分为三个组,每个小组推选一名学生扮演"乌鸦"来完成这个实验;让三只"乌鸦"在玻璃球、木块和泡沫中各选择一种物品并全部放入本组的玻璃杯中,并对升高后的水面进行标记;最后比较哪只玻璃杯里的水面升高的最多。水面升高最多的一组为赢,水面升高最少的一组为输。赢的一组要

---

① 于漪:《于漪语文教育论集》,人民教育出版社1996年版,第57页。

给大家讲一讲水面升高的原因或者由老师引导学生进行讨论，输的一组要给大家表演节目。在接下来准备教具的过程中我们进行了分工：卓玛老师准备了三只玻璃杯，相同体积的玻璃球、木块、泡沫；我制作了三项写有"乌鸦"二字的头饰。

　　本节课的总体安排是：朗读并熟悉课文内容；讲解生字词和课文内容并引出难点问题；在此基础上进行学生参与性实验活动，为解决本文难点做铺垫；通过表演节目调动学生的学习兴趣；在学生讲解或小组讨论的基础上，对课文中的重点、难点进行讲解。

　　就要上课了，卓玛老师显得有些紧张。我按照原定计划去听她的课。在课堂上，为了缓解她的紧张感，我不时用眼神和手势鼓励她。这节课就在她高度紧张的状态下按部就班地上完了。总的来说，这是一个良好的开端。在内容安排、时间分配、方法使用等方面都较为合理。然而，在这节课的教学中，也存在诸多问题：第一，教学内容华而不实。原本，组织活动的目的是让学生更好地掌握教学内容，但是在这节课上，似乎有些本末倒置了，一切都是围绕活动而展开的。第二，在各个教学环节的过渡上，显得很仓促。第三，教学方法貌似灵活，实则死板。这节课虽采用了讲授法、实验法、讨论法等多种教学方法，但卓玛老师似乎把使用这些方法当成了一项教学任务，所以，在使用过程中只注重了方法的形式，而没有注重其实际效果。比如，小组讨论的目的是要让学生弄明白玻璃球投入水中水面升高最多的原因，可是，当学生的讨论刚刚进入状态的时候，卓玛老师就"叫停"了这项活动，在没有通过提问了解学生讨论结果的情况下，就直接把答案告诉给学生。总之，卓玛老师对新的教学方法的使用是机械的、僵化的，这说明她还没有从根本上理解这些新方法的作用、功能，更不知道使用这些方法的意图，因而不能够灵活、机智、恰当地运用。

　　类似的问题在接下来进行的《要下雨了》这篇课文的教学中也或多或少地存在着。由于缺乏对新的教学方法的深层次理解和把握，卓玛老师在备新课的过程中，始终跳不出《乌鸦喝水》的思维

第七章 藏族小学汉语文教学之行动研究

套路,对其模仿有余、创新不够。例如,在教具的制作上,她希望仿照上节课的做法做几顶头饰,但是值得一提的是,这一次是她自己制作的,就这一点来说,她已经有了很大进步。课文《要下雨了》是一篇以小动物对话为主的童话故事,注重展现故事情节的发展,文中的知识点很分散,重点难点也不突出,因而直接用《乌鸦喝水》的备课模式去套显然是无从下手的。然而,卓玛老师正是顺着这条思路去想的,因此,当我问她这篇文章如何上比较好的时候,她显得很迷茫。于是,我们一起对全文进行了分析,理出了这篇课文的主要特点:第一,以对话内容为主;第二,人物角色较多;第三,以时间的推移和地点的转移为线索。通过不断地启发诱导,卓玛老师终于想出了让学生通过分角色朗读来学习这篇课文的方法。从后面的教学实践来看,她不仅领悟了用什么方法教,还把握住了这种方法的实质——让学生多读,多练,以提高学生的会话能力,而不是主要靠老师讲。在整节课上,卓玛老师仅用了10分钟左右的时间导入新课、领读课文、讲解生字词,其余的时间全部留给学生进行会话练习,即让学生进行分角色朗读。由于在教学中使用的教学方法和各种教具对学生来说都是全新的,这极大地调动了学生的学习兴趣和热情。与上一次课相比,这节课较好地完成了教学任务,达到了预期的教学效果。但经过课后认真反思,我们发现这节课仍然存在一些问题:第一,导入新课不够自然,不够流畅。第二,练习形式比较单一。整节课都是以个体形式进行的分角色朗读,即每个角色每次只让一个人来完成,而没有以小组或轮流等形式来进行分角色朗读。这样,同一时间参与朗读课文的只有一个人,且获得朗读机会的总人数较少,获得朗读机会的学生也因只朗读课文的一小部分而缺乏对课文内容的整体把握。因此,不容易调动起全体学生的学习积极性,也无法了解每个学生对整篇课文的掌握程度。

由于我们选择的课文分属于不同类型,每一节课的教法都各不相同,在后来的几节课中,也出现了不少新的问题。但是,总的来看,每一节课我们都有不同程度的收获和进步。就这样,我与卓玛老师一起,在一次次的实践中艰难探索,在一次次的反思中曲折前进，在不断地实践与反思中获得成长。

3. 在合作中求发展

离开这里之后，为了避免"行动"中断，我一直与卓玛老师保持着电话联系和书信来往，我们时常就教学中的困惑和问题进行交流。令人欣慰的是，在我走后，她能够坚持不懈地在教学中"使用"这些方法。尽管只是使用而无更多的创新，但我知道她已经很努力了。在她寄给我的《草原的儿女》这篇课文的教案中，我惊喜地发现：她竟然"创造性"地使用录音机作为辅助教具，以一首由藏族歌唱家演唱的歌曲作为新课的导入。尽管她在信中谦虚地说，这样做是因为受到了我的启发，但我认为，这就是一种"创造"，因为在她的教学经历中这毕竟还是第一次。

两个月后，我又回到了美丽的 G 草原。我们的合作如同这丰收的季节，结出了累累硕果。《红书包》是我再次来这里听的第一节课，而备课环节是来之前我与卓玛老师通过电话交流完成的。在课堂上，学生走上讲台，当起了"售货员"；讲台旁闲置的简易书架成了临时"货架"；前排学生的书包也放上了货架，成为"待售"的书包；课文中的无名商店，也在卓玛老师的改编下成为"拉卜楞商厦"。整个教室在卓玛老师的精心布置下，成为模拟的商业流通空间。这篇课文以"售货员"和"顾客"之间的对话为主要内容，因此在教学方法选择上，卓玛老师主要采用角色扮演和分角色朗读的形式。这种方法虽然是以前用过的"老方法"，并无创新之处，但用在这节课上是完全正确的，与之前的机械模仿有着本质的区别。在教学过程中，卓玛老师对活动的有效组织和对课堂的驾驭，以及通过教学情景创设激发学生兴趣的做法，都可以看出她教学能力的全面提升。与"老师，您能帮助我吗?"那个故事中的卓玛老师相比，不难看出她所取得的巨大进步。

在我与卓玛老师合作的过程中，直接受益的是三年级学生。学生的进步，不仅表现为汉字书写更工整、更规范和口语表达更主动、更流利、更准确，而且表现为对汉语文课学习兴趣的空前提高。课前，总有学生主动帮助老师拿教具；课堂上，他们发言更加积极主动、参与活动也更加勇敢。

在这一阶段的合作中，卓玛老师、学生和我都取得了不同程度的进步。

（二）对第二阶段研究的反思

行动研究是知、行、思相结合的过程，是知、行、思由对立走向统一的过程，是"波浪式前进，螺旋式上升"的动态过程，也是研究双方共同成长、共同进步的发展过程。经过这一阶段与卓玛老师的合作，我深刻地体会到：在行动研究中，只有将知、行、思有机地结合起来、统一起来，才能够取得预期的效果。

知，乃行之始。没有知识，行动就成为无源之水、无本之木。没有相关的知识作为基础，行动便失去了依托，没有了方向。卓玛老师在备课、上课过程中茫然、僵化、机械的表现使我意识到：只有建立在主体对相关知识的牢固掌握与深刻理解基础上的行为改变，才具有持久性，才会使主体改进实践的行为由被动走向主动，由自发走向自觉。

行，乃知之矢。在我与卓玛老师合作的过程中，我的角色经历了由"主角"到"配角"的逐步转变。因为仅仅让卓玛老师理解这些"行动"策略是不够的，仅仅让她在我的指导下实施这些"行动"策略也是不够的，必须逐步引导她"独立行走"，将这些在汉语文教学方面积累的好的经验和做法持续进行下去，切实提高该校汉语文教学效果。

思，乃知、行之延伸。教师的反思能力，"不仅是教育行动研究的精神特征之一，同时也被视为教师专业发展或专业成长的核心动力"[①]。"反省思考不仅是统整教育研究与教育行动以及教育理论与实践，使成为一体两面的桥梁，同时也是促进教师专业成长与教育革新的关键所在。"[②] 在我们合作的过程中，我深感遗憾的是：我们更多地注重了教学方法的选择与运用，更多地关注了学生学习

---

① 陈惠邦：《教育行动研究》，师大书苑发行1998年版，第160页。
② 同上书，第164页。

兴趣的激发，而对整个教学过程以及学生学习效果的反思与总结比较欠缺。这不仅与卓玛老师尚未养成良好的教学反思习惯有关，也与我对卓玛老师缺乏正确的引导有关。

在这一阶段的研究中，虽然卓玛老师对新方法、新策略的使用还有很多不成熟的地方，但她敢于尝试的勇气与持之以恒的精神，使我感到无比的欣慰与自豪。在她身上，我看到了该校前进与发展的希望。卓玛老师的行动也得到了校长的大力支持与其他教师的关注。实践证明，协同行动研究的方法是正确的，我授之以"渔"的做法也是有效的。

第五节　结论与启示

一　研究结论

在 G 草原的那些日子里，我亲自参与了 A 小学汉语文教学改革，并目睹了该校汉语文教学的巨大变化。在分享这一年多来艰辛努力实践所带来的喜悦的同时，我更希望本研究对该地区同类学校的汉语文教学改革能提供一定的帮助和参考。回顾整个研究历程，得出以下几点认识：

其一，激发学习兴趣，增强成功体验，是学好汉语文及其他各门课程的先导。

子曰："知之者不如好之者，好之者不如乐之者。"对于藏区的汉语文教师来说，汉语文教学取得成功的关键就在于让学生喜欢汉语文课。达尔文曾说："就我记得在学校时期的性格来说，其中对我后来发生影响的，就是我有强烈而多样的兴趣。"汉语文课程内容丰富，每篇课文新颖的内容和灵活的写法都能激发学生的学习兴趣。而要做到这一点，必须以教师依据教学内容创造性地选择和使用教学方法为前提。

成功的体验也有利于增强学生的自信心，提高学生的学习热情。苏霍姆林斯基认为："教育和教学的艺术和技艺，是发挥每个学生的力量和可能性，使他们感到在脑力劳动中取得成绩的喜悦。"① 本研究也表明：受到教师鼓励、肯定的学生，学习热情饱满、劲头十足。所以，在教学过程中，教师要不失时机地激励和强化学生的成就动机，使学生保持积极向上的心态，产生不断进取的动力。

其二，通过"综合活动课"和校园环境布置，创设汉语交流学习情境，是提高藏族学生汉语水平的有效途径。

我在该校开展的以学生生活经验为基础，以培养学生汉语文学习兴趣为导向，以改进汉语文教学方式和提高学生的汉语交际能力为目的的"综合活动课"及围绕"综合活动课"而进行的校园环境布置，适应了该校汉语文教学改革和学生发展的需要。研究表明："综合活动课"的实施，是培养学生汉语学习兴趣，激发学生汉语学习热情的过程；更是在遵循儿童身心发展规律，尊重儿童兴趣爱好的前提下，通过营造校园汉语交流情境，让学生在活动中展现自我、提升自我的过程。

其三，引导教师参与教育行动研究，是促进教师专业成长，解决教育实际问题，推动教育实践发展的重要途径。

实践证明，教育行动研究是联系教育理论与实践的桥梁，是促进教育理论与实践相结合的理想途径，以解决教育实践问题为导向，关注教师的专业成长。教育行动研究倡导"为行动而研究""在行动中研究"和"对行动的研究"，即引导教师在行动研究理论的指导下，为了改进自身的教育教学实践，在真实的教育情境中，通过亲自尝试积极探索有效的教育教学经验，并在总结积累自身教育教学经验的基础上，潜移默化地改变不良教育教学行为习惯，自觉地接受新的教育理念。

第一阶段的研究经历也告诉我们：只有与教师合作开展协同行动研究，与教师共同前进、共同提高，才不会在研究的过程中陷于孤立，才能够最大限度地排除研究的阻力，并为研究的顺利开展创造良好的条件。更为重要的是，与教师开展协同行动研究，是切实解

---

① 蔡汀、王义高、祖晶：《苏霍姆林斯基选集》（第二卷），教育科学出版社2001年版，第556页。

决学校教育教学实际问题,使学校获得可持续发展的重要途径之一。

其四,提倡在教学中组织学生参与性活动,但活动的安排一定要适量。

活动的开展迎合了学生好动的天性,激发了学生的学习兴趣,也有利于学生对学科知识的内化、吸收。但是过多的活动安排或偏离教学内容的活动设计不仅会影响教学进度和效率,也会因分散学生的注意力,削弱学生对书本知识的兴趣,导致学生在学习抽象的、较难的知识方面表现出极大的惰性而影响学习效果。在第一阶段的研究中,为了给学生创设良好的汉语交流情景,我过多地注重了活动的开展。这一举措在使学生汉语水平得到显著提高的同时,也产生了一定程度的负面影响,即学生对其他教学形式产生了不同程度的排斥,导致各科教学的发展出现了不平衡。因此,在教学中组织学生参与性活动,并不意味着完全用活动取代知识的讲授,活动的设计要与教学内容的需要相适应,活动的安排一定要适量。

二 研究启示

第一,充分挖掘和利用地方课程资源,编写更具民族特色的地方性汉语文教材,是发挥汉语文课堂教学在提升学生汉语水平中主渠道作用的重要条件。

A 小学使用的是由"青海民族教材编译处"编著的九年义务教育六年制小学《汉语文》教科书,在内容编排上,虽然在一定程度上考虑了藏族学生的学习能力与心理特点,但内容偏难,且许多内容远离藏族学生的文化背景和生活实际。在藏族小学双语教学中,如果我们充分考虑学生的学习能力、心理特征、文化传统,注重发挥语言作为交流与沟通手段的作用,那么双语教学的效率将会大大提高。在教材内容的编写与选择上,如果我们能够更多地考虑学生的文化背景和生活经验,比如庄严的布达拉宫、飘香的酥油茶、广袤无垠的大草原以及漫山遍野的牛羊与格桑花,那么学生学习第二语言的积极性将会得到更大的提高。卓玛老师"创造性"地使用"拉卜楞商厦"也恰恰说明了这一点,这对于编写更具民族特色的地方性汉语文教材不无启示。

第二，增加政府教育投入，改善办学条件，是提升该校及该地区汉语教学质量的前提和保障。

首先是"软件"，即汉语文师资方面的投入。如前所述，该校汉语文师资力量的不足体现在两个方面：一是数量不足；二是质量不高。但是，从该地区教育现状来看，在短期内解决汉语文教师数量不足的问题显然是不现实的，必须着眼于现有教师能力的提升，即在引导教师开展教育行动研究的同时，加大教师培训力度，促进教师整体素质的提高。这是提高汉语教学质量的重要前提。

其次是"硬件"，即教学设施方面的投入。在加强教师能力建设的同时，必须改善学校汉语文教学硬件设施，改善学生汉语学习的物质环境。在我来之前，A小学在汉语文教学方面，没有任何设备可以用。学校唯一可以称之为电化教育设备的就是一台供寄宿生傍晚观看的电视机，除此之外，学校甚至没有一台供教学用的录音机，也没有广播。到我离开时为止，除了供学生看电视用的"电教室"以外，在其余的教室里甚至找不到一只电灯泡，找不到一个电源插座——这也是我在"综合活动课"教学中，当需要使用录音机时就不得不将上课地点移至"电教室"的重要原因。教学设施的落后，在某种程度上制约了该校汉语文教学的顺利开展。增加教学硬件的投入，是提高汉语文教学水平的有效保障。

三 余音

"余音绕梁，三日不绝。"G草原之行，虽艰辛，却充实；虽天寒地冻，却心暖意舒。G草原之知，虽浅尝，却深刻；虽僻远封闭，却收获丰厚。

正如任何事物发展的道路都是曲折的一样，任何改进教育实践的探索都不可能是一帆风顺的。在研究中，我悟出了一个道理：行则乱，乱则变，变则通，通则自然。也就是说，在"行动"之初，必然会引起教学秩序的"失控"，但这也为打破传统的教育教学模式创造了条件，老师要在"乱"的基础上因势利导、及时变通，使学生尽快适应新的教学环境,并在新的情境中达到和谐自然的状态。

在研究中,我也更加深刻地认识到:教育行动研究是教师从自身教育教学中遇到的实际问题与困难出发,通过不断的学习研摩、实践尝试、理性反思、变革调整,直到解决自身面临的教育教学问题,使教育教学活动有新的改进的过程;是教师学会反省,提高问题探究与问题解决能力的过程;是开放的、循环的、螺旋式上升的,是以问题的发现为起点,以问题的解决为旨归的教育实践过程。教师自身的教学实践是教育行动研究诞生和开展的"土壤",更是教育行动研究的生命力及其存在价值的根本体现。因此,每一位教师都可以在教育行动研究理念及方法的帮助下,成为解决自己面临的教育实践问题的真正"主人"。

拉卜楞寺上空回荡的佛号,甘南草原奔放的牛羊,糌粑奶茶散发的幽香,一次次魂牵梦绕地使我"梦回故乡"。A 小学校园里飘荡的歌声,朴实无华的民俗民风,热情好客的藏族同胞,天真烂漫的少年儿童,尤其是那求知若渴的双眼,不断撩起我内心深处强烈震荡的心弦。在志趣与信念的驱使下,我将继续"一往情深"地关注 A 小学,关注藏族少年儿童的成长与发展。

参考文献

艾力·伊明：《多元文化整合教育视野中的维汉双语教育研究》，民族出版社 2011 年版。

蔡汀、王义高、祖晶：《苏霍姆林斯基选集》（第 2 卷），教育科学出版社 2001 年版。

陈惠邦：《教育行动研究》，师大书苑有限公司 1998 年版。

陈惠邦、李丽霞：《行行重行行——协同行动研究》，师大书苑有限公司 2001 年版。

陈琦、刘儒德：《当代教育心理学》，北京师范大学出版社 1997 年版。

陈向明：《旅居者和"外国人"——留美中国学生跨文化人际交往研究》，湖南教育出版社 1998 年版。

陈向明：《质的研究方法与社会科学研究》，教育科学出版社 2000 年版。

迟艳杰：《教学论》，高等教育出版社 2009 年版。

戴庆厦：《第二语言（汉语）教学概论》，民族出版社 1999 年版。

戴莹：《教学设计研究》，世界图书出版广东有限公司 2014 年版。

丁钢：《声音与经验：教育叙事探索》，教育科学出版社 2008 年版。

丁钢、王枬：《教学与研究的叙事探究》，广西师范大学出版社 2010 年版。

方俊明、王嘉毅、琳达·西格鸥：《当代中国少数民族双语教学理论与实践》，陕西人民出版社 2001 年版。

冯增俊、万明钢：《教育人类学教程》，人民教育出版社 2005 年版。

付东明：《对我国少数民族双语教育中几个问题的思考》，中青会第十六届学术年会论文，1998年。

傅建明：《教师专业发展——途径与方法》，华东师范大学出版社2007年版。

高志敏：《成人教育心理学》，上海科技教育出版社1997年版。

顾泠沅：《教学改革的行动与诠释》，人民教育出版社2003年版。

桂诗春：《心理语言学》，上海外语教育出版社1985年版。

桂诗春：《中国学生英语学习心理》，湖南教育出版社1991年版。

桂诗春、宁春岩：《语言学方法论》，外语教学与研究出版社1997年版。

哈经雄、滕星：《民族教育学通论》，教育科学出版社2001年版。

何克抗：《教学系统设计》，北京师范大学出版社2002年版。

蒋祖康：《第二语言习得研究》，外语教学与研究出版社1999年版。

教育部基础教育司：《教师专业化的理论与实践》，人民教育出版社2001年版。

教育大词典编纂委员会：《教育大词典》（第6卷），上海教育出版社1992年版。

靳玉乐：《校本课程开发的理念与策略》，四川教育出版社2006年版。

李秉德、李定仁：《教学论》，人民教育出版社2000年版。

李秉德、檀仁梅：《教育科学研究方法》，北京人民教育出版社2001年版。

李丹、刘金花：《儿童发展心理学》，华东师范大学出版社1987年版。

李如密：《现代教学理论研究》，吉林人民出版社2003年版。

李书磊：《村落中的国家：文化变迁中的乡村学校》，浙江人民出版社1999年版。

李泽林：《西北少数民族地区师范教育综合改革研究》，中国社会科学出版社2018年版。

林海亮、杨光海：《教育心理学：为了学和教的心理学》，北京师范大学出版社 2012 年版。

刘捷：《专业化：挑战 21 世纪的教师》，教育科学出版社 2002 年版。

刘森林：《发展哲学引论》，广东人民出版社 2000 年版。

鲁克成、李健荣、夏应春：《高等教育心理概论》，西北工业大学出版社 1992 年版。

吕晓娟：《潜在课程的性别审视：在东乡族中小学的教育人类学考察》，甘肃教育出版社 2011 年版。

潘尗：《教育心理学》，人民教育出版社 2001 年版。

裴娣娜：《教育研究方法导论》，安徽教育出版社 1995 年版。

渠敬东：《现代社会中的人性及教育：以涂尔干社会理论为视角》，生活·读书·新知三联书店 2006 年版。

邵宝祥、王金保：《中小学教师继续教育基本模式的理论与实践》（上），北京教育出版社 1999 年版。

沈金荣：《国外成人教育概论》，上海科技教育出版社 1993 年版。

盛群力：《教学设计》，高等教育出版社 2005 年版。

孙培青：《中国教育史》，华东师范大学出版社 1992 年版。

滕星：《教育人类学的理论与实践：本土经验与学科建构》，民族出版社 2009 年版。

滕星：《教育人类学通论》，商务印书馆 2017 年版。

滕星：《文化变迁与双语教育》，教育科学出版社 2001 年版。

滕星：《族群、文化与教育》，民族出版社 2002 年版。

滕星、张俊豪：《教育的人类学视野：中国民族教育的田野个案研究》，民族出版社 2009 年版。

万明钢：《文化视野中的人类行为：跨文化心理学导论》，甘肃文化出版社 1996 年版。

王斌华：《双语教育与双语教学》，上海教育出版社 2003 年版。

王初明：《应用心理语言学外语学习心理研究》，湖南教育出版社 1991 年版。

王道俊、郭文安：《教育学》，人民教育出版社 2009 年版。

王嘉毅:《教学研究方法论》,甘肃文化出版社 1997 年版。
王建勤:《第二语言习得研究》,商务印书馆 2009 年版。
王鉴:《课堂研究概论》,人民教育出版社 2007 年版。
王鉴:《民族教育学》,甘肃教育出版社 2002 年版。
王枬:《教师印迹:课堂生活的叙事研究》,教育科学出版社 2008 年版。
王秋绒:《教育专业社会化理论在教育实习设计上的蕴义》,师大书苑有限公司 1991 年版。
王文静、罗良:《阅读与儿童发展》,华东师范大学出版社 2010 年版。
王远新:《中国民族语言学理论与实践》,民族出版社 2002 年版。
乌美娜:《教学设计》,高等教育出版社 1994 年版。
吴学燕:《大陆少数民族教育》,师大书苑有限公司 1998 年版。
西藏自治区教科委:《西藏自治区教育论文选集》,西藏自治区教育学会和自治区民族教育研究所,1989 年。
肖德法、张积家:《第二语言习得与外语教学》,成都电子科技大学出版社 1994 年版。
谢利民:《教学设计应用指导》,华东师范大学出版社 2007 年版。
严学宭:《中国对比语言学浅说》,华中工学院出版社 1985 年版。
燕国材:《非智力因素与学习》,上海教育出版社 2006 年版。
杨逢彬、杨伯峻注译:《论语》,岳麓书社 2000 年版。
杨小微:《教育研究的理论与方法》,北京师范大学出版社 2008 年版。
姚海林:《学习规律》,湖北教育出版社 1999 年版。
叶澜:《教师角色与教师发展新探》,教育科学出版社 2001 年版。
于漪:《于漪语文教育论集》,人民教育出版社 1996 年版。
袁运开:《简明中小学教育辞典》,华东师范大学出版社 2000 年版。
张爱卿:《动机论:迈向二十一世纪的动机心理学研究》,华中师范大学出版社 1999 年版。
张大均:《教育心理学》,人民教育出版社 1999 年版。

参考文献

张景莹：《大学心理学》，清华大学出版社1996年版。

张俊华：《教育领导学》，上海华东师范大学出版社2008年版。

张霜：《民族学校教育中的文化适应研究：贵州石门坎苗族百年学校教育人类学个案考察》，民族出版社2012年版。

张维仪：《教师教育——改革与发展热点问题透视》，南京师范大学出版，2000年版。

章永生：《教育心理学》，河北教育出版社1998年版。

赵昌木：《教师成长论》，甘肃教育出版社2004年版。

赵昌木：《教师专业发展》，山东人民出版社2011年版。

郑葳：《学习共同体：文化生态学习环境的理想架构》，教育科学出版社2007年版。

钟启泉：《为了中华民族的复兴，为了每位学生的发展——〈基础教育课程改革纲要（试行）〉解读》，华东师范大学出版社2001年版。

钟启泉、崔允漷、吴刚平：《普通高中新课程方案导读》，华东师范大学出版社2003年版。

周采、杨汉麟：《外国学前教育史》，北京师范大学出版社1999年版。

朱纯：《外语教学心理学》，上海外语教育出版社1994年版。

［加］M. F. 麦凯、［西］M. 西格恩：《双语教育概论》，严正、柳秀峰译，光明日报出版社1989年版。

［美］R. M. 加涅等：《教学设计原理》，皮连生等译，华东师范大学出版社1999年版。

［美］Allan A. Glatthorn：《校长的课程领导》，单文经等译，华东师范大学出版社2003年版。

［美］Stephen D. Brookfield：《批判反思型教师ABC》，张伟译，中国轻工业出版社2002年版。

［美］理查德·沙沃森、丽萨·汤：《教育的科学研究》，曹晓南等译，教育科学出版社2006年版。

［美］马尔塞拉等：《跨文化心理学》，肖正远等译，吉林人民出版

社 1991 年版。

［美］梅雷迪斯·D. 高尔等：《教育研究方法导论》，许庆豫等译，江苏教育出版社 2002 年版。

［美］内尔·诺丁斯：《始于家庭：关怀与社会政策》，侯晶晶译，教育科学出版社 2006 年版。

［美］萨乔万尼：《校长学：一种反思性实践观》，张虹译，上海教育出版社 2000 年版。

［美］沃斯、［新］德莱顿：《学习的革命》，顾瑞荣等译，生活·读书·新知三联书店 1998 年版。

［美国］马斯洛：《动机与人格》，许金声等译，中国人民大学出版社 2007 年版。

［新］里查兹、［美］史密斯编：《朗文语言学教学及应用语言学词典》，管燕红等译，外语教学与研究出版社 2005 年版。

阿布都热扎克·沙依木：《对新疆高校少数民族学生汉语学习现状的调查》，《新疆社会科学》2005 年第 4 期。

鲍东明：《从"自在"到"自为"：我国校长课程领导实践进展与形态研究》，《教育研究》2014 年第 7 期。

鲍东明：《校长课程领导基本要素分析》，《中国教育学刊》2012 年第 4 期。

鲍晓艳：《蒙古族中小学汉语文教师素质提高研究》，《内蒙古师范大学学报》（教育科学版）2004 年第 8 期。

才让措：《藏汉双语教学研究》，《青海民族研究》1999 年第 2 期。

蔡文伯、杜芳：《新疆普通中小学少数民族汉语教师专业发展现状分析》，《民族教育研究》2013 年第 2 期。

曹祝兵：《语言接触视角下少数民族学习汉语相关问题探究》，《贵州民族研究》2018 年第 5 期。

陈志其、杨三然：《农村小学生课外阅读环境调查研究》，《基础教育》2012 年第 8 期。

程红兵：《价值思想引领：校长课程领导的首要任务》，《教育发展研究》2009 年第 4 期。

池丽萍、辛自强：《大学生学习动机的测量及其与自我效能感的关系》，《心理发展与教育》2006年第2期。

戴曼纯：《情感因素及其界定》，《外语教学与研究》2000年第6期。

戴炜栋、束定芳：《外语交际中的交际策略研究及其理论意义》，《外国语》1994年第6期。

丁月芽：《中国少数民族儿童心理与教育研究综述》，《民族教育研究》1997年第2期。

董蓓菲：《2009国际学生阅读素养评估》，《全球教育展望》2009年第10期。

方平、张咏梅、郭春彦：《成就目标理论的研究进展》，《心理学动态》1999年第1期。

方晓华：《对少数民族汉语教学的性质和特点》，《新疆师范大学学报》（哲学社会科学版）1996年第2期。

方晓华：《少数民族学习和使用国家通用语言文字的必要性与紧迫性》，《双语教育研究》2017年第4期。

方晓华：《少数民族中小学汉语教学的性质和特点新论》，《双语教育研究》2014年第3期。

冯江英：《园本教研：促进少数民族双语教师专业发展的有效途径》，《新疆师范大学学报》（哲学社会科学版）2008年第3期。

冯梅：《理工科学生英语学习心理状况调查》，《外语教学与研究》1995年第2期。

付东明：《论语言文化生态环境对双语教育的影响》，《双语教育研究》2014年第2期。

付东明：《试论语言文化生态环境差异对新疆少数民族双语教学的影响》，《伊犁师范学院学报》（社会科学版）2007年第4期。

傅建明：《校本课程开发与教师专业发展》，《教育发展研究》2002年第5期。

高一虹、赵媛、程英、周燕：《大学本科生英语学习动机类型与自我认同变化的关系》，《国外外语教学》2002年第4期。

高一虹、赵媛、程英、周燕：《中国大学生本科英语学习动机类型》，《现代外语》2003年第1期。

顾茂昌：《技术物理教学》，《教学与管理》2012年第9期。

桂诗春：《认知和语言》，《外语教学与研究》1991年第3期。

桂诗春：《我国英语专业学生社会心理分析》，《现代外语》1986年第1期。

桂诗春：《心理语言学的研究和应用》，《外语教学与研究》1979年第2期。

郭涵、程翔、熊永昌、高建民、万锡茂：《积极探索国家课程校本化的有效途径——以北京一〇一中学为例》，《课程·教材·教法》2013年第12期。

韩江萍：《校本教研制度：现状与趋势》，《教育研究》2007年第7期。

郝玫、郝若平：《英语成绩与成就动机、状态焦虑的相关研究》，《外语教学与研究》2001年第2期。

昊煌幽：《第二语言学习的过程：输入—构建—输出》，《外语研究》2000年第2期。

何晓雷、王嘉毅：《东乡族女童学习困难及其失辍学——语言因素影响的研究》，《西北民族研究》2004年第4期。

胡文仲：《交际教学法初探》，《外国语》1982年第5期。

胡艳明、韩宇轩：《影响少数民族学生双语习得之环境因素探究》，《新疆社会科学》2016年第3期。

华惠芳：《试论英语学习动机与策略的研究》，《外语界》1998年第3期。

吉兆麟、张建平：《教师专业成长的心理学思考》，《江苏教育学院学报》（社会科学版）2006年第7期。

江新：《第二语言学习的语言能力倾向》，《世界汉语教学》1999年第4期。

姜永超：《少数民族学生汉语学习的语音障碍形成及解决》，《贵州民族研究》2017年第8期。

金美月、郭艳敏、代枫：《数学教师信念研究综述》，《数学教育学报》2009年第2期。

荆增林：《对克拉申输入说的异议》，《外语教学与研究》1991年第3期。

兰英：《论全球视域下的教师专业成长》，《外国教育研究》2009年第4期。

李斌：《国内外教师专业发展过程研究述评》，《江苏教育学院学报》2003年第7期。

李定仁、付安权：《东乡族小学生汉语文学习困难调查研究》，《西北师大学报》（社会科学版）2002年第3期。

李炯英：《回顾20世纪中国二语习得研究》，《外语教学》2002年第2期。

李俊骑：《关于教师发展中的主体性思考》，《教育理论与实践》2005年第9期。

李明汉：《教师校本研究与教育叙事研究》，《中国教育学刊》2003年第12期。

李淑静、高一虹、钱岷：《研究生英语学习动机考察》，《解放军外国语学院学报》2003年第2期。

李曙光：《新疆少数民族双语教师汉语培训存在的问题与出路》，《新疆大学学报》（哲学人文社会科学版）2007年第4期。

李学平：《美国外语教学法百年概观》，《外语教学与研究》1984年第4期。

李延福：《藏族教育的双语教学体系问题》，《青海师范大学学报》（社会科学版）1995年第1期。

李燕平、郭德俊：《激发课堂学习动机的教学模式——TAR-GET模式》，《首都师范大学学报》（社会科学版）2000年第5期。

李泽林：《我国少数民族地区双语教师培训政策研究》，《民族教育研究》2010年第2期。

连榕、吴莹莹：《国外教师专业发展的实证研究现状及启示》，《教育探究》2011年第12期。

廉洁:《制约学习策略的学习者因素》,《外语教学与研究》1998年第6期。

梁海梅、郭德俊:《成就目标对青少年成就动机和学业成就影响的研究》,《心理科学》1998年第5期。

梁秀梅、于潜:《民族地区实施新课程的制约因素和对策》,《中国民族教育》2006年第1期。

刘淳松、张益民、张红:《大学生学习动机的性别、年级及学科差异》,《中国临床康复》2005年第5期。

刘东楼:《外语教学中动机问题的几点思考》,《外语教学》2002年第7期。

刘启迪:《"深化课程改革与校长的课程领导力"研讨会综述》,《课程·教材·教法》2011年第12期。

刘瑞军:《培养与发展学生学习主动性、积极性和能力的研究——浅谈"主体参与"式教学设计》,《教学与管理》1999年第6期。

刘润清:《决定语言学习的几个因素》,《外语教学与研究》1990年第2期。

卢秀琼、向帮华:《需要层次理论视野下的教师专业成长探究》,《长江师范学院学报》2012年第6期。

卢雁红:《小学语文全息阅读教学实践初探》,《课程·教材·教法》2003年第12期。

卢真金:《试论学者型教师的成长规律及培养策略》,《高等师范教育研究》2001年第1期。

吕国光、常宝宁:《影响东乡族小学生学业成绩因素的调查研究》,《西北民族大学学报》(哲学社会科学版)2006年第5期。

罗玲、蒋伟:《民族地区教师"双语"培训有待加强——藏、维民族聚居地区双语教学及教师双语培训调查报告》,《教师教育研究》2009年第1期。

罗明福:《浅谈提高校长课程领导力的"八强化"》,《中国教育学刊》2011年第S1期。

马文华:《新疆中小学少数民族双语教师培训工作调查研究》,《新疆大学学报》（哲学人文社会科学版）2006 年第 5 期。

马文杰：《教学反思：教师专业成长的应然选择》，《教育探索》2012 年第 10 期。

潘妤妤、杨明宏：《初任教师专业成长之心理困境》，《教学与管理》2011 年第 7 期。

秦晓晴：《动机理论研究及其对外语学习的意义》，《外语研究》2002 年第 4 期。

秦晓晴、文秋芳：《非英语专业大学生学习动机内在结构》，《外语教学与研究》2002 年第 1 期。

阮周林：《第二语言学习中回避现象分析》，《外语教学》2000 年第 1 期。

沈健美、林正范：《教师基于课程标准和学生需要的"教材二次开发"》，《课程·教材·教法》2012 年第 9 期。

沈晓敏、有宝华：《综合课程的范式解析》，《课程·教材·教法》2000 年第 10 期。

施茂枝：《体验感悟：阅读教学新的增长点》，《课程·教材·教法》2006 年第 12 期。

石绍华：《中学生学习动机及其影响因素研究》，《教育研究》2002 年第 1 期。

石永珍：《大学生英语学习动机调查报告》，《国外外语教学》2000 年第 4 期。

苏留华：《母语迁移对第二语言学习的影响》，《北京第二外国语学院学报》2000 年第 4 期。

孙骊：《从研究如何教到研究如何学》，《外语界》1989 年第 4 期。

孙新格：《藏汉双语教师培训时效性调查研究》，《当代教育与文化》2013 年第 1 期。

陶明远：《藏族儿童认知发展的特点与教学》，《民族教育研究》1994 年第 3 期。

滕星：《影响与制约凉山彝族社区学校彝汉两类模式双语教育的因素与条件》，《民族教育研究》2000 年第 2 期。

滕星:《中国少数民族双语教育研究的对象、特点、内容与方法》,《民族教育研究》1996 年第 2 期。

田淑琴:《浅谈课本剧在小学语文课中的教学效应》,《小学语文教学》1994 年第 5 期。

屠锦红:《我国阅读教学改革的突围之路》,《中国教育学刊》2013 年第 10 期。

吐尔地·买买提、杨淑芹、哈米拉·斯拉木:《新疆少数民族中小学双语教师教学能力发展特征研究》,《新疆师范大学学报》(哲学社会科学版)2008 年第 3 期。

完玛冷智:《青海牧区双语教育发展问题研究报告》,《西北民族研究》2012 年第 1 期。

万明钢:《汉、藏、东乡族 9—12 岁儿童汉语被动句理解水平的跨文化比较研究》,《心理科学》1991 年第 4 期。

万明钢:《论民族教育研究中的双语问题》,《教育研究》1997 年第 6 期。

王初明:《中国学生的外语学习模式》,《外语教学与研究》1989 年第 7 期。

王初明:《中国学生的外语学习模式》,《外语教学与研究》1989 年第 4 期。

王海福、陈红曼、汪海红:《"特培生"双语教学能力调查研究》,《当代教育与文化》2013 年第 2 期。

王嘉毅、赵明仁、吕国光:《透过行动研究培养课程领导能力——在西北贫困地区农村学校的探索》,《教育科学研究》2005 年第 5 期。

王嘉毅、周福盛:《少数民族双语教学中存在的问题及其对策——以东乡族为个案》,《西北师大学报》(社会科学版)2005 年第 1 期。

王鉴、李艳红:《藏汉双语教学模式研究》,《西北师大学报》(社会科学版)1999 年第 3 期。

王立非:《国外二语习得研究新进展》,《国外外语教学》2002 年第

2 期。

王铁军、方健华:《名师成功——教师专业发展的多维解读》,《课程·教材·教法》2005 年第 12 期。

王妍莉、杨改学、孙沛华:《现代教育技术促进藏汉双语教学策略研究》,《中国远程教育》2011 年第 2 期。

王艳、王锡纯:《小学生课外阅读调查及指导对策》,《教育实践与研究》2009 年第 10 期。

王越明:《有效教学始于校长课程领导力的提升》,《中国教育学刊》2010 年第 3 期。

王兆璟、黄非非:《维汉双语教学现状及有效策略研究——基于新疆阿克苏地区的调查》,《西北师大学报》(社会科学版)2014 年第 2 期。

王振宏、刘萍:《动机因素、学习策略、智力水平对学生学业成就的影响》,《心理学报》2002 年第 1 期。

王志强:《教师专业成长的方法和途径研究》,《师资》2012 年第 3 期。

威廉·F. 麦基:《母语、其他语言和联系语言:它们在多变的世界中的意义》,《教育展望》1993 年第 1 期。

魏薇:《小学阅读教学对话的可能:基于主体、文本分析》,《中国教育学刊》2010 年第 12 期。

文秋芳:《英语学习成功者与不成功者在方法上的差异》,《外语教学与研究》1995 年第 3 期。

文秋芳:《英语学习者动机、观念、策略的变化规律与特点》,《外语教学与研究》2001 年第 3 期。

文秋芳、王海啸:《学习者的因素与大学英语四级考试成绩的关系》,《外语教学与研究》1996 年第 4 期。

文卫平:《外语学习积极情感背景模式》,《湘潭大学社会科学学报》2001 年第 11 期。

吴国军:《民族地区双语教师教学能力情况的调研报告》,《当代教育与文化》2012 年第 3 期。

吴潜龙：《关于低于语言习得过程的认知心理分析》，《外语教学与研究》2000年第4期。

武和平：《九十年代外语二语学习动机研究述略》，《外语教学与研究》2001年第2期。

肖川、胡乐乐：《论校本研究与教师专业成长》，《教育研究》2007年第1期。

许明、王晞：《国际阅读素养进步研究述评》，《外国教育研究》2003年第12期。

杨德明、王莹：《新疆双语教师在岗培训模式及个人专业发展》，《新疆教育学院学报》2009年第4期。

杨淑芹、孟凡丽：《试析双语教师教学能力的构成》，《贵州民族研究》2009年第4期。

张利洁、王希隆：《山区东乡族小学生辍学问题的调查与思考——以东乡族自治县北岭乡为例》，《民族研究》2006年第2期。

张良、靳玉乐：《论课程知识的内在价值及其实现》，《教育研究与实验》2016年第3期。

张凌华：《非英语专业新生英语学习动机》，《中国英语教学》2000年第1期。

张廷凯：《革新课程领导的现实意义和策略》，《课程·教材·教法》2004年第2期。

张文静、辛涛：《阅读投入对阅读素养影响的跨文化比较研究》，《心理发展与教育》2012年第2期。

张亚玲、郭德俊：《学习策略教学对学习动机的影响研究》，《心理科学》2001年第3期。

张燚、塞米·马木特、张瑛：《新疆双语师资培训教学中的几个重要问题探析》，《新疆师范大学学报》（哲学社会科学版）2006年第3期。

张治国：《国外教师专业发展中的五种"过程"模式》，《外国中小学教育》2008年第8期。

赵明仁、王嘉毅：《教育行动研究的类型分析》，《高等教育研究》

2009 年第 2 期。

郑新蓉:《试论语言与文化适宜的基础教育》,《民族教育研究》2010 年第 3 期。

钟启泉:《"双语教学"之我见》,《全球教育展望》2003 年第 2 期。

钟启泉:《从"课程管理"到"课程领导"》,《全球教育展望》2002 年第 12 期。

钟启泉、岳德刚:《学校层面的课程领导:内涵、权限、责任和困境》,《全球教育展望》2006 年第 3 期。

周冰清、翟启明:《拉萨市高中藏族汉语文教师心理压力探微》,《内蒙古师范大学学报》(教育科学版) 2007 年第 6 期。

周庆生:《中国双语教育类型》,《民族语文》1991 年第 3 期。

周治南:《语文教学方法的创新与实践》,《辽宁师范大学学报》(社会科学版) 2001 年第 4 期。

祝禧:《小学语文教学活动化探究》,《江苏教育》1999 年第 2 期。

卓玛草:《藏汉"双语"教学模式初探》,《西北民族大学学报》(哲学社会科学版) 2003 年第 6 期。

Anderson, J., *The Architecture of Cognition*, Harvard University Press, 1983.

Boshier, *Archbishop of Andragogy*, Maleolm Knowles: Adult Education Quarterly, 1998.

Chomsky, N., *Knowledge of Language: Its Nature, Origin, and Use*, New York: Praeger, 1986.

Chomsky, N., *The Minimalist Program*, Cambridge, Mass: MIT Press, 1995.

C. Sanson, J. Harackieewicz, *External and Internal Motivation*, Academic Press, 2000.

Dulay, *Language Two*, New York: OUP, 1982.

Deci, E. L. & R. Ryan M., *Intrinsic Motivation and Self-determination in Human Behavior*, New York: Plenum, 1985.

Ellis, R., *The Study of Second Language Acquisition*, Oxford: Oxford University Press, 1994.

Gardner, R., Lambert, W., *Attitudes and Motivation in Second Language Learning*, Rowley, Mass: Newbury House Publishers, 1972.

Gardner, R. C., *Social Psychology and Language Learning: The Role of Attitudes and Motivation*, London: Edward Arnold, 1985.

Houle, *The Inquiring Mind*, Wisconsin: University of Wisconsin Press, 1961.

Krashe, S., *Principles and Practice in Second Language Acquisition*, Oxford: Pergamon, 1982.

Krashen, *The Input Hypothesis: Issues and Implication*, London: Longman, 1985.

Lado, R., *Linguistics across Cultures: Applied Linguistics for Language Teachers*, Michigan: University of Michigan, 1957.

McDonough, S. H., *Psychology in Foreign Language Teaching*, Oxford: George Allenand Unwin Ltd., 1986.

Sperbe, D, D. Wilson, *Relevance: Communication and Cognizance*, Oxford, Blackwell, 1986.

Smith, M. S., *Second Language: Theoretical Foundations*, London: Logman Grapuk, 1994.

Schumann, J. H., *The Neurobiology of Affect in Language*, Oxford: Blackwell Publishers, 1998.

U. Weinreich, *Language in Contact*, The Hague Mouton, 1953.

Williams, M., Burden, R. L., *Psychology for Language Teachers: A Social Constructivist Approach*, Cambridge: Cambridge University Pres, 1997.

Ames, C. A., "Classroom Goals: Structures and Student Motivation," *Journal of Educational Psychology*, No. 2, 1992.

Anderma, E. A., Maehr, M. L., "Motivation and Schooling in the Middle Grades," *Review of Educational Research*, No. 3, 1994.

参考文献

B. Weiner, "Intrapersonal and Interpersonal Theories of Motivation from an Attributional Perspective," *Educational Psychology Review*, No. 12, 2000.

Carr, M., Alexander, J., Folds-Bennett, T., "Met Cognition and Mathematics Strategy Use," *Applied Cognitive Psychology*, No. 6, 1994.

Corder, S. P., "The Significance of Learners Errors," *International Review of Applied Linguistics*, No. 5, 1967.

D. J. Stipek, "Motivation and Instruction," *Handbook of Educational Psychology*, 1996.

Dornyei, Z., "Attitudes, Orientations, and Motivation in Language Learning: Advances in Theory, Research and Applications," *Language Learning*, 2003 (supplementary Issue).

Dornyei, Z., "Motivation in Second and Foreign Language Learning," *Language Learning*, No. 31, 1998.

Eccles, J. S., Wigfield, A., "In the Mind of the Actor: The Structure of Adolescents' Achievement Task Values and Expectancy-related Beliefs," *Personality and Social Psychology Bulletin*, No. 21, 1995.

Eccles, J. S., Wigfield, A., "Motivational Beliefs, Values, and Goals," *Annual Review of Psychology*, No. 53, 2002.

Houle, "Interpersonal Theories of Motivation from an Attribution Perspective," *Educational Psychology*, No. 1, 1990.

Gardner, R. C., Lambert, W. E., "Motivation Variables in Second Language Acquisition," *Canadian Journal of Psychology*, No. 13, 1959.

Linnenbrin, Printrich, *Current Theory and Research in Motivation*, University of Nebraska Press, 2002.

McDonough, S. H., "Psychology in Foreign Language Teaching," Oxford: George Allen and Unwin Ltd., 1986.

McLaughlin, B., "The Monitor Mode: Some Method Logical Considerations," *Language Learning*, No. 28, 1978.

McLaughlin, B., *Theories of Second Language Learning*, London: Edward Arnold, 1987.

McLaughlin, B., "Theory and Research in Second Language Learning: An Emerging Paradigm," *Language Learning*, No. 30, 1980.

N. Tollefson, "Classroom Applications of Cognitive Theories of Motivation," *Educational Psychology Review*, No. 12, 2000.

Nona Tollefson, "Adult Participation in Group Educational Activities," *Adult Education*, No. 1, 1971.

P. C. Blumenfield, "Classroom Learning and Motivation: Clarifying and Expanding Goal Theory," *Journal of Educational Psychology*, No. 84, 1992.

Pajares, F., "Self-Efficacy, Believes in Academic Settings," *Review of Educational Research*, No. 4, 1996.

Pokay, P., Bluefield, P. C., "Predicting Achievement Early and Late in The Semester: the Role of Motivation and Use of Learning Strategies," *Journal of Educational Psychology*, No. 1, 1995.

S. D. Sheffield, "Self-Efficacy: An Essential Motive to Contemporary Learn Contemporary," *Educational Psychology*, No. 6, 1992.

S. Graham, B. Weiner, "Motivational Theory and Principle," *Handbook of Educational Psychology*, 1996.

Schunk, D. H., "Introduction to Section and Efficacy," *Journal of Educational Psychology*, No. 1, 1990.

Selinker, L., "Inter-language," *International Review of Applied Linguistics*, No. 10, 1972.

Stevens, R. J., Madden, N. A., Slavin, R. E., et al., "Cooperative Integrated Reading and Composition: Two Field Experiments," *Reading Research Quarterly*, No. 22, 1987.

Sylvia, O. Richardson, "Hisforicalpwespecfiveson Dyslexia," *Journal of learning Disabilities*, Vol. 25, No. 1, 1992.

参考文献

Tremblay, P., Gardner, R., "Expanding the Motivation Construct in Language Learning," *Modern Language Journal*, No. 79, 1995.

Wolters, C. A., Pintrich, P. R., "Contextual Differences in Student Motivation and Self-regulated Learning in Mathematics, English and Social Studies Classrooms," *Instructional Science*, No. 2, 1998.

附 录

附录Ⅰ—1

校长访谈提纲

1. 请您介绍一下您的生活经历。
2. 请您简单地介绍一下您的求学经历。
3. 请您介绍一下您的职业发展过程。
4. 您是怎样看待"课程"的?
5. 您认为哪些因素或事件在您课程领导力的形成中起到了关键的作用?
6. 您认为您课程领导力形成的重要时期有哪些?
7. 在您课程领导力的形成过程中,哪些关键人物对您的影响比较大?
8. 在您课程领导力的形成过程中,让您有很大触动的事件有哪些?
9. 您是怎样制定学校课程规划的?依据是什么?谁来参与制定?
10. 您是怎样领导学校课程教学的?
11. 在教师的专业发展方面您都做了些什么?
12. 您是如何调试外部环境与学校课程建设的关系的?

| 附　录 |

附录 I—2

其他领导者访谈提纲

访谈时间：_____　　　　访谈地点：_____

性别：_____　年龄：_____　民族：_____　学历：_____

教龄：_____　职称：_____　职位：_____

1. 学校经常进行例会活动，您能介绍一下领导班子例会、教师例会和年级组长例会的情况吗？校长都会参加吗？校长扮演了怎样的角色？

2. 您认为校长的课程领导力主要表现在哪些方面？

3. 学校课程规划的依据是什么？谁来参与制定？校长发挥了什么样的作用？

4. 校长是怎样领导学校课程规划、学年课程方案、班级课程方案的呢？

5. 您怎样看您和校长的关系？

6. 您是如何参与课程决策的？在这一过程中您承担了什么样的角色？

7. 教师通过什么样的方式参与学校的课程决策？

8. 学校为教师专业发展提供了那些条件？

附录 I—3

教师访谈提纲

访谈时间：_____　　　　访谈地点：_____

性别：_____　年龄：_____　民族：_____　学历：_____

教龄：_____　职称：_____

任教科目：_____　　　　任教班级数：_____

1. 谈谈您对校长的印象？

2. 您认为校长对学校课程发展有什么样的贡献？

3. 校长在哪些方面给予您帮助？最大的帮助是什么？

4. 校长为您的专业发展提供了哪些支持？

5. 你怎样评价学校工作环境、氛围？

6. 您能介绍一下领导班子例会，教师例会和年级组长例会的情况吗？在会议过程中校长扮演怎样的角色？

7. 您是否有机会参与学校的课程决策？通过什么样的方法？

附录Ⅱ—1

教师访谈提纲

访谈时间_____ 访谈地点_____ 访谈员_____

姓名_____ 性别_____ 年龄_____

教龄_____ 民族_____ 最高学历_____

职称_____ 所教课程_____

一　四位研究对象的访谈提纲

板块一：基本情况

1. 能谈谈您的教学经历吗？

2. 能说说您读书时候的情况吗？

3. 能谈谈您是怎样习得藏汉双语的吗？

板块二：专业成长过程中的外在影响因素

1. 在您的专业成长过程中，哪几本书对您影响最大？是哪些方面的影响？

2. 在您的专业成长过程中，哪几个人对您影响最大？为什么？表现在哪些方面？

3. 在您的专业成长过程中，哪几个关键事件对您产生了重要作用？为什么？

4. 其他影响您专业成长的外部因素还有哪些？

板块三：专业成长过程中的个人因素

1. 您的专业成长与专业成长的主要动力来自哪里？您确立了怎样的奋斗目标？什么时间确立的？

2. 您对自己的专业成长需求感，如果从最强烈到无需求共分成五个等级，您在哪个等级上？

3. 在您的专业成长过程中，首要的要素是什么？

4. 哪些是促进您专业成长的主要途径？您是如何对待学习的？如何处理学习和工作的关系？

5. 您参与或承担过藏汉双语教学或汉语文教学的相关科研课题研究吗？您认为参与科研对您的专业成长有没有作用？作用多大？有没有必要？请举例说明。

板块四：专业成长阶段的划分

1. 回顾一下您的专业成长历程，您的专业成长大概可以分为几个阶段？

2. 每个阶段在您的专业成长过程中的作用是如何的？每个阶段的关键成长要素是什么？每个阶段的持续时间和您的年龄大致如何？

3. 您认为，教师专业成长的关键期应该在哪个阶段（含年龄段）？从您自己的专业成长情况来看，最希望得到帮助的是哪个阶段？为什么？

4. 在您的专业成长过程中，您遇到的最大挫折、困难或外在障碍是什么？您是怎样面对和战胜它的？

板块五：理想信念、教育信念、教育追求

1. 您的教育理念是什么？您的教学理念又是什么？您在自己的教育教学工作中，是如何实践、落实自己的教育教学理念的？举例说明。

2. 作为一名藏族小学的汉语文教师，您的知识结构和教育理论结构的长处和短处（或缺陷）是什么？您一般是以什么样的方式来弥补这些方面的不足的？

3. 您自己想追求成为什么样的双语教师或汉语文教师？您初步形成的教学个性和风格是什么？您觉得自己在教育教学方面与众不同之处主要是什么？

4. 平时您是否经常注意反思自己？您习惯反思什么？您都是

如何进行反思的？举例说明。

板块六：对于专业成长的感受和建议

1. 本着实事求是的原则，您如何客观地评价自己当前的专业成长状况？您对自己的教师职业生涯的未来有什么样的规划和发展设计、期望？

2. 关于自己的专业成长，您还有什么体会和想法要告诉我们？

3. 在您看来，作为一名藏族小学的汉语文教师，最重要的专业知识/专业能力/专业素养/专业精神是什么？为什么？

4. 在上述您所提到的藏汉双语教师或汉语文教师应该具备的这些专业品质中，您认为哪些是目前教师表现得比较好的？哪些方面还不够？制约因素或困难是什么？还需要哪些方面的支持或帮助？

二 其他人（同事、领导）的访谈提纲

1. 能否谈一下您眼中的某位老师是怎样一个人？
2. 作为领导（同事），您觉得某老师的教学工作做的怎么样？

附录Ⅱ—2

学生访谈提纲

访谈时间_____ 访谈地点_____ 访谈员_____
姓名_____ 性别_____ 年龄_____
年级_____ 民族_____ 就读学校：_____

1. 你喜欢上你们汉语文老师的课吗？为什么？
2. 你觉得你们的汉语文老师每次上课前对上课内容是否做了充分的准备？为什么？
3. 你喜欢你们汉语文老师上课方式吗？为什么？
4. 你们的汉语文老师上课时是否能熟练运用藏汉双语？（哪一种语言运用更流畅？）
5. 你们的汉语文老师上课提问吗？次数多吗？

6. 对于学生回答的问题，你们的汉语文老师的反馈情况如何？（一般是运用哪种语言反馈？）

7. 你在你们汉语文老师的课上学到了什么？（除了课本知识，还有什么收获吗？）

8. 你们的汉语文老师在课外经常帮助和指导学生吗？

9. 你们的汉语文老师在课堂上一般在什么时候用藏语？什么时候用汉语？课后的日常交流用汉语还是藏语？

10. 你觉得你们的汉语文老师哪种语言讲得更好？好在哪里？（另一种语言不好在哪里？）在藏汉双语的使用方面，你希望老师有哪些提高？

附录Ⅲ—1

调查问卷

感谢你参加这次调查。下面是关于你学习汉语的感受和对汉语学习认识方面的相关问题，请根据自己的实际情况进行回答。答案无正确错误之分，只需如实填写。并在相应的数字上划"√"。问卷为匿名填写，我们承诺对所有信息保密，请你放心填写。最后请注意回答完所有的问题。谢谢！

完全不同意　基本不同意　不能确定　基本同意　完全同意

• 例：开着收音机做功课，我能做得很好。

　　　　1　　　　　2　　　　　3　　　　4　　　　5

一　基本信息

1. 学校名称：

2. 年级：

3. 性别：

4. 民族：

5. 年龄：

二　学生个人的层面

完全不同意　基本不同意　不能确定　基本同意　完全同意

(1) 个人发展

◆我学习汉语是为了充实和丰富自己。
　　　　　1　　　　2　　　　3　　　　4　　　　5

◆我学习汉语是为了提高自己的文化水平。
　　　　　1　　　　2　　　　3　　　　4　　　　5

◆我学习汉语是为了成才。
　　　　　1　　　　2　　　　3　　　　4　　　　5

◆我学习汉语是为了从学习中获得美的享受。
　　　　　1　　　　2　　　　3　　　　4　　　　5

◆我学习汉语是为了更好地认识外面的世界。
　　　　　1　　　　2　　　　3　　　　4　　　　5

(2) 集体荣誉

◆我学习汉语是为学校争光。
　　　　　1　　　　2　　　　3　　　　4　　　　5

◆我学习汉语是为了班集体的荣誉。
　　　　　1　　　　2　　　　3　　　　4　　　　5

(3) 教师好感

◆我学习汉语是为了得到汉语老师的表扬。
　　　　　1　　　　2　　　　3　　　　4　　　　5

◆我学习汉语是为了对得起老师的辛勤培养。
　　　　　1　　　　2　　　　3　　　　4　　　　5

◆我学习汉语是因为我喜欢汉语教师。
　　　　　1　　　　2　　　　3　　　　4　　　　5

◆我学习汉语是因为我喜欢汉语。
　　　　　1　　　　2　　　　3　　　　4　　　　5

◆我学习汉语是因为怕考不好丢面子。
　　　　　1　　　　2　　　　3　　　　4　　　　5

(4) 未来期望

◆我学习汉语是为了将来找一份好的工作。
　　　　　1　　　　2　　　　3　　　　4　　　　5

◆我学习汉语是为了将来在大城市生活。
       1   2   3   4   5

◆我学习汉语是为了给父母争口气。
       1   2   3   4   5

◆我学习汉语是因为家长让我好好学习汉语。
       1   2   3   4   5

◆我学习汉语是为了学好本领报效祖国。
       1   2   3   4   5

◆我学习汉语是为了学好本领建设家乡。
       1   2   3   4   5

三　学校的层面

（1）学校的教学体制

◆我认为学校的双语制度很好，可以让我好好学习汉语。
       1   2   3   4   5

◆学校领导很关心我的汉语学习。
       1   2   3   4   5

（2）师资

◆我的汉语老师的专业知识可以满足我的汉语学习需要。
       1   2   3   4   5

◆我的汉语老师的专业能力和技巧可以更好地促进我的汉语学习。
       1   2   3   4   5

（3）教材

◆学校的汉语教材针对性强，具有民族特色，很适合我学习汉语。
       1   2   3   4   5

（4）测量评估体系

◆我很喜欢汉语老师对我汉语知识掌握情况的检查方式。
       1   2   3   4   5

（5）教学模式

◆我的汉语老师的上课方式有利于我更好地学习汉语。

    1   2   3   4   5

（6）课堂氛围

◆我喜欢汉语课堂上的气氛。

    1   2   3   4   5

◆汉语课上，老师对我很友好。

    1   2   3   4   5

◆汉语课上，同学对我很友好。

    1   2   3   4   5

四　家庭的层面

完全不同意　基本不同意　不能确定　基本同意　完全同意

（1）家长态度

◆我的父母非常支持我学习汉语。

    1   2   3   4   5

◆我的父母会给我买学习汉语的课外读物。

    1   2   3   4   5

◆我的父母对我的汉语学习帮助很大。

    1   2   3   4   5

◆放学回家后，我的父母会问我在学校学习汉语的情况。

    1   2   3   4   5

（2）家庭氛围

◆放学回家后，我和父母偶尔会用汉语讲话。

    1   2   3   4   5

◆我的父母会说一点汉语。

    1   2   3   4   5

（3）父母的职业

◆我爸爸的职业是：

□牧民　　　□农民　　　□教师　　　□商人

◆我妈妈的职业是：

□牧民　　　□农民　　　□教师　　　□商人

（4）父母的文化程度

◆我爸爸的文化程度是：

□文盲　　　　□小学　　　　□初中　　　　□其他

◆我妈妈的文化程度是：

□文盲　　　　□小学　　　　□初中　　　　□其他

（5）我家的经济来源主要靠：

□放牧　　　　□经商　　　　□外出打工　　□工资

五　社会文化生态环境层面

完全不同意　基本不同意　不能确定　基本同意　完全同意

◆如果我的家在学校附近，所以就有更多的时间学习汉语。

　　　　　1　　　　2　　　　3　　　　4　　　　5

◆如果我在县城的小学上学，更有利于我学习汉语。

　　　　　1　　　　2　　　　3　　　　4　　　　5

◆本民族文化对我学习汉语的积极影响很大。

　　　　　1　　　　2　　　　3　　　　4　　　　5

◆我的信仰对我学习汉语的积极影响很大。

　　　　　1　　　　2　　　　3　　　　4　　　　5

问卷到此结束，感谢你完成这份问卷！

附录 Ⅲ—2

教师访谈提纲

1. 学生个人层面

（1）您觉得，班里学生学习汉语的整体积极性怎么样？为什么？

（2）如果学生在学习中遇到不懂的汉语问题，他们会去问您吗？

2. 学校的层面

（1）学校汉语教学的相关制度有哪些？

（2）这些汉语教学的制度适合学生的汉语学习吗？合理吗？

（3）汉语授课老师应该具备怎样的专业知识和专业能力才能更好地促进藏族学生学习汉语？

（4）学校的汉语教材针对性怎么样？具有民族特色吗？有利于学生学习汉语吗？

（5）您通常采用哪些测评方式？效果怎么样？您总结出什么经验可以更好地促进藏族学生学习汉语？

（6）汉语课上，您一般采取的教学模式是什么？学生反映怎么样？学生的汉语水平提高了吗？

（7）您是如何营造一个良好的课堂气氛，来提高学生学习汉语的积极性的？

3. 家庭的层面

（1）您班里学生的父母主要从事什么职业？家里的经济负担重么？

（2）学生的家长支持学生学习汉语吗？

（3）家长的思想观念对学生的汉语学习有没有影响？如果有，具体表现在什么方面？

4. 社会文化生态环境层面

（1）你们学校所处的地理环境如何？这跟藏族学生学习汉语有什么关系？

（2）你们学校的自然条件如何？这跟藏族学生学习汉语有什么关系？

（3）当地的民族文化对学生汉语的学习有影响吗？

（4）学生的信仰对学生汉语的学习有影响吗？

附录Ⅲ—3

学生访谈提纲

1. 学生个人的层面

（1）汉语课考试老师排名次吗？你成绩排名如何？你满意吗？

（2）你认为学习汉语对你将来有用吗？如果有用，表现在哪些方面?

(3) 如果学习中遇到不懂的汉语问题,问同学还是问老师?

2. 学校的层面

(1) 你语文课的授课教师是藏族老师还是汉族老师?你觉得谁上课效果好?为什么?

(2) 你的汉语老师专业知识可以满足你的汉语学习需要吗?

(3) 你认为,学校的汉语教材针对性怎么样?有民族特色吗?

(4) 你的汉语老师通常采用怎样的方式来检查你的汉语掌握情况?你觉得合理吗?

(5) 你的汉语老师一般采取怎样的上课方式?你喜欢这样的上课方式吗?

(6) 汉语课上,如果你遇到不懂的问题,汉语教师对你友好吗?

(7) 汉语课上,同学帮助你学习汉语吗?

3. 家庭的层面

(1) 父母的文化程度是什么?上过学吗?

(2) 家里有几个孩子?在上学的几个?

(3) 父母支持你学习汉语吗?为什么?

(4) 放学回家后,你有时间学习汉语吗?为什么?

(5) 你家主要的经济来源是什么?上学给你家造成的经济压力大吗?

(6) 父母会给你买学习汉语的课外读物吗?

4. 社会文化生态环境层面

(1) 你家离学校远吗?交通方便吗?需要多长时间才能到学校?

(2) 你认为学校的环境干净吗?这种环境下你认为是否能更好地学习汉语?

(3) 本民族文化对你学习汉语有什么影响?

(4) 你的信仰对你学习汉语的影响大吗?

附录Ⅳ—1

东乡族小学生学习现状及其影响因素调查问卷

亲爱的同学：

你好！为了更好地了解同学们汉语学习的基本情况，特进行此次调查。此问卷仅用于学术研究，答案无正确错误之分，请按照自己的真实情况进行回答，我们保证对你提供的所有信息保密，希望你能积极配合，我们表示衷心的感谢！

基本信息

1. 性别： 2. 民族：
3. 年龄： 4. 年级：
5. 你上学前最先会说的语言是？（ ）
   A. 东乡语 B. 汉语 C. 其他（请注明）
6. 你有没有上过幼儿园或者学前班？（ ）
   A. 有 B. 没有
7. 你父亲的文化程度（ ）
   A. 未受教育 B. 小学 C. 初中
   D. 高中 E. 大专 F. 本科及本科以上
8. 你母亲的文化程度（ ）
   A. 未受教育 B. 小学 C. 初中
   D. 高中 E. 大专 F. 本科及本科以上
9. 你父亲的职业（ ）
   A. 农民 B. 商人 C. 打工
   D. 教师 E. 医生 F. 公务员
   G. 其他（请注明）
10. 你母亲的职业（ ）
    A. 农民 B. 商人 C. 打工
    D. 教师 E. 医生 F. 公务员
    G. 其他（请注明）

附 录

汉语学习情况

1. 你认为哪一种语言对你来说更加重要？（　　）
   A. 东乡语　　　　　　　　B. 汉语
   C. 东乡语和汉语同等重要　D. 无所谓

2. 你认为东乡语更加重要的理由是什么？（　　）
   A. 喜欢说东乡语　　　　　B. 周围很多人都讲东乡语
   C. 说起来方便　　　　　　D. 对它有感情

3. 你认为汉语更加重要的理由是什么？（　　）
   A. 汉语是国家通用语言　　B. 大多数人讲，使用范围广
   C. 有助于升学和就业　　　D. 学好汉语可以了解汉族文化

4. 你对学习汉语感兴趣吗？（　　）
   A. 非常感兴趣　　　B. 比较感兴趣　　　C. 一般
   D. 不感兴趣　　　　E. 非常不感兴趣

5. 跟以前相比，你对学习感兴趣吗？（　　）
   A. 非常感兴趣　　　B. 比较感兴趣　　　C. 一般
   D. 不感兴趣　　　　E. 非常不感兴趣

6. 你认为学习汉语在我们的生活中重要吗？
   A. 非常重要　　　　B. 重要　　　　　　C. 一般
   D. 不重要　　　　　E. 非常不重要

7. 你认为学习汉语对学习其他科目重要吗？
   A. 非常重要　　　　B. 重要　　　　　　C. 一般
   D. 不重要　　　　　E. 非常不重要

8. 你认为学习汉语对增长你的知识重要吗？
   A. 非常重要　　　　B. 重要　　　　　　C. 一般
   D. 不重要　　　　　E. 非常不重要

9. 你认为学习汉语对你的前程重要吗？
   A. 非常重要　　　　B. 重要　　　　　　C. 一般
   D. 不重要　　　　　E. 非常不重要

10. 你认为学习汉语可以赢得别人的尊重吗？
    A. 非常重要　　　　B. 重要　　　　　　C. 一般

D. 不重要　　　　　　　　E. 非常不重要

11. 你学习汉语的原因是什么？（可多选）（　　）

    A. 你学习汉语是因为喜欢汉语老师

    B. 你学习汉语是为了掌握更多的知识

    C. 你学习汉语是为了考试升学就业更容易

    D. 你学习汉语是对汉族语言文化很感兴趣

    E. 你学习汉语是方便与更多的人进行沟通

    F. 你学习汉语是因为学校规定要学习汉语

    G. 你学习汉语是家长要求学习汉语

    H. 是为了工作、赚钱

12. 学校语言使用情况	东乡语	汉语	东乡语和汉语
课堂上你使用哪种语言回答老师提出的问题？			
下课后你跟老师使用什么语言进行交流？			
下课后你跟同学使用什么语言进行交流？			

13. 你有没有给自己制定汉语学习的目标？（　　）

    A. 有　　　　　　　　B. 没有

14. 你希望自己的汉语达到怎样的水平？（可多选）（　　）

    A. 能熟练地与人进行口语交际，有较高的阅读和写作水平

    B. 基本上可以进行口语交际，具备一般的阅读和写作水平

    C. 能熟练地进行口语交际，阅读和写作水平不重要

    D. 基本上可以进行口语交际，阅读和写作水平不重要

    E. 具备较高的阅读和写作水平，口语交际不重要

    F. 具备一般的阅读和写作水平，口语交际不重要

15. 你认为汉语好学吗？（　　）

    A. 非常好学　　　　　　B. 好学

    C. 既不好学也不难学　　D. 难学　　　　E. 非常难学

16. 你认为在学习汉语过程中最大的困难是什么？（　　）

    A. 语法规则搞不清　　　B. 发音很困难

C. 汉字不会写　　　　　　D. 词语记不住

17. 你在听写和阅读课文时先转换成东乡语，然后再理解吗？（　　）

　　A. 是的　　　　　　　　B. 有时候先转换成东乡语

　　C. 不转换

18. 你在说话和写作文时先用东乡语思考，再用汉语表达出来吗？（　　）

　　A. 是的　　　　　　　　B. 偶尔先用东乡语思考

　　C. 不需要

19. 你认为你掌握得最好的一项汉语技能是？（　　）

　　A. 听力　　　　　　　　B. 说话

　　C. 阅读　　　　　　　　D. 写作

20. 你认为你掌握得最不好的一项汉语技能是？（　　）

　　A. 听力　　　　　　　　B. 说话

　　C. 阅读　　　　　　　　D. 写作

21. 你认为怎样学习汉语最有效？（可多选）（　　）

　　A. 在学校上汉语课　　　B. 背诵、抄写课文和做作业

　　C. 阅读课外书　　　　　D. 参加汉语学习活动

　　E. 与同学进行口语练习　F. 看电视新闻、影视片

　　G. 听广播、听音乐　　　H. 上网

22. 你认为自己的汉语水平怎么样？（　　）

　　A. 很好　　　　　　　　B. 好　　　　　　　C. 一般

　　D. 不好　　　　　　　　E. 很不好

23. 在汉语课堂上，老师经常使用哪种语言进行讲课？（　　）

　　A. 全部用汉语

　　B. 大部分讲汉语，用东乡语解释不理解的地方

　　C. 全部用东乡语

　　D. 只是读课文的时候用汉语，其余时候用东乡语

24. 你希望老师使用哪种语言上汉语课？（　　）

　　A. 东乡语　　　　　　　B. 汉语

C. 东乡语和汉语同时使用

25. 在汉语课上,老师讲解的重点内容主要是?(   )
   A. 以课文讲解为主   B. 以生字、词汇讲解为主
   C. 以听说训练为主   D. 以汉族语言文化为主

26. 汉语课上,老师经常采用的教学方法是(   )
   A. 老师讲解   B. 师生互动
   C. 小组讨论   D. 自主学习

27. 老师在汉语课上经常使用电子白板、多媒体信息技术、录音机等进行上课吗?
   A. 经常使用   B. 偶尔使用   C. 从不使用

28. 老师在汉语课上经常使用教学挂图等其他教学用具吗?(   )
   A. 经常使用   B. 偶尔使用   C. 从不使用

29. 汉语老师非常关心你的学习生活?(   )
   A. 非常同意   B. 基本同意   C. 不确定
   D. 基本不同意   E. 非常不同意

30. 你对课文中的内容能理解吗?(   )
   A. 完全能理解   B. 基本能理解   C. 不确定
   D. 基本不理解   E. 完全不理解

31. 你认为现在使用的语文书中最大的问题是什么?(   )
   A. 课文枯燥无趣   B. 内容远离实际生活
   C. 课文较长、难度大   D. 练习形式单一

32. 你们希望学校经常举办的课外活动有哪些?(可多选)(   )
   A. 普通话比赛   B. 汉语知识竞赛
   C. 读书会   D. 诗歌朗诵
   E. 歌唱比赛   F. 书法比赛
   G. 其他(请注明)

33. 你父母的汉语水平怎么样?(   )
   A. 很好   B. 好   C. 一般
   D. 不好   E. 很不好

34. 你的父母关心你的汉语学习成绩吗？（   ）
   A. 非常关心　　　B. 关心　　　C. 一般
   D. 不关心　　　　E. 非常不关心
35. 你的父母平时检查你的作业完成情况吗？（   ）
   A. 经常　　　　　B. 偶尔　　　C. 从不

36. 家庭语言使用情况	东乡语	汉语	东乡语和汉语
在家里，你与爷爷、奶奶经常说什么语言？			
在家里，你与爸爸、妈妈经常说什么语言？			
在家里，你与兄弟姐妹说什么语言？			
在村里你和邻居使用什么语言进行交流？			
在商店、饭馆、医院等公共场所使用哪种语言？			

37. 家庭语言行为倾向	经常	偶尔	从来不
在家里，你父母经常看电视吗？			
在家里，你父母经常收听广播吗？			
在家里，你父母经常读书看报吗？			
在家里，你父母经常用手机上网吗？			

问卷到此结束，再次感谢同学们的积极配合！

附录Ⅳ—2

学生访谈提纲

学习者层面

1. 你是从什么时候开始学习汉语的？你对学习汉语感兴趣吗？

为什么?

  2. 上学之前你会不会说汉语？如果会，是怎么学会的？

  3. 你认为学习汉语对你将来的发展有用吗？

  4. 你认为在汉语学习过程中最大的困难是什么？（听说读写）

  5. 你认为影响你汉语学习的主要因素是什么？

  6. 你在汉语学习过程中遇到不懂的问题时，是请教同学还是老师？你平时如何克服汉语学习中遇到的困难？

  学校层面

  7. 你喜欢上汉语课吗？为什么？汉语老师上课的内容你能听懂吗？

  8. 你对汉语教材中的内容感兴趣吗？为什么？

  9. 汉语老师通常采用怎样的方式来检查你汉语知识的掌握情况？

  10. 你最喜欢哪种课堂活动（如情景表演、游戏或小组讨论等）？

  11. 你认为汉语课上老师用多媒体对于促进你汉语的学习有作用吗？

  12. 汉语学习过程中，当你遇到不懂的问题时，老师关心你吗？对你友好吗？

  13. 你希望学校举办哪些课外活动提高学生的汉语水平？

  14. 你对校园或班级的汉语学习环境的创设满意吗？对你学习汉语有影响吗？

  家庭层面

  15. 你家有几个孩子？都上学吗？

  16. 你家离学校远吗？交通方便么？从家到学校大概需要多长时间？

  17. 你们家的经济收入来源是什么？你上学的经济压力大吗？

  18. 放学回家后，还会不会再花时间学习汉语？如果不，都做些什么？

  19. 你父母支持你学习汉语吗？主要原因是什么？

22. 你父母会给你买汉语学习的课外读物吗?

21. 你认为本民族语言文化对你学习汉语有什么影响?请举例说明一下。

附录Ⅳ—3

教师访谈提纲

学习者层面

1. 您认为东乡族学生学习汉语的整体积极性怎么样?为什么?请举例说明一下。

2. 您平时都会布置一些什么类型的作业,学生都能按时完成吗?

3. 您认为东乡族学生在学习汉语时存在哪些方面的困难?最大的困难是什么?

4. 您认为东乡族学生在汉语学习中所遇到的困难是由什么原因造成的?

5. 您认为提高东乡族学生汉语水平的最关键因素是什么?

6. 您认为学生辍学的原因是什么?学生会因为听不懂汉语而厌学或辍学吗?

学校层面

7. 您在教学中的教学语言具体是怎么使用的?会用东乡语解释课文吗?

8. 您在汉语教学过程中经常采用的教学模式和教学方法是什么?

9. 您平时上课会使用多媒体或者信息技术吗?(会不会、频率、喜不喜欢、原因)

10. 您参与过相关的教师培训或者科研活动吗?对于教师培训您有什么想法?

11. 您认为汉语教材中存在的最大的问题是什么?您还使用哪些教辅?

12. 您认为汉语老师应该具备哪些专业知识和专业能力才能更好地促进学生的汉语学习？

13. 您认为目前汉语教学中存在的最大问题是什么？

14. 针对学生汉语学习的实际情况，您希望学校采取哪些办法解决现在的问题？

家庭层面

15. 您班里学生的家长主要从事什么职业？家里的经济收入主要靠什么？

16. 您班里学生的家长汉语水平怎么样？他们支持学生学习汉语吗？

17. 家长对学生的学习重视程度如何？与学校的配合怎么样？

18. 您认为家长的思想观念对学生的汉语学习有没有影响？如果有，具体表现在哪些方面？

19. 您认为当地的民族语言文化对学生的汉语学习有影响吗？

附录Ⅳ—4

家长访谈提纲

1. 您平时说汉语吗？水平怎么样？
2. 您认为孩子学习汉语对以后有用处吗？
3. 您经常关心孩子在学校的学习情况吗？
4. 您会支持孩子买学习用品、辅导书或者课外阅读书吗？
5. 您支持孩子请假去参加家庭活动或者民族节庆活动吗？
6. 您希望自己的孩子去县里或者州里更好的学校读书吗？
7. 您对孩子将来的发展有何期望？希望他们从事什么职业？留在当地还是去城市生活？
8. 您经常和孩子的班主任老师联系吗？
9. 您的家庭经济收入主要靠什么？
10. 您认为上学读书会加重家庭经济负担吗？

附录 V

我的阅读"脚印"

姓名　　　　　　　　年级

我本阶段阅读的书籍：

让我印象最深刻的人物或故事：

我的阅读感悟和困惑：

我下阶段的阅读计划（阅读书籍、方法、习惯等）：

附录 VI—1

汉语文教师访谈提纲

访谈时间：_____　　访谈地点：_____

性别：_____　年龄：_____　民族：_____　学历：_____

教龄：_____　　职称：_____

任教科目：_____　　任教班级数：_____

1. 您觉得现在的汉语文教学设计能够促进学生汉语文的有效学习吗？存在哪些问题？您觉得现在的汉语文教学的目标是什么？这些目标符合学生的学习心理特质和学习需求吗？

2. 您当前汉语文教学设计中采用的主要教学方法有哪些？这些教学方法能够激发学生学习的积极性吗？

3. 您平时在汉语文教学中会专门设计相关的测试题目检验学

生的学习效果吗？如果学生的学习效果不理想，您会因此调整教学设计吗？

4. 在平时汉语文课堂教学中您是怎么鼓励学生学习的呢？期末考试后您对学生的成绩是怎么评价的？您觉得什么样的评价能够更好地促进学生汉语文的学习呢？

5. 汉语文作为学生的第二语言，您觉得学生学习中最主要的困难是什么？您针对这些学习困难怎么进行教学设计？

6. 您对目前自己的汉语文教学设计有什么更好的意见吗？怎么样能够实现呢？

附录Ⅵ—2

学生访谈提纲

访谈时间：_____　　　　访谈地点：_____
性别：_____　年龄：_____　民族：_____
年级：_____　班级：_____

1. 你上几年级了？你喜欢汉语文吗？你感觉自己在汉语文学习中的困惑是什么？你想学习其中的什么？而不想学习的是什么？

2. 这节汉语文课老师讲的内容你有什么听不懂的地方吗？听不懂的内容你怎么办呢？

3. 你的老师现在用什么方法讲汉语文课？你喜欢老师用什么方法讲汉语文课？

4. 你平时考完试（小测试或期中、期末考试）后，有没有详细反思试卷中的难题？为什么没有考好？

5. 你在汉语文学习中会不会得到老师的表扬？（比如测试之后）老师一般是怎么鼓励你的呢？老师鼓励你后对你的学习有什么影响？

6. 你平时计划自己的学习目标吗？你知道自己每节课的学习任务或者学习目标吗？你是怎么实现这些目标的呢？

附录

附录 Ⅵ—3

基于 FIAS 改造后的课堂互动分析编码系统

分类	编码	内容		具体描述
教师言语				
		间接影响		
	1	接受学生的情感		以一种毫无威胁的方式接纳并理解学生的感受。感受可以是积极的,也可以是消极的。学生有权表达自己的感受,不会因为表达而受到惩罚
	2	表扬或鼓励		表扬或鼓励学生的动作或行为。教师对单个学生或全班学生的鼓励、表扬和支持
	3	接受或采纳学生的观点		阐明或阐述学生的观点或建议。(教师重复学生的答语,与其他学生的说法相比较并澄清或总结)
	4	提问	4.1 提出开放性问题	以教师的想法或意见为基础,询问学生问题,并期待学生的回答
			4.2 提出封闭性问题	
		直接影响		
	5	讲授、发表个人看法		教师对课堂内容的讲授,表达教师自己的观点或见解(教师范读课文和教师与学生的情景朗读),或者引述权威者(而非学生)的看法
	6	给予指令		指示或命令学生做某件事情,命令学生进行小组合作,要求学生写字、上台表演、朗读课文
	7	批评或维护教师权威		陈述的语句内容为企图改变学生的行为,从不可接受的形态转变为可接受的形态;训斥、打骂学生;说明教师为何采取这种行为;极端的自我参照
学生言语	8	学生被动回答		学生发言已回应教师;教师主动与之交流或是点名要学生回答问题;学生自由表达自己的想法受到限制

续表

分类	编码	内容	具体描述
学生言语	9	学生主动回答	学生主动发言，表达自己的想法；指出教师的错误；引出新的话题；自由表达自己的见解和思路，如提出具有思考性的问题或见解
	10	学生与同伴讨论	学生自由交流看法，积极分享自己的观点，提出对某项内容的理解和想法
沉寂或混乱	11	无助于教学的混乱	暂时停顿，短时间的安静或混乱
	12	学生思考问题或做练习	学生思考问题或做课堂练习
板书或做笔记	13	教师板书	教师板书
	14	做笔记、练习	学生做课堂笔记
技术	15	教师操纵技术	教师运用技术来呈现教学内容，阐明观点
	16	学生操纵技术	学生通过技术来领会教学风格，表述观点；学生进行课堂实验，学生观察多媒体演示

附录Ⅶ—1

校长访谈提纲

访谈时间：_____ 访谈地点：_____ 访谈者：_____

性别：_____ 民族：_____ 学历：_____

职称：_____ 教龄：_____

1. 通过"综合活动课"这种形式给学生教汉语好不好？效果如何？对其他课的教学是否有影响？

2. 学生在汉语方面的变化大不大？在汉语交流上有没有进步？主要表现在哪些方面？

3. 老师们现在和学生交流一般说不说汉语？学生之间说不说汉语？

4. 您认为学汉语有没有什么不好的地方？如果只跟学生说汉

语，学生心里会不会不舒服？

5. 现在高年级的辍学率和以前比有没有变化？家长对孩子上学的支持程度有没有提高？

6. 您觉得"综合活动课"这种形式有没有必要继续下去？继续下去的可能性如何？

附录Ⅶ—2

教师访谈提纲1

访谈时间：_____　　访谈地点：_____　　访谈者：_____

性别：_____　　民族：_____　　学历：_____

职称：_____　　教龄：_____

任教科目：_____　　任教年级：_____

1. 请谈谈您的教学经历？

2. 您怎么看待藏汉双语教学？

3. 您觉得学生喜欢学习汉语吗？为什么？

4. 您认为学生在汉语学习过程中有没有困难和问题？如果有，是哪些？其中最大的困难是什么？

5. 您在汉语教学中有没有遇到困难和问题？如果有，是哪些？其中最大的困难是什么？

6. 您认为影响双语教学效果的关键因素是什么？对此，您自己和学校分别采取过哪些对策和措施？效果如何？

7. 您平时上课通常用哪些教学方法？您感觉这些方法对学生汉语学习效果如何？

8. 如果有进一步学习的机会，您希望在哪些方面获得帮助和提高？

9. 您觉得研究者通过"综合活动课"这种形式给学生教汉语好不好？效果如何？对您的教学是否有影响？如果有，表现在哪些方面？

附录Ⅶ—3

教师访谈提纲2

访谈时间：_____　　访谈地点：_____　　访谈者：_____

性别：_____　　民族：_____　　学历：_____

职称：_____　　教龄：_____

任教科目：_____　　任教年级：_____

1. 您觉得通过"综合活动课"这种形式给学生教汉语好不好？表现在哪些方面？

2. 对于改进"综合活动课"，您有何建议？

3. 您是否希望学习这种方法并将其运用于自己的教学中？

4. 假如有机会参与这项研究，您是否感兴趣？

附录Ⅶ—4

学生访谈提纲

访谈时间：_____　　访谈地点：_____　　访谈者：_____

性别：_____　　民族：_____　　年龄：_____

年级：_____　　班级：_____

1. 你喜欢上学吗？你最喜欢学习哪门课？为什么？

2. 你喜欢学汉语吗？你觉得学汉语容易吗？你的汉语文成绩怎么样？

3. 你最喜欢你们汉语文老师教学的哪一节课？这节课给你印象最深的是什么？

4. 课堂上，汉语文老师通常是怎么上课的？其他老师呢？你喜欢吗？你觉得老师怎样上课会更好？

5. 你在汉语文学习中最大的困难和问题是什么？你希望得到老师怎样的帮助？

6. 你学习中有问题会不会主动问老师？会不会得到老师的帮

助和指导？

7. 你喜欢老师为你们开设的"综合活动课"吗？为什么？它和其他课程有没有区别？

8. 如果用这样的方式给你们上汉语文课，你们喜欢吗？其他课用这样的方式，可以吗？如果其他老师来给你们上"综合活动课"，你们觉得可以吗？为什么？